Schriftenreihe
Angewandter Naturschutz
Band 9

D1734517

Landschaftspflege auf gefährdeten Grünlandstandorten

Thomas Maertens / Matthias Wahler / Johannes Lutz

IMPRESSUM

Herausgeber: Naturlandstiftung Hessen e.V.
                        Bahnhofstr. 10
                        6302 Lich

Schriftleitung: Diplom-Biologe Sven Deeg

Fachliche Bearbeitung: Diplom-Ingenieur Thomas Maertens
                        Diplom-Ingenieur Matthias Wahler
                        Diplom-Ingenieur agr. Johannes Lutz

Satz: Naturlandstiftung Hessen e.V.
Herstellung: Mittelhess. Druck- und Verlagsgesellschaft mbH, Gießen

Lich 1990
Alle Rechte vorbehalten
ISBN 3-926411-08-2

Bericht zum
aktuellen Informationsstand

Landschaftspflege
auf gefährdeten Grünlandstandorten

Zusammengestellt von
Thomas Maertens - Matthias Wahler - Johannes Lutz
für die Naturlandstiftung Hessen e.V.

Erarbeitet im Rahmen von
wissenschaftlichen Arbeiten
an der Universität Hannover
und der Gesamthochschule Kassel

Lich, 1990

Schriftenreihe Angewandter Naturschutz
der Naturlandstiftung Hessen e.V.
Band 9

Vorwort

Naturschutz ist die Erhaltung einer strukturreichen Kulturlandschaft mit einer umweltverträglichen Nutzungsintensität. Vergessen wir nicht, daß viele ökologisch bedeutende Lebensräume mit ihren charakteristischen Tier- und Pflanzengemeinschaften erst durch den "landnutzenden" Menschen in unsere Landschaft gefunden haben.

Die Intensität der Landnutzung verlagert sich in jüngster Zeit zunehmend in ihre Extrembereiche:

● verstärkte, durch technische Entwicklung geförderte Inanspruchnahme der Landschaft in optimalen Bereichen (wirtschaftliche Ballungsräume, ertragsreiche Agrargebiete).

● Nutzungsaufgaben in Grenzertragslagen Zwangsläufig führt diese Entwicklung auch zu landschaftsökologischen Problemen. Neben der notwendigen, auch ökonomisch sinnvollen **Extensivierung** der landwirtschaftlichen Produktion hat sich auch die Sicherstellung einer ökologisch orientierten **Landschaftspflege** zu einem Schwerpunkt des Naturschutzes entwickelt: In Grenzertragslagen und auf Grünlandstandorten wird die landwirtschaftliche Nutzung eingestellt. Durch die Brache können diese Landschaftselemente ihre ursprüngliche Artenvielfalt verlieren.

Aus der Sicht des Naturschutzes gilt es also diese Biotope auch weiterhin zu pflegen. Nach dem Naturschutzverständnis der Naturlandstiftung Hessen e.V. ist diese Aufgabe auf Dauer jedoch nur dann finanzierbar, wenn es gelingt, eine bäuerliche Landwirtschaft zu erhalten und die Landschaftspflege wieder in umweltverträgliche Nutzungsprozesse einzubinden.

Die Naturlandstiftung Hessen e.V. sieht daher die Landwirte als geeignete Partner des Naturschutzes in der Landschaftspflege. Auf Initiativen der NLS bildeten sich in den letzten Jahren in vielen Gemar-

kungen "landwirtschaftliche Pflegegemeinschaften". Hier arbeiten Naturschützer, Landwirte und Grundeigentümer, Behörden und Bürger beispielhaft zusammen und widmen sich projektbezogen der Biotoppflege.

In dieser praktischen Naturschutzarbeit hat sich auch gezeigt, daß manche Informationsdefizite aufzuarbeiten sind, um eine möglichst effektive Kooperation vor Ort zu unterstützen. Im praxisbezogenen "Naturschutz mit der Landwirtschaft" fehlt es bisher in speziellen Bereichen an allgemeinverständlicher Fachliteratur.

Mit dem Band 9 der Schriftenreihe "Angewandter Naturschutz" möchte die Naturlandstiftung Hessen hierzu einen weiteren Beitrag leisten. Thomas Maertens, Matthias Wahler und Johnnes Lutz haben sich des Problembereiches "Grünlandpflege" angenommen und den aktuellen Wissensstand zusammengetragen. Zunächst werden die grundsätzlichen Pflegetechniken zur Erhaltung der Grünlandstandorte vorgestellt und bewertet. Der zweite Teil widmet sich dem Thema "Landschaftpflege durch Nutztiere" und prüft die Eignung der Rassen für Naturschutzaufgaben.

Den Autoren sei an dieser Stelle besonders für ihre sorgfältige und mühevolle Arbeit gedankt, mit der sie die Naturschutzarbeit unterstützen. Der Dank der Naturlandstiftung Hessen gilt auch der Universität Hannover und der Gesamthochschule Kassel für die wissenschaftliche Betreuung der hier veröffentlichten Arbeiten.

Lich, Februar 1990

Diplom-Biologe Sven Deeg
Geschäftsführer der
Naturlandstiftung Hessen e.V.

Inhalt

Inhalt

Zusammenfassung

Beitrag zur Pflege und Nutzung von extensiven Grünlandsystemen in Hessen

Viele der heute besonders schutzwürdigen Vegetationsformen (z.B. Magerrasen, Streuwiesen etc.) verdanken ihre Entstehung der extensiven Bewirtschaftung durch den Menschen. Diese "Relikte einer antiquierten Landnutzungsform" sind heute in einer zunehmend industriemäßig produzierenden Landwirtschaft nur noch fragmentarisch vorhanden. Entweder wurden diese "unrentablen" Grünlandgesellschaften im Zuge der wirtschaftlichen Entwicklung einer intensiveren Nutzung unterzogen oder es kam zur Bewirtschaftungsaufgabe. Mit dem Aufhören der extensiven Nutzung finden innerhalb der Pflanzenbestände, da die steuernden und erhaltenden Eingriffe unterbleiben, strukturelle Umwandlungen statt, die aus Sicht des Naturschutzes unerwünscht sind. Um diese Pflanzenbestände zu erhalten, müssen die traditionellen Bewirtschaftungsmethoden beibehalten, wieder eingeführt oder durch Pflegemaßnahmen imitiert werden. Die vorliegende Arbeit behandelt die Auswirkungen der verschiedenen Pflegemaßnahmen (Mahd mit Abräumen des Mähgutes, Mulchen, Beweidung und kontrolliertes Brennen) auf das Vegetationsinventar und die Fauna der unterschiedlichen Grünlandtypen.

Die Autoren beschreiben die Vor- und Nachteile der einzelnen Pflegevarianten und gehen intensiver auf die ökologische Effizienz der Pflegemaßnahmen, auf die mögliche Diskrepanz zwischen dem angestrebten Pflegeziel und dem tatsächlich verwirklichten Pflegeerfolg ein. Es folgt eine Darstellung von aufwandarmen, variablen Pflege- und Bewirtschaftungsstrategien, die den wichtigsten pflegebedürftigen und schützenswerten Grünlandtypen Hessens zugeordnet werden.

Aber all diese mit viel Akribie ausgetüftelten Pflegestrategien bleiben so lange Makulatur, wie die Probleme bei der Beschaffung von Finanzen und der Rekrutierung von Pflegepersonal nicht gelöst sind. In diesem Sinne wurde der Frage nachgegangen, welche Berufsgruppe am ehesten in der Lage ist, die notwendigen Pflegemaßnahmen fachgerecht und kostengünstig durchzuführen, damit die Flächen die ökologisch notwendige Mindestnutzung erfahren.

Comment to cultivation and usage of extensive greenland types in Hessen

Nowadays, many of the especially protected ranked forms of vegetation (e.g. scanty lawns and strew meadows etc.) owe their origin to an extensive farming through mankind. Due to the growing industrialized farming production these relicst of antiquated farming methods are only found fragmentarily at present. These non-profitable greenland areas have either undergone an intensive profitability in corse of economical develmopments, or they were made subject to farming matters. Because of the absence of controlling and preservation it has come to a discontinuation of a broad usage of these stands of plants, which led to structural transformations - a situation not desired by the sanctuary protectionists. In order to preserve the plants' existence the traditional farming methods should be maintained, reinstalled or matched by means of cultivation.

The submitted worksheets deal with consequences of different kinds of methods of cultivation within the vegetational stand and fauna of different greenland types (e.g. mowing with removing hay, dairy products, pasturing and controlled burning). The various cultivational methods are discussed by the authors, who also describe advantages as well as disadvantages. Furthermore, they deal intensively with the ecological efficiency of these cultivational methods and the possible discrepancy between the desired goals and the actual realized success. Enclosed you may find a discription of cultivation and farming strategies, which correspond to the needing attention and the protection of the worthy greenland types in Hessen.

Nevertheless, all these thoroughly worked out programs for creating a strategy in order to cultivate the stand of vegetation will remain wasted paper, as long as the problems of providing financial support and recruting tending personel have not been overcome. In this context we found it necessary to raise the question of realizing the necessary steps in a professional and low-cost way, so that these areas obtain the minimum of an ecological necessary usefulness.

Zusammenfassung

Eignung verschiedener Nutztierrassen zur Landschaftspflege auf gefährdeten Grünlandstandorten.

Die vorliegende Arbeit versucht darzustellen, inwieweit landwirtschaftliche Nutztiere in der Landschaftspflege eingesetzt werden können bzw. welche Tierarten und Tierrassen sich für die Pflege der jeweiligen Standorte eignen. Als mögliche Pflegebereiche liegen Kalkmagerrasen, Silikatmagerrasen, Heidegesellschaften und Feuchtgrünland zugrunde.

Die meisten Perspektiven für den Naturschutz bieten robuste und genügsame Schaf- und Rinderrassen.

Einige der genannten Rassen sind vom Aussterben bedroht, so daß sich eine Verbindung von Landschaftspflegefragen mit der Problematik der gefährdeten Nutztierrassen ergibt.

Ziegen können insbesondere auf stark verbuschten Magerrasen zur Offenhaltung der Flächen beitragen. Über die Einsatzchancen für Ponys und Kleinpferde ist noch wenig bekannt. Der von Großpferden und Damwild wird aus unterschiedlichen Gründen eher negativ beurteilt.

Die Eingliederung von Weidetieren in Extensivierungsprogramme kann in Umfang und Qualität noch nicht genügen. Es ist zu fragen, ob überregionale Extensivierungsförderung überhaupt den differenzierten Pflegeaspekten vor Ort gerecht werden kann.

Beitrag zur Pflege und Nutzung von extensiven Grünlandökosystemen in Hessen

Dipl. Ing. agr. Thomas Maertens
Dipl. Ing. agr. Matthias Wahler

Diplomarbeit am
Institut für Landschaftspflege und Naturschutz der
Universität Hannover
(1989)

1. Einleitung

"Der Landwirt, der praktische Landwirt, wie er gewöhnlich genannt wird, ist ein Mann der Tat. Er steht auf dem Boden seiner Zeit und er wirkt in der Atmosphäre seiner Zeit und demgemäß muß sein Handeln sein. Er muß, wen er nicht in den Widerspruch zu seiner Zeit treten will, sie selber nehmen wie sie ist. Die Zeit mit der Gesamtheit ihrer Verhältnisse ist für ihn objektiv gegeben und diese muß er als Realität ansehen. Ein Moralisieren der Verhältnisse gehört hierher nicht. Der Landwirt mag darüber nachdenken soviel er will und er mag sich auch bestreben, entdeckte Schäden nach Kräften zu beseitigen. Alles solches Denken gehört jedoch nicht in diejenige Sphäre, mit der wir uns in der Ökonomik zu befassen haben. ... Demnach werden wir die Zweckprinzipien für die heutige Landgutswirtschaft so zu bestimmen suchen, wie sie die reale Wirklichkeit heute diktiert und wir werden dabei den ganzen Menschen zu berücksichtigen haben und in allen seinen Bedürfnissen. So soll erreicht werden, daß die Konsequenzen der Lehre mit dem Leben nicht in Widerspruch treten. Und in diesem Sinne sind die Zweckprinzipien des Landbaus dreierlei:

- das Erwerbsprinzip
- das ästhetische Prinzip und
- das ethische Prinzip"

(POHL 1885)

Unsere Kulturlandschaft wurde durch die jahrhundertelange Landbewirtschaftung entscheidend geprägt. Es entwickelten sich unterschiedlich intensiv genutzte, kleinflächig wechselnde und dadurch gegenüber der Naturlandschaft vielfältiger strukturierte Landschaften, was sich in einer erheblichen Zunahme des Artenbestandes an Pflanzen und Tieren niederschlug. Das vielgestaltige und als harmonisch-ausgewogen empfundene Erscheinungsbild alter Kulturlandschaften war nicht das Ergebnis einer einheitlichen, bewußten Gestaltung oder übergeordneten Planung. Die Flur- und Siedlungsformen entwickelten sich vielmehr aus besonderen, in Traditionen verfestigten Verhaltensweisen gegenüber dem Land. So wurden beispielsweise Form und Größe eines Feldes durch die Lage der Pflugfurchen und die Zugkraft der Gespanne bestimmt. Besitzgrenzen wurden oft durch gepflanzte Hecken oder durch das Anhäufen von Lesesteinen zu Steinriegeln gekennzeichnet, auf denen sich Gehölze ansiedeln konnten, mangelnde Gütertransportmöglichkeiten erzwangen den Anbau möglichst vieler Feldfrüchte und die Haltung möglichst vieler Nutztiere. Einige extensive landwirtschaftliche Nutzungsformen führten zur Ausbildung von Magerrasen, Zwergstrauchheiden etc., die heute aufgrund ihrer Buntblumigkeit und ihres Artenreichtums als besonders wertvolle Landschaftsbestandteile angesehen werden.

So verwundert es auch nicht, daß der Landwirt aufgrund seiner landschaftsgestaltenden Wirkung über Jahrzehnte hinweg, stets als der beste Landschaftspfleger tituliert wurde. "Pflegemaßnahmen" ergaben sich als Nebeneffekte der Landbewirtschaftung! Bereits im 19. Jahrhundert (vgl. obiges, beachtliches Zitat) wurden in einer Landwirtschaftlichen Betriebslehre Prinzipien aufgestellt, die auch heute noch für die Behandlung unserer gesamten Kulturlandschaft gelten sollten! Man sah in der Landschaft nicht nur eine nach arbeitstechnischen Gesichtspunkten geprägte Produktionsfläche, sondern man sah auch den visuellen Wert der vielgestaltigen Kulturlandschaft, den es zu bewahren galt!

1.1 Zielsetzungen der Arbeit

In Anbetracht der aktuellen Entwicklungen in der Landwirtschaft erscheint eine Abwägung der oben erwähnten "Zweckprinzipien" immer unwahrscheinlicher! Sprachen noch Ende der 60er Jahre die Ökologen und Agrarpolitiker gemeinsam vom "unerläßlichen Beitrag", den die Landwirtschaft zur Erhaltung der Kulturlandschaft leiste (WEINSCHENCK 1981), so neigt mittlerweile die Mehrzahl der Ökologen der Auffassung zu, daß "die Landwirtschaft persaldo ein Umweltverschmutzer ist." (BOSCH 1975). Mit zunehmender Intensivierung und Industrialisierung der Landwirtschaft mußte der Landwirt seine Rolle als natur- und umweltverträglicher Bewirtschafter verlieren. Nähere Angaben zur Geschichte der Landschaftsentwicklung durch die Landwirt-

Foto 1: Heckenlandschaft am Bauersberg/Rhön

Die Besitzgrenzen der schmalen Parzellen markierte man früher oft mit Lesesteinwällen. Da der Bereich um die Lesesteinwälle vor der Sense oder Mähmaschine und bis zu einem gewissen Grad sogar vor dem Viehverbiß sicher war, konnten sich auf ihnen Zwergsträucher und auch Gehölze ansiedeln (Zustand 1986). (Foto Wahler)

schaft und die Auswirkungen moderner Bewirtschaftung auf die hessischen Grünlandbestände finden sich in einer früheren Arbeit der Autoren (MAERTENS & WAHLER 1989).

In dieser Studie gingen die Autoren der Frage nach, ob das als Resultat des Strukturwandels zu erwartende verstärkte Brachfallen von landwirtschaftlichen Nutzflächen verstärkt gerade in den Regionen stattfinden wird, die sich durch hohe Anteile naturbetonter Strukturen und eine hohen Flächenanteil von "Halbkulturformationen" auszeichnen, deren Existenz aber von der regelmäßigen, extensiven Bewirtschaftung durch den Menschen abhängt! Durch die flächenhafte Darstellung mehrerer Indikatoren für ganz Hessen (Verknüpfung der Biotopkartierung mit Daten der Agrarberichterstattung) konnte der Nachweis erbracht werden, daß die Landwirtschaft sich aus den weniger produktiven Regionen mit hohen Grünlandanteilen und hohen Anteilen von Grenzertragsstandorten zurückzieht. Gleichzeitig konnte gezeigt werden, daß aber gerade von diesem

"Rückzug aus der Fläche" ganz besonders die Gemeinden und Regionen mit hohen und höchsten Anteilen von extensiven Grünlandökosystemen betroffen sind, so z.B. der gesamte Naturraum "Hohe Rhön".

Der Strukturwandel erfährt durch die Produktionsaufgabenrente eine zusätzliche Beschleunigung. Der zu erwartende technische Fortschritt in der Milcherzeugung (Milchimitate, Bovines, Somatotropin, handelbare Milchquoten, Verschärfung der Milchhygienestandards) wird zunächst kleine milcherzeugende Nebenerwerbsbetriebe, dann aber auch für hessische Verhältnisse große Betriebe mit 20 - 30 Milchkühen zur Aufgabe zwingen. Experten befürchten generell die Verdrängung der Milcherzeugung aus den Mittelgebirgsregionen in die Regionen mit besseren Bedingungen für den Ackerfutterbau. *Schon heute (Stand 1987) haben rd. 60% der grünlandreichen Gemarkungen (Gemarkungen mit 70% Dauergrünland und mehr) nur noch zwei und weniger Vollerwerbsbetriebe* (MAERTENS & WAHLER 1989).

Foto 2: "Kulturparkland" Hohe Rhön im Bereich Guckaisee

Der parkartige Abwechslungsreichtum und das als harmonisch ausgewogen empfundene Erscheinungsbild alter Kulturlandschaften wurde durch die jahrhundertelange Landbewirtschaftung entscheidend geprägt (Zustand 1986). (Foto Maertens)

Bei fortschreitendem Strukturwandel sind diese Gemarkungen akut durch Brache gefährdet, denn hier fehlen die Betriebe, die in der Lage wären, aus der Nutzung fallendes Grünland aufzunehmen und weiterzubewirtschaften. Die Entgegnung jedoch, Hessen verfüge über sehr viele Nebenerwerbsbetriebe, die vorerst noch für eine Bewirtschaftung sorgen werden, ist nicht zutreffend, denn alle statistischen Ergebnisse (z.B. Betriebsleiterbefragung durch MÜLLER-LIST 1985 u.a.) zeigen, das bedeutet Betriebsvergrößerung, und deren Weiterbewirtschaftung nicht erwartet werden kann (MAERTENS & WAHLER 1989)!

Um keine Mißverständnisse aufkommen zu lassen, sei klargestellt, daß die Beibehaltung der Milchkuhhaltung und die mit ihr verbundene Art und Intensität der Grünlandbewirtschaftung nicht an sich schon ausreicht, die hier behandelten "Halbkulturformationen" zu erhalten, aber bei der momentanen Ertragssituation geben gerade die Betriebe auf, die Einmal für die Pflege und Bewirtschaftung des Grün-

landes (auch des extensiven) dringend gebraucht werden!

Die prognostizierte Nutzungsaufgabe in den ertragsschwachen und grünlandstarken Räumen ist aus Gründen des Artenschutzes ebensowenig wie aus der Sicht von Freizeit und Erholung wünschenswert. Das Fremdenverkehrsgewerbe, oftmals in den Gemeinden ein wichtiger Wirtschaftszweig, ist z.B. von der Erhaltung der typischen hessischen Mittelgebrigslandschaften mit bunten Wiesen und Weiden abhängig. In Bad Orb reagierte die Gemeinde auf die fehlende Landbewirtschaftung dann auch mit einem kommunalen Pflegeprogramm.

Die durch spezielle Standortverhältnisse und eine entsprechende Bewirtschaftungsform geprägten Grünlandtypen gelten aus Gründen des Artenschutzes als besonders wertvoll, denn es besteht eine enge Bindung der meisten gefährdeten Arten an extensive Grünlandnutzungsformen (vgl. ausführlich in MAERTENS & WAHLER 1989)! Gerade diese Vegetationsformen, deren reichhaltige Artenzusammensetzung von einer extensiven Bewirtschaftung abhängig ist, sind durch das Aufhören der extensiven Nutzung gefährdet, da dann innerhalb der Pflanzenbestände strukturelle Umwandlungen stattfinden, die aus der Sicht des Naturschutzes unerwünscht sind. Um diese Pflanzenbestände zu erhalten, müssen bestimmte, heute unwirtschaftliche Grünland-Bewirtschaftungsformen (Wanderbeweidung, Anlage von Streuobstwiesen, einschürig genutzte Wiesen) beibehalten, wieder eingeführt oder durch Pflegemaßnahmen imitiert werden (BICK 1988).

Vorliegende Arbeit behandelt die einzelnen Pflegemaßnahmen und versucht Pflege- und Bewirtschaftungshinweise für besonders schützenswerte Grünlandtypen Hessens (vgl. Pkt. 4.) aufzustellen. Für Hessen wurde bereits 1979 eine "Pflegeanleitung für die typischen Brachlandausbildungen im hessischen Mittelgebirge" (HEIN 1979) vorgelegt. Diese Publikation orientierte sich am herkömmlichen Leitbild für Pflegemaßnahmen, man versucht ein Idealbild der Landschaft zu stabilisieren, d.h. der Erlebniswert einer ästhetischen Landschaft war ausschlaggebendes Ziel für die Pflegemaßnahmen. Die Auswirkungen der Pflegemaßnahmen auf das Vegetationsinventar und die Fauna wurden ausgespart. Auch die mit dieser Broschüre ausgesprochene Empfehlung der formalen Anwendung von Pflegenormativen erscheint uns sehr "gewagt", da der Landschaftspfleger (trotz eines Pflegeplans) die ökologischen Auswirkungen verschiedener Bewirtschaftung-, Eingriffs- und Pflegeformen, auch die Wahl des richtigen Zeitpunktes oder die Pflegeintensität, immer vor Ort beurteilen und festlegen muß!

1.2 Vorgehensweise

Unsere Kenntnisse über die Auswirkungen der verschiedenen Pflegemethoden beruhen neben einer ausführlichen Literaturauswertung im wesentlichen auf den Beobachtungen von hauptamtlichen Pflegekräften der Naturschutzverwaltung und ehrenamtlichen Pflegekräften, aber auch der Landwirtschaftsverwaltung, die sich der aktiven Landschaftspflege widmen. Nur aus dem praktischen Handeln können Erfahrungen über die Nutzungsformen und Pflegevarianten erwachsen, die für die Belange des Naturschutzes als besonders geeignet anzusehen sind!

Das vorrangige Ziel der Landschaftspflege ist die Erhaltung der ökologischen Vielfalt, d.h. bestimmte erhaltungswürdige Vegetationszustände seltener und gefährdeter Pflanzen sind zu sichern, Lebensräume gefährdeter Tierarten zu regenerieren, wo diese verloren gegangen sind. Durch veränderte Konkurrenzverhältnisse kann sich das Artensinventar einer Pflanzengesellschaft in aus der Sicht des Naturschutzes unerwünschter Weise verändern. In diesem Sinne versteht man unter Pflege die Steuerung bzw. Erhaltung von Struktur, Dynamik und Funktion pflanzlicher Lebensgemeinschaften (BÖHNERT & HEMPEL 1987). Die am Schluß dieser Arbeit formulierten Pflege- und Bewirtschaftungshinweise stellen keinesfalls optimale Lösungen dar, sie sind nicht als starre Anweisungen zum Handeln mißzuverstehen. *Sie geben lediglich Hinweise und Richtwerte zur zukünftigen Behandlung schutzwürdiger Kulturbiotope und können keineswegs detaillierte und auf die örtlichen Verhältnisse abgestimmte Pflegepläne ersetzen!*

Im **Kapitel 2.** werden die Auswirkungen der verschiedenen Pflegemaßnahmen auf die floristische und faunistische Artenvielfalt behandelt, die Vor- und Nachteile der einzelnen Pflegevarianten beschrieben und bei Vorlage von entsprechendem Datenmaterial wird auch auf die Kosten eingegangen.

Kapitel 3. beschäftigt sich mit der ökologischen Effizienz der Pflegemaßnahmen, mit der möglichen Diskrepanz zwischen dem angestrebten Pflegeziel und dem tatsächlich verwirklichten Pflegeerfolg. Eine wissenschaftliche Beobachtung und Begleitung von Pflegemaßnahmen findet nicht im ausreichenden Umfang statt, so daß kaum Aussagen über die ökologische Effizienz von Pflegemaßnahmen und zur Korrektur eventuell begangener Fehler in der Biotoppflege möglich sind. Die oft zu beobachtende Ausrichtung der Pflegemaßnahmen nach publikumswirksamen Tier- und Pflanzenarten, denen nur eine beschränkte Indikator-Wirkung für das gesamte Ökosystem des betreffenden Biotops zukommt und die somit zu falschen Bewertungskriterien für den Erfolg von Pflegemaßnahmen führt, widersprechen dem vorgegebenen Anspruch, die für ein Biotop typische floristische und faunistische Artengarnitur zu pflegen und zu erhalten! Berücksichtigt man bei den Auflagen von bestimmten Grünlandprogrammen, z.B. dem Wiesenbrüterprogramm, lediglich die Periode der Brut und der Jungenaufzucht der Vögel, in der keine Beweidung bzw. Mahd stattfinden soll, dann kann man davon ausgehen, daß die nach Ablauf des Bewirtschaftungsverbot-Zeitraums auf allen

Flächen schlagartig zum gleichen Zeitpunkt einsetzende Bewirtschaftung mit den Hauptentwicklungsperioden der meisten übrigen, typischen Organismenarten dieses Ökosystems zusammenfällt und diese in Mitleidenschaft gezogen werden. Anzustreben ist deshalb ein "ökosystemarer Gesamtansatz" (HEYDEMANN 1988), bei dem die einzelnen Artenschutz-Programme hinter übergreifende Gesichtspunkte zurückzutreten haben.

Im abschließenden **Kapitel 4.** gehen wir den Fragen nach, wer bzw. welche Berufsgruppe am ehesten in der Lage ist, die notwendigen Pflegemaßnahmen fachgerecht und kostengünstig durchzuführen, damit die mehr oder weniger homogen übers Land verteilten Flächen die ökologisch notwendige Mindestnutzung erfahren. Welche Anforderungen an Wissen und Fertigkeiten sollten an das Pflegepersonal gestellt werden, um die notwendigen Maßnahmen durchzuführen? Welche Rolle kommt in diesem Zusammenhang der Landwirtschaft zu? Wie sind die bisherigen Extensivierungsprogramme in Hessen zu beurteilen, bei denen der Landwirt Naturschutzaufgaben übernimmt und als Unternehmer in Sachen Landschaftspflege bereits tätig wird?

2. Ökologische Auswirkungen
der verschiedenen Pflegemaßnahmen

Wie in Pkt. 1. ausgeführt wurde, verdanken viele unserer heute schutzwürdigen Biozönosen ihre Existenz der extensiven Bewirtschaftung durch den Menschen, nur wenige, flächenhaft kaum ins Gewicht fallende sind ohne jegliche Nutzung zu erhalten (PFADENHAUER 1988). Diese "Relikte einer antiquierten Landnutzungsform" sind heute in einer zunehmend industriemäßig produzierenden Landwirtschaft nur noch fragmentarisch vorhanden. Entweder wurden diese Extensivgrünlandgesellschaften im Zuge der wirtschaftlichen Entwicklung einer intensiveren Nutzung unterzogen oder in Akkerland umgewandelt, was mit Verlust der konkurrenzschwachen, Nährstoffarmut anzeigenden Vegetation und der spezifisch diese Standorte besiedelnden Tierwelt verbunden war, oder es kam zur Aufgabe extensiver Nutzungsweisen und Bewirtschaftungsaufgabe unrentabler Flächen, was, da die steuernden und erhaltenden Eingriffe ausblieben, zu einer quasi natürlichen Sukzession mit entsprechenden Veränderungen im Vegetationsbestand führte (REICHHOFF 1974; SUCCOW 1975).

So stellt beispielsweisee für die Halbtrockenrasen die extensive Bewirtschaftung die Grundlage für die Existenz dieser *Vegetationstypen* dar, die Bewirtschaftungsform (Mahd, Weide, Brand) bedingt die *Vegetationsstruktur*. Dies erklärt auch die großen floristisch-strukturellen Unterschiede zwischen gemähten (Onobrychido-Brometum) und beweideten (Gentiano-Koelerietum) Halbtrockenrasen. Fällt der existenz- und strukturbedingende anthropogene Faktor Mahd weg, so ist mit einem schrittweisen Übergang in eine andere Pflanzengesellschaft zu rechnen.

Fehlende Nutzung läßt sich zunächst durch die Änderung des Gräser-Kräuter-Verhältnisses, zu ungunsten der Gräser, durch den Ausfall von Onobrychis viciifolia (Saat-Esparsette) und dem Auftreten herdenbildender Saumarten wie Astragalus cicer (Kicher-Tragant), Trifolium medium (Zickzack-Klee) und von Vicia tenuifolia (Schmalblättrige Vogel-Wicke) und stellenweiser Brachypodium-Dominanz ausmachen. Mit der fehlenden Mahdnutzung beginnen auch Gehölze verstärkt aufzukommen und die Entwicklung der Rasengesellschaften zu Gebüschgesellschaften vollzieht sich (REICH-HOFF 1974; REICHHOFF & BÖHNERT 1978). Entsprechendes geschieht auch bei Wegfall der extensiven Beweidung.

Will man die "Halbkulturformationen" (SUCCOW 1975), wie Heiden, Hutungen, einschnittige Mähwiesen etc., der überkommenen kleinbäuerlichen Kulturlandschaft erhalten bzw. wieder anstreben - sei es aus historischen Gründen (Erhaltung eines vorindustriellen Landschaftstyps und Zeugnis einer extensiven, früheren Entwicklungsstufe der Landwirtschaft), zur Erhaltung der Vielfalt der Lebensräume oder aus Gründen des Artenschutzes (zur Erhaltung der an den Magerrasen- und Feuchtwiesengesellschaften gebundenen Tier- und Pflanzenarten) - dann reicht es nicht aus, landwirtschaftliche Nutzflächen einfach stillzulegen und sich selbst zu überlassen. *Der Bestand dieser charakteristischen Pflanzengesellschaften mit ihrer Artengarnitur kann nur durch die Fortführung der alten Wirtschaftsform oder durch nachahmende Pflege- und Entwicklungsmaßnahmen gesichert werden!*

Im folgenden werden die ökologischen Effekte der verschiedenen Pflegemaßnahmen beschrieben, wobei insbesondere die Auswirkungen der Pflegemaßnahmen auf die floristische und faunistische Artenvielfalt im Mittelpunkt stehen.

2.1. Mahd mit Abräumen des Mähgutes

Bestimmte Pflanzengesellschaften werden durch die Mahd geprägt, so kann beispielsweise das Onobrychido-Brometum als ein mahdbedingter Halbtrockenrasen angesehen werden. Will man die Existenz mahdspezifischer Gesellschaften sichern, so kann die Mahd, "die aus technologischen Schwierigkeiten am schwersten zu realisierende Maßnahme" (REICHHOFF & BÖHNERT 1978), nicht durch andere, im Folgenden noch darzustellende Pflege-

methoden ersetzt werden, die allesamt kostengünstiger und aufwandärmer sind. Auch das wesensverwandte Mulchen, das zum Offenhalten der Landschaft und zur Pflege der Brachflächen eine brauchbare Alternative bietet, eignet sich nur bedingt zur Erhaltung oder Wiederbegründung nährstoffarmer Gesellschaften in einem nährstoffreichen Umfeld (SCHMIDT 1985; SCHREIBER 1980 a, b; SCHIE-FER 1983), da die Streuakkumulation teilweise eine starke Veränderung der Struktur- und der Lebensformenspektren (REICHHOFF 1974) zur Folge haben kann. Zum einen hemmt die Streuschicht die kleinwüchsigen, lichtbedürftigen Arten und zum anderen wird die Bodenfeuchtigkeit verbessert und damit die Nitrifikation erhöht, was die wuchskräftigen Arten fördert. Desweiteren verzögert die Streulage die Bodenerwärmung, was einen Nachteil für die früh austreibenden Arten darstellt.

2.1.1. Auswirkungen auf die Vegetation

Der Wiesenschnitt begünstigt Gräser und Kräuter,
- die mit wenig Nährstoffen auskommen,
- die sich an der Basis verzweigen und ein hohes Regenerationsvermögen besitzen, wie z.B. Klee (Trifolium), Labkraut-Arten (Galium-Arten), Schafgarbe (Achillea millefolium),
- die durch das Mähen gar nicht oder wenig geschädigt werden, wie Rosettenpflanzen z.B. Wegerich (Plantago), Löwenzahn (Taraxacum officinale),
- die vor oder zwischen den Schnitten zur Fruchtreife gelangen, wie z.B. Herbstzeitlose (Colchicum autumnale), Löwenzahn (Taraxacum officinale)

(WALTER 1960; KAULE 1986).

Demgegenüber werden mit der Mahd Arten ausgeschlossen, die nicht im Boden oder direkt an der Bodenoberfläche liegende Überwinterungsknospen besitzen, wie Zwergsträucher, Sträucher und Bäume (KAULE 1986). Ein Nutzungsausfall begünstigt Hochstauden und schnittempfindliche Gräser, so daß sich bei ein bis zwei Schnitten pro Jahr sowohl hochwachsende als auch niedrigwüchsige Pflanzenarten nebeneinander auf dem Standort behaupten können (BRIEMLE, KUNZ & MÜLLER 1987). Da mit der Mahd in der Regel ein Nährstoffverlust verbunden ist, führte dies in der Vergangenheit im extensiv genutzten Grünland, auf diesen Flächen unterblieb der Nährstoffersatz durch eine Düngung, zur Ausbildung ausgedehnter, standörtlich sehr verschiedener Magerrasen- und Heidegesellschaften, die heute als vorrangig bedroht gelten (ELLEN-BERG 1982). Eine solch extensive, aber Pflanzenartenreichtum fördernde Form der Mähnutzng stellt die einschnittige Streuwiesennutzung durch Mahd im Herbst dar, (siehe im folgenden), die bei der düngerlosen Bewirtschaftung das für die Einstreu geeignete, rohfaserreiche Material liefert (BRIEMLE, KUNZ & MÜLLER 1987).

In unserer heutigen Zeit mit einem hohen Nährstoffeintrag aus der Atmosphäre (1) kommt der Aushagerung des Standortes durch den Abtransport der Biomasse und dem dadurch entstehenden Nährstoffentzug eine entscheidende Bedeutung zu. Magerrasen, wie z.B. Pfeifengraswiesen und Halbtrokkenrasen lassen sich ohne Schwierigkeiten durch intensive Düngung und Mahd in zwei bis drei Jahren in Fettwiesen überführen (ELLENBERG 1982).

Der umgekehrte Prozeß mit der Umwandlung von Fettwiesen in Magerrasen nimmt selbst bei intensiver Mahd Jahrzehnte in Anspruch (SCHIEFER 1984). Die Überführung in Magerrasen dürfte trotzdem immer nur sehr unvollkommen bleiben (SCHIEFER 1984; SCHIMDT 1985). Für diese langsame Rückbildung sind zum einen die hohen Närhstoffvorräte im Boden verantwortlich zu machen, die erst "leergepumpt" werden müssen und zum anderen müssen sich etliche Arten im Bestand erst wieder ansiedeln, was umso schneller geschieht, wenn sich entsprechende Samen noch im Boden befinden (SCHIEFER 1984). Die Nährstoffentzüge durch das Abräumen sind dann am höchsten zu veranschlagen, wenn der Mähtermin relativ früh liegt, da zu diesem Zeitpunkt, im Gegensatz zur Herbstmahd, den Pflanzen die Möglichkeit genommen wird, ihre Mineralstoffe und Assimilate schon in die Wurzeln, Rhizome und Stoppeln zu verlagern (WERNER 1983).

Zu ähnlichen Ergebnissen über die oligotrophierende Wirkung eines zusätzlichen Schnittes im Frühsommer kommt EGLOFF (1985) aufgrund seiner Untersuchungen einer eutrophierten Pfeifengraswiese, wobei bezüglich des Nährstoffentzuges die Julivariante die beste Wirkung zeigte. In Anbetracht

des Zeitraumes, der notwendig war, bis sich die Lebensgemeinschaften in weitgehend typischer Ausprägung gebildet hatten, erscheint die viel beschriebene "Formel der Ersetzbarkeit" von Biotoptypen mehr als fragwürdig. Es muß vielmehr die Forderung nach Schutz der letzten wertvollen Bestandteile der Agrarlandschaft vor Zerstörung und Nutzungsumwandlung viel nachdrücklicher erhoben werden (vgl. Pkt. 4.).

"Es ist falsch zu meinen, man könnte nahezu jede Vegetation bei entsprechendem technischen und finanziellen Aufwand ohne Rücksicht auf die natürlichen Voraussetzungen überall neu schaffen. *Mit dieser Vorstellung muß sich leider die praktische Naturschutzarbeit und Landschaftspflege zunehmend auseinandersetzen. Der Schutz und die Pflege der noch vorhandenen Magerrasen, Streuwiesen, Moore usw. ist wichtiger" (SCHMIDT 1985), als die oft mit großem Aufwand angestrebte Neuschaffung von Biotopen, z.B. im Rahmen von Biotopverbundsystemen!*

Zwischen Phytomasse und Artenreichtum besteht ein Zusammenhang. Nach SILVERTOWN (1980) besteht im Grasland durchgehend eine negative Korrelation zwischen der Phytomasse und der Artenzahl, was auch Untersuchungen in Kalkgraslandschaften der DDR bestätigen, wo die höchsten Artenzahlen bei 1.5 - 3.5 t TS (Trockensubstanz)/ha oberirdischer Phytomasse gefunden wurden (REICHHOFF 1974). Diesen "Grenzwert" von 3,5 t TS/ha, den die jährliche Phytomassenproduktion nicht übersteigen darf, will man artenreiche Magerrasen erhalten, ermittelte auch SCHIEFER (1984) bei seinen Untersuchungen über die Möglichkeiten der Aushagerung von Grünlandflächen auf zahlreichen Versuchsflächen in Baden-Württemberg. Ist es das erklärte Pflegeziel, artenreiche Grünlandbereiche zu erhalten bzw. wiederherzustellen, so ist die Reduzierung der Grünmassebildung durch das Abräumen des Mähgutes und die Kontrolle des Mengenanteils unerwünschter konkurrenzstarker Arten durch die geeignete Wahl des Zeitpunktes und der Häufigkeit der Mähtermine notwendig (WOLF, WIECHMANN & FORTH 1984). Da die niedrig- und langsamwüchsigen Pflanzen konkurrenz-

---

(1) Ein Beleg für den allgemeinen Eutrophierungs-Trend in den letzten Jahrzehnten: bezogen auf die Fläche der Bundesrepublik Deutschland läßt sich als grober Schätzwert eine Stickstoff-Emission von 40 kg/Jahr/ha für 1984 annehmen. Eine Immission in ähnlicher Größenordnung ist zu unterstellen (ELLENBERG 1985). In emittentenfernen Lagen wurde ein jährlicher Stickstoffeintrag zwischen 20 und 30 kg/ha (ULRICH 1982) gemessen. Daß der Stickstoffeintrag keine vernachlässigbare Größe darstellt, belegt ein Vergleich mit dem Ackerbau, wo zum Ersatz der Stickstoffverluste durch Ernte und Nitratauswaschung 120 bis 200 kg N/Jahr/ha gedüngt werden, um nachhaltig hohe Erträge zu erzielen (ELLENBERG 1985).

schwach sind, können sie die anderen Arten nicht aus eigener Kraft verdrängen, sie breiten sich erst dann aus, wenn die konkurrenzstarken Arten kümmern und von selbst den Platz räumen (SCHIEFER 1984).

Für den floristischen Reichtum der Pflanzenbestände kommt der Schnittzeit und -häufigkeit eine größere Bedeutung zu, als den Düngungs- und Nährstoffverhältnissen des Standortes, da mit erhöhter oder verminderter Mahdintensität sich viele Konkurrenzmerkmale (z.B. Regenerationsvermögen, Phänologie, Anpassung an die Lichtverhältnisse, Samenproduktion, Nährstoffspeicherung) verändern (SCHIEFER 1984).

Je nach dem Zeitpunkt der Mahd wird die direkte Bodenfläche zu unterschiedlichen Zeiten belichtet. Bei einer Mahd im Herbst sind die Bedingungen im Frühjahr für die in der ersten Jahreshälfte blühenden niedrigen Arten (Rosettenpflanzen, Geophyten) als günstig zu beurteilen. Bei einer Mahd im Sommer werden die niedrigen Herbstblüher gefördert (z.B. die spät blühenden Enzianarten; KAULE 1986). *Für ein buntes, attraktives Bild der Grünlandflächen ist deshalb eine mosaikartig wechselnde Schnittintensität und -zeit notwendig (DIERSCHKE 1985)!*

BAUER (1982) untersuchte in **Molinieten und Kleinseggenrasen die** verschiedenen Reaktionen der einzelnen Pflanzenarten auf die Pflegemaßnahme Mahd mit Abräumen des Mähgutes. So zeigen Krautpflanzen mit bodenständigen Blättern (Potentilla, Sanguisorba und Serratula) ihre beste Entwicklung bei einjähriger Mahd, Pflanzen grasähnlichen Phänotyps (Equisetum, Galium und Succisa pratensis) profitieren von einer zweijährigen Mahd ebenso wie Allium und Gentiana pneumonanthe, die bei einer streureichen und hochwüchsigen Ausprägung des Molinietums die zweijährige Mahd bevorzugen. Mit Ausnahme von Molinia, dem "Streugras par excellence" (ELLENBERG 1982), das durch den einjährigen Mähturnus aufgrund seiner Fertilität gefördert wird, zeigen andere "Gräser" eine bessere Entwicklung bei Vergrößerung der Mähabstände. BAUER (1982) empfiehlt für artenreiche Molinieten und Kleinseggenrasen eine ein- bis zweijährige

Mahd mit Abräumen der Streu, wobei schüttere Schoeneten, aber auch artenarme Magnocariceten in mehrjährigem Abstand gemäht werden können (Cladiumrasen erfordert nur einen drei- bis fünfjährigen Mähturnus). Zu ähnlichen Ergebnissen kommt auch ELLENBERG (1982): "Nach langjährigen Versuchen, die in der Schweizer Mittelland durchgeführt wurden, ist es zur Erhaltung seiner (des Molinietums, Anm. d. Verf.) Artenkombination immer noch am sichersten, wenn man es mindestens alle zwei Jahre im Spätherbst maschinell mäht und das abgemähte Material entfernt." Dies entspricht auch weitgehend der früheren Bewirtschaftungsweise von Streuwiesen, wo die Streu in halmtrockenem Zustand nach dem herbstlichen Absterben der Vegetationsdecke geworben wurde. Die gewonnene Streu fand entweder Verwendung als Stall-Einstreu (Carex-Streu) oder als Winterfutter (Pfeifengras), obgleich ihr Futterwert als gering einzustufen ist, da sie vor allem Zellulose und andere Kohlenhydrate, aber kaum noch Eiweiß oder sonstige nährstoffreiche Verbindungen enthält (BAUER 1982) (2).

Im NSG "Lüneburger Heide" und in Holland wurde nach Mahd mit Abfahren des Mähgutes eine gute Regeneration der **Zwergstrachheide,** in diesem Fall der Ginster-Heidestrauch-Heide (Genisto Callunion), beobachtet, was aber vom Zustand (in einer vergrasten Heide greift der Mensch in das Konkurrenzverhältnis Heide - Gras durch Mahd zugunsten der Gräser ein, da diese sich offenbar rascher regenerieren) und dem Phasenzustand der Heide abhängig ist (MUHLE 1974). Nach MILLER & MILES (1970) sollte die Heide etwa alle fünf bis acht Jahre abgemäht werden, da sich die junge Heide besser regeneriert als ältere Heide; so läßt die Ausschlagsfähigkeit von Calluna in einem Alter über 10 Jahren stark nach. Neben dem Alter der Heide bestimmt auch die Jahreszeit den Erfolg des Mähens (MUHLE & RÖHRIG 1979). MILLER & MILES (1970) empfehlen das Frühjahr als Zeitpunkt der Mahd, da sich die Pflanze dann während der Vegetationsperiode erholen kann, während bei einer Mahd im Herbst die verletzten Stammteile leicht durch Frost, Pilze und Wassermangel geschädigt werden können.

(2) In neuerer Zeit gehen die Landwirte dazu über, die Streuwiesen als einmähdige Wiesen zu behandeln, d.h. den Mähtermin vorzuverlegen und noch während der Vegetationszeit zu mähen, um ihnen einen höheren Futterwert abzugewinnen. Der Effekt dieser Nutzungsumstellung zeigt sich in einer rasch abnehmenden Ertragsfähigkeit der Streuwiesen, da den Pflanzen die Möglichkeit genommen wird, Nährstoffe in ihren unterirdischen Speicherorganen zu deponieren um sie im folgenden Jahr wiederverwerten zu können (BAUER 1982).

Die **mahdbedingten Halbtrockenrasen (Onobrychi-do-Brometum)** - für die Landwirtschaft sind sie aufgrund ihres schlechten Nährstoffhaushaltes, der keinen zweiten Aufwuchs ermöglicht, uninteressant - wurden früher nur einmal im Jahr gemäht und im Spätsommer oder Herbst eventuell nachbeweidet. Sie sind sehr halmreich und werden in erster Linie von der schnittfesten Aufrechten Trespe (Bromus erectus) und der Saat-Esparette (Onobrychis viciifolia) aufgebaut, die neben anderen höherwüchsigen Kräutern durch die Mahd gefördert werden. Sie gehören zu den artenreichsten und blütenbuntesten Wiesen, die wir besitzen (siehe hierzu auch Pkt. 2.3.5.; MÜLLER 1983). Zur Erhaltung der Halbtrockenrasen ist die Mahd als Pflegemaßnahme notwendig, sie verhindert das Aufkommen der Gehölze, die Bildung eines Filzes von abgestorbenen Pflanzenteilen und drängt wuchskräftige, streubildende Gräser zugunsten kleinwüchsiger, verschiedenfarbig blühender Arten zurück (DIERSCHKE 1985; MÜLLER 1983). Eine geregelte, jährliche Mahd kann für die Schwächung von Bromus erectus und Brachypodium pinnatum (3) als eine geeignete Maßnahme angesehen werden, sie ist aber aus organisatorischen, technischen und ökonomischen Gründen nicht immer realisierbar, zumal wenn es sich um große Bestände in stark hängiger Lage handelt, die schlecht mit Maschinen gemäht werden können. Auf brachliegenden Kalkmagerrasen ist eine jährliche Mahd nötig, um aus artenarmen Dominanzbeständen wieder arten- und blütenreiche Rasen zu regenerieren. Auf weniger wüchsigen Standorten reicht eine Mahd alle zwei bis drei Jahre aus, wobei auf großflächigen Beständen eine Teilmahd im jährlichen Wechsel geschehen sollte, was der Tierwelt Ausweichmöglichkeiten anbietet (MÜLLER 1983;

DIERSCHKE 1985). Auch WILMANNS & KRATOCHWIL (1983) empfehlen, will man den historischen Zustand eines "unversaumten" Mesobrometums (4) wiederherstellen (vgl. auch Pkt. 3.), eine periodische Mahd alle ein bis drei Jahre, um so die dominanten Saumarten zurückzudrängen und die Wiederansiedlung typischer konkurrenzschwacher Arten des Mesobrometums zu ermöglichen. Die Mahd sollte Ende Juli durchgeführt werden, da zu diesem Zeitpunkt die Saumarten noch Stoffeinbußen erleiden. Dieser Mahdtermin entspricht auch dem früher üblichen Termin, so wurden die "Mähder" erst um oder nach dem 25. Juli gemäht (MÜLLER 1983). Zu diesem Zeitpunkt haben viele Pflanzen ihren jährlichen Lebenszyklus bereits abgeschlossen und ausgesamt. Sie haben (siehe das Beispiel der Pfeifengraswiese) die Nährstoffe in unterirdischen oder bodennahen Organen (Wurzeln, Rhizome, Knospen) deponiert, so daß sie durch den Schnitt nicht beeinträchtigt werden.

Durch die späte Mahd wird vermutlich Bromus erectus begünstigt (ganz im Gegensatz zu KRÜSI (1981): er geht nach seinen Beobachtungen davon aus, daß sich die späte Mahd besonders negativ auf Bromus erectus auswirkt), da mit der späten Mahd kein Nährstoffentzug stattfindet und sich daher das schnittfeste Gras stärker ausbreiten kann (DIERSCHKE 1985; MÜLLER 1983). In diesem Fall ist eine "Abmagerung" durch Vorverlegung des Schnittzeitpunktes auf Anfang bis Mitte Juni notwendig, die zeitlich und räumlich alternierend zur späten Mahd durchgeführt werden sollte, so daß auf einem Teil der Fläche zum Aussamen der Pflanzen ein später Mähtermin und auf einem anderen Teil der Fläche zum "Abmagern" ein früher Mähtermin gewählt wird (5) (MÜLLER 1983).

((3) In der Literatur wird vielfach auf die Beobachtung hingewiesen, daß sich auf brachliegenden Kalkmagerrasen Brachypodium pinnatum verstärkt ausbreitet und, wo sie zur Dominanz gelangt, zu einer deutlichen Artenverarmung führt (REICHHOFF 1974; HAKES 1987; WILMANNS & KRATOCHWIL 1983 etc.). Die Gründe für die Ausbreitung:
- die Fieder-Zwenke verfügt über eine breite Standortamplitude, sie ist nicht so lichtbedürftig wie die typischen Halbtrockenrasenarten,
- sie hat einen hochschäftigen, dicht beblätterten Sproß und bildet eine große Biomasse,
- sie verfügt über einen ausgeprägten, internen Stickstoffkreislauf und produziert demzufolge eine schwer abbaubare Streu, die dem Boden als dichter Filz aufliegt,
- sie verfügt aufgrund ihrer Polykormone über die Fähigkeit, ihr zusagende Flächen innerhalb kurzer Zeit zu erobern (HAKES 1987).
Da Brachypodium pinnatum schnittempfindlich ist, kann sie lediglich durch die Mahd "in Schranken gehalten" werden, ansonsten ist sie weidefest und wird auch durch das Abbrennen der Fläche gefördert. Bei der "Verteufelung" der Fieder-Zwenke sollte man auch bedenken, daß sie die Haupt-Futterpflanze des unter Schutz stehenden und gefährdeten "Kleinen Waldportiers" (Hipparchia hermione) ist (BLAB & KUDRANA 1982).

(4) In Anbetracht dessen, daß sich unversaumte Mesobrometen durch ein mannigfaltiges Gesellschaftsinventar auszeichnen, kann es auch zu Änderungen in den Pflegezielen kommen und man kann durch eine entsprechende Terminwahl und Häufigkeit der Mahd ein bestimmtes Gleichgewicht von Rasen- und Saumarten in der Artenverbindung anstreben (z.B. gelegentliches Entfernen von Gehölzen, Mähen von Brachypodium pinnatum-Fazies) (WILMANNS & KRATOCHWIL 1983).

(5) Dem Problem des Überhandnehmes von dem nicht weidefesten Bromus erectus kann man mit der früher üblichen Nachbeweidung im Spätsommer oder Herbst wirksam begegnen (MÜLLER 1983).

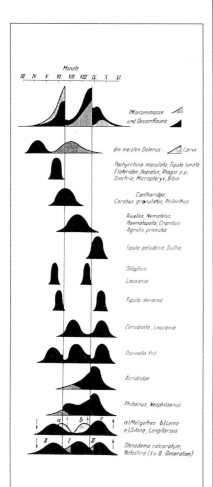

Abb. 1: Das Auftreten von Wiesentieren in der Krautschicht und ihre Einpassung in die Aspektfolge (aus BONESS 1953).

Durchgehende senkrechte Linie: Mahdtermin. Die beiden unteren Darstellungen: Arten, die außerhalb der Wiese als Imago überwintern mit 1. bzw. 2. Generation im Jahr.

2.1.2. Auswirkungen auf die Fauna

Untersuchungen von BONESS (1953) haben gezeigt, daß sich viele Tiergruppen an den Schnitt und Mahdrhythmus von Wiesen angepaßt haben (vgl. Abb. 1).

Unter den Bedingungen der traditionellen extensiven Mahdbewirtschaftung (Zweischnittnutzung) haben sich bestimmte Avizönosen herausgebildet, dies belegt auch die Gegenüberstellung der brutbiologischen Daten des Großen Brachvogels mit den Ernteterminen der traditionellen und intensiven Wiesennutzung im Vordeichgrasland an der Mittelelbe (vgl. Abb. 2; ZUPPKE 1984). Diese Abbildung verdeutlicht aber andererseits auch wie verheerend sich die Einführung der intensiven Dreischnittnutzung mit der damit verbundenen Vorverlegung des Mahdtermins auf den Vogelbestand auswirken kann, da der vorverlegte Mahdtermin mit dem Schlupf der Nestjungen zusammenfällt. Entweder das unbedeckte Gelege wird die Beute eierfressender Vögel, zumal freigemähte Gelege besonders von Brachvogel und Uferschnepfe aufgrund der fehlenden Deckung und der Veränderung des gewohnten Erscheinungsbildes in der Nestnähe kaum wieder angenommen und weiterbebrütet werden, oder die schlagartig abgeernteten Flächen bieten keine Deckungsmöglichkeiten vor Greifvögeln und Raubzeug (ZUPPKE 1984).

Für die Tiere ist die durch die Mahd verursachte Änderung in der Artenkombination der Flora nicht der entscheidende Faktor, da für sie die einander ersetzenden Gräser weitgehend gleichwertig sind (BONESS 1953). Da die meisten Pflanzen vor Abschluß ihres Lebenszyklus geschnitten werden, werden durch die Mahd die Tiergruppen dauernd oder vorübergehend ausgeschlossen, die entweder in reifen Blütenköpfen und Samen leben oder auf diese als Nahrung angewiesen sind (Tagfalter, Schwebfliegen, Tanzfliegen, Blumenfliegen, Hummeln und Wanzen) (BONESS 1953). Da das Blütenangebot ein limitierender Faktor für die Falterfauna ist, fallen die Schmetterlinge nach der Mahd auf den entsprechenden Flächen völlig aus. Sie können jedoch z.T. auf benachbarte Flächen ausweichen, wenngleich Untersuchungen von STEFFNY, KRATOCHWIL & WOLF (1984) diese Aussagen relativieren, da keinesfalls alle Schmetterlingsarten nach einer Mahd auf noch ressourcenreiche Biotope der Umgebung ausweichen können. Es sind insbesondere die Rote-

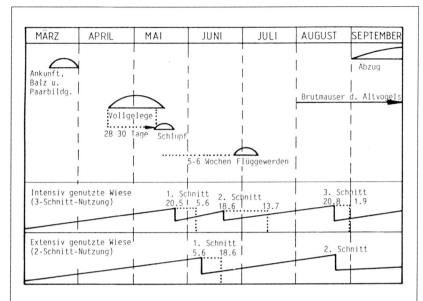

Abb. 2: Der Brutverlauf des Großen Brachvogels in Korrelation mit dem Vegetationsaufwuchs
(aus ZUPPKE 1984)

Liste-Arten unter den Faltern, die höhere Biotop-Präferenzen aufweisen und einen geringeren Aktionsradius besitzen, der das Aufsuchen entfernter Nektarquellen erschwert!

Die in vielen Feuchtgebieten zu beobachtende Tendenz zur Frühmahd und Mehrschnittnutzung bedeutet für viele Tiere einen fast völligen Ausfall ihrer Lebens- und Fortpflanzungsmöglichkeiten (WILMANNS & KRATOCHWIL 1983), so werden auch durch den frühen Mulchschnitt im Juni einige Tagfalter- und Widderchenarten (z.B. Melanargia galthea, Lycaeides idas und Zygaena filipendulae) geschädigt, da sie sich erst ab Ende Juni bzw. Juli zu Imagines entwickeln (BLAB & KUDRNA 1982; KRISTAL 1984). Zweimal gemähte Arrhenathereten weisen eine geringe Falter-Diversität auf, Rote-Liste-Arten fehlen weitgehend (STEFFNY, KRATOCHWIL & WOLF 1984).

Aufgrund der Veränderung der räumlichen Struktur der Wiese werden die Araneiden behindert, da sie einen hohen Bewuchs zur Aufhängung ihrer Netze benötigen (TISCHLER 1965). Das Besiedlungsoptimum von Feldheuschrecken (Acridiae) befindet sich auf einer Pfeifengraswiese mit einer Wuchshöhe von ca. 40 cm. Dementsprechend werden frisch gemähte Flächen gemieden, jedoch mit zunehmendem Aufwuchs der Pflanzen wieder stärker akzeptiert. Ob hierfür das Futterangebot für die phytophagen Arten, die Raumstrukturansprüche oder die mikroklimatischen Veränderungen ausschlaggebend sind, konnte auch durch Untersuchungen von DETZEL (1985) nicht geklärt werden. Da aber die meisten Heuschreckenarten ihre Eier am Boden ablegen, sind sie auf die Bewirtschaftungsweise Mahd angewiesen, da diese günstigere Besonnungsverhältnisse am Boden ermöglichen, als die am Boden verfilzten Brachflächen (OPPERMANN 1987).

Durch das Kurzhalten der Vegetation werden z.B. für die in Feuchtgebieten brütenden Limikolen günstigere Lebens- und Brutbedingungen geschaffen. Aber auch aus avifaunistischer Sicht muß differenzierter vorgegangen werden. BAUER (1982) macht in seiner Untersuchung über die Auswirkungen der Pflegemaßnahmen Mahd auf die Vogelwelt von Streuwiesen auf die Schwierigkeiten aufmerksam, wie die unterschiedlichen ökologischen Ansprüche einzelner Vogelarten mit den Pflegemaßnahmen zu vereinbaren sind und welche Arten u.U. auf Kosten anderer mehr zu fördern sind. Jede Vogelart ist an determinierte Vegetationsformen als Bruthabitat gebunden. So setzen Brachvogel und Kiebitz eine jährliche und möglichst großflächige Mahd voraus.

Der Brachvogel bevorzugt Wiesenteile, deren Bestandeshöhe während der Brutzeit 25 cm nicht übersteigt, damit er beim Brüten den erforderlichen Rundblick ("Halslänge") behält. Diese begrenzte Pflanzenhöhe und -dichte dient nicht nur der Überschaubarkeit während der Brut, sondern sie ist auch für die Aufzuchtperiode der Jungvögel von Bedeutung. Hohe und dichte Pflanzenbestände ermöglichen den frisch geschlüpften Küken kaum ein Durchkommen, erschweren die Nahrungssuche und verursachen bei kühlen Regenperioden ein schnelles Verkühlen der Küken im nassen Bestand (ZUPPKE 1984). BONESS (1953) hat in seinen Untersuchungen festgestellt, daß sich bei windigem Wetter die Mehrzahl der Insekten am Grunde der Grashalme dicht über der Erde aufhält, wodurch den Küken im dichten Bestand auch bei derartigen Witterungsbedingungen die Nahrungssuche erschwert wird.

Kiebitze bevorzugen ebenfalls Flächen mit niedriger Vegetation, die dem brütenden Tier nicht nur den erforderlichen Überblick bieten, sondern vermutlich auch die sozialen Kontakte mit den Artgenossen ermöglichen. Auch bei der Nahrungsaufnahme (90% animalische Nahrung: Insekten, Schnecken, Regenwürmer etc.) ist der Kiebitz auf lückige, niedrige Vegetation angewiesen, da die Wahrnehmung der Nahrung zumeist optisch aus der obersten Bodenschicht oder der Vegetation erfogt. Bekassine und Schafstelze hingegen brüten in schütteren oder unverschilften ungemähten Niedermoorbereichen und suchen die gemähten Flächen lediglich zur Nahrungssuche auf.

Den Habitatansprüchen des Teich- und Sumpfrohrsängers, des Feldschwirls und der Rohrammer entsprechen ungemähte Strukturen. Die Pflege des Riedes darf sich also, will man bei seinen Schutzbemühungen nicht nur die Habitatansprüche einer Art berücksichtigen, sondern die Ansprüche einer möglichst großen Zahl von Pflanzen- und Tierarten, nicht an seiner früheren flächendeckenden Nutzung

orientieren. Eine mosaikartig abwechselnde Nutzungsstruktur ist deshalb anzustreben (vgl. Pkt.3.).

Die durch die Mahd verursachten zeitweiligen mikroklimatischen Veränderungen (6) begünstigen die Aktivitäten thermophiler Insekten und hemmen die Lebensäußerungen jener, die an hohe Feuchtigkeit gebunden sind (BONESS 1953). Auf den gemähten Flächen ist die Anzahl thermo- bzw. xerophiler Arten im Verhältnis zu Sukzessionsparzellen höher, liegt aber deutlich unter der Anzahl der Arten auf Brand-Parzellen (HANDKE & SCHREIBER 1985). Diese Beobachtung wird auch durch BORNHOLDTs (1988) Untersuchungen der Auswirkungen von Pflegemaßnahmen auf die Insektenwelt von Halbtrockenrasen im Raum Schlüchtern (Kreis Hanau) bestätigt, wie der Fang xerothermer Arten (so der Heuschrecke Platycleis albopunctata sowie der Zikaden Neophilaenus albipennis und Jassargus aobtusivalvis) auf den gemähten Flächen belegt.

Vergleiche von BAUER (1982) und OST (1979) zwischen gemähten und ungemähten Feuchtwiesen ergaben, daß die Fauna auf der ungemähten Fläche nicht nur individuen- und artenreicher ist, "sondern auch stärker strukturiert und eine höhere Mannigfaltigkeit" (OST 1979) aufweist. Es zeigte sich, daß auf der nicht gemähten Fläche Mollusca, Isopoda, Myriapoda, Thysanoptera, Heteroptera und Coleoptera häufiger vorkommen, auf den gemähten Flächen dagegen Homoptera und Hymenoptera. Während räuberische Arten und Detritus-Fresser die nicht gemähten Flächen aufsuchen, bevorzugen viele phytophage Gruppen und Parasiten die gemähten Flächen (OST 1979). Diese Ergebnisse stimmen überein mit anderen Untersuchungen über die Auswirkungen der Mahd, so sind nach SOUTHWOOD & EMDEN (1967) auf gemähten Flächen mehr phytophage, auf ungemähten Flächen dagegen mehr räuberische Käfer anzutreffen.

Aus diesen Untersuchungsergebnissen den Schluß zu ziehen, die Mahd würde sich generell negativ auf die Insektenfauna auswirken, wäre jedoch unzutreffend. Das Aussetzen der Mahd wirkt sich beispielsweise auf die Arthropodenfauna nur solange positiv aus, wie die beginnende Sukzession den durch die Mahd geschaffenen Lebensraum nicht grundsätzlich verändert (BAUER 1982). BAUER und OST (1979)

---

(6) Auf den ungemähten Flächen sind Temperatur und Feuchte am Boden sehr ausgeglichen, da der Wind und die direkte Sonneneinstrahlung nicht in nennenswertem Umfang auf den Boden gelangen. Nach der Mahd steigen die Temperaturen in Bodennähe an, die relative Feuchte sinkt erheblich, die täglichen mikroklimatischen Schwankungen sind viel größer geworden als vorher (BONESS 1953).

empfehlen daher für Feuchtwiesen den Schnitt in größeren zeitlichen Abständen und möglichst spät im Jahr. Am günstigsten wäre der Oktober, da dann die Fortpflanzung der Tier- und Pflanzenarten nicht behindert würde!

Aus vorstehenden Erläuterungen wird ersichtlich, wie stark der Schnittzeitpunkt und der Mähturnus in den Entwicklungszyklus der Tiere, insbesondere in den der Insekten eingreifen! *Es gibt nicht den idealen Mähzeitpunkt (PRETSCHER, schriftl.).* Mahdtermine müssen immer gebietsspezifisch und jahrweise neu abgestimmt werden (OPPERMANN 1987). Der Umfang und Zeitpunkt der Mahd sollte - wenn man verhindern will, daß eine große Zahl von Lepidopterenarten (auch Saltatoria, Hemiptera etc.) regelrecht "weggemäht" wird (PRETSCHER, schriftl.) - sorgfältig mit den jahreszeitlichen Aktivitätszeiten und Habitatansprüchen der Blütenbesucher abgestimmt werden. Das Ergebnis wäre eine gesellschaftsspezifische Staffelmahd, die es mit entsprechenden Untersuchungen zu präzisieren gilt (STEFFNY, KRATOCHWIL & WOLF 1984). So sollten für Lepidopteren die notwendigen Eingriffe im Biotop nur außerhalb der Aktivitätsphase, also vom Spätherbst bis etwa Mitte März stattfinden. Das anfallende Material sollte bis in den Sommer des folgenden Jahres hinein am Rande der Pflegefläche gelagert werden, um so den anhaftenden Überwinterungsstadien (Eier, Raupen oder Puppen) die Chance zu geben, ihren Lebenszyklus fortzusetzen (TRAUB 1983).

Entsprechend dem schon existierenden Mähkalender für Orchideen ließe sich auch ein Kalender für Schmetterlinge erstellen (TRAUB 1982). Für den Orthopterenbestand sollten bei den zutreffenden Pflegemaßnahmen die Wiesenteile in einem rotierenden System sukzessive gemäht werden, wobei auf den Erhalt von Gebüschsäumen zu achten ist. Kohldistel- und Waldbinsenwiesen können jährlich zweimal gemäht werden, während für die Streuwiesen (Pfeifengraswiesen) unter Beachtung des Entwicklungszyklus der Heuschrecken die Mahd erst im Oktober empfohlen werden kann. "Die Flächen der natürlichen Sukzession zu überlassen, ist mit Blick auf die untersuchten Heuschreckenarten nicht wünschenswert." (DETZEL 1985).

Der Einwand, die Berücksichtigung nur einzelner Tiergruppen oder weniger Arten sei nicht zulässig, wenn es darum geht, Vorschläge zur Erhaltung solch

komplexer Lebensräume zu erarbeiten, ist berechtigt! Auf die "innerfachlichen Zielkonflikte", die Belange von Landschaftsästhetik, Flora und Fauna bei den Pflegemaßnahmen abzuwägen, wird im Pkt. 3. näher eingegangen!

2.1.3. Schlussfolgerungen

Durch das Verbleiben der organischen Substanz auf der Fläche wird aufgrund der Beschattung, der Verbesserung der Nährstoffverhältnisse und des Düngeeffektes, ausgelöst durch die, wenn gleich langsame, Stickstoffnachlieferung, in das Konkurrenzgefüge und die Zusammensetzung der Arten eingegriffen. In der Folge davon werden die Existenzbedingungen bestimmter Arten und Pflanzengesellschaften, die wir möglicherweise als Zeugen extensiv genutzter, verarmter Standorte unbedingt erhalten wollen, gefährdet (SCHREIBER 1980b)! "Artenreichtum und Blütenpracht unserer Halbtrockenrasen, Hochweiden und -wiesen werden wir wohl nur mit zwei- bis dreijährigem Schnitt und Abtransport des Schnittgutes bewahren." (SCHREIBER 1980a).

Bei einer Schnitthäufigkeit von ein- bis zweimal pro Jahr, dieser Mähturnus ist auf wüchsigen Standorten notwendig, kommt es zu einem Anstieg der Artenzahlen, wobei sich sowohl hoch- als auch niedrigwüchsige Pflanzenarten gleichzeitig auf dem Standort halten können. Für die Bestandeszusammensetzung ist bei diesem Mähturnus die Wahl des Mähzeitpunktes entscheidender als die Bodengüte des Standortes!

Die Möglichkeit der Aushagerung des Standortes ist bei diesem engen Mähintervall naturgemäß eher gegeben, als bei einer Vergrößerung der Mähabstände auf alle zwei bis drei Jahre, wo nur eine geringe Aushagerung des Standortes festzustellen ist, was sich mit dem "internen Nährstoffkreislauf" erklärt. Die oligotrophierende Wirkung der Mahd wird durch die Wahl eines relativ frühen Schnittzeitpunktes erhöht. Auf weniger wüchsigen Standorten, wie zum Beispiel Halbtrockenrasen, können die Mähintervalle größer gewählt werden. Es wird in der Literatur eine Mahd alle zwei bis drei Jahre empfohlen, was keinerlei negativen Einfluß auf die Artenzusammensetzung zeigt.

Mahd ist genauso wie das Mulchen die zuverlässigste Pflegemethode zur Gehölzbeseitigung.

Foto 3: "Narbenrasur" bei Verwendung eines Schlegelmähers
Die aufgerissene Grasnarbe besitzt eine verschlechterte Regenerationsfähigkeit.
(Foto Maertens)

Foto 4: Sauberer Schnitt bei Verwendung des Messerbalkens
Tiefliegende Triebspitzen können so nicht beschädigt werden.
(Foto Maertens)

Foto 5: Geländegängiger Geräteträger

Geländegängiger Geräteträger einer österreicher Firma mit tiefem Schwerpunkt, mit Doppelmessrmähbalken und Bandlaufrechen.
Besonderheit: ohne hydrostatischen Fahrantrieb, daher auch noch mit schwächeren Motoren zu betreiben und preiswerter als andere
Fabrikate. (Foto Maertens)

Die Mahd mit ihren Wirkungen auf die Pflanzendecke schließt eine Anzahl von Tierarten dauernd
oder vorübergehend aus (viele Samenfresser,
manche Gallerreger, Netzspinnen, Blütenbesucher
etc.) und fördert andere Tierarten durch die Schaffung günstiger Entwicklungsbedingungen (Chloro-
piden und sonstige Stengelminierer, Heuschrecken,
Zikaden, einige Vogelarten und seltene thermo-
bzw. xerophile Arten). *Grob vereinfachend läßt sich
ein Antagonismus zwischen Tier- und Pflanzenwelt
feststellen. So sind aus floristischer Sicht, wenn man
von den Streuwiesen absieht, oft frühe Schnittzeiten zu
begrüßen, während aus faunistischer Perspektive, da
die meisten Arten ihren Entwicklungszyklus erst Mitte
September abschließen, eher späte Mahdtermine anzustreben sind* (BRIEMLE, KUNZ & MÜLLER
1987).

An dieser Stelle soll kurz auf die *einzusetzende Pfle-
getchnik* eingegangen werden. Bei den in der Landschaftspflege eingesetzten Geräten handelt es sich
vorwiegend um Schlegelmähwerke und um Kreisel-
und Scheibenmäher. Bei der Beurteilung von diesen
Mährwerken ist zu beachten, daß der Einsatz von
Kreiselmähwerken mehr Möglichkeiten zur Fehlein-
stellung (7) und damit auch zu "Narbenrasur" mit anschließender Einwanderung unerwünschter Pflanzenarten (z.B. Ampfer) bieter als der Messerbalken.
Die vom Kreiselmäher ausgehende Sogwirkung
führt vielfach zum Tod der Kleintierfauna! In diesem
Sinne sollte bei der Auftragserteilung im Leistungs-
verzeichnis der Einsatz des Balkenmähers (Finger-
balkenmähwerke oder *besser Doppelmessermähbal-
ken*) vorgeschrieben werden. Lediglich für die Erstpflege von brachliegenden, verfilzten oder in Verbuschung begriffenen Flächen, die ausgesprochen
aufwendig ist, kann der Kreiselmäher oder ein Freischneidegerät eingesetzt werden (SCHUMACHER
1988). Beim Mähen ist immer auf eine Schnitthöhe

(7) Auf der Maschinenvorführung von DLG und HELELL in Zusammenarbeit mit der Naturlandstiftung Hessen in Lich konnten wir
feststellen, daß nur bei wenigen Geräten die Schnitthöhe am Gerät, also auch in unebenem Gelände, einstellbar/ablesbar ist. Die Indu-
strie sollte in diesem Punkt ihre Geräte verbessern, damit die Schnitthöhe besser zu kontrollieren ist!

Foto 6: "Mulag"-Mähraupe

Sehr kleine, sehr leichte Raupe RM 50 der Firma Mulag mit Aluminiumkarosserie. Daher nur ein Auflagedruck von 100 g/qcm. Zum Vergleich: Ein Mensch hat einen Auflagedruck von ca. 400 g/qcm. Daher ist das Gerät auch noch für die Pflege extrem Trittempfindlicher Grünlandökosysteme hervorragend geeignet (Preis ca. DM 100 000) (Foto Maertens)

von 8-14 cm zu achten, die in der Landwirtschaft üblichen 3 cm sind für den Naturschutz als sehr ungünstig zu beurteilen (KRAUS, mdl.; NITSCHE, mdl.). Untersuchungen ergaben, daß bei einem Tiefschnitt (3 cm) bereits nach drei Jahren bei beiden Mähwerken (Kreiselmäher und Messerbalken) der Kriechende Hahnenfuß stark zunahm, während bei Schnitthöhen von 5-7 cm eine gute Weidenarbe erhalten blieb (BECKHOFF & THIELMANN 1982).

Der Einsatz des Doppelmesser(front)mähwerks (etwa Modell Kunzelmann "Mähblitz" oder Busatis BM 1360) hat den weiteren Vorteil, daß die geringe Leistungsaufnahme dieser Geräte auch bereits den Einsatz schwacher, d.h. kleiner, leichter und preiswerter Schlepper (= weniger Bodenverdichtung) ab 15 PS Leistung erlaubt! Für hängige Lagen bieten sich dann sehr flache Geräteträger mit tiefem Schwerpunkt an, die auch in steilsten Lagen noch einsetzbar sind (z.B. AEBI-Terratrac).

Ein anderes Problem stellt die *Entsorgung des in der Landschaftspflege anfallenden Mähgutes* dar. Es ist

meistens nicht mehr zu verfüttern und wird als Einstreu, aufgrund der einstreulosen Aufstallung in den viehhaltenden Betrieben, nur noch von wenigen Landwirten benötigt. Außerdem wird der in Anspruch zu nehmende Deponieraum in Zukunft immer teurer und knapper (KROMER & RELOE 1988). Zahlreiche Kommunen (z.B. Lich) und auch private Unternehmer sind dazu übergegangen, die in der Landschaftspflege anfallenden Materialien wie Schnittgut, Laub, Heu, Heckenschnitt etc. auf Deponien zu sammeln und als Kompost zu verarbeiten. Die Sammel- und Aufbereitungsanlagen sind genehmigungspflichtig und benötigen eine wasserdichte Bodenfläche sowie ein Sickersaft-Sammelbecken. Die rechtlichen Bestimmungen umfassen die Abfallbeseitigung, den Gewässerschutz, den Emissions- und Immissionsschutz (Geruch, Lärm der Schredder u.a.), den Naturschutz und das Baurecht (KRAUS 1988). Die Intensität des mikrobiellen Abbaus und damit die Dauer der Kompostierung hängt von der Korngrößenzusammensetzung, den Inhaltsstoffen und der Abbauresistenz der organischen Reststoffe,

Foto 7: Kompostierungsgerät AK 250 mit Radlader beschickt

Das Gerät verarbeitet ca. 110-200 qqm Rohmasse pro Stunde. Gut zu erkennen: die grobe Struktur des zerkleinerten Materials, die nach Auskunft des Herstellers den Rotteprozeß wegen der besseren Durchlüftung der Miete erleichtert. Eine zu feine Zerkleinerung behindert durch Sauerstoffmangel den Rotteprozeß und soll die Sickerwasserentwicklung fördern. Bemerkenswert: die Staub- und Lärmentwicklung von ausnahmslos allen dieser Gerätetypen. Dies macht eine möglichst ortsferne Lage nötig, wie z.B. hier in einer Straßenabfahrt der Ungehungsstraße von Lich. (Foto Maertens)

sowie der Feuchteverteilung, der Durchlüftung, der Temperaturverteilung und dem pH-Wert im Komposthaufen ab (KROMER & RELOE 1988). Da sich mit der Zerkleinerung des organischen Materials die für die Mikroben zugängliche Oberfläche vergrößert, muß das angelieferte Material als Matraze ausgebreitet und entweder in Zerkleinerungsmaschinen gebrochen, zertrümmert und aufgefasert oder nach dem Überfahren mit einem Schlegelmähwerk einer Vorrotte unterzogen werden. In einem weiteren Schritt werden die Mieten meist 3 m breit und 1,8 m hoch aufgesetzt. Diese Arbeit erledigen, sofern der Häcksler das aufgeworfene Material nicht gleich zu einer Miete formt, Radlader. In den ersten sechs bis acht Wochen, in der Zeit der Heißrotte, muß die Miete drei- bis sechsmal umgesetzt werden, um eine Auflockerung anaerober Zonen und eine Sauerstoffzufuhr zu erreichen! Für die Nachrotte wird die Miete mit einer Folie abgedeckt. Maschinen, die zum Umsetzen der Kompostmieten angeboten werden, nehmen das Rottegut mit einer Trommel oder einem Kratzboden auf, mischen es und setzen es locker wieder ab (KROMER & RELOE 1988). Die nicht verrotteten Holzteile werden mit Trommel-, Rüttel- oder Spannwellensieben abgesiebt und wieder auf Miete deponiert. Das durchgesiebte Material kann gedämpft und mit 50 % Torf vermischt (KRAUS 1989) in den Handel gebracht werden. Ein völliger Verzicht auf Torf ist jedoch aus den bekannten Gründen anzustreben. Die Kompostierung stellt, sowohl aus ökonomischer als auch aus ökologischer Sicht, das sinnvollste Verfahren der Mähgutverwertung dar! Entsprechende Erfahrungen mit dieser Art der Mähgutverwertung im Naturschutzgebiet "Lange Rhön" sind erfolgversprechend (KESSLER, mdl.)! (8)

Bei langjährigen Versuchen zur Brachflächenpflege wurden für das Mähen mit dem Abfahren des Aufwuchses bei einmaligem späten Schnitt Anfang Juli je nach Standort und Flächengröße Kosten zwischen 500 und 1000 DM/ha ermittelt (ARENS 1983)! Diese

Beträge decken sich auch weitgehend mit den im Rahmen des Pilotprojektes "Pflege schutzwürdiger Flächen durch Landwirte" (MURL/NRW) ermittelten Kosten.

So ist bei der Erstpflege mit Beträgen von 600 bis 1800 DM/ha zu rechnen, während für die jährliche Folgepflege in der Regel 400 bis 700 DM/ha anfallen, wobei diese Kostensätze bei überwiegender Handarbeit auf 1400 DM/ha ansteigen können (SCHUMACHER 1988).

2.2. Mulchen

Das Mähen mit Abräumen des Aufwuchses kommt wegen des großen Arbeitsaufwandes in der Praxis allenfalls nur ausnahmsweise zum Einsatz (ARENS 1976, 1983). Der grundlegende Unterschied des Mulchens zur Schnittnutzung auf dem Grünland besteht darin, daß der Aufwuchs nicht entfernt wird, sondern mit speziellen Sichel- und Schlegelmulchgeräten (KORMER 1975) gehäckselt auf der Fläche verbleibt (ARENS 1976). Unter Mulchen wird also in diesem Fall nicht nur das "Abmähen und Liegenlassen des Mähgutes" verstanden (BARDELEBEN & GEKLE 1978), sondern auch die Materialzerkleinerung der Pflanzenmassen, die zu einer rascheren Mineralisierung führen soll (BRIEMLE, KUNZ & MÜLLER 1987). Beim Mulchen beschäftigt man sich in der wissenschaftlichen Forschung insbesondere mit folgenden Fragen:

- Wird das Mulchgut überhaupt in jedem Fall vollständig abgebaut oder sammelt sich, was ja auch denkbar wäre, auf manchen Standorten die unzersetzte organische Substanz an, was auf die Dauer zu einer Veränderung der Standortbedingungen führen würde?

- Welche Düngewirkung geht vom Mulchgut aus? In welchem Umfang erfolgt, in Abhängigkeit von der Jahreszeit und des Standortes, die Nährstoff-Freigabe im Zuge der Zersetzung?

- Führt die durch das Mulchen zu erwartende Eutrophierung der Standorte zu einer gravierenden Veränderung in der Vegetationszusammensetzung (ARENS 1976)?

2.2.1. Auswirkungen auf die Vegetation

Als Ergebnis achtjähriger Versuche auf unterschiedlichen Versuchsstandorten konnte SCHIEFER (1983) auf den meisten Mulchparzellen eine Zunahme von Magerkeitsanzeigern (9) und einen schwachen Ertragsrückgang festhalten. Mit anderen Worten: keine Eutrophierung, sondern eine Aushagerung fand auf den gemulchten Parzellen statt. Auch BRAUN (1980) stellte auf Mulchparzellen im Spessart im Zeitraum von 1971 bis 1978 eine kräftige Aushagerung fest. So entwickelte sich aufgrund des Mulchens die Habichtskraut-Variante der Frauen-Mantel-Glatthaferwiese (Alchemillo-Arrhenatheretum) zu einem Kreuzblumen-Borstgrasrasen (Polygalo-Nardetum). Diese Ergebnisse stehen im Widerspruch zu den eingangs aufgestellten Fragen und zu den Annahmen von ARENS (1976, 1983), WOLF, WIECHMANN & FORTH (1984) und andere Autoren, die dem Mulchen eine düngende, eutrophierende Wirkung zusprechen, die sie auf die Stickstofflieferung aus der abgebauten organischen Substanz zurückführen. Die unterschiedliche Beurteilung der Mulchwirkung ergibt sich aus dem verschiedenen Vergleichsansatz (MÜTZE 1988). SCHIEFER vergleicht Mulchen mit Brache, die anderen Autoren (z.B. ARENS 1976, 1983) dagegen mit Mähen und Entfernen des Aufwuchses.

Bezogen auf die Brachebestände begünstigt das Mulchen konkurrenzschwache Arten - so die Förderung von niedrigwüchsigen Rhizom-, Rosetten- und Stolonen-Hemikryptophyten - in Verbindung mit der deutlichen Tendenz zu einer größeren Artenzahl. Die Aushagerung des Standortes - verursacht durch Stickstoffverluste, da man die Aufhellungen des Aufwuchses und die Zunahme von Armutsanzeigern als N-Mangelsymptome deutet - läßt sich mit der Geschwindigkeit der Streuzersetzung (10) bei gleichzeitig relativ geringer Feinwurzelmasse erklä-

---

(8) Anzumerken ist, daß es anscheinend möglich ist, bei optimaler Mietenbewirtschaftung auf einige Arbeitsgänge, insbesondere das aufwendige mehrmalige Umsetzen, zu verzichten. Dadurch verbessert sich die Wirtschaftlichkeit der Kompostierung enorm. Besondere Bedeutung kommt hierbei der richtigen Durchmischung (Wiesen- und Heckenschnitt) und Zerkleinerung des Materials auf die richtige "Korngrößenzusammensetzung" zu. Eine zu feine Zerkleinerung behindert den Rotteprozeß, zwingt zu häufigem Umsetzen und soll auch den vermehrten Austritt von Sickersäften zur Folge haben. Sehr viele Schredder arbeiten zu fein. Die besten Ergebnisse sind nach unserem Eindruck zur Zeit mit dem System AK 250 der Fa. Doppstadt (Velbert) zu erzielen. Nicht jede Gemeinde/Stadt ist zur Anschaffung dieses teuren Gerätes gezwungen, die Vergabe des Schredderns auf dem Betriebshof an Firmen mit fahrbaren Schreddern ist oftmals preiswerter!

(9) Als Magerkeitsanzeiger werden Arten bezeichnet, die stickstoffarme Standorte anzeigen und keinen ausgesprochenen Gesellschaftsanschluß besitzen wie z.B. Briza media und Carex flacca. Zu den Magerkeitsanzeigern in weiterem Sinne gehören auch alle Kennarten der Festuca-Brometea und der Nardo-Callunetea (SCHIEFER 1983).

ren (SCHIEFER 1983, SCHREIBER & SCHIEFER 1985). *Im Vergleich zu Mähen mit Entfernen des Aufwuchses werden beim Mulchen relativ kampfkräftige, stickstoffdankbare Arten begünstigt,* die konkurrenzschwache Arten mehr oder weniger unterdrükken, was sich durch das N-Angebot durch die Mineralisierung des Mulchgutes erklärt (11), das teilweise noch vom zweiten Aufwuchs ausgenutzt wird (WOLF, WIECHMANN & FORTH 1984). Es kommt zu einer quantitativen Veränderung im Mengenverhältnis der Arten, Gräser nehmen zu. Die Artenzusammensetzung des Bestandes selber bleibt aber im wesentlichen erhalten, es dominiert lediglich ein anderer Aspekt, so ein weniger bunter Blütenaspekt. Das Brachfallen hingegen wirkt stärker auf die Artenzusammensetzung ein, es kommt zu einer qualitativen Veränderung (ARENS, mdl.)!

Wie beim Mähen mit Abräumen des Mähgutes kommt es auch beim Mulchen sehr wesentlich auf Mulchzeitpunkt und -häufigkeit an. In Verbindung mit der daraus resultierenden unterschiedlichen Geschwindigkeit der Streuzersetzung kommt ihnen eine entscheidende Bedeutung für Bestandsveränderungen zu (SCHMIDT 1985). Generell sollte ein so früher Mulchtermin gewählt werden, wie es der Pflanzenbestand und die Arterhaltung (z.B. nach der Orchideenblüte) zulassen, da sich das Mulchgut umso schneller zersetzt, je rohproteinreicher und rohfaserärmer die Pflanzenmasse ist (SCHIEFER 1983).

Bei einem *langsamen Streuabbau* werden viele niedrig- und schwachwüchsige Arten durch die Streulage erdrückt und sterben ab. Hochwüchsige Rhizompflanzen profitieren von dem, sich auf den Pflanzenwuchs hemmend auswirkenden, langsamen Streuabbau, da sie mit Hilfe der in ihren Speicherorganen angesammelten Assimilate die Streudecke durchwachsen und sich aufgrund ihrer Polykormone leicht ausbreiten. Eine *schnelle Streuzersetzung* kommt den niedrigwüchsigen, besonders lichtbedürftigen und konkurrenzschwachen Arten zugute, die sich ausbreiten können. Grundsätzlich wird die Streu auf frischen und feuchten Standorten in warmen Klimalagen viel schneller zersetzt als auf trockenen oder nassen Standorten in kühl-humiden

Regionen (z.b. Mittelgebirge) (SCHREIBER 1980b; SCHIEFER 1983; ARENS, mdl.). In diesem Sinne sollte in den Mittelgebirgslagen der Mulchschnitt nicht später als Mitte August erfolgen, da ansonsten der Zeitraum bis zum Wintereinbruch zu kurz ist und zur Mineralisierung des Mulchgutes nicht ausreicht (SCHIEFER 1983; BRIEMLE, KUNZ & MÜLLER 1987). Auf wüchsigen Standorten sollte bereits Ende Juni/Anfang Juli gemulcht werden. Auf mageren und trockenen Standorten wirkt sich der Bearbeitungstermin weniger auf Bestand und Aspekt aus (ARENS 1976).

Die verschiedenen Mulchintervalle (Mulchen zweimal/einmal jährlich, Mulchen jedes zweite/dritte Jahr) müssen auf die einzelnen Pflanzengesellschaften abgestimmt sein. In Pflanzenbeständen mit schneller Entwicklung, wie z.B. in den typischen **Glatthaferwiesen (Arrhenatherion)** und **Goldhaferwiesen (Trisetion)** ist ein jährlicher Mulchschnitt im Juni nötig, will man diese Pflanzenformationen mit ihrem typischen Artenspektrum erhalten. Auf sehr wüchsigen Standorten ist sogar ein zweimaliges Mulchen im Jahr notwendig, um die artenreichen Bestände und buntblühenden Aspekte zu erhalten, da sich in hochproduktiven Glatthaferwiesen schon bei lediglich einmaligem Mulchen im Jahr obergrasreiche Bestände ausbilden, die die buntblühenden Wiesenarten zurücktreten lassen. Ein zweimaliges Mulchen bedeutet hier eine Fortsetzung der bisherigen extensiven Nutzung und die Molinio-Arrhenatheretea-Arten sind an den zweimaligen Schnitt optimal angepaßt (SCHIEFER 1983). Der zweimalige Mulchschnitt führt (ebenso wie die extensive Beweidung) zu einer Verlängerung der Vegetationsperiode (KALMUND 1985), wenn man diese an dem Heranwachsen und Verbleiben photosynthetisch aktiver Sproßteile mißt, und bewirkt ein früheres Blühoptimum und farbenprächtigere Blühaspekte (SCHREIBER & SCHIEFER 1985).

Auf Standorten mit einer niedrigen Phytomassenproduktion von weniger als 35 dt TM/ha wie auf **Halbtrockenrasen (Mesobromion)**, **Pfeifengraswiesen (Molinion)** und **Borstgrasrasen (Violion caninae)** reicht ein Mulchschnitt alle zwei bis drei Jahre aus, um den Ausgangspflanzenbestand zu

---

(10) Auf frischen Standorten wird die Streu in der Regel innerhalb weniger Wochen abgebaut, die Nährstoffe werden schneller freigesetzt als sie von den Pflanzen wieder aufgenommen werden können (SCHIEFER 1983).

(11) Man kann nicht von einer "echten Eutrophierung" durch das Mulchen sprechen, da keine Nährstoffe neu hinzugeführt, sondern lediglich der Nährstoffentzug, der beim Mähen durch das Entfernen des Aufwuchses entsteht, unterbleibt (MÜTZE 1988).

"konservieren" (SCHIEFER 1983). Auf solchen Standorten reicht sogar das "normale" Mähen mit dem Liegenlassen des Mähgutes aus, wogegen auf produktiveren Standorten eine Mähgutzerkleinerung notwendig ist, damit die Streu vor Winterbeginn noch abgebaut wird (DIERSCHKE 1985). Die Halbtrockenrasen sollten im Zeitraum Ende Juni bis Ende Juli, die Borstgrasrasen und Pfeifengraswiesen dagegen erst im August gemulcht werden (SCHIEFER 1983). Bei bestimmten Ausbildungen der Pfeifengraswiesen, die mehrere spätblühende Arten aufweisen die gegen Schnitt während der Blüte empfindlich sind, können Pflegemaßnahmen erst im Oktober durchgeführt werden, wenn die letzten Spätblüher Gentiana pneumonanthe und Gentiana asclepiadea die Furchtreife erlangt haben. In diesem Fall kommt jedoch nur Mähen mit Abräumen in Frage, da das Mulchgut unverrottet als geschlossene Decke liegen bliebe, was das Absterben von Arten zu Folge hätte (SCHIEFER 1983).

2.2.2. Auswirkungen auf die Fauna

Die Auswirkungen des Mulchens auf die Tierwelt sind ähnlich zu beurteilen wie jene des Mähens mit Abtransport des Schnittgutes! Auch das Mulchen stellt wie das Mähen für viele Tierarten einen erheblichen Eingriff dar. Zum einen werden viele Tiere, die in oder an den Pflanzen leben, durch den Schnitt vernichtet, zum anderen kommt es durch das Mulchgerät auch zur Tötung von Wirbeltieren (Maulwurf, Feldmaus) (HANDKE & SCHREIBER 1985). Es läßt sich auch derselbe "Antagonismus" wie bei der Mahd feststellen. Frühe Mulchtermine, wie sie aus floristischen Gründen, aber auch aus Gründen der Zersetzbarkeit der Streuschicht zu begrüßen sind, sind für bestimmte Tiergruppen von Nachteil! Wie das Einfallen nahrungssuchender Vogelarten (z.B. Stare, Sing- und Wacholderdrossel, Buchfink und Rabenkrähe) auf frisch gemulchten Parzellen zeigt, profitieren diese Vogelarten von dem Mulchen, da sie in den zuvor hochwüchsigen Beständen keine Nahrung ausfindig machen konnten (BONESS 1953; HANDKE & SCHREIBER 1985). Untersuchungen auf die Diversität eines Seggenriedes haben gezeigt, daß das Mulchen für die Mehrzahl der untersuchten Tiergruppen, inbesondere für Käfer, Asseln und Spinnen, von Nachteil ist, was sich in einer Reduzierung der Individuenzahl, aber auch der Artenzahl dokumentiert (OST 1979). Um diese artenreichen

Tiergruppen zu schonen, empfiehlt OST (1979) nur alle drei bis vier Jahre und frühestens im Oktober zu mulchen!

Zu weniger negativen Ergebnissen über die Auswirkungen des Mulchens kommen die Untersuchungen von HANDKE & SCHREIBER (1985) auf trockenen Glatthaferwiesen. So wurden auf den gemulchten Parzellen (im Vergleich zu gemähten, gebrannten und beweideten Flächen) am häufigsten Heuschrecken und Weberknechte gefangen. Laufkäfer und Spinnen erzielen hier ähnlich hohe Artenzahlen wie auf Brand-Parzellen (vgl. Pkt. 2.4). Die seltenen thermo- bzw. xerophilen Tierarten werden durch den Mulchschnitt gefördert (HANDKE & SCHREIBER 1985).

BONESS (1953) macht in seinen Untersuchungen auf die charakteristische Artengemeinschaft, die sich vorwiegend aus bestimmten Faunenelementen der Bodenstreuschicht zusammensetzt, aufmerksam, der das liegengebliebene Mähgut einen temporären Lebensraum bietet. Dazu gehören vor allem schimmelfressende Käfer (z.B. Cryptophagiden, Lathridiiden), saprophage Dipterenlarven, Milben und Collembolen. Desweiteren gewährt das Mähgut den hygrophilen und nächtlichen Tierarten für die kritsche Übergangszeit Unterschlupf, gemeint sind die infolge der Mahd zu beobachtenden mikroklimatischen Veränderungen sowie die Strukturveränderungen (vgl Pkt. 2.1) bis zum erneuten Heranwachsen der schutzbietenden Pflanzenmassen. So fanden sich Elateriden, Carabiden, Staphyliniden, Silphiden und ihre Larven im Mähgut. Desweiteren ziehen sich Nacktschnecken, als besonders feuchtigkeitsbedürftige Tiere, Noctuidenraupen, Micryphantiden, Tipulidenlarven und Frösche unter halbwelkes Heu zurück (BONESS 1953)!

2.2.3. Schlußfolgerungen

Da es das angestrebte Ziel der Pflegemaßnahmen ist, eine bestimmte Pflanzengesellschaft in ihrem typischen Artenspektrum zu erhalten bzw. selten gewordene Pflanzenbestände wiederherzustellen, kann das Mulchen für viele Rasengesellschaften als die geeignete Pflegemaßnahme angesehen werden.

Entscheidend für die floristische Artenvielfalt ist der Mulchzeitpunkt, da mit der Wahl des Mulchzeitpunktes auch über die Geschwindigkeit des Streuabbaues mitentschieden wird. Auf nährstoffreichen Standorten empfiehlt sich ein Mulchschnitt ein- bis zweimal jährlich, da ein rascher Streuabbau und eine schnelle Mineralisierung gewährleistet sind. Es kommt zu einer Zunahme "echter" Glatthaferwiesen. Bei dieser Pflegemethode findet *kein Nährstoffentzug* statt. Die nur ansatzweise in Zersetzung befindliche Streuschicht, zumal wenn die Pflanzenmasse in erster Linie durch die Biomasse und die schwer zersetzbare Nekromasse von Brachypodium pinnatum gebildet wird, kann die Vegetationszusammensetzung in unerwünschter Weise verändern.

Für die Tierwelt sind die spät liegenden Mulchtermine günstiger zu beurteilen.

Da die Kosen bei ein- bis zweimaligem Mulchen mit 50 bis 100 DM/ha also um ein mehrfaches geringer als bei Mähen und Abfahren des Mähgutes angesetzt werden (ARENS 1983), stellt diese Pflegemethode eine kostengünstige Alternative zum Mähen dar! Zwar entstanden in nordhessischen Naturschutzgebieten Kosten von ca. 600 - 900 DM/ha (HAKES 1987), aber aus dieser Quelle wird nicht ersichtlich, ob es sich hierbei um eine Erstmahd handelt, die zuerst den Gehölzaufwuchs entfernen muß und sehr kostenintensiv ist. Die Kosten sind von der Verbuschung (bei Erstmahd), der Aufwuchsmenge und der Hangneigung abhängig (KAULE 1986). Ein weiteres Argument, das für die Methode Mulchen spricht, sind die Probleme mit dem anfallenden organischen Material beim Mähen. Die Inanspruchnahme von wertvollem Deponieraum ist genauso wenig akzeptabel, wie das oft zu beobachtende wilde Deponieren am Rande der schützendswerten Flächen oder im Wald (SCHUMACHER 1988).

2.3 Beweidung

Der Einsatz der extensiven Weidenutzung in der Landschaftspflege wird in unterschiedlicher Form und mit verschiedenen Tierarten (Rind, Schaf, Ziege, Damwild, Pferd) praktiziert und in der Literatur ausführlich beschrieben, wobei jedoch die betriebswirtschaftlichen Aspekte im Vordergrund stehen. In unserer Arbeit möchten wir ausführlicher auf die Auswirkungen und Möglichkeiten der Schafbeweidung eingehen. Auf die Alternativen wie Ziegenbeweidung, Damwildhaltung und Mutterkuhhaltung und Weidemast auf Extensivrasen wird nur kurz eingegangen.

Tab.: 1:	Der Schafbestand in der Bundesrepublik Deutschland	
	(aus WOIKE & ZIMMERMANN 1988)	
Fleischwollschafe	**42,8**	
● Merino-Landschaf	41.8 %	
● Merino-Fleischschaf	1,0 %	
Fleischschafe	**41,3**	
● Schwarzköpf. Fleischschaf	24,0 %	
● Texelschaf	9,7 %	
● Weißköpfiges Fleischschaf	7,3 %	
● Blauköpf. Fleischschaf	0,3 %	
Landschafe	**6,2**	
● Heidschnucke	1,8 %	
● Milchschaf	1,8 %	
● Bergschaf	2,0 %	
● Rhönschaf	0,6 %	
Kreuzungen	**9,1 %**	
Übrige Rassen	**0,6 %**	

Während der Pflegeschnitt alle Pflanzen in gleicher Höhe und zum gleichen Zeitpunkt trifft, ist die Beweidung als ein ausgesprochen selektives Pflegeverfahren anzusehen.

Die besondere Attraktivität der Beweidung von Brachflächen durch Schafe, Ziegen etc. resultiert daraus, daß mit diesem Landschaftspflegeverfahren nicht nur die Vegetation durch Tritt und Verbiß der Tiere kurz gehalten und eine rasche Verbuschung verhindert werden kann, sondern auch weil die Beweidung, im Gegensatz zu anderen, nur Kosten verursachenden Pflegeverfahren, einen wirtschaftlichen Ertrag erbringen kann.

2.3.1 Schafhaltung

Die Schafe hatten die Aufgabe das sog. "absolute Schaffutter" zu verwerten. Darunter verstand man den Aufwuchs, der für die anderen Nutztiere aufgrund seiner geringen Menge bzw. Qualität, die nicht Zur Erzielung einer wirtschaftlich interessanten Lei stung ausreichte, und der Unzulänglichkeit des Standortes (Hanglage, weite Entfernung) uninteressant war (SCHLOLAUT 1988). Folgende Voraussetzungen prädestinierten das Schaf zum "Pfennigsucher" unter den Nutztierarten:

● Die Wollerzeugung, früher das Hauptproduktionsziel, war hinsichtlich der Quantität und Qualität weniger von einer ständigen Deckung des Nährstoffbedarfs abhängig, wie dies für die Fleisch- und Milcherzeugung notwendig ist. Schafe konnten somit die saisonal- oder witterungsbedingten Engpässe in der Nährstoffversorgung besser überbrücken als andere Nutztierarten. Schaffleisch war aufgrund der altersbedingten Erhöhung des Fettschmelzpunktes und der Intersivierung des schaftypischen Geschmacks wenig gefragt und erzielte einen Preis, der unter dem Wollertrag lag. So konnte am Anfang des 19. Jahrhunderts von dem Erlös für 1 kg Wolle 9 kg Schaffleisch gekauft werden (WASSMUTH 1973), heute sind es nur noch 0,4 kg.

● Die selektive Futteraufnahme (siehe Pkt. 2.3.5.)

● Die Mobilität (Marschfähigkeit) in Verbindung mit dem Herdentrieb, die es ermöglichen, daß die saisonalen Unterschiede im Futteranfall mit der Wanderung zu entfernten Weideflächen kompensiert werden konnten.

● Vor dem Aufkommen des Mineraldüngers spielTen die Schafherden beim Nährstofftransfer von ackerbaulich nicht zu nutzenden Hutungen, Wiesen etc. zu den Ackerflächen eine wichtige Rolle, indem sie das Ackerland, auf dem der nächtliche Pferch aufgeschlagen war, mit Kot und Harn düngten. Dieser Nährstofftransfer bildete auch die Grundlage für die Entwicklung von Lebensgemeinschaften, die Nährstoffarmut für ihr Entstehen benötigen, z.B. Trocken- und Halbtrockenrasen (SCHLOLAUT 1988; MÜLLER 1983).

● Die große Variatonsbreite im Größenwuchs zwischen den Rassen ermöglichte eine flexible Anpassung an die Futtergrundlage, da der von der Größe bzw. Gewicht abhängige Erhaltungsaufwand dazu führt, daß die kleinrahmigen Rassen mit weniger verfügbarem Futter auskommen und besser futterarme Perioden überdauern können (s.u.).

Bereits ab der zweiten Hälfte des vorigen Jahrhunderts verlor die Wollproduktion als Hauptnutzung des Schafes aufgrund der überseeischen Konkurrenz (Wolle und Baumwolle) zusehends an Bedeutung. Diese Entwicklung wurde durch Verwendung synthetischer Fasern in diesem Jahrhundert noch beschleunigt. Heute entfallen von 198 Mio. DM Gesamtproduktionswert (1986) 94,4% auf die Fleisch-

erzeugung, wobei von diesen Einnahmen wiederum mehr als 4/5 aus den Erlösen des Lammfleischverkaufes gedeckt werden. Das Produktionsziel hat sich von "Hammelmast" über "Jährlinge" zu immer jüngeren Lämmern (4 - 6 Monate alt) verschoben. Nur noch 5,6% der Einnahmen stammen aus der Wollerzeugung (SCHLOLAUT 1988; WOIKE & ZIMMERMANN 1988). Damit stiegen bei Mutterschafen und Lämmern die Ansprüche an die Futterqualität, was auch den Zwang zur Intensivierung der Schafhaltung begründet. Entsprechend der überragenden Bedeutung der Fleischerzeugung wurden die früher kleinrahmigen, weniger bemuskelten und auch häufig weniger fruchtbareren Landschafrassen weitgehend durch fleischbetonte und fruchtbarere Rassen veredelt oder ersetzt (SCHLOLAUT 1988). Tab. 1 verdeutlicht die eindeutige Bevorzugung von Schafrassen mit hoher Fleischleistung gegenüber den Landschafen.

Mit der Änderung der Produktionsziele und -bedingungen haben sich auch die Produktionsverfahren geändert. Das einst nahezu ausschließlich praktizierte Verfahren der Hüteschafhaltung zeigt eine rückläufige Tendenz, wobei diese überwiegend auf Kosten der Wanderschäferei erfolgt.

Die **Wanderschafhaltung**, heute noch in Süd- und Südwestdeutschland praktiziert, ist gekennzeichnet durch die überwiegende Aufnahme von absolutem Schaffutter auf nicht eingezäunten Flächen, bei zeitlich begrenzter Freßzeit unter der Aufsicht eines Hirten und jahreszeitlichem Standortwechsel der Herde (Nomadismus). So befinden sich die Vorsommer- und Sommerweiden in den Höhenlagen auf Grenzertragsböden und landwirtschaftlich nicht mehr genutzten Flächen (z.B. Wacholderheiden, Truppenübungsplätze etc.), in den klimatisch günstigeren, wintermilden Regionen liegen die Herbst- und Winterweiden, die früher in reichem Maß vorhanden waren, die es aber heute immer weniger gibt da die Landwirte in der Regel auf eine intensive Nutzung ihres Grünlandes angewiesen sind und einen dritten Schnitt einbringen (FISCHER 1983; WOIKE & ZIMMERMANN 1988). Zum erwähnten Rückgang der Wanderschäferei haben folgende Entwicklungen geführt:

● Rückgang der Weidemöglichkeiten auf abgeernteten Getreidefeldern, da hier Herbizide den Wildkräuterbesatz dezimiert haben.

Foto 8: Rhönschaf
Ein für feucht-kühle Mittelgebirgslagen prädestiniertes Landschaf. (Foto Maertens)

● Rascher Umbruch der Getreide- und Rübenäkker gleich nach der Ernte.
● Umwandlung von Weideflächen in Ackerland. Damit entfällt die sog. Vorweide auf den Wiesen bis Mitte April.
● Behinderung der Wanderung durch die hohe Verkehrsdichte.
● Höhere Ansprüche der Fleischproduktion an die Nährstoffversorgung.
● Kein geregeltes Familienleben des Schäfers. (MATTERN, WOLF & MAUK 1979; FISCHER 1983; SCHLOLAUT 1988).

Die **stationäre Hütehaltung**, "die Form der Schafhaltung mit der größten Zukunft" (FISCHER 1983), ist gekennzeichnet durch eine Schafmeisterei mit einem Winterstall, in dessen Umgebung Mähweiden, Brachen etc. im Umtrieb beweidet werden. Die stationäre Hütehaltung ermöglicht dem Betreiber ein seßhaftes Leben und eine intensive Produktion. Die Beschaffung ausreichender Mengen von Winterfutter gestaltet sich problematisch, da es dem Schäfer sehr oft an den nötigen Futterflächen für die

Winterfutterbereitung fehlt (Konkurrent zum viehhaltenden Landwirt; FISCHER 1983). 1986 wurden etwa 29% des Schafbestandes in der standortgebundenen Hütehaltung gehalten (WOIKE & ZIMMERMANN 1988). Diese Art der Haltung stellt zukünftig für die Landschaftspflege die wichtigste Betriebsform dar, da sich die Hüteschafhaltung für die Bewirtschaftung der schützenswerten Grünlandbiotope aufgrund ihrer größeren Mobilität, des Fehlens von Zäunen und der unter ständiger Aufsicht erfolgenden Dosierung der Weideintensität anbietet.

Die **Koppelschafhaltung** auf umzäunten Weideflächen ohne ständige Beaufsichtigung, ein in Großbritannien, Irland, Neuseeland und Australien schon seit Jahrzehnten fast ausschließlich praktiziertes Produktionsverfahren, hat in den letzten Jahrzehnten in Deutschland deutlich zugenommen. 1986 wurden etwa 42% aller Schafe standortgebunden gehalten (WOIKE & ZIMMERMANN 1988). "Diese Haltung ist eine arbeitsextensive Form der Grünlandnutzung, die sehr flächenintensiv gestaltet werden kann." (WILKE 1984). Die wirtschaftliche Effizienz wird bei der Koppelhaltung vorrangig von der Produktivität je Flächeneinheit bestimmt, während sie bei der Hütehaltung an der Produktivität je AK gemessen wird (SCHLOLAUT 1988). Dementsprechend wird eine intensive Bewirtschaftung der Weiden angestrebt, d.h. man fördert die Aufwuchsleistung mittels Mineraldüngung um eine häufigere Nutzung zu gewährleisten. Dies führt zu einer langfristigen Verdrängung zahlreicher Pflanzenarten und reduziert die Artenvielfalt auf den Weiden. *Die Koppelschafhaltung in ihrer intensiven Form der Standweide läuft in nahzu jeder Hinsicht den Belangen des Naturschutzes zuwider* (SCHLOLAUT 1988)!

Grundsätzlich lassen sich alle Schafrassen in de Landschaftspflege einsetzen (WOIKE & ZIMMERMANN 1988), da die so viel beschriebene Anspruchslosigkeit an den Nährstoffbedarf bei den noch in Resten vorhandenen alten Landschafrassen sich von der Fleischschafrassen lediglich aufgrund der geringeren Größe(12) und der niedrigeren Leistungserwartung unterscheidet (SCHLOLAUT 1988). Über die höhere Resistenz der Landschafrassen gegenüber Klauen- oder parasitären Erkrankungen , wie dies von ZIMMERMANN und WOIKE (1982), WOIKE und ZIMMERMANN (1988) und GREBE (schriftl.) beobachtet wurde, liegen keine fundierten Hinweise vor, das oben erwähnten Beobachtungen "sind offenbar das Ergebnis eines geringeren Infektionsdruckes oder anderer Einflüsse (z.B. desinfizierend Wirkung von Huminsäuren bei der Moorschnucke)" (SCHLOLAUT 1988). Auch hinsichtlich der Aufnahmemenge von Rauhfutter ergeben sich keine Unterschiede zwischen Landschafrassen und Fleischschafrassen, die Verbißfreu-H digkeit ist weniger rassebedingt als vielmehr das Re sultat von Lerneffekten. "Grundsätzlich kann davon ausgegangen werden, daß die Bereitschaft unbekanntes oder unbeliebtes Futter aufzunehmen, um so größer ist, je weniger Futter verfügbar ist und je länger der zeitliche Abstand von der vorgehenden Fütterung ist." (SCHLOLAUT 1988).

Damit soll sich keinesfalls gegen den Einsatz von Landschafrassen in der Landschaftspflege ausgesprochen werden. Zum einen haben landschaftspflegerische Interessen (Offenhalten der Biotope, Er-

haltung schutzwürdiger Pflanzen- und Tierarten) absoluten Vorrang vor der Woll-, Fleisch- oder Milchproduktion und zum anderen ist die Erhaltung der Landschafrassen alleine aus kulturhistorischen oder genetischen Gründen erstrebenswert. Das Rhönschaf gehört genauso zur Rhönlandschaft wie die Heidschnucke zur Lüneburger Heide.

Landschafrassen

 ● Heidschnucken
 ● Moorschnucken
 ● Skudden
 ● Rauhwolliges Pommersches Landschaf
 ● Bentheimer Landschaf
 ● Rhönschaf
 ● Coburger Fuchsschaf
 ● Bergschaf

Fleischschafrassen

 ● Deutsches schwarzköpfiges Fleischschaf
 ● Deutsches weißköpfiges Fleischschaf
 ● Deutsches Texelschaf
 ● Blauköpfiges Fleischschaf
 ● Suffolk.

Da die Pflege der zur Diskussion stehenden Lebensräume, das zu pflegende Volumen wird in den nächsten Jahren noch zunehmen (vgl. Pkt. 1), auch ein wirtschaftliches Problem ist, sollten die vorhandenen Rassen so eingesetzt werden, daß das angestrebte Ziel mit dem geringstmöglichen Kostenaufwand erreicht werden kann. In diesem Sinne sollten die Landschafrassen bevorzugt auf Sonderstandorten, wie Sumpfgebieten, Zwergstrauchheiden, verheideten Mooren, klimatisch rauhen Mittelgebirgslagen etc. eingesetzt werden. Niedriger Erhaltungsaufwand, dadurch bessere Überbrückung futterarmer Zeiten, reduzierter Bodendruck wegen des kleineren Wuchses sind die spezifischen Eigenschaften dieser Tiere, die hier von Vorteil sind (SCHLOLAUT 1988; NITSCHE, mdl..; ARENS, mdl.). Durch eine ständige Wechselwirkung zwischen Umwelt und Genotyp sind diese Tiere in der Lage, auch auf extrem mineralstoffarmen Böden gute Leistungen zu erbringen (OEHMICHEN 1988). Die auf hohe Leistungen gezüchteten Rassen kommen auf Grenzstandorten nicht zm gewünschtuen Fleischzuwachs (WOIKEund& ZIMMERMANN 1988).

Folgende Unterschiede können außerdem für die Rassenwahl ausschlaggebend sein:

(12) So wiegen ausgewachsene Muttertiere je nach Rassen zwischen 30 kg (Skudde) und 80 kg (Merinofleischschaf).

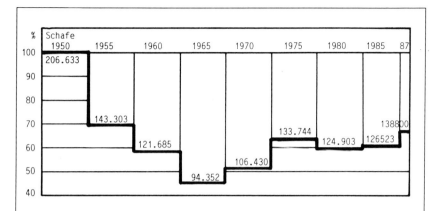

Abb. 3: Entwicklung des Schafbestandes in Hessen von 1950 - 1987

in % und absoluten Werten
(STATISTISCHES BUNDESAMT, schriftl. Mittlg.; eigene Berechnungen)

• Intensität des Klauenwachstums, was eine Anpassung an die Abnutzung ermöglicht (z.B. Bergschaf schnelles -, Moorschnucke langsames Klauenwachstum) (SCHLOLAUT 1988).

• Wolleinheit, d.h. je gröber das Vlies ist, desto weniger empfindlich ist es gegenüber einer Durchnässung (z.B. kann das Bergschaf aufgrund seiner groben, schlichthaarigen Wolle hohe Niederschlagsmengen von über 1000 mm/Jahr ertragen) (WOIKE und ZIMMERMANN 1988).

• Kupferbedarf bzw. Toleranz eines niedrigen oder hohen Kupfergehaltes im Aufwuchs (SCHLOLAUT 1988).

Einige Vertreter der **Landschafrassen** sollen mit ihren Vorzügen und ihren bevorzugten Einsatzgebieten kurz vorgestellt werden: **Heidschnucken (graue und weiße gehörnte Schnucken)** sind ausgesprochen genügsam, verbißfreudig und auf verbuschtem Ödland den Fleischschafen überlegen, da sie Pflanzen und Pflanzenteile verbeißen, die von Fleischschafen gemieden werden, wie Zitterpappel, Kiefer, Eiche, Traubenkirsche und Moorbirke (im Gegensatz zu den bitterschmeckenden Jungtrieben der Weißbirke) (GERTH 1978; KNAUER & GERTH 1980). Heute werden nur noch 100 Exemplare der weißen, gehörnten Heidschnucke herdbuchmässig betreut (Emsland/Südoldenburg).

Nach Erfahrungen aus der Diepholzer **Moorniederung verbeißen Moorschnucken (weiße, hornlose**

Schnucken) den Birkenanflug (auch Moorbirken!), sowie die Stockausschläge abgesägter Birken und halten die Pfeifengrasbestände zugunsten von Heidepflanzen kurz. Die Moorschnucken haben sich auf das Nahrungsangebot des Moores eingestellt; ihre Hauptnahrungspflanzen sind Pfeifengras, Wollgräser, Seggen, Heidekraut, Rauschbeeren, Birkenblätter, Kiefernadeln und andere Blätter von Büschen (TEERLING 1988). Ähnliche Erfahrungen wurden auch bei Pflegearbeiten im NSG "Rhäden von Obersuhl" einem vielseitig gestalteten Feuchtgebiet, gemacht (GREBE, schriftl. Mitteilung). Zu Beginn der Pflegearbeiten wurden Schwarzkopf- und Merinoschafe eingesetzt, die sich aber aufgrund ihres Gewichtes und ihrer Empfindlichkeit gegenüber Parasiten wie Leberegel, Lungen-, Band- und Magenwürmer als ungeeignet erwiesen. Erst die Beweidung mit Moorschnucken erbrachte den erhofften Erfolg, da sie sich als ausgesprochen robust gegen Krankheiten erwiesen, und "sämtliche Gräser, Kräuter und holzigen Pflanzen" fraßen, während bei den Schwarzkopfschafen eine Nachmahd notwendig war (GREBE, mdl. Mitteilung)!

Für die Pflege von Heiden und verheideten Mooren sind desweiteren das **Bentheimer Landschaf** (etwas anspruchsvoller als die Schnucke) das Rauhwollige **Pommersche Landschaf** (es zeichnet sich durch erhebliche Widerstandsfähigkeit gegenüber Klauen- und Wurmkrankheiten und ungünstigen Witterungs-

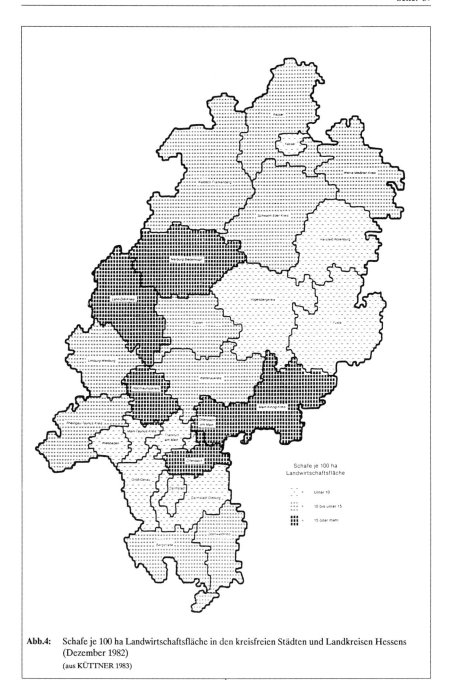

Abb.4: Schafe je 100 ha Landwirtschaftsfläche in den kreisfreien Städten und Landkreisen Hessens (Dezember 1982)

(aus KÜTTNER 1983)

verhältnissen aus) und die aus Ost- und Westpreußen stammenden **Skudden** geeignet.

Prädestiniert für die klimatisch feucht-kühlen Mittelgebirgslagen ist das, früher zu Hunderttausenden in den Mittelgebirgen zwischen Hunsrück und Thüringer Wald verbreitete **Rhönschaf.** Derzeit sind sind beim Hessischen Schafzuchtverband ca. 1000 Tiere im Herdbuch eingetragen, insgesamt gibt es landesweit etwa 5000 Rhönschafe. Es zeichnet sich sowohl durch gute Weide- und Wanderfähigkeit als auch durch seine Eignung für die Koppelhaltung aus (WOIKE & ZIMMERMANN 1988). In der Hohen Rhön an der bayerisch-hessischen Landesgrenze (bei Ginolfs) wurde vom BUND e.V. ein 32 ha großes Naturschutzgebiet gekauft. Im Rahmen eines Pilotprojektes untersucht man die Wechselwirkung zwischen Schafbeweidung und dem Schutzgebiet (GRAF, schriftl.).

Das **Coburger Fuchsschaf** und das **Bergschaf**, die aufgrund ihrer harten Klauen eine hohe Steig- und Trittsicherheit besitzen, zeigen eine ähnlich gute Anpassung an die klimatisch rauheren Mittelgebirgslagen.

Nach dem zweiten Weltkrieg nahm die Schafhaltung in Hessen (siehe Abb. 3) unter dem Einfluß des gesamtwirtschaftlichen Wachstums und der Verbesserung der Einkommensverhältnisse zunächst stark ab. 1965 gab es in Hessen nur noch 3600 Schafhalter, 91% weniger als 1951, und der Schafbestand verringerte sich um 56% auf 94.300 Tiere. Gefördert durch staatliche Maßnahmen, wobei Aspekte der Landschaftserhaltung und des Umweltschutzes im Vordergrund standen, begann Mitte der sechziger Jahre eine neue Aufstockungsphase in der Schafhaltung. So gab es 1975 in Hessen wieder 5500 Schafhalter (54% mehr als zehn Jahre zuvor) und der Schafbestand wurde um 42% auf 133.800 Tiere ausgeweitet. Eine erneute Schrumpfung der Schafhaltung setzte nach 1975 ein, so daß 1982 in Hessen nur noch 4900 Schafhalter (11% weniger als 1975) und 115.200 Tiere (14% weniger) gezählt wurden, wobei die mittlere Herdengröße von 24,2 auf 23,2 Tiere abnahm (KÜTTNER 1983). Nach 1982 erhöhte sich nochmals der Schafbestand auf 138.800 Tiere (Stand 1987). Die Zahl der Schafhalter änderte sich allerdings nicht, sie scheint sich auf 4900 einzupendeln (STATISTISCHES BUNDESAMT, schftl.).

Wie aus Abb. 4 ersichtlich wird, gibt es innerhalb von Hessen deutliche regionale Unterschiede in der

Tab. 2: Schafhalter und Bestandsgrößen in Hessen (1950 - 1987)

(STAT. BUNDESAMT, schriftl. Mittlg.)

Jahr	Schafhalter	Schafe/Halter
1950	44.576 (= 100%)	4,6
1960	6.354 (= 14,2%)	
1965	3.568 (= 8,0%)	26,3
1970	4.141 (= 9,2%)	
1980	5.100 (= 11,4%)	
1987	4.900 (= 10,9%)	28,3

Schafhaltung, was sich auf die jeweiligen Standortbedingungen (ertragsarme Böden) und verschiedenartige Betriebsgrößenstruktur (Kleinbetriebe) zurückführen läßt. 1982 wurden auf 100 ha Landwirtschaftsfläche durchschnittlich zwölf Schafe gehalten. Deutlich über diesen Mittelwert liegen der Lahn-Dill-Kreis (29 Schafe auf 100 ha Landwirtschaftsfläche) der Hochtaunuskreis, der Kreis Offenbach, der Main-Kinzig-Kreis sowie der Kreis Marburg-Biedenkopf, die allesamt hohe Bestandsdichten aufweisen. Interessanterweise sind es genau die Kreise, in denen große Teile der Landschaftsfläche brachliegen (MAERTENS & WAHLER 1989; KÜTTNER 1983).

2.3.2. Ziegenhaltung

Die Hausziege stammt von der Bezoar-Ziege (Capra hircus subsp. aega grus), die zwischen Himalaya und Kleinasien verbreitet ist, ab. Sie wurde bereits acht bis sieben Jahrtausende vor Christus domestiziert und ist somit eines der ältesten Haustiere. Im Neolithikum wurde sie mit den neu erworbenen Techniken des Kulturpflanzenanbaues, der Tierhaltung und der Werkzeugherstellung von Kleinasien nach Mitteleuropa gebracht (GLACAC 1983). Die Ziege bleibt "bei der Nutzung schwer zugänglichen Futters, vor allem Blattfutters von Baum- und Strauchweide, unter ungünstigen Klimabedingungen und in schwierigem Gelände (GALL 1982) ohne Konkurrenz und kann somit an manchen Standorten gedeihen und sogar noch Milch und Fleisch produzieren, wo andere Pflanzenfresser nicht überleben. Die Konsequenz hieraus war, daß die Ziegenwirtschaft ökonomisch eine positive Rolle - die Ziege war die "Kuh des armen Mannes", die durch ihre Produkte (Milch, Fleisch, Fell) entscheidend mithalf, die Not zu

Foto 9: Schwarzwaldziege, charakteristischer heller Bauch

Eine für die Landschaftspflege gut geeignete Rasse. Bedauerlicherweise erfolgte schon in den 20er Jahren die Zusammenfassung aller ehemals eigenständigen deutschen Ziegenrassen zur sogenannten Bunten Deutschen Edelziege. Die Erhaltung der rassespezifischen Eigenschaften ist auch vielen privaten Ziegenhaltern zu verdanken, die im hier Sommer 1988 im Hessenpark bei Neu-Anspach ihre schönsten Tiere ausstellten. Die Ziegenhaltung erlebt zur Zeit in Hessen einen Aufschwung.

mildern (AMMANN 1979) - und ökologisch eine verheerende Rolle spielte. Die im Mittelalter weit verbreiteten Niederwälder und Strauchformationen waren für die Ziegen besonders geeignet. Da die Ziegen weitgehend jede Waldverjüngung verhinderten und die Ziegenweide somit als die schädlichste aller Hudenutzungen galt, wurde es daher für viele Territorien und Marken bereits im 16. Jahrhundert amtlicherseits verboten (z.B. Landgrafschaft Hessen 1532), die Ziegen in die Wälder zu treiben (GLAVAC 1983).

Aus wirtschaftlichen und ernährungsphysiologischen Gründen, schließen sich intensive Grünlandwirtschaft und Ziegenhaltung gegenseitig aus (AMMANN 1979). Damit läßt sich auch erklären, daß die Ziegenhaltung, wenn man von dem "Hoch" während des ersten Weltkrieges absieht, seit 1950 zur Bedeutungslosigkeit absank (vgl. Abb. 5). Diese Entwicklung läßt sich auch in Hessen feststellen.

Ein Vergleich mit der Schafhaltung ergibt zwar, daß man mit der Ziegenhaltung pro Flächeneinheit we-

Foto 10: Weiße Deutsche Edelziege

Eine milchbetonte Ziege (5-6 l/Tag), deren Fähigkeiten die Wiederbewaldungsvorgänge aufzuhalten, als gering einzuschätzen sind. (Foto Maertens)

Foto 11: Toggenburger Ziege

Eine schweizer Hochgebirgsrasse, milchbetont, langhaarig und robust, geht gerne in den Schnee, kaschmirartige Wolle beim Auskämmn, gutmütig. (Foto Maertens)

Foto 12: Frankenziege, charakteristischer schwarzer Bauch
Fleischziege, für die Landschaftspflege gut geeignete Rasse (Foto Maertens)

sentlich mehr Ertrag erwarten kann als mit Schafen, andererseits ist aber die Ziegenhaltung im Vergleich zur Schafhaltung arbeitsintensiver und ist in diesem Sinne mit der Rindviehhaltung zu vergleichen. Waren früher die Futteraufnahme unter schwierigen Bedingungen, sowie die Resistenz gegen Krankhei-

ten die entscheidenden Selektionseigenschaften, so stehen heute bei der Züchtung hohe Milcherträge, wobei die Milchmenge von 1000 l pro Tier und Jahr angestrebt wird, gute Ablammergebnisse und große Fleischerzeugung im Vordergrund (AMMANN 1979).

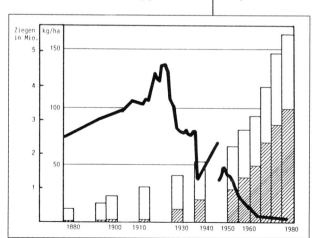

Abb. 5: Der Ziegenbestand in Deutschland in Korrelation mit der Stickstoffdüngung

schraffiert: Handelsdünger, unschraffiert: Stalldünger; N in kg/ha LF nach Angaben des STAT. BUNDESAMTES (Linie: aus GALL 1982; Quelle: GLAVAC 1983)

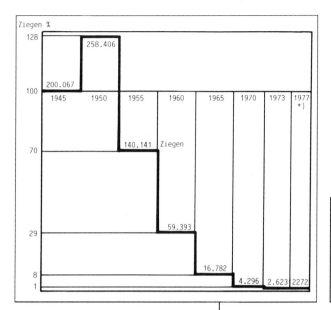

Abb. 6: Rückgang der Ziegenbestände in Hessen, 1945 - 1977

Letztes Erhebungsjahr: 1977
(nach HESS. STAT. LAN-DESAMT, mdl. Mittlg.; eigene Berechnungen)

Wurden die Ziegen früher in Herden gehalten, so werden sie heute "vornehmlich in kleinen Beständen von zwei bis drei deckfähigen weiblichen Tieren und deren Nachzucht gehalten, meistens von Landwirten im landwirtschaftlichen Nebenerwerb oder Zuerwerb. Landwirtschaftliche Vollerwerbsbetriebe mit mehr als 100 Milchziegen sind selten." (WILKE & KIELWEIN 1983).Einige Betriebe sind z.B. im Vogelsberg zu finden.

Da die Produktion von Ziegenmilch nicht der Milchquotenregelung der EG unterliegt, stellt die Milchziegenhaltung eine Alternative für Betriebe mit hohem Anteil absoluten Grünlandes dar und erklärt den Aufschwung der Ziegenhaltung vornehmlich in Bayern und Baden-Württemberg. Um ein Mißverständnis auszuräumen, diese "Renaissance" der Ziegenhaltung mit Edelziegen, die eine hohe Milchleistung erwarten lassen, ist für den Einsatz in der Landschaftspflege ungeeignet. So sind die Fähigkeiten der Edelziegen die Wiederbewaldungsvorgänge aufzuhalten bzw. sie rückgängig zu machen, als gering einzuschätzen (GLAVAC 1983). Da die Zufütterung von Kraftfutter notwendig ist, besteht die Gefahr eines erhöhten Nährstoffeintrages auf die zu pflegende Fläche. Außerdem reagieren die Edelziegen sehr empfindlich auf feuchtes und naßkaltes

Wetter, so daß für die Milchziegenhaltung im allgemeinen Warmställe mit Laufstallhaltung auf Tiefstreu empfohlen wird (ISERMAYER, BUCHWALD & DEBLITZ 1988).

Für den Einsatz in der Landschaftspflege kommt deshalb nur die extensive Fleischziegenhaltung in Frage!

2.3.3 Damwildhaltung

Im Gegensatz zu landwirtschaftlichen Nutztieren ist die Haltung von Damwild genehmigungspflichtig, wobei die Genehmigungspraxis aber nicht bundeseinheitlich geregelt ist. Das Damwild kann Grün- und Brachland unter extremen Bedingungen nutzen, da es widerstandsfähig ist, keinen Stall benötigt und sein Winterfutterbedarf äußerst gering ist. Die Tiere sind langlebig, kalben leicht ab und haben oft Mehrlingsgeburten. Mit 17 Monaten ist das weibliche Damwild geschlechtsreif. Bei seinem Freßverhalten wurde beobachtet, daß es auch Unkräuter, Geilstellen und Aufwuchs von Bäumen und Sträuchern frißt. Im Winter bekommt es Silage, Heu und Stroh an Selbstfütterungsanlagen (MÜTZE 1988). An Hängen ist durch die Beweidung mit Damwild im Gegensatz zu Schafen und Rindern eine Verfestigung der Narbe zu beobachten (ISERMEYER, BUCHWALD & DEBLITZ 1988). Die Mindestgehegefläche sollte einen Hektar betragen. Einem adulten Tier muß 0.1 ha zur Verfügung stehen, wobei der Mindestbestand fünf adulte Tiere aufweisen sollte. Auf je 20 geschlechtsreife weibliche Tiere ist mindestens ein Hirsch zu halten, dem man im Frühjahr, zur Verringerung der Verletzungsgefahr, das Geweih entfernt, was das Brunftverhalten nicht beeinträchtigt. Die Gehegeeinzäunung muß eine Höhe von mindestens 1.80 m aufweisen und so beschaffen sein, daß keine Verletzungsgefahr für die Tiere besteht. Bei geringer natürlicher Abdeckung und sehr hohen Niederschlagsmengen (über 1000 mm jährlich) ist für Sicht- und Witterungsschutz zu sorgen. Futterstellen und Tränkeeinrichtungen sind einzurichten.

Die Fleischqualität ist als hervorragend einzuschätzen, bei weiblichen Tieren liegt die tägliche Zunahme bei 152 g, bei männlichen bei 207 g. Geschlachtet wird Juli/August/September. Die Ausschlachtungsprozente liegen bei 56 bis 58% (MÜTZE 1988). Aussagen über die Wirtschaftlichkeit der Damwildhaltung zu machen ist schwer, da in der jüngsten Vergangenheit aufgrund des Reaktorunglücks von Tschernobyl die Erzeugerpreise stark verfielen. Erzielten vor wenigen Jahren Schlachttiere je kg Schlachtkörpergewicht Erlöse von 12,- bis 16,- DM/kg, so kann man aufgrund des rückläufigen Absatzes von Wildbret nur von einem Erlös von 9,- DM/kg Schlachtgewicht ausgehen (ISERMEYER, BUCHWALD & DEBLITZ 1988).

Die besondere Eignung der Damwildhaltung ist darin zu sehen, daß die großflächige Einzäunung auch solche Flächen einschließt und einer rentablen Nutzung zuführt, die schwer zugänglich sind und ansonsten nur mit relativ hohem Arbeits- und Maschineneinsatz offenzuhalten wären (ISERMEYER, BUCHWALD & DEBLITZ 1988).

Ein Nachteil der Damwildhaltung ist in seiner landschaftsästhetischen Beeinträchtigung, aufgrund der großen, eingezäunten Gehegeflächen zu sehen (vgl. hierzu MAERTENS & WAHLER 1987), was auch die zunehmende Zurückhaltung bei Genehmigungen zum Gehegebau erklärt!

2.3.4 Mutterkuhhaltung und Weidemast mit Extensivrassen

Wie die Damwildhaltung wird auch die Mutterkuhhaltung als arbeitsextensives Produktionsverfahren bezeichnet, das für die Nutzung von relativ geringwertigen Flächen prädestiniert ist. Im Gegensatz zur Damwildhaltung ist die Mutterkuhhaltung nicht so sehr auf arrondierte Gehegeflächen einer bestimmten Mindestgröße angewiesen, die gesicherte Vermarktung der Produkte ist gewährleistet und die Landwirte sind mit dieser Tierart vertraut, so daß keine Anpassungsschwierigkeiten entstehen (ISERMEYER, BUCHWALD & DEBLITZ 1988). Die ganzjährige Freilandhaltung widerstandsfähiger Rinderrassen wird als ein vielversprechendes Verfahren für die Nutzung von wirtschaftlich unrentablen Standorten angesehen. Zwar ist die Fleischleistung je Hektar etwas geringer als bei intensiveren Mast- oder Mutterkuhverfahren, dafür entfallen aber die Gebäude- und Arbeitskosten (Fütterung, Ausmistung; ISERMEYER, BUCHWALD & DEBLITZ 1988) (13). GÖTTKE-KROGMANN (schriftl.) hält hingegen die ganzjährige Freilandhaltung, in Anbetracht der vielen freistehenden Gebäudesubstanz auf aktiven oder sterbenden Höfen und der durch die Winterweide zu erwartenden Trittschäden an der Grasnarbe, für nicht erstrebenswert.

Für diese Form der Mutterkuhhaltung kommen nur Extensivrassen in Frage, wie Galloways, auf sie soll näher eingegangen werden, Welsh Black, sie erreichen zwar ein höheres Endgewicht und höhere Zunahmen als die Galloways, erfordern aber dafür eine geringfügig höhere Haltungsintensität und Scotch Highland. Die Highlandrinder zeichnen sich durch die geringste Haltungsintensität aus, ihre Zunahmen und Endgewichte sind aber am geringsten!

Die Galloways, eine kleine bis mittelgroße hornlose Fleischrinderrasse, stammen aus Südwest-Schottland und gelten als älteste Fleischrasse (römischer Ursprung) der Britschen Inseln. Sie weisen eine Schulterhöhe von 130 cm auf und erreichen ein Gewicht von 600 kg bei Bullen und 450 kg bei Kühen. Die Tageszunahmen werden bei extensiven Haltungsverfahren mit 750 bis 780 g für Bullen und 500 g für Kühe angegeben. Die Fruchtbarkeit der Kühe, ein Indiz ist die geringe Zwischenkalbzeit, die nach

---

(13) Beim herkömmlichen Verfahren fällt fast 80% der tierspezifischen Arbeitsaufwandes in Zusammenhang mit der Stallhaltung an (ISERMEYER, BUCHWALD & DEBLITZ 1988).

englischen Untersuchungen mit 367 Tagen angegeben wird, die Leichtkalbigkeit, die Galloways weisen sehr niedrige Werte für Kalbehilfen und geringe Anteile totgeborener Kälber auf, und die Vitalität der Kälber zeichnen die Gallowayrinder aus. Ihre Ansprüche an Geländegestaltung und Klima sind ausgesprochen gering. Dies erklärt auch die heute weltweite Verbreitung der Gallowayrassen von Alaska bis Kenia. Sie widerstehen Sturm, Regen und hohen Schneefällen ebensogut wie Hitze und zeigen sich selbst in Sumpfgebieten leistungsfähig! Die bestimmenden Charaktereigenschaften der Galloways sind Gutartigkeit, problemlose Umgänglichkeit und Duldsamkeit gegenüber allen Umweltfaktoren und -konstellationen, so daß auch Bullenweiden gefahrlos betreten werden können (SCHORNSTEIN 1982).

Galloways sind sehr genügsame Tiere mit relativ hoher Futterverwertung. Da sie nicht selektiv beweiden, ergibt sich eine Weideausnutzung von 96%. Eine Zufütterung im Winter ist erst dann notwendig, wenn die Flächen abgefressen sind oder sich eine geschlossene Schneedecke gebildet hat. Als Futtermittel kommen Heu, Stroh oder Grassilage in Frage (ISERMEYER, BUCHWALD & DEBLITZ 1988).

Galloways sind für eine besonders gute Fleischqualität - ein zartes, mageres mit Fett marmoriertes Fleisch mit feinfaseriger Struktur - und hohe Ausschlachtung bekannt.

Die besondere Eignung der Gallowayrinder für die Landschaftspflege resultiert aus dem schonenden Verbiß und der Schonung der Grasnarbe beim Beweiden durch die sehr breiten Klauen, die den Pflegeeinsatz auch auf feuchten Standorten (z.B. Moorflächen und anderen Feuchtbiotopen) ermöglichen (HARZ & BALTZER 1988). Es wurde beobachtet, daß sich die Artenzusammensetzung der Pflanzengesellschaft auf den durch Galloways gepflegten Flächen positiv verändert hat und auch die Artenvielfalt von Insekten und Vögeln zunahm (BARFORD 1985 in ISERMEYER, BUCHWALD & DEBITZ 1988).

Lediglich die Wasserversorgung der Tiere während der Forstperiode stellt ein Problem dar, obgleich auch schon beobachtet wurde, daß Galloways ihren Wasserbedarf durch das Lutschen von Schnee deckten (BECKER 1986). Beim Einsatz der Mutter-

kuhhaltung mit Galloways zur Landschaftspflege können zwei bis drei ha durch eine Mutterkuh mit Nachzucht gepflegt werden. Die Galloways sind aufgrund ihrer genügsamen Veranlagung besonders zur Nachweide oder gemeinsamen Weide mit Pferden geeignet.

Erfahrungsberichte zur Landschaftspflege mit anspruchslosen und widerstandsfähigen Fleischrinderrassen liegen nur vereinzelt vor, so z.b. über den Waldweideeinsatz von Highland-Cattle in den Niederlanden unter extremen Bedingungen. In Dänemark werden Galloways schon seit Jahrzehnten auf einer Halbinsel zur Landschaftspflege eingesetzt, in Holland und der DDR gibt es Versuche mit Schwedischen Fjällrindern (REICHHOFF; GÖTTKE-KROGMANN, schriftl.).

Beim Fjällrind oder dem **Schwedischen Hornlosen Vieh** handelt es sich um eine alte Rinderrasse, die früher in Skandinavien und den baltischen Sowjetrepubliken verbreitet war, heute aber sehr selten geworden ist. Während die männlichen Tiere etwa die Größe eines modernen Hausrindes erreichen, bleiben die Kühe weit darunter. Für das Fjällrind sprechen die mit der Hornlosigkeit zusammenhängende Friedfertigkeit sowie seine besondere Anspruchslosigkeit und Resistenz gegenüber natürlichen Störfaktoren. Auf Hutungen mit standörtlich bedingter sehr geringer Produktivität kann ein Besatz von 0,5 ad. Fjällrindern/ha die für die Erhaltung der Reservatsfläche notwendige Pflege bewirken. Auf bereits fortgeschrittenen Sukzessionsstadien ist die ganzjährige stationäre Fjällrindhaltung zu empfehlen. Im Abstand von 2 - 5 Jahren ist eine mechanische Pflege notwendig, um die durch die Beweidung selektiv geförderten Pflanzen durch Mahd oder Ausholzung zu beseitigen. Um diesen notwendigen Arbeitsaufwand zu minimieren, empfiehlt sich eine gemischte Weideherde (Rinder, Pferde, Schafe, Ziegen), wobei sich besonders die Kombination Rind/Pferd wirkungsvoll bei der Nutzung des Aufwuchses bewährt hat. (KLAFS 1974).

Unserer Meinung nach sollte man, trotz all der unbestreitbaren Vorteile der Galloway- und Fjällrinder, beim Einsatz von Extensivrassen auf alte und gefährdete Lokalrassen zurückgreifen (14). Es gibt eine Vielzahl gewichtiger Gründe, die aus ethischer,

---

(14) Der Einsatz einheimischer Lokalrassen gewinnt zunehmend an Attraktivität. Die Züchter von Gallowayrindern in Schottland haben aufgrund der starken Nachfrage aus der BRD die Preise verdoppelt.

Foto 13: Rotes Vogelsberger Höhenvieh

Das "Rote Vogelsberger Höhenrind" wurde zurückgezüchtet (25-90% Genanteil). Gut erkennbar die auf den brachgefallenen Borst-grasrasen dominierenden Gräser (Avenella flexuosa, Festuca rubra agg., Festuca ovina agg. und Deschampsia flexuosa). (Zustand im Juli 1988) (Foto Happel)

ökologischer, produktionstechnischer und ökonomischer Sicht für eine Erhaltung einer möglichst großen Variation von Tierrassen sprechen. Mit der gezielten Auswahl bedrohter Haustierrassen kann dem lang anhaltenden Trend der Verengung der Rassespektren auf Hochleistungsrassen entgegengewirkt werden. Die alten Haustierrassen sind nicht nur lebende Dokumente der alten Lebens- und Wirtschaftsweisen, sie stellen auch wichtige genetische Ressourcen dar. Methoden zur Erhaltung von bedrohten Nutztierrassen sind das Einfrieren von Sperma, die Konservierung tiefgefrorener Embryonen in flüssigem Stickstoff und die Haltung von sog. "Nukleus-Herden" (SIMON 1980). Ob konservierte Embryonen, bei denen der natürliche Anpassungsvorgang möglicherweise für Jahrzehnte unterbrochen wird und wobei zumindest das Risiko der Ausrottung einer Rasse durch technische Fehler bei den Gefriermethoden besteht, die geeignete Methode zur Erhaltung gefährdeter Haustierrassen ist, mag dahingestellt sein.

Als ein hervorragendes hessisches Beispiel für den Einsatz alter Haustierrassen in der Landschaftspflege sei auf die Beweidung des NSG "Ernstberg bei Sichenhausen" (Vogelsberg) mit dem **Roten Vogelsberger Höhenvieh** näher eingegangen. Um 1960 fiel der obere Teil des Ernstberges brach, während die unteren, dorfnahen und fruchtbareren Teilflächen in Form der üblichen Standweide bis heute genutzt werden. Die über 22 Jahre während Brachezeit hatte die artenreichen Pflanzen- und Tiervorkommen der Borstgrasrasen mit ihren verschiedenen Varianten stark abgebaut. An ihrer Stelle dominierten wenige Grasarten wie Drahtschmiele (Avenella flexuosa), Rotschwingel (Festuca rubra agg.), Schafschwingel (Festuca ovina agg.) und Rasenschmiele (Deschampsia flexuosa). Ferner hatten Vorstufen zur Wiederbewaldung in Form von großen Himbeerbeständen (Rubus idaeus) und Schmalblättrigem Weidenröschen (Epilobium angustifolium) sowie Salweidengebüsche (Salix caprea) Platz gegriffen. Das Borstgras (Nardus stricta) und die niedrigwüchsigen, lichtliebenden Pflanzenarten wie Hundsveil-

Foto 14: NSG "Ernstberg" bei Sichenhausen/Vogelsberg

Diese brachgefallene Borstgrasrasen konnte dank dem Engagement des Vereins zur Rettung und Förderung des Roten Höhenviehs heute wieder mit der Herde gepflegt werden. (Foto Happel)

chen (Viola canina) oder Katzenpfötchen (Antennaria dioica) waren nur noch in Restvorkommen zu finden. Der Deutsche Enzian (Gentianella germanica) war gänzlich verschwunden.

Das Rote Vogelsberger Höhenvieh ist als leichte, genügsame und den früher ärmlichen Lebensbedingungen des Vogelsberges angepaßte Rinderart mit guter Futterausnutzung bekannt. Die Tiere wurden nicht nur als Milch- und Fleischlieferanten geschätzt, sondern sie dienten durchweg auch als Zugtiere vor Pflug und Wagen.

Die für die Pflege der 9 ha großen Fläche eingesetzte Rotviehherde (vgl. Foto) von durchschnittlich 12 Rindern, überwiegend Viertel- und Halbbluttiere, erwies sich jedoch als zu klein. Man geht inzwischen von einer Herdenstärke von 18 - 20 Tieren aus. Die Vorteile dieser Rasse kamen aber bereits bei der kleinen Herde zum Vorschein, so verschmähten die Tiere nicht die harten, weniger schmackhaften und rohfaserreichen, mageren Grasarten! Bereits nach zwei Jahren Weidegang war die Altgrasdecke durch den Viehtritt und den geringen Nachschub neuer

Grasschichten weitgehend abgebaut und die Grasnarbe begann sich zu regenerieren und zu verdichten. Die Restbestände des früheren Artenreichtums zeigen inzwischen wieder deutliche Ausbreitungstendenz, besonders das Hundsveilchen hat deutlich zugenommen.

1984 wurde der Versuch unternommen, 6 leichte Rotbunte zur Unterstützung der Herde hinzuzugeben, diese Maßnahme hat sich jedoch nicht bewährt. Die Vogelsberger Rasse zeigte diesen Tieren gegenüber deutliche Vorteile bei der extensiven Wiesenpflege. Sie sind ruhiger und verursachen durch ihr niedriges Gewicht allgemein nur sehr geringe Trittschäden an der Vegetation und am Bodengefüge. Dies ist besonders am Steilhang ein großer Vorteil. Durch ihre Anspruchslosigkeit bei der Futterwahl selektieren sie die Futterpflanzen weniger stark als die modernen Hochleistungsrassen. Die Landwirte erhalten für die Pflege der Fläche eine Entschädigung/Bewirtschaftungsprämie von 600,-- DM/ha. *Die Erfahrungen belegen, daß das Rote Vogelsberger Höhenvieh für die Extensivpflege magerer Wirtschafts-*

grünlandes eine geeignete Rasse darstellt und in diesem Sinne für die Landschaftspflege in den Grünlandregionen der Mittelgebirge prädestiniert ist (HAPPEL, schriftl. und mdl.).

Da die Haltung vieler alter Haustierrassen traditionell in extensiver Weidehaltung betrieben wird, die den Ertrag je ha oder Arbeitsstunde mindert, müssen diese negativen Einkommenseffekte finanziell kompensiert werden:

• Es können unter Umständen Fördermittel für die Haltung seltener Haustierrassen freigemacht werden. So erhielten 1986 in Hessen der "Verband für seltene Spezialschafrassen" nur 1000,- DM und der "Verein zur Förderung des Roten Höhenviehs" nur 10.000,- DM aus Landesmitteln zur Durchführung von Zuchtmaßnahmen (u.a. Embryotransfer). Im Vergleich der einzelnen Initiativen anderer Bundesländer zur Erhaltung alter und gefährdeter Haustierrassen, bundesweit werden z.Z. (1987) 25 Rassen bezuschußt, lassen sich beträchtliche Unterschiede feststellen, wobei diese Unterschiede eher auf politische Prioritätensetzung zurückzuführen sind, als auf die Anzahl der zu betreuenden Arten pro Land. So investiert Baden-Württenberg rd. 500.000 DM/Jahr in die Förderung der ursprünglich in diesem Raum vorkommenden Rassen, während dem finanziell potenten Land Hessen, das auch über bodenständige Rassen verfügt, die Erhaltung seiner "tierischen Kultur" nur 11.000,- DM wert ist (OEHMICHEN 1988)!

• Eine Alternative für den landwirtschaftlichen Betrieb, die im Zusammenhang mit den alten Haustierrassen steht, läßt sich in England beobachten. Da die seltenen, exotisch wirkenden Rassen, die aufgrund ihrer häufig auffälligen und ungewohnten Zeichnung über einen gewissen Schauwert verfügen, kam es in England zu einer für uns noch ungewohnten Spezialisierung in der Haltung seltener Haustierrassen in Form eines ganzen "Haustierparks". Daß solch ein Konzept erfolgreich umgesetzt werden kann, zeigt das Beispiel des ersten Haustierparks im oberbayrischen Pfaffenwinkel, in dem unterschiedliche Rinder- und Schafrassen sowie Kleintiere und Pferde gehalten werden (SIMAK 1988). Zusätzlich zur reinen Zurschaustellung der Tiere, werden dem Besucher Informationen zu den Hintergründen der Existenz dieser Tierrassen sowie zur Wichtigkeit der Erhaltung dieser Rassen gegeben (ISER-MEYER, BUCHWALD & DEBLITZ 1988).

2.3.5 Auswirkungen auf die Vegetation

Es besteht eine enge Verbindung zwischen dem Weidetier und der Grasnarbe. KLAPP (1956) charakterisiert das Weideverhalten der Tierarten folgendermaßen. Während das Schwein "wühlt", "rasiert" das Pferd die Grasnarbe ab und verfügt über einen scharfen Tritt. Das Schaf (aber auch die Ziege), dessen Verhalten als ein hastiges Weiden beschrieben wird (GORDON, 1970; STÄHLIN, 1969), verbeißt aufgrund von Kieferausformung und Zahnstellung tiefer als das Rind und erfaßt dabei sogar die Bestockungszonen. Das Rind "beißt" das Gras kurz über dem Boden ab, d.h. es umfaßt das Gras mit der Zunge, drückt es gegen die Dentalplatte und reißt es mit einer kurzen Kopfbewegung heraus (MÜTZE, 1988). Der Tritt des Rindes behandelt die Grasnarbe am schonendsten.

Im Folgenden soll auf die Wechselwirkung von Beweidung und Vegetation anhand der Schaf- und Ziegenbeweidung näher eingegangen werden. Die Auswirkungen der Schafbeweidung auf die Vegetation lassen sich in erster Linie auf den Verbiß und die Tritteinwirkung zurückführen, wobei Besatzdichte, Verbißfreudigkeit und -selektivität der jeweiligen Rassen, Ernährungszustand und Hüteform sowie pflanzenspezifische Faktoren die Wirkung stark beeinflussen können (ZIMMERMANN & WOIKE, 1982).

Vergleicht man das Spektrum der Pflanzenarten einer Mähwiese mit dem einer Schafweide, so läßt sich eine deutliche Veränderung in der Pflanzenbestandsstruktur ausmachen. So nimmt die Artenzahl auf der Schafweide deutlich gegenüber der Mähwiese ab (15). In einem durch Mahd geprägten Esparsetten-Halbtrockenrasen lassen sich rund 70 bis 90 Blütenpflanzenarten ausfindig machen, während in dem durch den selektiven Weidetierfraß geformten Enzian-Schillergrasrasen nur noch ungefähr 30 bis 40 Blütenpflanzenarten vorkommen (MÜLLER 1983). Womit bewiesen wäre, daß die mehr oder

---

(15) Eine entsprchende Artenabnahme gilt auch für die Fettweide gegenüber den Fettwiesen.

Foto 15: "Kuhbüsche" auf dem Dörnberg

Gruppe von "Kuhbüschen" mit schopfartigen, im Zentrum hochwachsenden Trieben, die ihre charakteristische Form dem Freßverhalten der Rinder verdanken. Es ist deutlich zu erkennen, daß der Schopf sich oberhalb der möglichen Freßhöhe des Rindes entwickelt. (August 1988) (Foto Maertens)

weniger stark genutzte Schafweide recht artenarm ist, weil gute Futterpflanzen bevorzugt und regelmäßig abgeweidet werden (vgl. auch Pkt. 3.). Die selektive Futteraufnahme ermöglicht es dem Schaf, im Gegensatz zum Rind (s.o.), sich die am besten verdaulichen Pflanzen auszuwählen und aufzunehmen. So werden den Gräsern und Kräutern sämtliche Assimilationsorgane entnommen, ohne daß Stengel, Halm oder Stiele erfaßt werden müssen (SCHLOLAUT 1988). Dadurch wird der Futterwert des aufgenommenen Pflanzenbestandes (s.u.) günstig beeinflußt (VOIGTLÄNDER & JACOB 1987). Alle dem Schaf zusagenden Pflanzen werden deshalb extrem tief verbissen (HOCHBERG & PEYKER 1985). Durch die Auslesewirkung des Verbisses erhalten die von den Schafen weniger bevorzugten Pflanzen einen Konkurrenzvorteil und können sich nach einigen Jahren dominierend ausbreiten bzw. neuansiedeln.

Die Präferenz, mit der bestimmte Pflanzen herausselektiert werden, bezeichnet man als Schmackhaftigkeit (GERTH 1978). IVINS (1955, zit. in KLAPP 1971) erklärt den Begriff Schmackhaftigkeit als die "Summe der Eigenschaften, die das Futter für das Tier attraktiv machen".

Entscheidend für das Selektionsverhalten der Schafe ist zum einen das **Entwicklungsstadium der Pflanzen**. BROUWER (1962) sowie SIMON (1973) haben in Reinsaatversuchen festgestellt, daß die Schafe das Futter stärker nach dem Entwicklungsstadium der Pflanzen und weniger nach den Pflanzenarten selektieren. Es besteht ein Zusammenhang zwischen dem Vegetationsstadium der Pflanzen und der Futterqualität. Während mit zunehmendem Alter Trockensubstanz- und Rohfasergehalt ansteigen, nehmen Rohprotein, Energie und Verdaulichkeit ab (16). Da die Schafe bevorzugt die frischen und eiweißreichen Pflanzenbestandteile fressen, enthält der sich in der Streuschicht ansammelnde Bestandsabfall weniger Stickstoff, womit das Kohlenstoff-Stickstoff-Verhältnis (C/N) nach der Beweidung größer wird. Infolge der dadurch verzögerten

Streuzersetzung kommt es zur Ausbildung einer ungünstigen Humusform (WOIKE & ZIMMERMANN 1988).

Aber auch **pflanzentypische Besonderheiten,** wie etwa Stacheln, Brennhaare etc. beeinflussen das Weideverhalten des Schafes. Die nachfolgende Tab. 3 gibt einen Überblick über weidefeste Pflanzenarten mit ihren unterschiedlichen Strategien sich dem Weidedruck zu wiedersetzen.

Desweiteren werden von den Schafen aufgrund ihres Harzgehaltes und ihrer stechenden Nadeln Fichte und Waldkiefer sowie bei den dornenbewehrten Laubgehölzen Schlehe, Weißdorn und Wild-Rosen verschmäht. Verhärtete Gräser, die sich durch einen hohen Kieselsäuregehalt auszeichnen wie Fiederzwenke (Brachypodium pinnatum), Kammschmiele (Koeleria pyramidata), Blaugras (Sesleria varia), Pfeifengras (Molinia caerula), Borstgras (Nardus stricta) und der als Futtergras ertragsarme Schafschwingel (Festuca ovina agg.) sowie Vertreter der Gattungen Beifuß, Sonnenröschen, Meister, Lauch, Graslilie und Fetthenne erweisen sich als weidefest und zeigen niemals Verbißspuren (BRIEMLE 1988; MÜLLER 1983). Vegetativ sich vermehrende, zum Teil ausläufertreibende Arten wie vor allem die Fiederzwenke (Brachypodium pinnatum) sind den sich ausschließlich generativ vermehrenden Pflanzen überlegen, da diese bei starker Beweidung schon vor dem Blütenansatz gefressen werden (ZIMMERMANN & WOIKE 1982). Zusammenfassend läßt sich festhalten, daß aktuell beweidete Flächen sich auch durch einige seltene Arten positiv auszeichnen (Pulsatilla vulgaris, Linum tenuifolium, Orchis ustulata, Spiranthes spiralis, Prunella grandiflora) (KNAPP & REICHHOFF 1973b).

Andererseits führt der Einfluß der Beweidung auch zu einer Verdrängung von nicht weidefesten Pflanzenarten, die von den Schafen mit Vorliebe gefressen werden wie etwa die Aufrechte Trespe (17) (Bromus erectus), die Saat-Esparsette (Onobrychis viciifolia), die Knäuel-Glockenblume (Campanula glomerata), der Berg-Klee (Trifolium montanum), die Skabiosen-Flockenblume (Centaurea scabiosa) und die Wiesenprimel (Primula veris) (MÜLLER 1983; KNAPP & REICHHOFF 1973a). Auch hochwüchsige Orchideenarten (18), wie beispielsweise das Helm-Knabenkraut (Orchis militaris), der Große Händelwurz (Gymnadenia conopea) und der Frauenschuh (Cypripedium calceolus) werden in Mitleidenschaft gezogen, wie dies erhebliche Verbißspuren bei entsprechenden Untersuchungen belegen (HELM 1988).

DJAMARANI (1977) stellt für norwegische Gebirgsweiden eine Reihenfolge der Futterpflanzen auf, die nach ihrer Bevorzugung durch das Schaf geordnet ist. Die Tab. 4 verdeutlicht, daß bei geringer Besatzstärke und kurzer Beweidungszeit vorwiegend klassische Grünlandfutterpflanzen verbissen werden (vgl. auch KNAUER & GERTH 1980).

Nach SEARS (1956 in KLAPP 1965) reicht die bodenverdichtende Wirkung unter Schafweide 1,2 - 3,7 cm tief, unter Kuhweide 10 - 15 cm. In Abhängigkeit von Bodenart, -textur und -zustand sind die Auswirkungen des Schaftrittes unterschiedlich zu beurteilen. Bei weichem, feuchtem Boden leidet das Bodengefüge, wobei mit der Verringerung des Porenvolumens und der schlechteren Durchlüftung und Wasserdurchlässigkeit auch eine entspechende Vegetationsveränderung verbunden ist. Bei hartem, trockenem Boden wird die Pflanzendecke in Mitleidenschaft gezogen, wobei insbesondere trittempfindli-

(16) Die Erkenntnis, daß je früher die Verholzung der bestandsbildenden Pflanzenarten einsetzt, desto früher auch der Beweidungstermin mit Schafen angesetzt werden muß, macht man sich im Hochgebirge zu Nutze. "Im Hochgebirge weiden die Schafe im Frühjahr deshalb am Rande der Schneegrenze, wo sie das Futter mit der höchsten Verdaulichkeit finden und nicht in den Tallagen." (SCHLO-LAUT, 1988).

(17) Die Fiederzwenke zeigt sich als der natürliche Gegenspieler zur Trespe. So ergibt sich aus der Nutzungsform der Magerrasen entweder ein Bromustyp (bei Mahd) oder ein Brachypodiumtyp (bei Schafbeweidung). Vergleichbar mit dem Pfeifengras (Molinia caerulea) im Moor verlagert auch die Aufrecht Trespe (Bromus erectus) einen Großteil der Makronährstoffe in die Blattbasen und Knospen bevor die Blätter im Herbst absterben (BRIEMLE 1988). Dieses eiweißreiche "Restgrün" (WAGNER 1972) ist auch für die Beliebtheit der Aufrechten Trespe bei den Schafen verantwortlich zu machen. Im Gegensatz zur Fiederzwenke (Brachypokium pinnatum), die ihr Nährstoffkapital vorwiegend in ihre queckenähnlichen Rhizome verlagert, wird die Aufrechte Trespe von den Schafen zu jeder Jahreszeit gern gefressen. Brachypodium pinnatum hingegen wird von den Schafen nur in ganz jungem Zustand aufgenommen (ELLENBERG 1982).

(18) Die Orchideen werden zwar in der Regel von den Schafen verschmäht, dafür aber umso leichter zertreten (BRIEMLE 1988). Andere Autoren widersprechen dieser Beobachtung und weisen darauf hin, daß unabhängig von der Schmackhaftigkeit der einzelnen Pflanzen es auch durch den Neugier- und Abwechslungsfraß zu einer Auslese kommen kann! So werden seltene und/oder optisch auffällige Pflanzenarten, so etwa auch blühende Orchideen, bei einem ansonsten eintönigem Weideangebot gezielt befressen (WOIKE & ZIMMERMANN 1988).

che krautige Arten wie z.B. Orchideen und Torfmoose beeinträchtig werden (ZIMMERMANN & WOIKE 1982). Nach ELLENBERG (1982) und SCHIEFER (1981) kann extensive Schafbeweidungeinen dichten, Gehölzanflug verdämmenden Pflanzenfilz zerstören, so daß (insbesondere bei Unterweidung) günstige Keimbedingungen für Gehölzsamen geschaffen und so die Verbuschung eingeleitet bzw. beschleunigt wird. Durch eine sachgerechte Weideführung läßt sich die Gefahr der Trittschäden vermeiden.

Andererseits sorgt der die Pflanzendecke nicht verletzende Tritt der Schafhufe (keine "Treppenbildung" auf Hangflächen, wie sie für Rinderweiden typisch sind) und der "tiefe Biß" für eine kurze, feste Grasnarbe ohne Lücken. Es werden nur die obersten Zentimeter des Bodens (s.o.) verfestigt, wodurch die Besatzdichte von "Grünlandschädlingen" (Feldmaus, Schnellkäferlarven, Schnakenlarven, Maulwurfsgrille) vermindert wird (WOIKE & ZIMMERMANN 1988; SCHLOLAUT 1988).

Durch die extensive Beweidung werden dem Boden Nährstoffe entzogen und über den Kot in Form von leicht pflanzenverfügbarem Stickstoff wieder zugeführt. Durch eine entsprechend geschickte Herdenführung lassen sich die Eutrophierung durch Kot und die damit verbundenen Vegetationsveränderungen auf nährstoffarmen Standorten weitgehend ver meiden. "So koten Moorschnucken vor allem nachts und morgens auf dem Triftweg vom Stall zu den Weideflächen im Moor ab, wenn man ihnen hierzu genügend Zeit läßt. Tagsüber im Moor wird nur wenig Kot abgegeben." (ZIMMERMANN & WOIKE 1982). Mit Hilfe der Nachtpferchung außerhalb des zu pflegenden Gebietes - üblich ist eine Schafdichte von einem Schaf je 1 - 1,4 qm, wobei 100 Schafe eine Stickstoffeintrag von 2,5 kg N je Pferchnacht produzieren, was einem Eintrag von 250 kg N/ha entspräche (NITSCHE, mdl.) - kann man der Gefahr der Eutrophierung wirksam begegnen.

Da die Selektion der "Weideunkräuter", gemeint sind die harten, stacheligen oder schlechtschmekkenden bzw. giftigen Kräuter und Gehölze (vgl. Tab. 4), durch die Unterbeweidung gefördert wird (KLAPP 1938), übt die Weidetechnik (vgl. Pkt. 2.3.5) und die Herdenstärke einen entscheidenden Einfluß

auf die tägliche Futteraufnahme aus. *Die Erzielung eines selektiven kurzen Verbisses bei gleichzeitiger Verhinderung von Gehölzaufwuchs und Zurückdrängen von Pflanzen, die die Artenvielfalt beeinträchtigen*, wie etwa für das Schaf weniger schmackhafte Pflanzenarten oder alte, trockene Pflanzenteile, *ist nur bei großer Intensität der Beweidung möglich* (GERTH 1978; SCHLOLAUT 1988).

Um die wohl "dosierte" Beweidungsintensität für den zu beweidenden Standort festzulegen, muß die geeignete Besatzdichte (19) und -dauer in Weidetagen je Schaf und ha ermittelt werden. Sowohl ein Unterwie ein Überbesatz an Tieren zeigen schädliche Einflüsse auf die Narbe (GEISSLER 1987; HOCHBERG & PEYKER 1985). So führt der selektive und tiefe Verbiß der Schafe bei einer Überweidung zu einer völligen Zerstörung der Narbe, bei Unterbesatz zu einer Unterbeweidung, die zusätzliche Reinigungsschnitte erforderlich macht!

Die Besatzdichte für den zu beweidenden Standort hat sich der Ertragsfähigkeit des Standortes möglichst genau anzupassen, wobei die jahreszeitlichen Unterschiede der Aufwuchsmenge zu berücksichtigen sind, die ihrerseits durch Niederschläge, Hangexposition und Bodenart beeinflußt werden (NITSCHE 1988; SCHLOLAUT 1988). Die Angaben über die Besatzdichte stellen aufgrund der Verschiedenheit der Standorte nur grobe Richtwerte dar. "Selbst bei gleichartigen Pflanzenformationen unterscheiden sich die Angaben über die günstige Besatzdichte vielfach, da Boden und/oder Geländebeschaffenheit der Gebiete verschieden sind." (WOIKE & ZIMMERMANN 1988). Im Folgenden soll auf die bisher vorliegenden Erfahrungen über die Schafbeweidung als Pflegemethode der verschiedenen Pflanzenformationen eingegangen werden.

Der Einfluß der Schafe auf die Vegetationszusammensetzung von **Zwergstrauchheiden** hängt im wesentlichen von ihrer Artenkombination, den Standortverhältnissen, der Entwicklungsphase der Heide und von der Beweidungsintensität ab, die zu sehr verschiedenen Ausbildungsformen der Heide führen können. So kommt es auf jungen Heideflächen durch das Abfressen der Sämlinge eher zu Verschiebungen im Konkurrenzgefüge als in älteren Heiden

---

(19) Unter Besatzdichte versteht man die sich zum gleichen Zeitpunkt auf der Fläche befindende Zahl von Schafen. Die Besatzstärke, d.h. die Zahl der Schafe, die von der gesamten Weidefläche während des Jahres ernährt werden können, ist ein ungeeigneter Maßstab, da sdiese wird, daß selbst auf normal gedüngten Weiden - auf nicht gedüngten Flächen sind diese Unterschiede noch größer - die Aufwuchsmenge im Oktober nur noch 1/4 von derjenigen im Mai beträgt (SCHLOLAUT 1988).

Tab. 3: Weidefeste Pflanzenarten mit ihren "Strategien"

Weidefest durch Dornen:

● Juniperus communis	Wacholder
● Genista germanica	Deutscher Ginster
● Genista anglica	Englischer Ginster
● Cirsium eriophorum	Wollkratzdistel (1)
● Cirsium acaule	Stengellose Kratzdistel
● Carduus nutans	Nickende Distel
● Ononis spinosa	Dorniger Hauhechel

Weidefest durch Giftstoffe, Milchsaft, scharfen oder unangenehmen Geruch:

● Origanum vulgare	Wilder Dost
● Thymus pulegioides	Thymian
● Cynanchum vincetoxicum	Schwalbenwurz
● Helleborus foetidus	Nieswurz
● Gentiana germanica	Deutscher Enzian
● Gentiana ciliata	Fransen-Enzian
● Gentiana verna	Frühlings-Enzian
● Urtica dioica	Brennessel (2)
● Euphorbia cyparissias	Zypressen-Wolfsmilch
● Equisetum palustre	Sumpf-Schachtelhalm

Weidefest durch flache, an dem Boden angedrückte Rosetten:

● Prunella grandiflora	Große Braunelle
● Hieracium pilosella	Kleines Habichtskraut

Weidefest, aber die Schafbeweidung führt zur Auslese zwerg- oder krüppelwüchsiger Formen:

● Pulsatilla vulgaris	Küchenschelle
● Leontodon autumnalis	Rauher Löwenzahn
● Leontodon hispidus	Herbst-Löwenzahn
● Hippocrepis comosa	Hufeisenklee
● Centaurea jacea	Wiesen-Flockenblume

(1) Über die "Beliebtheit" der Distelarten bei den Schafen liegen unterschiedliche Beobachtungen vor. Während BONESS (1953) auf Dauergrünland beobachten konnte, daß die Schafe die Disteln völlig meiden, berichtet KLAPP (1971), daß Schafe manche Distelarten trotz schmackhafter Alternativen verbeißen! Unbestreitbar ist, daß ein gewisser Gewöhnungseffekt der Schafe an die auf Grünlandbrachen häufig vorkommenden Cirsiumarten vorliegt (GERTH 1978).
(2) Ältere und welke Brennesselpflanzen, deren Brennhaare bereits ihre Funktion verloren haben, werden bevorzugter verbissen als frische Triebe (GERTH 1978).

Quellen: WOLF (1984); WOIKE & ZIMMERMANN (1988); MÜLLER (1983); GOTTHARD (1965 in: ELLENBERG 1982); BRIEMLE (1988)

(MUHLE 1974). GRANT & HUNTER (1968) konnten auf schwach beweideten Heiden beobachten, daß die junge Heide gegenüber der älteren bevorzugt gefressen wird, was sich aus der Tatsache erklärt, daß junge Heidepflanzen mehr Nährstoffe und Proteine enthalten, während mit zunehmendem Alter der Rohproteingehalt, die Verdaubarkeit und die Nährstoffwerte sinken (vgl. auch THOMAS 1956).

Durch den Schnuckenverbiß werden etwa 30 bis 60% des Zuwachses der oberirdischen Biomasse der Calluna-Sträucher entfernt und die Zweige zu fortgesetzter Regeneration veranlaßt, man spricht von einem "Verjüngungseffekt" (MUHLE 1974; LÖTSCHERT 1969). Bei mittlerer Beweidungsintensität erweist sich Calluna gegenüber Erica tetralix als konkurrenzstärker. Bei einer stärkeren Beweidung erfährt die Glockenheide, da sie aufgrund ihrer Bitterstoffe von den Heidschnucken nicht verbissen wird, eine mittelbare Förderung gegenüber der Besenheide und erscheint deswegen überpräsentiert. "Ihre vom Heidschnuckenzahn verschmähten Polster ragen vielfach deutlich aus dem gleichmäßig beweideten Calluna-Teppich hervor. Sie heben sich vor allem zur Blütezeit inselartig aus der geschlossenen Heidekrautdecke ab." (LÖTSCHERT 1969).

Bei Überweidung nimmt das Borstgras (Nardus stricta) zu, denn seine derben Horste werden auch von den Heidschnucken verschmäht, so daß sich überbeweidete Heideflächen allmählich in mehr oder weniger reine Borstgrasrasen (Narden) umwandeln (GIMINGHAM 1949, LÖTSCHERT 1969). Entgegen der Meinung von WEBER (1901) (20) kann der Gehölzaufwuchs durch die Schafbeweidung nicht völlig zurückgedrängt werden. Nach Beobachtungen von BEYER (1969) wird bei einem Besatz von drei Heidschnucken/ha die Moorbirke (Betula pubescens) stärker durch Schafe verbissen als die Sandbirke (Betula verrucosa). Erica tetralix, Empetrum nigrum, Myrica gale und Juniperus communis werden kaum durch die Schafe verbissen. Die eigentliche "gehölzverdämmende Wirkung" an der die Schafe indirekt mitwirken, ist der Tatbestand, daß sie die Heide länger in der gegen Anflug "immunen" Optimalphase halten (TÜXEN 1973). Bei Untersuchungen in Schottland auf Sandheiden

(20) "Soll daher ein größeres Heideareal in seiner jetzigen Beschaffenheit erhalten bleiben, so wird man zu dem Zwecke in irgendeiner Weise dafür sorgen müssen, das Aufkommen des Waldes in ihm zu verhindern. Am einfachsten geschieht dies durch Verpachtung als Schafweide, unter Ausschluß sonstiger kultureller Maßnahmen!" (WEBER 1901)

konnte man einen Rückgang des Heidekrautes bei einer Besatzdichte von 3,3 Schafen/ha und eine Zunahme bei 2,2 Schafen/ha, jeweils bei Sommerweide feststellen (ZIMMERMANN & WOIKE 1982). Auf schottischer Moor-Heide beginnt der Rückgang des Heidekrautes oberhalb einer geschätzten Besatzdichte von 2,7 Schafen/ha, bei einem Besatz mit 5 Schafen/ha nahm die Bedeckung mit Calluna von 80% auf 9% innerhalb von vier Jahren ab (WOIKE & ZIMMERMANN 1988). Als grober Richtwert aus den oben gemachten Erfahrungen läßt sich für die Beweidung von Heiden und verheideten Mooren eine Dichte von etwa 2 Schafen/ha (Schnukken) ableiten, was fast auch der Empfehlung TOEPFERS (1971) entspricht, der den Besatz von einem Mutterschaf mit Nachwuchs je ha Heidefläche vorsieht.

Die Auswirkungen von Schafbeweidung auf **Borstgrasrasen** wurden am Feldberg (Schwarzwald) untersucht (WILMANNS & MÜLLER 1976). Die Beweidung erfolgte zwischen 1970 und 1975 von Juni bis September mit durchschnittlich etwa 3 Tieren/ha. Die kurzfristig höchste Kopfzahl betrug 1891 Schafe auf 250 ha Gesamtfläche (= 7,5 Tiere/ha). Diese Weideintensität war offensichtlich zu gering, da man oft Mühe hatte überhaupt den Verbiß festzustellen, lediglich anhand geknickter Triebe und weniger Kotballen konnte der Durchzug der Schafe festgestellt werden. Eine im landschaftspflegerischen Sinne positive Beeinflussung der Vegetation konnt nicht nachgewiesen werden. Geringe quantitative Veränderungen der Flora konnten nicht eindeutig auf die Beweidung, sondern eher auf den warm-trockenen Sommer 1971 zurückgeführt werden. So nahmen nicht nur Gräser wie Carex pilulifera (Pillensegge), Poa chaixii (Waldrispengras), sondern auch Orchideenarten wie Orchis traunsteineri (Traunsteiner Knabenkraut) und seltene Insectivoren wie Drosera rotundifolia (Sonnentau) und Pinguicula vulgaris (Fettkraut) zu. Der erhoffte landschaftspflegerische Effekt, nämlich eine Verminderung der Verfilzung, überwiegend bestehend aus Poa chaixii, die zu einer floristischen Verarmung führt, lies sich nicht nachweisen!

Für den Erhalt der durch den selektiven Weidetierfraß geformten **Enzian-Schillergrasrasen (Gentiano-Koelerietum)** und der in ihm existierenden Arten, muß die Intensität der Beweidung so gesteuert werden, daß sowohl eine Überbeweidung als auch eine Unterbeweidung ausgeschlossen ist, da beide zu charakteristischen Veränderungen in der Gesellschaftsstruktur führen.

Bei der Überbeweidung kommt es zu einer Degenerierung des Halbtrockenrasens, die Artenzahlen gehen erheblich zurück, insbesondere die Orchideen fallen aus und die Vegetationsdecke wird in Mitleidenschaft gezogen, so daß mit einer nachfolgenden Erosion zu rechnen ist (WILMANNS & KRATOCHWIL 1983). Dafür tritt eine Artengruppe in den Vordergrund, die die Degradation deutlich anzeigt, wie Cerastium semidecandrum (Fünfmänniges Hornkraut), Aira carophyllea (Nelkenschmiele), Sedum acre (Scharfer Mauerpfeffer), Calamintha acinos (Bergminze), Echium vulgare (Gemeiner Natternkopf) und Carduus nutans (Nickende Distel) (KNAPP & REICHHOFF 1973a).

Bei einer Unterbeweidung kommt es zu einem Wechsel im Artengefüge der Gesellschaft, wobei verstärkt Arten in Erscheinung treten, die ihren Schwerpunkt im Esparsetten-Halbtrockenrasen (Onobrychi- (viviifoliae) brometum) haben (MÜLLER 1983). Diese Entwicklung wird überlagert durch eine verstärkt einsetzende Gebüschsukzession, die in der weiteren Entwicklung zur Ausbildung von Hartriegel-Schneeball-Gebüschen (Virburno-Cornetum) als relativ stabile Dauergesellschaft führt (vgl. ausführlich in Pkt. 3.). Wie schon erwähnt, begünstigt die selektive Unterbeweidung des Aufkommen stachelbewehrter Sträucher (Rosa rubiginosa), Rosa canina, Crataegus oxycantha, Prunus spinosa), die mit zunehmendem Überschirmungsgrad lichthungrige Orchideen, Enzian und Küchenschellen verdrängen (KNAPP & REICHHOFF 1973a; BRIEMLE 1988). Die Beweidung, auch bei einem optimalen Schafbesatz, kann die Verbuschung nicht verhindern, sondern nur verlangsamen, so daß mindestens alle fünf bis sieben Jahre Entbuschungsmaßnahmen erfolgen müssen (BRIEMLE 1988).

Geht man von einer Netto-Primärproduktion in Kalkmagerrasen von etwa 0.6 bis 1.5 t/ha und einem Futterbedarf von 11 bis 13 kg TS/Tag für eine Großvieheinheit aus, dann empfiehlt sich für Kalkmagerrasen eine Besatzdichte von 5 Schafen/ha (= eine Großvieheinheit) bei einer als angemessen geltenden Beweidungsdauer von etwa 50 bis 125 Tagen (HAKES 1987; NITSCHE 1988). Diese Besatzdich-

Tab. 4: Vom Schaf bevorzugte Gräser

1. Süß- und Sauergräser

+ + +	Phleum pratense	+	Agrostis vulgaris
+ + +	Phleum alpinum	+	Melica nutans
+ + +	Alopexurus pratensis	+	Deschampsia flex.
+ + +	Lolium perenne	+	Festuca rubra
+ + +	Festuca pratensis	+	Poa compressa
+ + +	Festuca ovina	+	Briza media
+ +	Poa pratensis	+	Agrostis stolonifera
+ +	Poa nemoralis	+	Molinia coerulea
+ +	Deschampsia caespitosa	+	Agrostis tenuis
+ +	Festuca arundinacea	+	Nardus stricta
+ +	Poa trivialis	+	Phleum commutat.
+ +	Poa annua	+	Carex fusca
+ +	Anthoxanthum odorat.	+	Luzula campestris
+ +	Luzula pilosa	+	Carex panicea

2. Leguminosen

+ +	Lotus corniculatus	+ + Trifolium repens
+ +	Trifolium pratense	

3. Kräuter und sonstige Pflanzen

+ +	Leontodon autumnalis	+	Vaccinium myrtillus
+ +	Raxacum officinalis	+	Betula verrucosa
+ +	Ranunculus acer	+	Betula pubescens
+ +	Achillia millefolium	+	Betula nana
+	Plantago lanceolata	+	Corylus avellana
+	Maithemum bifolium	+	Fraxinus excelsior
+	Anemone nemorosa	+	Sorbus aucuparia
+	Geranium silvaticum	+	Quercus robur
+	Geranium sangiuneum	+	Acer platanoides
+	Rubus idaeus		

+ + + = sehr stark beweidet, + + = ziemlich stark beweidet, + = teilweise beweidet
(Quelle: DJAMARANI 1977)

te entspricht etwa 30% der Dichte eines gedüngten Grünlandes (WILKE 1984).

Mindestens 10% des Magerrasens sollten unbeweidet bleiben, um insbesondere Arten der Saumgesellschaften (vgl. Pkt. 3.) sowie die an sie gebundene Fauna wie Insekten und Vögel zu fördern (NITSCHE, mdl.). Aus dem gleichen Grunde sollten auch größere Gehölzgruppen erhalten bleiben. Kalkmagerrasen mit sehr geringer Biomassenentwicklung, zumeist auf sehr flachgründigen oder skelettreichen Böden, die auch in feuchten Jahren nur lückenhaft bewachsen sind, sollten mehrere Jahre oder Jahrzehnte ohne Pflegemaßnahmen belassen werden (NITSCHE 1988). Eine nächtliche Koppelung der Weidetiere sollte wegen der zu erwartenden Eutrophierungseffekte (s.o.) unterbleiben. Eine Schafbeweidung kann in der Regel von Mai bis Ende des Jahres, vorzugsweise aber in der Hauptvegeta-

tionsperiode vom 1.6. - 31.8. durchgeführt werden.

Auf besonders orchideenreichen Flächen sollte von Mai bis Anfang August (21), was sich aber mit der wichtigsten Weidezeit deckt, auf eine Beweidung verzichtet werden, um eine ungestörte Entwicklung der Orchideen vom Austreiben bis zum Aussamen zu gewährleisten (HAKES 1987; FISCHER & MATTERN 1987)."Die Orchideen werden zwar von Schafen kaum gefressen, aber leicht zertreten, sobald die zarten Blütenschäfte emporsprießen." (ELLENBERG 1982). NITSCHE (1988) empfiehlt ebenfalls, daß Flächen mit seltenen Pflanzenbeständen nicht jedes Jahr zur gleichen Zeit beweidet werden sollten. "Gegebenenfalls ist zur Regeneration des Vegetationsbestandes eine ein- bis mehrjährige Beweidungspause vorzusehen". (NITSCHE 1988).

Um der ganzen Artenbreite Existenzmöglichkeiten zu bewahren und um die Erhaltung einer reichhaltigen Flora zu sichern, empfiehlt es sich bei der Aufstellung von Hutungsplänen eine wechselnde Flächennutzung mit unterschiedlicher Beweidungsintensität und mehrjährigem Wechsel der Intensität der Beweidung anzustreben, so daß die Gesellschaftsdynamik und die Möglichkeiten der Regeneration gewährleistet bleiben (KNAPP & REICHHOFF 1973a; BRIEMLE 1988).

Feuchte Grünlandbrachflächen (Kohldistel- und Pfeifengraswiesen), bei denen ohne Durchführung entsprechender Pflegemaßnahmen, insbesondere auf Standorten mit hohem Nährstoffpotential, die Artenvielfalt abnimmt und hoch produktive Pflanzenarten bestandesbeherrschend werden (Calamagrostis lanceolata, Alopecurus pratensis, Deschampsia caespitosa, Agropyron repens etc.), wurden in Schleswig-Holstein kurzfristig mit hohen Schafdichten (ca. 8 bis 24 Schafe/ha) auf kleinen Parzellen beweidet (KNAUER & GERTH 1980). Mit diesem Besatz ließ sich nicht nur die Fläche offenhalten, sondern die uniform gewordene Brachevegetation wurde auch in artenreichere Pflanzenbestände überführt. Als besonders vorteilhaft erwies sich eine Kombination von später Mahd (Ende Juni bis Mitte Juli) und anschließender gezielter, kurzfristiger Beweidung, "weil dadurch die einseitige Selektion während der Schafbeweidung und die Wirkung des schlagartigen Eingriffes bei der Mähnutzung ge-

(21) Bei Vorkommen der früh blühenden Arten Orchis mascula und Orchis morio sollte die Beweidung bereits ab 15.4. unterbleiben.

Foto 16: Wacholdertriften am Pferdskopf/Rhön

Die Wacholdertriften verdanken ihre Entstehung der extensiven Schafbeweidung. Zur Offenhaltung dieser Lebensräume mit ihrer licht- und wärmeangepaßten Pflanzenwelt ist eine Beweidung mit angepaßten Schaf- oder Rinderrassen notwendig, was zudem ein Beitrag zur Sicherung alter Haustierrassen ist. Die Beweidung schafft zudem Erdverletzungen für Grillen, Hummeln und Wildbienen und bringt Dung als weiteres Habitatelement mit einer eigenen, spezifischen Fauna. (Foto Maertens)

mildert und die Entwicklung artenreicher Pflanzenbestände gefördert werden kann." (KNAUER & GERTH 1980).

THIELE-WITTIG (1976) gibt für die **Beweidung von Brachland** eine Besatzdichte von 4 Schafen/ha an, die nicht unterschritten werden darf, da ansonsten zusätzliche Pflegeschnitte in mehrjährigen Abständen notwendig wären. GIERER & GREGOR (1975) ermittelten bei ihren Untersuchungen im Spessart über die Auswirkungen einer Schafbeweidung auf den Vegetationsbestand ehemaliger Ackerflächen, daß bei einer Besatzdichte von 3,3 Mutterschafen mit Nachzucht/ha der Weiderest so gering bleibt, daß sich das Nachmulchen erübrigt. Sinkt die Besatzdichte dann steigt der Anteil der Weideflächen, der nachgemulcht werden muß. So sind z.b. bei 2,0 Mutterschafen mit Nachzucht/ha bereits 43% der Weidefläche nachzumulchen, um ein "zufriedenstellendes Bild der Gemeindeflur zu erzielen." (GIERER & GREGOR 1975).

Im Dietzhölztal wurden die Einsatzmöglichkeiten einer Wanderschafherde für die Landschaftspflege untersucht (MÜTZE 1988). Die Voraussetzungen für den Weidegang sind als günstig zu beurteilen, da nur ein kleiner Teil der Gemarkung noch landwirtschaftlich genutzt wird und dem Schäfer große zusammenhängende Flächen zur Verfügung stehen, die zum größten Teil von Ackerbrachen auf trockenem Standort mit relativ guter Nährstoffversorgung gebildet werden. Man wählte aufgrund entsprechender Literaturangaben (siehe GIERER & GREGOR 1975) eine Besatzdichte von 2,4 bis 3,6 Muttern/ha. Diese Besatzdichte erwies sich jedoch als zu niedrig, da ein erheblicher Weiderest verblieb. Erst die Kom-

Abb. 7:	Pflege der mit Schafen zu beweidenden Flächen

*) Sollten gefährdete, bodenbrütende Vogelarten vorkommen, sind ihre Brutplätze während der Brutzeit von einer Beweidung auszunehmen (Quelle: WOIKE & ZIMMERMANN 1988)

Biotop-Typ	Haltungsform	Zeitpunkt und Dauer	Rasse	Einschränkung*)	Vorbereitende bzw. ergänzende Maßnahmen
Verheidetes Moor	standortgebundene Hütehaltung; keine Koppelschafhaltung!	bei günstigem Klima und Futterangebot ganzjährige, klein-räumig wechselnde Beweidung	weiße hornlose (Moor-)Schnucke, Bentheimer Landschaf	Hochmoor-Regenerationskomplexe sind ganzjährig zu schonen	Entbuschen Aug.–März kontr. Brennen Dez.–Febr. bei Frost Mahd Okt.–März
Sandheide	standortgebundene Hütehaltung oder Wanderschäferei; keine Koppelschafhaltung!	ganzjährige Beweidung, turnusmäßiger Wechsel; besonders im Herbst und Winter Beweidung der Besenheide	graue gehörnte (Heid-)Schnucke, Bentheimer Landschaf	Flächen mit neu aufkommender Calluna sind für ca. 3 Jahre zu schonen	Entbuschen Aug.–März kontr. Brennen Dez.–Febr. Mahd Okt.–März
Wacholder-heide	standortgebundene Hütehaltung oder Wanderschäferei; Koppelschafhaltung nur, sofern das Pflege-ziel ausschließlich die Erhaltung des Wacholders ist	Frühjahrs- und Sommerweide	Schnucke oder andere Landschafrasse; Ziegen		Mahd Okt.–März Entbuschen der den Wacholder verdämmenden Gehölze Aug.–März
Hoch- und Bergheide	Wanderschäferei oder standortgebundene Hütehaltung; keine Koppelschafhaltung!	Frühjahrs- und Sommerweide, besonders im Herbst Beweidung der Besenheide	Landschafrassen, vor allem Berg-, Rhönschaf, Coburger Fuchsschaf		Entbuschen Aug.–März Mahd Okt.–März
Halbtrocken- und Trocken-	Wanderschäferei oder	Frühjahrs- und Sommerweide	Merino-Landschaf und Landschafrassen	je nach Schutzziel sind Teilparzellen mit gefährdeten	Mahd je nach floristisch-
rasen (-weiden)	standortgebundene Hütehaltung; keine Koppelschafhaltung!			verbiß- und trittempfindlichen Arten (z. B. Orchideen) z. B. in deren Blühphase nicht zu beweiden; Sukzessionsstadien (sog. „Mähder"-Stadien) sind nicht oder nur im mehrjährigen Rotations-verfahren zu beweiden	vegetationskund-lichem Schutzziel zwischen Juni und Oktober, bei verfilzten Flächen vor der Beweidung erforderlich Entbuschen Aug.–März
Silbergras-flur	standortgebundene Hütehaltung oder Wanderschäferei	Frühjahrs- und Sommerweide	alle Schafrassen		Entbuschen Aug.–März
Wirtschafts-grünland incl. Feuchtwiesen	Koppelschafhaltung, standortgebundene Hütehaltung oder Wanderschäferei	Frühjahrs- und Sommerweide	alle Schafrassen, im Mittelgebirge bevorzugt Rhönschaf	Teilparzellen mit verbiß- und trittempfindlichen Arten (z. B. Orchideen) sind in deren Blühphase nicht zu beweiden	Mahd 1–2 mal jährlich Mitte Juni und September
Brachflächen	Wanderschäferei oder standortgebundene Hütehaltung, Koppelschafhaltung, sofern das Pflegeziel nur darin besteht, die Flächen offen zu halten	Frühjahrs- und Sommerweide	alle Schafrassen, bevorzugt Landschafrassen der Region und Merino-Landschaf		Mahd in mehrjährigem Abstand ab Oktober Entbuschen Aug.–März

bination von Schafweide und Mulchen erbrachte den erhofften Erfolg. So setzte die Weidenutzung durch die Verringerung der Aufwuchsmenge den Arbeits- und Zeitaufwand des Mulchens herab, während das Mulchen den Weiderest beseitigte und vor allem die Qualität des Weidefutters wesentlich verbesserte (MÜTZE 1988).

Für **Salbei-Fettweiden**, sie gelten als die besten Schafweiden, empfehlen BUCHWALD & KUDER (1973) eine Besatzdichte von 10 bis 15 Schafen/ha, für die **Binsen-Fettweiden** eine Besatzdichte von 6 bis 8 Schafen/ha.

Eine Flächenfreihaltung kann durch die alleinige Beweidung mit Schafen bei einem optimalen Besatz langfristig jedoch nicht gewährleistet werden. Im Vergleich zur Beweidung mit Extensivrinderrassen hinterlassen die Schafe mit 25 bis 30 % einen wesentlich höheren Weiderest (ISERMEYER, BUCH-WALD & DEBLITZ 1988). Möchte man eine kostenaufwendige Nachmahd im Abstand von zwei bis drei Jahren vermeiden, so kann hier lediglich eine Beigabe von 1 bis 2% Ziegen zur Schafherde Abhilfe schaffen!

Beim **Einsatz von Fleischziegen** in der Landschaftspflege macht man sich ihre Freßgewohnheiten zunutze, da die Ziege - bei entsprechender Intensität der Beweidung und Einwirkungsdauer - bevorzugt von Büschen frißt, so daß sie entweder zurückgehalten oder gar ganz vernichtet werden. Die Ziege ist zwar aufgrund ihrer entwicklungsgeschichtlichen Verwandtschaft dem Rind und dem Schaf hinsichtlich Futteraufnahme und Futterverwertung sehr ähnlich, zeigt aber Besonderheiten, in denen sie zum Teil erheblich von diesen beiden Arten abweicht, was sich mit ihrem ursprünglichen Lebensraum als Wildtier (siehe Pkt. 2.3.1) erklärt (GALL 1982). Ein weiterer Grund, der für den Einsatz der Fleischziegen in der Landschaftspflege spricht, ist der Tatbestand, daß die Entstehung, die Formung und die Erhaltung der mitteleuropäischen Kalkmagerrasen mit der Ziegenhaltung etwa 5000 Jahre lang eng verbunden war (GLAVAC 1983).

Im Gegensatz zur Schafbeweidung wurden die Auswirkungen der Ziegenbeweidung auf die Zusammensetzung der Halbtrockenrasen bislang noch nicht studiert. Eine begleitende vegetationskundliche Untersuchung über die Auswirkungen der selektiven Futteraufnahme von Ziegen sollte auf mindestens zehn Jahre angelegt werden, wobei mit Hilfe von Dauerbeobachtungsflächen mit und ohne Weidewirkung die strukturdynamischen Vorgänge numerisch erfaßt werden sollten (GLAVAC 1983; NITSCHE, mdl.). Aus diesen Untersuchungen sollte die Dauer und die Stärke des Weidebesatzes bei unterschiedlichem Strauchbedeckungsgrad ermittelt werden, um so "biologisch vernünftige, nachhaltige und möglicherweise auch wirtschaftliche Formen der Buschbekämpfung" (GALL 1982) zu entwickeln.

Aufgrund dieser fehlenden Forschungsergebnisse, sind wir auf die Beobachtungen von Praktikern und entsprechend spärlicher Literaturauswertung angewiesen.

Untersuchungen aus dem Südschwarzwald auf Rotschwingel-Straußgrasweiden (Alchemillo-Cynosuretum) und Flügelginsterweiden (Festuco-Genistlletum) haben gezeigt, das Ziegen sehr effektiv zur Zurückdrängung unerwüschten Aufwuchses beitragen können. Gehölze wie Buche (Fagus sylvatica), Birke (Betula pendula), Eiche (Quercus robur), Hainbuche (Carpinus betula), Hasel (Corylus avellana), Robinie (Robinia pseudoacacia), Salweide (Salix caprea), Weißdorn (Crataegus oxyacantha), Faulbaum (Rhamnus frangula), Brombeere (Rubus fruticosus), Wildrose (Rosa canina) und auch Schlehe (Prunus spinosa) werden durch den Verbiß der Ziegen und insbesondere durch das Ringeln der Rinde ("girdling") **(22)** bereits nach zwei Vegetationsperioden so stark geschädigt, daß diese absterben. Selbst ältere Bäume wurden durch das Schälen der Rinde zum Absterben gebracht (SCHREIBER 1980 a). Nach Beobachtungen von HAKES (1987) vermögen die Ziegen selbst den Wacholder und auch schwächere Kiefern durch das Ringeln der Rinde letal zu schädigen! Bei den sich durch Stockausschlag regenerierenden Gehölzen (z.B. Birke) ist ein häufiger Verbiß notwendig, um diese Gehölze kurzzuhalten, da ansonsten eine Buschform entsteht, in deren Schutz ungehindert der Mitteltrieb aufwachsen kann (MIKOLA 1942).

Dem oben beschriebenen drastischen Effekt der Ziegenbeweidung auf die Gehölzvegetation steht ein

---

(22) Die Stämme haben noch keine Borke gebildet, so daß der Bast, der unterhalb des dünnen Periderms liegt, für die Ziegen leicht zugänglich ist. Dieses "girdling" stellte auch den ausschlaggebenden Schadensmechanismus bei der mittelalterlichen Waldweide mit Ziegen dar (WILMANNS & MÜLLER 1976).

---

kaum spürbarer Einfluß auf die Krautschicht gegenüber. Es läßt sich keine Veränderung der Gesellschaften (s.o.) unter Ziegenbeweidung feststellen (WILMANNS & MÜLLER 1976)! Von Ziegen besonders gern angenommen wurden Blüten- und Furchtstände von Achillea millefolium, Chrysanthemum ircutsianum, Heracleum sphondylium, Leontodon hispidus, Pimpinella saxifraga, Trifolium pratense, sowie Kraut von Festuca rubra, Gallium mollugo, Dryopteis filix-mas, Calluna vulgaris, Euphorbia cyparissias, Genista sagittalis (jung), Agrostis tenuis usw.. Demgegenüber wurden Thymus pulegioides, Euphrasia rostkoviana und Pterridium aquilinium kaum gefressen (WILMANNS & MÜLLER 1976).

Die Beimischung von Ziegen zur gezielten Beseitigung unerwünschten Gehölzaufwuchses verfügt bereits über eine lange Tradition und dies nicht nur in unserem Kurlturkreis. So berichtet KLAPP (1956) "über eine originelle Form bewußter Gegenselektion in außertropischen Gebieten Südamerikas." So werden in Chile bei Vordringen von Brombeer-Arten in extensive Rinderweiden kleine Ziegenherden mit ausgetrieben. Das Freßverhalten der Ziegen macht man sich auch in Trockengebieten, z.b. in manchen afrikanischen Ländern und in Texas zunutze, wo Büsche auf Weiden vordringen und das Wachstum der ertragsreicheren Gräser unterdrükken (GALL 1982).

Daß aber die Ziegenbeweidung die Verbuschung nicht nur verhindern bzw. verlangsamen, sondern diese sogar auch einleiten kann, wird in einer Untersuchung von MÜLLER-SCHNEIDER (1954) über die endozoochore Samenverbreitung belegt. (23) Er berichtet, daß "mancherorts gerade durch die Ziege die Ablösung der Rasengesellschaften, insbesondere des Mesobrometums durch Strauchgesellschaften eingeleitet wird."

Ob das Bild von der Ziege als ein genügsames Weidetier zutrifft, das nur die ärmere Vegetation beweidet und demzufolge mit anderen Weidetieren nicht in Konkurrenz tritt, sondern sie möglicherweise sogar unterstützt, indem sie solche Pflanzen beweidet, die das Wachstum anderer wertvoller Weidepflanzen behindern, ist umstritten. "Bei gemischtem

Weidebesatz war es regelmäßig nur eine kurze Zeitspanne gleich zu Beginn des Weideauftriebs, in der die Ziegen Futter aufnahmen, das von Schafen und Rindern nicht gefressen wurde. Sobald nämlich die schmackhaftesten Futterpflanzen abgeweidet waren, begannen die Ziegen mit den anderen Weidetieren um die jetzt für alle gleichermaßen attraktiven Futterpflanzen zu konkurrieren." (GALL 1982).

GALLs Beobachtungen bestätigen, daß die Ziegen bei der Futterwahl sehr wählerisch sind (24). Sie neigen auch bei ausreichendem Futterangebot zum sog. Neugier- und Abwechslungsfraß (WOIKE und ZIMMERMANN 1988). Ziegen fressen zwar prinzipiell alles ("Die Ziege wird jedem Pflanzenwuchs gefährlich." BERNATSKY 1904) und sind in ihrem Freßverhalten sehr anpassungsfähig, da sie nicht an bestimmte Pflanzenarten gebunden sind. Sie sind aber dabei recht wählerisch und nehmen nicht gerne größere Mengen von nur einem Futtermittel auf (GALL 1982). Ziegen ermöglichen eine wesentlich bessere Verwertung von rohfaserreichen Futtermitteln, wie sie z.B. auf Ödland angetroffen werden, als Schafe und Rinder (SOMMERFELD 1982). Will man erreichen, daß das ganze Spektrum der Weidepflanzen gleichmäßig genutzt wird, so ist eine geschickte Weideführung der Ziegen und eine entsprechende Anpassung der Besatzstärke notwendig, damit die Ziegen möglichst nur die Buschvegetation fressen und nicht mit den Rindern/Schafen um das Gras konkurrieren.

Die gemeinsame Haltung von Schafen und Ziegen innerhalb einer Herde war früher durchaus üblich, da die Ziegen Milch für die Aufzucht von Waisen- und Mehrlingslämmern zur Verfügung stellten (NITSCHE, md.). Die bisherigen Erfahrungen in Baden-Württemberg mit Fleischziegenrassen in einem gemischten Bestand sind erfolgsversprechend, wobei die Einnahmen je Mutterziege aus dem Verkauf von Ziegenlämmern diejenigen aus der Schlachtlämmererzeugung je Mutterschaf übertreffen können (THUME 1988 in SCHLOLAUT 1988). Auch ein weiterer wirtschaftlicher Gesichtspunkt kann für den gemischten Bestand sprechen. So ist zu

---

(23) Die Analysen von Ziegenkot ergaben, daß dieser neben den keimfähigen Samen von trockenfrüchtigen Kräutern und Stauden namentlich auch solche von Pflanzen mit fleischigen Früchten und Scheinfrüchten (Rosa spec., Berberis vulgaris, Crataegus spec., Cornus sanguinea, Sambucus nigra) enthielt

(24) Nicht ohne Grund stammt das Wort "kapriziös" vom lateinischen Namen für Ziege (capra) ab !

Foto 17: NSG "Dörnberg" bei Zierenberg

Diese sehr großflächige Wacholdertrift wird zur Zeit nur mit Ziegen beweidet. Die Beweidung erfolgt abschnittsweise, Einteilung durch elektrische Weidezäune. Der linke Teil kommt dem ursprünglichen Zustand näher, hier wurden bereits Entbuschungsmaßnahmen durchgeführt. Rechts stehen die Maßnahmen noch aus. (August 1988) (Foto Maertens)

klären, inwieweit die Beigabe von Angora- oder Kaschmirziegen die Wirtschaftlichkeit aufgrund des hohen Haarpreises verbessern kann **(25)** (SCHLOLAUT 1988).

2.3.6 Auswirkungen auf die Fauna

Die alten Hutungen und Triften stellen die artenreichsten Lebensräume unserer Kulturlandschaft **(26)** dar, die viele stenotope Tier- und Pflanzenarten aufweisen. Den alten Weidelandschaften kommt in einer weitgehenden Intensivnutzung umgewandelten Kulturlandschaft, verstärkt die Aufgabe von "natürlichen Genbänken" für unsere heimische Flora und Fauna zu (SCHÖNNAMSGRUBER 1983).

Die Hutungslandschaft mit ihrer Standorts- und Strukturdiversität ist gekennzeichnet von Grenzlinieneffekten, Saum-Biozönosen und unterschiedlichen Übergangszonen zwischen verschiedenen Standortstypen, was sich folglich auch in einer entsprechenden Vielfalt in der Tierwelt äußert **(27)** (GEISER 1983). Diese Vielfalt verschiedenster Standortstypen in unmittelbarer Nachbarschaft ist für die Tierwelt von entscheidender Bedeutung, da zahlreiche Arten kleinräumig "oszillieren", d.h. sie verändern ihren Aufenthaltsort und suchen in regelmäßigen oder unregelmäßigen Abständen einen anderen Standortstyp auf, so z.B. die Birkhühner mit ihren raumzeitlichen Biotopwechseln und den verschiedenen Habitatansprüchen im Jahreslauf.

Aufgrund ihrer Entstehungsgeschichte sind die alten Hutungslandschaften oftmals mit knorrigen, freistehenden, uralten Bäumen bestanden, die einen sehr hohen Alt- und Totholzanteil mit günstigen mikroklimatischen Bedingungen (halboffenes, trockenwarmes Bestandsklima) aufweisen und daher hervorragende Lebensmöglichkeiten für im Moder lebende, schlecht migrationsfähige Insektenarten und für eine Reihe seltener Höhlenbrüter (Rauhfußkauz, Schwarzspecht, Hohltaube) anbieten (HERINGER 1983).

Außerdem ist eine Anzahl von Tieren auf eine lichte Mischung von Bäumen, Sträuchern und Magerrasen angewiesen, wie z.B. viele Schmetterlinge und ansitzjagende Vogelarten. So schaffen dornenbewehrte Einzelsträucher in Verbindung mit kurzrasigen Flächen sehr günstige Lebensbedingungen für den Neuntöter. Das Nahrungsspektrum wird außerdem durch die dungfressenden Blatthornkäfer bereichert (JAKOBER & STAUBER 1987).

Der Verbiß an den Pflanzen wirkt sich indirekt auch auf die Tierwelt aus, wovon vor allem die auf der Bodenfläche lebenden Arten betroffen sind. Im Vergleich zur Artenzusammensetzung unbeweideter Flächen profitieren auf beweideten Flächen

- wärme- und trockenheitsliebende Arten (BORNHOLDT 1988),
- Dungspezialisten (Dungkäfer, Stutzkäfer und Kurzdeckenflügler, zahlreiche Fliegenarten), die den Tierkot fressen oder in ihm Entwicklungsstadien durchlaufen (WOIKE & ZIMMERMANN 1988), und
- Pflanzensaftsauger frisch austreibender Triebe (z.B. Zikaden).

Da die extensive Triftweide auch immer einen gewissen Teil dürrer Halme auf der Fläche beläßt, können minierende Insekten überwintern und sich entwickeln (GEISER 1983). Bei einer zu frühen (28) und zu intensiven Beweidung, die blütenlose, kurzgebissene Flächen hinterläßt, verschwinden nicht nur bestimmte Gräser und Kräuter, sondern es wird gleichzeitig auch den hieran gebundenen wirbellosen Tieren die Lebensmöglichkeit (Ernährung und Fortpflanzung) genommen. Dazu zählen z.B. Blattfresser (Blattkäfer und Schmetterlingsraupen), Nektarsauger (Schmetterlinge), Samen- und Früchtefresser

(vor allem Rüsselkäfer) (TRAUB 1982; WOIKE & ZIMMERMANN 1988).

Bei einer extensiven Beweidung sind die Auswirkungen auf die Fauna weniger gravierend zu beurteilen, wie das Beispiel Schmetterlinge verdeutlicht. Viele Pflanzenarten, die vom Schafmaul verschmäht werden, sind wichtige Futterpflanzen für die pflanzenfressenden Raupen und Imagines oder sie sind wichtige Nektarquellen für die Falter (29) (TRAUB 1982). SCHULTZ (1973) stellte bei seinen Beobachtungen im Dillkreis fest, daß mit der Verbrachung von Viehweiden eine Verarmung der Schmetterlingsfauna verbunden ist. So waren von Schmetterlingen Posthörner, Gelblinge, Bläulinge und Schachbretter nur noch in geringer Zahl zu finden.

Zu ähnlichen Ergebnissen wie SCHULTZ kommt auch FRAZIER (1965 in ERHARDT 1981). Er konnte nachweisen, daß fehlende Beweidung von früher extensiv genutztem Weideland einen drastischen Rückgang von bestimmten Lepidoperenarten (Lysandra bellargus und L. coridon, Maniola jurtina u.a.) zur Folge hat. THOMAS (1980) erbrachte den Beweis, daß das Vorkommen vieler Bläulinge (z.B. Lysandra bellargus) von "heavily grazed" Bedingungen abhängig ist. Mit dem Aufhören der Beweidung verschwinden auch die typischen Schmetterlingsarten. Als letztes Beispiel sei auf Maculinea arion hingewiesen, der nur in beweideten Magerrasen fliegt, da die Ameise Myrmica sabuleti, in deren Nestern die Raupen des Schwarzfleckigen Bläulings parasitisch leben (THOMAS 1980), lückige und eher niedrigwüchsige Pflanzenbestände bewohnt und sehr empfindlich auf Änderungen in der Habitatstruktur reagiert (BLAB & KUDRNA 1982).

---

(25) Andererseits sind die Einsatzmöglichkeiten der Angoraziege für die Landschaftspflege eingeschränkt, da sie aufgrund ihres dichten Haarkleides in sehr dichte Büsche (eventl. noch dornenbewehrt) nicht eindringen kann (GALL 1982).

(26) Auf die Entstehung der früher weitverbreiteten, extensiv genutzten Hudelandschaften, die heutzutage auf meist bedeutungslosen Restflächen ein vergessenes oder mitunter museales Dasein fristen, wird sehr ausführlich in MAERTENS und WAHLER (1987) eingegangen.

(27) Durch Mahd kann kaum jener hohe Grad an Struktur- und Standortdiversität erreicht werden, was auch den zoologischen Wert solcher Flächen reduziert (GEISER 1983).

(28) Beschränkt man die Beweidung aus Artenschutzgründen auf die Zeit nach Mitte Juli, so bringt dies der Schäferei Nachteile, da die höchste Futteraufnahme und damit Nährstoffaufnahme nur im jungen Vegetationsstadium erreicht wird, wenn den Schafen "das Futter ins Maul wächst". Es ist auch zu beachten, daß der Aufwuchs, der zurückgedrängt werden soll (Fiederzwenke, Stockaustriebe, Gehölzanflug), nur in einem frühen Vegetationsstadium hinreichend verbissen wird (SCHLOLAUT 1981).

(29) Folgende Pflanzen können als charakteristische Lycaeniden- und allgemein als Tagfalterblumen angesehen werden: Kompositen mit Scheibenblüten, und allem purpurne (Centaurea*, Cirsium*, Carduus*, Eupatorium) und gelbe (Inula, Solidago, Senecio, Chrysanthemum); Caryophyllaceen (Dianthus); Dipsacaceen (Scabiosa, Succisa, Knautia, Dipsacus); Papilionaceen (Medicago, Lotus u.v.a.); Labiaten (Thymus*, Origanum*) (MALICKY 1970). Pflanzen mit * profitieren von einer Schafbeweidung!

Ein Überbesatz von Schafen, Rindern etc. kann einen nachteiligen Einfluß auf die Tierwelt (besonders Vogelwelt) sowohl von Dauerweiden als auch von Triften haben (WOIKE & ZIMMERMANN 1988). Auch bei der Wanderschäferei besteht die Gefahr, daß während der Brutzeit der Bodenbrüter die Gelege zertreten werden. Es lassen sich jedoch unterschiedliche Aussagen/Beobachtungen über den negativen Einfluß der Beweidung auf den Brutbestand bodenbrütender Wiesenvögel feststellen. So beschreiben einige Autoren, daß brütende Vögel das weidende Vieh tolerieren und umgekehrt das Vieh nicht die brütenden Vögel aufscheucht (KIRCHNER 1969). Diese Beobachtung wurde aber auf extensiven Jungrinder-Standweiden mit geringen Besatzstärken (1 - 2 GVE/ha) gemacht. Es ist schwer vorstellbar, daß auf Intensivweiden bei 8 - 9 Stunden Freßzeit ein Vogelgelege unverletzt bleibt (ZUPPKE 1984).

Beim Weideverhalten der Galloways wurde beobachtet, daß diese die Bodenbrüter unberührt lassen, daß sie bei der Beweidung sogar um das Nest herum eine kleine Grasinsel stehen lassen (HARZ & BALTZER 1988). Da das Schaf nicht in solch ausgeprägtes Neugierverhalten wie das Rind zeigt, sind die Bodenbrüter durch eine zu dichte, sondern eher lockere Hütehaltung ohne Hundedruck (!) nicht gefährdet. Teilweise verlassen sie noch nicht einmal das Nest (GREBE, mdl.).

Untersuchungen in den Niederlanden versuchten eine quantifizierbare Aussage über den Einfluß der Beweidung auf den Brutbestand bodenbrütender Wiesenvögel zu machen. So wurde bei einer niedrigen Besatzdichte von einer GVE/ha und bei Koppelhaltung kaum ein Brutverlust bei Limikolen festgestellt (WOIKE & ZIMMERMANN 1988). In diesem Sinne bietet sich die extensive Standbeweidung mit 1 - 2 GVE/ha zur Pflege von Wiesenbrüter-Reservaten an. *Der sicherste Weg ist es aber, die Bereiche, in denen gefährdete bodenbrütende Vogelarten leben, während der Brutzeit nicht zu beweiden!*

2.3.7 Schlußfolgerungen

Wenn man das Ziel verfolgt, die Pflegekosten ohne Verluste an der botanischen Artenvielfalt zu minimieren, dann stellt - darauf deuten die in der Literatur beschriebenen Versuche mit der extensiven Weidenutzung hin - langfristig die Einführung der Herdenziegenwirtschaft und die Ausweitung der Schaf-

beweidung die *naturgerechteste und auch kostengünstigste Methode zur Wiederherstellung, Entwicklung bzw. Pflege der durch Schaf- bzw. Ziegenbeweidung entstandenen Biotope* dar! Die Hutungen (z.B. Wacholder- und Zwergstrauch-Heiden) und Halbtrockenrasenflächen (Enzian-Schillergrasrasen) sind Relikte der früheren Bewirtschaftungsform "Schafweide", sie sind im Verlaufe der historischen Entwicklung erst durch das Schaftsmaul "gestaltet" worden und müssen auch auf die gleiche Weise in Zukunft gepflegt werden. Neben der Erhaltung von typischen Pflanzengemeinschaften dient die extensive Weidenutzung auch zur Offenhaltung von früher ackerbaulich genutzten Grenzertragsböden (Brache) durch die Verhinderung des Gehölzaufwuchses.

Der selektive, kurze Verbiß als Voraussetzung für die Zurückdrängung von im Sinne der Biotoppflege unerwünschten Pflanzenarten und der die Pflanzendecke nicht verletzende, sondern festigende Tritt bei weitgehender Unabhängigkeit von der Geländebeschaffenheit, wie z.B. Hanglage oder Moor, die den Einsatz von Maschinen aus technischen oder wirtschaftlichen Gründen nicht zulassen, stellen die entscheidenden Vorteile der Schafbeweidung dar!

Auf seit Jahren nicht gepflegten, verfilzten und verbuschten Halbtrockenrasen, ebenso auf Brachflächen, kann der Einsatz von Schafen als Pflegemaßnahme erst dann erfolgen, wenn diese Flächen offen und damit beweidbar sind und frisches Futter anbieten. Deshalb ist vor Beginn der Schafbeweidung ein Säuberungsschnitt notwendig, bei dem sowohl die verfilzte Krautschicht als auch aufgekommene Gehölze durch Entbuschung und Mahd weitgehend entfernt werden. NITSCHE (1988) stellte an einem Beispiel die Kosten zusammen, die notwendig sind, um eine Fläche für die Schafbeweidung vorzubereiten:

- Zurückschneiden von Schwarzdorn über 1 m Höhe etwa 200 bis 250 Stunden/ha; Lohnkosten ca. 4.000,- bis 6.000,- DM/ha.
- Einsatz eines Mulchgerätes (ca. 80,- DM/Std.) zum Beseitigen von Gras- und Strauchbeständen bis 1 m Höhe bei der Erstpflege von Verbrachungsflächen in Hanglagen ca. 1.000,- bis 1.500,- DM/ha.
- Nacharbeit mit einem Mulchgerät auf bereits vorjährig gepflegten Flächen zum Rückschnitt von

Wurzelbrut und Fiederzwenkenvergrasung ca. 800,- DM/ha.

Die Beweidung muß so dosiert werden, daß es weder durch Überbeweidung zu Artenverlust und Zerstörung der Vegetationsdecke mit nachfolgender Erosion noch durch Unterbeweidung zu einer weiteren Gehölzausbreitung und "Verfilzung" durch die Fieder-Zwenke kommt! Die optimale Besatzdichte ist abhängig von Topographie, Boden und Vegetation, wobei das Vorkommen seltener und gefährdeter Pflanzenarten die Besatzdichte, -dauer und -zeitpunkt noch variieren kann! Da aber die Handhabung der Weidenutzung in Anpassung an die gegebenen standörtlichen und technischen Voraussetzungen vielfältig variiert werden muß, sind Untersuchungsergebnisse selten unmittelbar vergleichbar, sind Erfahrungswerte zur notwendigen Beweidungsintensität mit einer genauen Angabe in Weidetieren/ha/Jahr kaum übertragbar! *Es gibt keine allgemeingültige Optimalregelung! Der Erfolg der Beweidung hängt vielmehr von der Erfahrung und Geschicklichkeit des Schäfers in der Hütetechnik (mit ihr kann der Selektierlust der Schafe wirksam begegnet werden), der gewählten Hüteart, der Herdenstärke und der Eignung der eingesetzten Schafrasse ab!*

Die Schafbeweidung als Landschaftspflege ist eine Dienstleistung, die mit öffentlichen Mitteln finanziert wird. Im Vergleich mit den anderen, in ihrer Wirkung vergleichbaren Pflegemaßnahmen ist hervorzuheben, daß die Schafbeweidung neben ihrer natur- und ressourcenschonenden, lärmfreien Durchführung auch die kostengünstigste Pflegevariante darstellt. TEBRÜGGE (1987) kam nach dem Vergleich verschiedener Pflegeverfahren zu dem Ergebnis, daß die Schafhaltung billiger als die mechanische Pflege (Mahd und Mulchen) sein kann, wobei die Vorteile der Schafbeweidung bei ungünstigen Geländeverhältnissen (z.B. Hangneigung über 40 %; Moorflächen) und mit zunehmender Größe der zu beweidenden Flächen noch stärker in den Vordergrund treten. *Aber die Fortführung der Beweidung von Flächen mit geringer Biomassenentwicklung ist nur dann möglich, wenn die geringe Ertragsleistung (in Fleisch und Wolle) durch einen entsprechenden finanziellen Ausgleich für die Pflegearbeiten so ergänzt wird, daß der Schafhalter auch existieren kann.*

In Abhängigkeit vom jeweiligen Standort, z.B. wertvolle Naturschutzflächen oder relativ ertragsstarke Sozialbracheflächen, wäre eine unterschiedliche Ak-

zentuierung wirtschaftlicher und ökologischer Gesichtspunkte sinnvoll, die sich auch im jeweiligen Pflegeentgelt ausdrücken sollte (ARENS, mdl.). Denn ohne ein solches differenziertes Pflegeentgelt besteht die Gefahr, daß bei dem zu erwartenden verstärkten Freiwerden von bisher genutzten landwirtschaftlichen Flächen (vgl. MAERTENS & WAHLER 1989) die Schafhaltung sich aus den Natur- und Landschaftsschutzgebieten wegen mangelnder Unterstützung weiter zurückziehen könnte und sich stattdessen auf die ertragsstarken neuen Brachflächen konzentrieren würde. Die Angaben über die Aufwandsentschädigungen für die Schaf- und Ziegenbeweidung weichen bei den verschiedenen Autoren sehr stark voneinander ab, was sich auf die unterschiedliche Ertragsfähigkeit der jeweils betrachteten Standorte, die Herdengröße, die Schafrasse und Haltungsform zurückführen läßt. So empfehlen ZIMMERMANN & WOIKE (1982) einen jährlichen Betriebskostenzuschuß von 75,- bis 150,- DM/ha für einen mittelgroßen Schäfereibetrieb (ca. 400 Mutterschafe einer Fleischrasse, die nach rein ökonomischen Gesichtspunkten notwendig sind, damit ein Familienbetrieb von der Schafhaltung leben kann; BAYER, schriftl.). HAKES (1987) erscheint ein Betrag von 250,- DM/ha/Jahr als eine realistische Größe für die Aufwandsentschädigung.

Eine Vergleichsregelung zur Ermittlung der Ausgleichszahlung an den Schafhalter bei Pflegeauflagen (eingeschränkte Weidezeit oder Besatzdichte) ergibt sich aus den Kosten für die Beseitigung und Abfuhr von Mähgut auf Pflegeflächen (WILKE 1988). Nach Verrechnungssätzen für überbetriebliche Maschinenarbeit bei großflächiger Bearbeitung (mindestens 5 ha) in 1987 entstehen folgende Kosten:

- bis 100 dt Grünmasse/ha 160,- DM/ha
- 100 - 200 dt Grünmasse/ha 205,- DM/ha
- über 200 dt Grünmasse/ha 250,- DM/ha

Da aber zur Verhinderung unerwünschten Aufwuchses eine zweimalige Mahd mit Abräumen des Mähgutes im Jahr erforderlich ist, errechnet sich ein Ausgleich zwischen 320,- und 500,- DM/ha (WILKE 1988).

Voraussetzung für die Verbesserung einer extensiven Schafbeweidung auf ausgewählten Standorten sind die Ausdehnung vorhandener Förderprogramme auf Bundes- und Landesebene, die die Flächenbereitstellung, die Flächenvorbereitung z.B. durch

Entbuschung und Altgrasbeseitigung und die finanzielle Unterstützung des landwirtschaftlichen Betriebes mit der vermehrten Förderung von Schafhöfen, Scheunen, Koppeln und Schaftränken ermöglichen (NITSCHE 1988; BRIEMLE 1988). Die Förderung der Schäfereibetriebe richtet sich bisher nur nach der Anzahl der Schafe; *aus der Sicht der Biotop-Pflege sollte sich die finanzielle Förderung der Beweidung besonders erhaltenswerter Biotop-Typen (wie Wacholderheiden und Halbtrockenrasen) davon lösen und sich eher nach dem zu pflegenden Biotop-Typ richten!* Auch sollten in der finanziellen Förderung alte und gefährdete Haustierrassen bei den Pflegeeinsätzen höher subventioniert werden als die anderen Rassen, was bisher noch nicht der Fall ist!

Da im Vergleich zu den Schafen, die Ziegen die Gehölze erheblich besser verbeißen, führte man im Schwarzwald und auf der Schwäbischen Alb einige Fleischziegen in der Schafherde mit, was sich gut bewährt hat. Aber da die Ziegen sehr lebhafte und ausgesprochen individuelle Tiere sind, die keinen ausgeprägten Herdentrieb zeigen, gestaltet sich die Weideführung häufig sehr schwierig! Ein zweiter Hütehund ist meistens notwendig.

Mit steigenden Futtererträgen verliert die Schafhaltung im Vergleich zur Rinderhaltung erheblich an Wettbewerbskraft. Für die Offenhaltung derartiger Standorte bieten sich dann vornehmlich arbeitsextensive Verfahren der Rinderhaltung (Pensionsviehhaltung, Färsenaufzucht, Färsenmast, aber besonders Mutterkuhhaltung von Extensivrassen) als Alternative für die Landschaftspflege an (STEINHAUSER & ECKL 1973; SEIBERT 1986).

Leider liegen zur Zeit noch keine Langzeituntersuchungen über die Wirkung extensiver Rinderbeweidung vor. Dies ist sehr bedauerlich, da gerade neuere Untersuchungen von ISERMEYER, BUCHWALD & DEBLITZ (1988) zeigen, daß z.B. mit der Mutterkuhhaltung von Galloways ein bis zu viermal so hohes Einkommen zu erzielen ist wie mit Schafhaltung. Die an sich wirtschaftlich wesentlich interessantere Mutterkuhhaltung kann deshalb bis zur Klärung der ökologischen Auswirkungen nur für Flächen/Biotoptypen empfohlen werden, deren Artenspektrum nicht von einer Erhaltung oder Entwicklung durch Schafbeweidung abhängig ist!

Interessante Perspektiven kann man von der kombinierten Haltung von Rind und Schaf erwarten, dies haben zumindest Versuche in Irland und Schottland (DICKSON, FRAME & ARNOT 1981) gezeigt, wo der Nutzungsgrad der Weiden beim "mixed grazing" deutlich verbessert werden konnte. Deutsche Forschungsergebnisse über dieses Teilgebiet der extensiven Weidewirtschaft liegen bedauerlicherweise noch nicht vor!

2.4 Kontrolliertes Brennen

"Unter kontrolliertem Brennen versteht man den Einsatz von Feuer unter kontrollierten und kontrollierbaren Bedingungen" (RIESS 1975). Der Einsatz von Feuer in der Landschaftspflege und der Landwirtschaft kann in vielen Ländern auf eine lange Tradition verweisen und ist in weiten Regionen Afrikas zur Offenhaltung der Landschaft (VAN RENSBURG 1971) und in Australien zur Verminderung der Waldbrandgefahr durch Blitzschlag in den Eukalyptuswäldern (VINES 1973) auch heute noch üblich. In Nordamerika wird diese Pflegemethode beispielsweise in Wäldern angewandt, um die sich dort ansammelnde Bodenstreu zu vernichten. So will man der Gefahr unkontrollierter, meist durch Blitzschlag ausgelöster Waldbrände begegnen. Desweiteren dient ein "dosiertes" Feuer in Nadelwäldern, aufgrund der nährstoffreichen Ascheschicht an der Bodenoberfläche, zur Samenbettvorbereitung und Zapfenöffnung (RIESS 1975).

Weitere Zielsetzungen des kontrollierten Brennens:

- die Erhaltung und Regeneration von Pflanzengesellschaften (z.B. Calluna-Heiden) (MILLER & WATSON 1974),
- die Bereicherung von Biozönosen (SHARP 1970),

---

(30) "Das Gegenwindfeuer brennt mit niedriger Flamme und geringer Rauchentwicklung langsam gegen den Wind. Die größte Hitze entfaltet sich dicht über der Erdoberfläche.
Das Mitwindfeuer läuft mit hoch lodernder Flamme und großer Rauchentwicklung schnell über die Fläche hinweg. Die größte Hitze entfaltet sich einige dm über der Erdoberfläche.
Ein heißes Feuer entsteht bei trockener Streu, geringer Luftfeuchte und hoher Lufttemperatur. Als Folge hoher Feuerintensität verbrennt die gesamte Streu, verschiedene Pflanzenarten werden stark geschädigt, und nach dem Brennen stebt offener Boden an.
Kalte Feuer lassen sich am ehesten erzielen, wenn die Streu einen großen Feuchtegradienten aufweist, d.h. wenn die obere Streulage trocken, die untere dagegen feucht bis naß ist. Bei geringer Feuerintensität verbrennt nur die obere Streulage, während die nicht verbrennende untere Streu die Vegetation schützt." (SCHIEFER 1982).

● die Erhaltung und Gestaltung von Lebensräumen für Waldhühner und Wasservögel (EYGEN-RAAM 1957),

● die Erhaltung von Lebensräumen für die Bodenfauna (RIESS 1978).

Der wichtigste Effekt des kontrollierten Brennens besteht aber in der möglichst vollständigen Beseitigung der für den angestrebten Pflanzenbestand ungünstigen Streuschicht, um so einer Verfilzung vorzubeugen (SCHREIBER 1981).

Die Wirkungen des Pflegeverfahrens "kontrolliertes Brennen" auf Boden, Vegetation und Tierwelt hängen von den klimatischen Bedingungen (Luftfeuchte, Lufttemperatur, Wind) vor und während des Feuers, der Beschaffenheit der vorhandenen, brennbaren Biomasse, der Zusammensetzung der Boden- und Streuschicht, der Bodenfeuchte und der gewählten Brandtechnik (Mitwindfeuer oder Gegenwindfeuer, sog. "heißes" oder "kaltes" Feuer (30) ab (MUHLE 1974; RIESS 1975; WEGENER & KEMPF 1982).

2.4.1 Auswirkungen auf die Vegetation

Wird diese Pflegemethode im zeitigen Frühjahr, wenn die unteren Vegetationsschichten und der Boden noch naß sind, mit leichtem Rückenwind über die zu pflegende Fläche getrieben, kommt es, da sich die Flammeneinwirkung auf das abgetrocknete, strohige Material beschränkt und Schäden höchstens an oberflächlich gelagerten Pflanzen auftreten können, zu keinen größeren Schädigungen an der Vegetation (WEGENER & KEMPF 1982). Bei heißem Gegenwindfeuer können jedoch die Samen (31), die zur Verjüngung der Fläche beitragen sollen, stark geschädigt werden (ELLENBERG 1982).

In den meisten Fällen kommt es durch das häufige Brennen zu einer Artenverarmung (SCHIEFER 1981). Da sich die Feuerhitze in ihrer Wirkung auf die Bodenoberfläche beschränkt, werden langfristig Pflanzenarten mit Pfahlwurzeln, Rhizomen und unterirdischen Ausläufern gefördert (32), horstig

wachsende Pflanzen dagegen geschädigt (33). Gefördert werden durch das Brennen auch Orchideen, wenn die Feuerintensität nicht allzu hoch ist (ZIMMERMANN 1979), so z.b. die Zweiblattorchidee (Listera ovata). Durch das Abbrennen der Streu wird ein wesentlicher Hemmfaktor für den Pflanzenwuchs beseitigt, was den Orchideen durch die Temperaturerhöhung des Bodens sowie die erhöhte Lichtintensität Konkurrenzvorteile verschafft (SCHIEFER 1982).

Tab. 5: Einfluß des Feuers auf die Biomassenproduktion

Positiv	Negativ
Brachyopodium pinnatum	Festuca rubra
Carex verna	Trifolium alpestre
Achillea millefolium	Avena pratensis
Dactylis glomerata	Genista sagittalis
Rumex acetosa	Luzula campestris
Euphorbia cyparissias	Helianth. nummularium
Genista tinctoria	Bromus erectus

Quelle: ZIMMERMANN 1975

Hinsichtlich der Artenzusammensetzung und Bestandsstruktur ähneln die Auswirkungen der Pflegemethode "kontrolliertes Brennen", wie die Zu- und Abnahme von Pflanzenarten mit besonderen Lebens- und Wuchsformen angeht, auffallend der Vegetationsentwicklung auf ungestörten Brachflächen (34).

Auch was die ästhetische Qualität angeht, lassen sich erstaunliche Parallelen zwischen "kontrolliertem Brennen" und "natürlicher Sukzession" feststellen. Die so gepflegten bzw. sich selbst überlassenen Flächen erreichen, wenn man sie mit gemulchten und gemähten Flächen vergleicht, stets später ihr Blühoptimum, sie präsentieren sich weniger farbenprächtig und es dominiert der weiße Blütenaspekt (SCHREIBER & SCHIEFER 1985).

Das Feuer wirkt selektiv (s.o.) auf den Pflanzenbestand ein, es lassen sich Veränderungen im Konkurrenzgefüge feststellen, die der gewünschten und an-

---

(31) Bei Untersuchungen über die vegetative und generative Regeneration von Heidebeständen nach kontrolliertem Brennen wurden als kritische Temperaturen für Knospen 290C und für Samen 200C ermittelt (GRANT und HUNTER 1986).

(32) Dazu gehören Brachypodium pinnatum, Agropyron repens, Iris pseudacorus, Polygonum bistorta, Filipendula ulmaria, Poa pratensis, Galium verum, Agrostis tenuis, Trifolium medium, Achillea millefolium und Veronica chamaedrys.

(33) Eine Ausnahme bildet das horstbildende Molinia caerulea, das durch das heiße Feuer eher gefördert wird, da es seine Überdauerungsknospen tief einzieht (SCHIEFER 1982).

(34) Ein Unterschied zwischen den durch Brand gepflegten Flächen und den Sukzessionsflächen besteht in dem höheren Anteil von Blütenpflanzen, wie dies Untersuchungen von KALMUND (1985) ergaben und einer höheren Vitalität und Blühintensität (KRÜSI 1981).

gestrebten Vegetationszusammensetzung zuwider-
laufen! So werden die gebrannten Mesobrometen
von Brachypodium pinnatum beherrscht, da die
"durch Brand konkurrenzbegünstigte" Fieder-
Zwenke (OBERDORFER 1970) aufgrund ihrer
ausreichend widerstandsfähigen Polykormone in der
Lage ist, aus den bei niedrigen Brenntemperaturen
anfallenden Nährstoffen bei Vegetationsbeginn
Nutzen zu ziehen. Demgegenüber tritt in den durch
Brand behandelten Halbtrockenrasen Bromus
erectus zurück (KNAPP & REICHHOFF 1973a).

Zu ähnlichen Ergebnissen kam ZIMMERMANN
(1975) bei seinen Untersuchungen über den Einfluß
des Flämmens auf einen bodensauren Halbtrockenrasen (Genista sagittalis - Mesobrometum) am Kaiserstuhl, wo er sich intensiv mit dem Verhalten einzelner Arten gegenüber dem Feuer beschäftigte.

Die Frage, ob die Verschiebungen im Artengefüge
in Verbindung stehen mit dem Nährstoffangebot
oder ob morphologische Eigenarten der Pflanzenarten ausschlaggebend sind, war nicht Gegenstand
dieser Untersuchung. Es ist aber davon auszugehen,
daß Carex verna vom erhöhten Lichtgenuß durch
Beseitigung der Streu und Dactylis glomerata,
Rumex acetosa, Achillea millefolium sowie Agrostis
tenuis vom erhöhten Angebot an verfügbaren Nährstoffen profitieren (ZIMMERMANN 1975).

Auf sauren bis schwach sauren Böden in kühl-
humider Berglage zieht Meum athamanticum Vorteile aus der Brandeinwirkung und gelangt zur Dominanz in allen Ausbildungsformen der Borstgrasrasen und fast allen Goldhaferwiesen, da sein einziger
"Konkurrent", das Borstgras (Nardus stricta), durch
Brand vernichtet wird (WEGENER & KEMPF
1982).

Über die Düngungswirkung bzw. über die mögliche
Nährstoff-Aushagerung des Standortes mit Hilfe
dieser Pflegemethode liegen unterschiedliche Aussagen vor. Während WEGENER & KEMPF (1982)
die Zunahme düngerfeindlicher Arten, wie Holun-
derknabenkraut (Dactylorhiza sambucina), Grüne
Hohlzunge (Coeloglossum viride) und Bergwohlver-
leih (Arnica montana) auf intensiv durch Brand behandelten Flächen mit der Aushagerung durch das
Brennen in Verbindung bringen, verbleiben nach
Meinung von SCHREIBER (1980 a) nach dem
Brennen von Halbtrockenrasen die Nährstoffe auf
der Fläche. Selbst leicht lösliche Stickstoffverbin-
dungen befinden sich noch "in bemerkenswertem

Umfang" in den meist nicht vollständig veraschten,
verkohlten Streuresten. Trotz der Verbrennung der
abgestorbenen Phytomasse kommt es zu einer An-
reicherung von organischer Substanz im Boden.
"Trotz wesentlich geringerer Streureste nach dem
Brand, die nicht nur mineralisiert, sondern offensichtlich auch humifiziert werden, sind im gleichen
Umfang Anreicherungen von Phosphat, Kalium und
organischer Versuchsparzellen mit vollständigem Verbleiben der produzierten Phytomasse." (SCHREI-
BER 1980 b). Auch der Verlust an gasförmig entweichendem Stickstoff (EGLOFF 1985) bei jährlich
wiederholtem Brennen zeigt keinerlei Einfluß auf
die Gesamtstickstoffmengen, die nach vierjähriger
Versuchszeit im Boden festgestellt wurden
(SCHREIBER 1980 b).

2.4.2 Auswirkungen auf die Fauna

Unsere Literaturrecherche über Untersuchungen,
die sich mit den Auswirkungen des Brennens auf die
Tierwelt beschäftigt haben, ergab ein sehr heterogenes Bild. So weist RIESS (1978) daraufhin, daß
durch kontrolliertes Feuer die Bodenlebewelt geschont wird. Die unvermeidbaren Beeinträchtigun-
gen erreichen allenfalls die Verluste, wie sie auch bei
den Pflegemethoden Mahd, Mulchen oder Beweidung zu beklagen sind. Als Beleg für die Fauna schonende Pflegemethode des kontrollierten Brennens
führen WEGENER & KEMPF (1982) an, daß einmaliges kontrolliertes Flämmen sich positiv auf die
Spinnenfauna auswirkt und erst häufiges Brennen
negative Folgen zeigt. CANCELADO & YONKE
(1970) finden bei Hemipteren und Heteropteren generell ein Überwiegen auf einer abgeflämmten
Fläche. HURST (1970) vergleicht die Arthropodendichte und Biomasse auf abgeflämmten und nicht abgeflämmten Flächen und kommt zum Ergebnis, daß
mit Ausnahme der Dipteren die Arthropodendichte
zunimmt.

Untersuchungen von HOFFMANN (1980) haben
dagegen ergeben, daß das Brennen zu einer
Abnahme der Gesamtindividuenzahl, zu einer Verringerung der Mannigfaltigkeit des Lebensraumes
und zu einer geringfügigen, aber doch augenfälligen
Verarmung der Arthropodenfauna führt. MORRIS
(1975) findet bei Heteropteren und Auchenorhyncha signifikant höhere Arten- und Individuenzahlen
auf einer nicht abgeflämmten Untersuchungsfläche.

TESTER und MARSHALL (1961) finden bei Orthopteren und Coleopteren auf geflämmten und beweideten Parzellen höhere Individuenzahlen als auf nichtgeflämmten und unbeweideten. LUNAU und RUPP (1983) und CRAWFORD & HARWOOD (1964) stellen auf einer abgeflämmten Fläche einen Rückgang von Schmetterlingslarven fest, da die im Verlauf des Brennens entstehenden hohen Temperaturen die meisten oberirdischen Pflanzen mit Eiern, Raupen und Puppen vernichten. Durch das kontrollierte Feuer kann das Nahrungsangebot und die "Ausgestaltung" des Lebensraumes mit Flächen für Balz- und Bruttätigkeit, sowie Ruhe- und Versteckmöglichkeiten für bestimmte Vogelarten, wie dies die Zunahme der Birkhuhnpopulation auf geflämmten Flächen in Holland belegt, gesteigert werden (RIESS 1980).

Arbeiten aus den Niederlanden über die Fauna der Halbtrockenrasen im Raum Limburg bewerten das Brennen für Laufkäfer, Ameisen und Tagfalter negativ (HANDKE & SCHREIBER 1985). SCHREIBER (1980 b) fand heraus, daß beim Vergleich unterschiedlicher Pflegemaßnahmen die Regenwurmdichte beim Flämmen am stärksten abnahm.

BAUCHHENSS (1980) macht für diese unterschiedliche und zum Teil widersprüchliche Einschätzung der Auswirkungen des Brennens auf die Tierwelt die zu kurzfristig angesetzten zoologischen Untersuchungen auf den Abflämmflächen, meist nur ein- bzw. zweimaliges Abflämmen, verantwortlich. Die direkten Auswirkungen des Abflämmens werden in den ersten Jahren durch andere, natürliche, die Zoozönosen beeinflussende Faktoren überlagert, was auch die unterschiedlichen Untersuchungsergebnisse erklärt. "Erst nach häufigem Abflämmen, bei unseren Untersuchungen nach dem dritten Mal, scheinen sich die Auswirkungen des Abflämmens so zu summieren, daß sie zu dem die Populationen bestimmenden Faktor werden" (BAUCHHENSS 1980).

BAUCHHENSS (1980) legte seinen Versuch über sieben Jahre an und ermittelte auf gebrannten Brachflächen im Spessart weniger Regenwürmer, Springschwänze, Käferlarven, Kurzflügler, Diplopoden und Nacktschnecken, dafür aber mehr Gehäuseschnecken und Ameisen. Charakteristisch für die Brand-Parzellen ist laut HANDKE und SCHREI-

BER (1985) der hohe Anteil thermo- bzw. xerophiler Kurzflügler-, Laufkäfer- und Spinnenarten!

2.4.3 Schlußfolgerungen

Zusammenfassend läßt sich sagen, daß das kontrollierte Brennen nach dem bisherigen Erkenntnisstand als Pflegemaßnahme nicht den gewünschten Erfolg garantieren kann! Verfolgt man mit dem kontrollierten Brennen das Ziel die Landschaft offenzuhalten, d.h. von Gehölzen freizuhalten, so läßt sich dieses Ziel mit dieser Pflegemethode nur unter Vorbehalten verwirklichen, da durch nicht sehr schonendes Brennen ("Heißes Feuer") das Gehölzaufkommen eher begünstigt wird (SCHREIBER 1980a). Nach Beobachtungen von SCHREIBER (1980a) sowie REICHHOFF & BÖHNERT (1987) kann die Etablierung von Polykormone bildenden Gehölzen, wie etwa Schlehe und Faulbaum, auf brachgefallenen Flächen durch kontrolliertes, mehrmaliges und in diesem Falle bewußt heißes Abbrennen nicht wirksam verhindert werden. Trotz starker oberirdischer Schädigungen trieben die Schlehengebüsche aus ihren Wurzelausläufern an der Peripherie der bisherigen Kolonie wieder kräftig aus!

Strebt man als Pflegeziel die Erhaltung bestimmter Pflanzengesellschaften in ihrem typischen Artenspektrum an, so kommt das Brennen als alleinige Pflegemaßnahme kaum in Frage, da es auf lange Sicht meist tiefgreifende Bestandsveränderungen und Artenverarmung in zuvor artenreichen Beständen mit der Förderung von unerwünschten Arten mit Rhizomen, Pfahlwurzeln und unterirdischen Ausläufern, wie etwa die Fieder-Zwenke, zur Folge hat. "In diesem Fall empfiehlt sich eine kombinierte Brand-/Mulch-/Mahd-Pflege" (SCHIEFER 1982).

Die Feuerbehandlung kommt am ehesten noch für Pflanzenbestände in Frage, die infolge der Standortungunst (zu trocken oder zu naß) oder der schlechten Verwesbarkeit der Streu infolge ihres hohen Rohfasergehaltes einen gehemmten Streuabbau aufweisen (z.B. Kalkmagerrasen, Pfeifengraswiesen, sowie Seggen- und Schilfriedern) und bei denen die Beseitigung des toten Aufwuchses in bestimmten Intervallen unerläßlich ist (SCHIEFER 1982).

Durch kontrollierte Brennen kommt es zu keiner Nährstoff-Aushagerung des Standortes, da die Nährstoffe nach dem Brennen auf der Fläche verbleiben. Der Verlust an gasförmig entweichendem Stickstoff ist hinsichtlich der Gesamtstickstoffmenge zu vernachlässigen. Gebrannte Flächen erreichen später ihr Blühoptimum und präsentieren sich bei Dominanz des weißen Blütenaspektes (ähnlich wie bei der natürlichen Sukzession) weniger farbenprächtig.

Auch im faunistischen Bereich ist trotz vieler widersprüchlicher Aussagen mit einem Rückgang von Raupen und Puppen vieler Tierarten, die in der Vegetation überwintern, zu rechnen. Lediglich zur Erhaltung einer thermophilen gefährdeten Fauna ist auf entsprechenden Flächen ein kleinflächiges, kontrolliertes Brennen zu begrüßen (HANDKE und SCHREIBER (1985).

Ein unbestreitbarer Vorteil des Einsatzes von Feuer ist, daß er im Gegensatz zu den anderen zur Zeit angewandten und hier behandelten technischen Pflegemethoden äußerst aufwandarm und kostengünstig ist! Die Kosten betragen ca. 50 bis 100 DM/ha (HÖRTH 1982). Ein Argument, daß bei Überhandnehmen der anfallenden Brachflächen sicherlich zu einer Renaissance dieser um die Jahrhundertwende auch in Deutschland üblichen Landschaftspflegemethode (RIESS 1975) führen kann. Es sei an dieser Stelle nur darauf hingewiesen, daß das Abbrennen der Heiden in Schottland zur normalen Bewirtschaftung der Heiden gehört, um so die vegetative und generative Regeneration der Heide sicherzustellen (MUHLE 1974; MUHLE & RÖHRIG 1979)!

2.5 Einsatz von Pflanzenschutzmitteln

Vollständigkeitshalber sei noch auf die Bekämpfung und Beseitigung der unerwünschten Verbuschung bzw. des Baumanfluges mit Hilfe chemischer Präparate hingewiesen, die von einigen DDR-Autoren vorgeschlagen wird und auch in der BRD zu Beginn der 70er Jahre empfohlen wurde (vgl. KOLT 1973), wobei man sich auch recht abstruser Argumente und Rechtfertigungen bediente:

"Es erscheint als ein Paradoxum, daß in einem Zeitabschnitt des unwahrscheinlich hohen Drogen- und Suchtmittelmißbrauches eine Ablehnung chemischer Maßnahmen im Ackerbau, Grünland und damit in der Landschaftspflege besteht. Der mehr emotionellen Ablehnung auf der einen Seite stehen

hohe gesicherte wissenschaftliche Erkenntnisse über die Wirkungsweise und den Verbleib der chemischen Substanzen im Wasser, Boden und in der Luft gegenüber. Es wäre daher wenig sinnvoll, abgesicherte Erkenntnisse aus gefühlsmäßigen Gründen zu negieren und damit Hilfsmaßnahmen auszuschalten, zugunsten anderer schwieriger und unvollständig wirkender Möglichkeiten" (WAGNER 1975).

KOLT (1975) rühmt den Einsatz von Herbiziden zur Offenhaltung von Grenzertragsflächen als durchaus sinnvoll, wenngleich er auch die hohen Kosten dieser Methode sieht! REICHHOFF (1977) empfiehlt die aufkommenden Gehölze mechanisch-chemisch zu beseitigen, d.h. nach dem mechanischen Abtrieb der Sträucher sollen die Stümpfe mit einem Arborizid (z.B. SELEST 100) behandelt werden, um so den Neuaustrieb aus der Sproßbasis zu verhindern. HAILER (1973) berichtet von erfolgreichen Pflegeaktionen in einigen hessischen Naturschutzgebieten, wo mit Freischneidegeräten Sträucher (Ginster, Weißdorn etc.) und der Anflug von Waldbäumen entfernt, verbrannt und die Stöcke mit TORMONA 100 (3%ig in einer Mischung von Dieselöl und Ablaßöl) betupft wurden. Auch SCHIEFER (1981) empfiehlt nach dem Entfernen von Prunus spinosa die Stümpfe mit TORMONA zu bestreichen, um ein Wiederaustreiben zu verhindern.

WAGNER (1975) rühmt den Einsatz von Herbiziden als eine schnelle, sichere und das Niederwild schonende Methode (schonender beispielsweise als der Einsatz von Mulchgeräten), die aufgrund der hohen Selektivität der Präparate eine weitreichende Schonung der vorhandenen Biozönosen gewährleistet. Als weitere "Pluspunkte" dieses Verfahrens werden die relativ geringen Kosten, die hohe Flächenleistung und die lange vorhandene Dauerwirksamkeit, nach WAGNER's Erfahrungen zeigt ein vor zehn Jahren getätigter Einsatz mit Herbiziden immer noch den gewünschten Erfolg (spricht dies nicht andererseits auch für die nicht gewünschte Persistenz der eingesetzten Mittel im Boden?), sowie "das wenig bekannte Maß an Selektivität der Präparate" genannt (WAGNER 1975) (35).

---

(35) Der Kostenfaktor und die Flächenleistung werden in der spärlichen Literatur über diese Pflegemethode unterschiedlich bewertet. WAGNER (1975) geht von einer einmaligen, flächendeckenden Anwendung aus, was sicherlich kostengünstiger ist, als die von REICHHOFF und BÖHNERT (1977) propagierte mechanisch-chemische Gehölzbeseitigung. Die hohen Kosten resultieren hierbei aus der selektiven Ausbringung der Herbizide nach vorausgegangener mechanischer Gehölzbeseitigung, wobei dieses Verfahren u.U. mehrmals durchgeführt werden muß.

Im Gegensatz zu den Erfahrungen von REICH-HOFF & BÖHNERT (1977), HAILER (1973) und WAGNER (1975), die bei allen bisher durchgeführten mechanisch-chemischen Gehölzbeseitigungen keine Sekundärschäden an der Vegetation feststellen konnten, hat es nach Beobachtungen von HEY-DEMANN & MÜLLER-KARCH (1980) in der Vergangenheit schon negative Auswirkungen dieser Pflegemethode gegeben!

Auch die Untersuchungen der Bayerischen Landesanstalt für Bodenkultur und Pflanzenbau über Bestandsveränderungen auf Grünlandflächen (hier: einer mageren Ausbildungsform der Frauenmantel-Glatthaferwiese Alchemillo arrhenatheretum) als Folge von Landschaftspflegemaßnahmen und extensiver Landnutzung (BRAUN 1980) kommen zu eher negativen Ergebnissen! So verringerte sich durch den wiederholten Einsatz der chemischen Mittel (Banvel M 81) die Artenzahl der Pflanzenbestände erheblich, wobei die Schmetterlingsblütler (Leguminosen) eliminiert und die meisten Kräuter und krautartigen Gewächse stark dezimiert wurden. Zur Dominanz, mit zuweilen extremen Werten von 95 bis 100 % gelangen einige wenige Gräser wie Holcus lanatus, Festuca rubra, Agrostis tenuis und Festuca tenuifolia. Von dem chemischen Einsatz profitieren auch Rubus idaeus und Pteridium aquilinium, die sich ungehindert ausbreiten können, da die mit ihnen

konkurrierenden Arten künstlich ausgeschaltet wurden! "Angesichts dieser Labilität der zunehmend verarmenden Bestände darf der Einsatz chemischer Mittel in der Landschaftspflege sicher nicht als geeignete Methode angesehen werden!" (BRAUN 1980).

Unserer Meinung nach ist eine solche chemische Bekämpfung grundsätzlich abzulehnen. Die Nebenwirkungen auf die Tier- und Pflanzenwelt sind nicht abzusehen, eine tiefgreifende Schädigung der Biozönose ist zumindest nicht auszuschließen und somit ist diese Pflegemethode auch nicht mit den Anforderungen an Maßnahmen zum Schutz der Natur in Einklang zu bringen. Ein, unserer Meinung nach unlösbares Problem stellt es dar, wie man eine solche Maßnahme der naturschutzinteressierten Öffentlichkeit plausibel machen will. Eine solche Maßnahme würde vermutlich nur auf Unverständnis und Protest in der Bevölkerung stoßen! Ein Problem, das übrigens auch der vorher behandelten Pflegemethode anhaftet. Die Unterschiede zwischen kontrolliertem Brennen, einer wissenschaftlich fundierten und erprobten Landschaftspflegemethode mit streng ausgewählten äußeren Bedingungen, und dem unkontrollierten, per Gesetz verbotenen Abbrennen von Hecken und Rainen sind für Laien schwer nachvollziehbar (KAULE 1986).

3. Zur ökologischen Effizienz der Pflegemaßnahmen

Wie aus den vorhergehenden Kapiteln ersichtlich wird, stellt jede Pflegemaßnahme einen mehr oder weniger starken Eingriff in eine Biozönose dar! Pflanzengesellschaften stellen ein dynamisches System dar, sie reagieren auf jede Veränderung des anthropogenen Einflusses, sei es durch die Unterlassung der Bewirtschaftung oder sei es durch Pflegemaßnahmen immer mit einer entsprechenden Veränderung ihres Artenspektrums. Pflegemethoden wie Mahd mit oder ohne Abräumen des Mähgutes, frühe oder späte Mahd, Mulchen, kontrolliertes Brennen oder Beweidung wirken ganz unterschiedlich auf die Tier- und Pflanzenwelt ein und "erzeugen" ein bestimmtes, charakteristisches Vegetationsbild (WOLF 1984). Man muß sich darüber im klaren sein, daß jede Pflegemaßnahme mit dem Verlust einer großen Anzahl von Pflanzen- und Tierarten verbunden ist, während gleichzeitig andere Arten in ihren Lebensbedingungen gefördert werden.

So konnte beispielsweise OST (1979) bei seinen Untersuchungen über die Auswirkungen der Mahd auf die Diversität eines Seggenriedes feststellen, daß die Mahd für die Mehrzahl der untersuchten Tiergruppen (Spinnen, Asseln, Käfern etc.) von Nachteil ist. "Die durch das Mähen direkt oder indirekt hervorgerufenen Schädigungen führten zu einer Reduzierung der Individuenzahl, einer Veränderung der Artenzusammensetzung und bei manchen Tiergruppen auch zu einer Abnahme der Artenzahl. Diese Auswirkungen sind im Untersuchungsgebiet noch zwei Jahre nach der Mahd deutlich feststellbar!" (OST 1979).

Die gezielte Entbuschung eines Halbtrockenrasens, um ein anderes Beispiel zu nennen, kommt den lichtliebenden Pflanzenarten wie Fliegen-Orchis, Küchenschelle oder Kugelblume zu Gute, während den in Gehölzen brütenden Vogelarten wie Zilpzalp, Drosseln oder Grasmücken ihre Brutmöglichkeiten genommen werden (WOIKE & ZIMMERMANN 1988). Auch am Beispiel der Wiesenorchideen, eine Pflanzenfamilie die bei Naturschützern besondere Wertschätzung genießt, kann man durch die Betrachtung von Einzelarten die positiven bzw. negati-

ven Wirkungen einer Pflegemaßnahme, in diesem Fall die der Schafbeweidung, belegen!

Die Schafbeweidung (36) schafft durch das Kurzhalten der Narbe günstige Belichtungsverhältnisse, beeinflußt positiv durch den Tritt der Tiere die physikalischen Bodeneigenschaften und ermöglicht durch die permanente Nährstoffentnahme die Existenz der Orchideen. "Ein überreiches Nährstoffangebot führt meist nicht zu direkten Schädigungen der Orchideen, sondern zu einer Förderung der Konkurrenten. Damit setzt für die Orchideen ein Raum- und Lichtmangel ein, der häufig durch einen physiologischen Streß verstärkt wird" (WEGENER 1980). GEILING (1977) unternahm den Versuch, die Wiesenorchideen nach ihrer "Weideverträglichkeit" grob einzuordnen.

Als weideunverträglich gelten vorwiegend hochwüchsige Arten mit starker Stengelblattung oder relativ großer Blattmasse, wie etwa:

- Himantoglossum hircinum   Bocksriemenzunge
- Dactylorhiza-Arten   Knabenkraut-Arten
- Traunsteinera globosa   Kugelorchidee

Als bedingt weideverträglich können angesehen werden:

- Pseudorchis albida   Weißzunge
- Coeloglossum viride   Hohlzunge
- Anacamptis pyramidalis   Spitzorchis
- Orchis morio   Kleines Knabenkraut
- Orchis ustulata   Brandknabenkraut
- Herminium monorchis   Elfenständel

Weidedankbar und direkt auf die Schafbeweidung angewiesen sind:

- Spiranthes spiralis   Herbstwendelorchis
- Orchis tridentata   Dreizähniges Knabenkraut

Es soll an dieser Stelle nicht unterschlagen werden, daß sich andererseits auf aufgegebenen Schafweiden auch einige Orchideenarten explosionsartig vermehren können. So etwa Ophrys apifera und Gymnadenia odoratissima, die sich auf devastierten Böden, wie sie die einseitige, jahrzehntelange, intensive Schafbeweidung zurückließ, zu "kaum vorstellbaren Massenvorkommen" (KÜNKELE 1977) entwickeln!

---

(36) Selbstverständlich wird hier von einer extensiven Schafbeweidung ausgegangen, bei der die Weideperiode sich nur auf die Zeit nach der Abreife der Samenkapseln an den Orchideen bis zum Spätherbst erstreckt.

Mit anderen Worten: die Wiesenorchideen reagieren sehr unterschiedlich auf die Nutzungsform "Schafbeweidung", einige Orchideen sind ausgesprochen weideunverträglich, andere wiederum, ehemals sehr seltene Arten bevorzugen devastierte Böden, wie sie nach Aufgabe einer äußerst intensiven Schafbeweidung anzutreffen sind.

Dieser Aufzählung kann man zu Recht den Vorwurf machen, daß selektiv Gesichtspunkte des Artenschutzes und nicht die Erhaltung des jeweiligen Biotoptypes im Vordergrund stehen. Es interessieren nämlich vielmehr die Fragen nach der möglichen Diskrepanz zwischen dem angestrebten Pflegeziel und dem tatsächlich verwirklichten Pflegeerfolg.

● Sind die sich an den traditionellen Bewirtschaftungsmethoden orientierenden Pflegemaßnahmen überhaupt in der Lage, die gefährdeten anthropogen bedingten Biotoptypen der "traditionellen Kulturlandschaft" mit ihren charakteristischen Biozönosen zu erhalten?

● Kann die Simulation der historischen Nutzungsform durch eine andere Managementform ersetzt werden, so z.B. der Ersatz von Beweidung durch Mahd oder kontrolliertes Brennen?

● Gibt es das "ideale, biotopgerechte Pflegemodell"?

● An was für Leitbildern und Zielvorstellungen soll sich die Pflege orientieren?

● Reicht es aus, wenn sich die Pflegeaufwendungen alleine auf die, in Pflegeplänen so oft strapazierte Formel der "Offenhaltung der Landschaft" oder an ästhetischen Bildern orientieren?

● **Eine traditionelle, bäuerliche, mosaikartige Bewirtschaftungsform ist auch durch beste Pflege nicht zu gewährleisten !**

Der vorgegebene Anspruch, eine typische, durch jahrhundertelange extensive landwirtschaftliche Nutzung entstandene Vegetations- und Landschaftsform durch imitierende Pflegemaßnahmen zu erhalten, sie gewissermaßen "einzufrieren", erweist sich als Trugschluß. Traditionelle bäuerliche Bewirtschaftungsformen, insbesondere auf mageren Standorten, lassen sich durch mechanische landschaftspflegerische Maßnahmen grundsätzlich nicht ersetzen (WOLF, schriftl.).

Die Erfahrungen von JACOBY (1981) mit der Streuwiesenmahd als Pflegemethode im Naturschutzgebiet Wollmatinger Ried/Bodensee zeigen, daß durch letztlich schematisierte Pflegemaßnahmen die frühere bäuerliche Bewirtschaftung nur begrenzt nachvollziehbar ist, und daß damit auch die Lebensgemeinschaften dieser anthropogenen Mangelbiotope in dieser Form kaum zu erhalten sind! "Die frühere Praxis der bäuerlichen Bewirtschaftung läßt sich durch die heutige institutionalisierte Biotoppflege allerdings nur bedingt nachvollziehen. Sie umfaßte sowohl räumlich als auch zeitlich ein breiteres Spektrum und trug unabsichtlich zu einer günstigen Strukturierung der Biotope bei. Dagegen neigt die jetzige Bewirtschaftung (gemeint ist die nachgeahmte Bewirtschaftungsform, Anm. d. Verf.) aus Kostengründen zu einer möglichst raschen Abwicklung und einem stereotypen Ablauf" (JACOBY 1981). In einer pflanzensoziologischen Molluntersuchung der Weidfeld-Vegetation im Schwarzwald erbrachte SCHWABE-BRAUN (1980) den Beweis, daß es prinzipiell auszuschließen ist, "daß eine durch Beweidung bewirtschaftete Fläche, deren Pflanzengesellschaften durch selektive Beweidung, Viehtritt und Verbiß von Holzpflanzen - also ein sehr komplexes System - entstanden sind, qualitativ durch technische Maßnahmen wie Mulchen, Mahd, Brand oder andere zu erhalten. Diese Aussage beruht auf der Kenntnis der Unterschiede in der Artenzusammensetzung von beweideten/gemähten oder gebrannten Flächen" (SCHABE-BRAUN 1980). Zu ähnlichen Ergebnissen kommen MATTERN, WOLF & MAUK (1979) bei der Untersuchung von Wacholderheiden. Die Imitation früherer Wirtschaftsweisen mit anderen Mitteln (37), so die zur Offenhaltung der Wacholderheiden praktizierte Mahd anstelle der die Wacholderheiden begründenden Schafbeweidung, spiegelt sich in einer Veränderung des Arteninventars wieder. "Langfristig gesehen kann die mechanische Freihaltung von Wacholderheiden in der Regel nur ein Notbehelf sein. Über längere Zeiträume hinweg verändert sich ohne Beweidung der Charakter der Heiden und die Böden werden nährstoffreicher, so daß die natürliche Bewaldung immer schneller Fortschritte macht" (MATTERN, WOLF & MAUK 1979).

---

(37) Am ehesten läßt sich die Simulation der Schafbeweidung mit einer rein mechanischen Pflegemaßnahme an extrem kargen, steinigen Hängen bewerkstelligen. Eine solche Simulation ist nur auf verhältnismäßig ausgewählten Flächen mit überdurchschnittlich wertvoller Tier- und Pflanzenwelt zu verantworten (FISCHER & MATTERN 1887).

Es stellt sich aber andererseits auch die Frage, ob beispielsweise die exakte historisierende Nachahmung der Bewirtschaftungsweise "Schafbeweidung" überhaupt anzustreben ist, wenn man mit seinen Pflegemaßnahmen ein optimales Artenreservoir erhalten möchte. Die früheren Heidelandschaften, die ein Produkt intensiver Bewirtschaftung waren, muß man sich äußerst karg und kahl vorstellen, die lediglich unterbrochen waren von einigen kleinen Gehölzinseln und wenigen schattenspendenden Einzelbäumen (WOLF 1983; 1984). Der heute zu beobachtende Reichtum an Vögeln, Insekten und seltenen Pflanzenarten war früher völlig untypisch, die Schafweide war äußerst artenarm!

Dieses starke Anwachsen der Artenfülle besonders von geschützten und vom Aussterben bedrohter Arten im Zuge bestimmter Sukzessionsstadien darf jedoch keinesfalls statisch gesehen werden, da diese anzutreffende Artenfülle und Artenzusammensetzung nur eine "kurzfristige Zwischenphase" zwischen der Aufgabe der Beweidung und der totalen Verbuschung darstellt (MÜLLER 1983; PETERMANN 1983). Der weitere Weg zur Artenverarmung ist schon vorgezeichnet. Aufgrund langjähriger Erfahrungen kommt WOLF (1984) zu dem Ergebnis, daß sich diese labilen, floristisch besonders interessanten Zwischenstadien auf Dauer nicht stabilisieren und erhalten lassen!

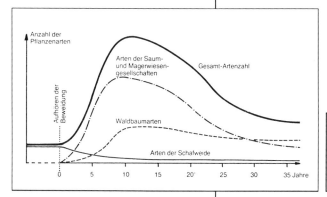

Abb. 8: Pflanzenarten verwachsender Heiden

(schematisiert). (Quelle: WOLF 1984)

Wie die Abb. 8 zeigt, ändert sich mit abnehmender Intensität der Beweidung bzw. nach dem Aufhören der Beweidung das Artenspektrum der Heide. Ein starkes Anwachsen von Arten der Magerwiesen- und Saumgesellschaften (strichpunktierte Linie) ist zu beobachten. KÜNKELE (1977; 1972) spricht sogar von einem Regenerationsschub bedrohter Pflanzenarten, der sich nach der Aufgabe der Schafbeweidung einstellt (s.o.). Ähnliches gilt naturgemäß für die an diese Pflanzenarten gebundene Fauna. Mit einiger Verzögerung etablieren sich Gehölze (gestrichelte Linie) während die typische Heideflora bis auf die wenigen schattenverträglichen Arten (durchgezogene Linie) und die Blütenpflanzen stark zurückgehen. Die Gesamtartenzahl (dicke Linie) steigt nach Aufhören der Beweidung zunächst stark an und erreicht auf wenig verwachsenen Heiden ihren Höhepunkt.

● Neben der Wirkungsweise der gewählten Pflegemethode ist auch der Zeitpunkt und die Häufigkeit der Maßnahme von entscheidender "gestaltender" Bedeutung für die Pflanzen- und Tiergesellschaften auf den zu pflegenden Flächen (WOLF 1984).

In den meisten Pflegeplänen werden als Maßnahme zur Pflege von anthropogenen Grünlandbiotopen ein Schnitt pro Jahr zu einem bestimmten Zeitpunkt empfohlen, so beispielsweise soll die Mahd der Streuwiesen im Oktober, die der Halbtrockenrasen Ende Juni durchgeführt werden. Neuere Untersuchungen haben ergeben, daß eine solche starre Regelung abzulehnen ist. Es muß vielmehr in bezug auf die Häufigkeit, wie auch auf den Zeitpunkt des Schnittes differenzierter vorgegangen werden (WILDERMUTH 1983a; ARENS, mdl.).

In der Nordschweiz führte KRÜSI (1981) Untersuchungen in Halbtrockenrasen (Mesobrometen) über die Auswirkungen verschiedener Bewirtschaftungs-

Tab. 6: Auswirkungen unterschiedlicher Nutzungsformen auf das Onobrychido-Brometum im NSG "Leutratal"

(Quelle: REICHHOFF & BÖHNERT 1978)

Spalte	1	2	3	4	5
1 Carex humilis	+ + r				
Asperula cynanchica	r + r				
Carex flacca	1				
Anemone sylvestris	+				
Scabiosa columbaria	r				
Teucrium montanum	r				
2 Cirsium acaule	2 2 2	1 1 1			
Teucrium chamaedrys	1 2	1 1			
Potentilla verna	+	+ 1			
Rhinanthus minor	r	+ + +			
3 Veronica arvensis		+ + +			
Campanula rotundifolia	+	+ + +			
4 Inula hirta	r r			+ + 1	+ r r
Stachys recta	+ +		r	+ + +	+ r r
Aster amellus	+ +		+	+ r 1	1 1 1
Anthericum ramosum	r +			r	r
Polygala comosa				r + r	r r
Scorzonera hispanica				r r	r r
5 Origanum vulgare	r		r +	1 + 2	1 1 1
Clematis vitalba			r	1 +	r r r
Verbascum lychnites			r + 1	+	r
6 Brachypodium pinnatum	2 +	2 1		2 2 2	3 3 3
Tanacetum corymbosum	-			2 2 1	r
Cynanchum vincetoxicum				r r r	r +
Hieracium umbellatum				r	r +
7 Bupleurum falcatum	r r		r +	+ + +	+ +
Euphorbia cyparissias	1		1	1 +	1 1 1
Inula conyca	r r r		+ r +		+
8 Dactylis glomerata		1 1 1	1 1 1		
Poa angustifolia	+ +	2 1 1	1 1 1		
Potentilla reptans			1 1 1		
Trifolium campestre		1 1 +	1 1		
Daucus carota		1 1 +	1 1		
Poa trivialis		r +	1 1 1		
Lolium perenne		r	r +		
Taraxacum officinale			1 +		
Vicia sepium			1	1	
Trifolium pratense		+ +	1	+	
Leontodon hispidus	1		2 1 2		
Onobrychis viciifolia		r	r 2 1	r r	
Medicago lupulina		+	+	+ + 1	
Ranunculus bulbosus		+ +	+ + +		
Achillea millefolium		+	1 1		
Tragopogon pratensis	+		r	r r +	

Erläuuterungen zu Tab. 3:

Spalte 1 Onobrychido-Brometum, typ. Subass.; etwa bis 1960 – 65 einschürig gemäht, keine Düngung, heute ohne Mahd und mit starker Gehölzausbreitung.

Spalte 2 Onobrychido-Brometum, „frische" Subass., Var. v. Poa angustifolia; zweimalige Mahd pro Jahr, Düngung mit Phosphat und Kali.

Spalte 3 Onobrychido-Brometum mit sporadischem Herbst- oder Frühjahrsbrand, ein- bis zweimalige Mahd pro Jahr.

Spalte 4 Onobrychido-Brometum mit sporadischem Herbst- oder Frühjahrsbrand, keine Mahd.

Spalte 5 Onobrychido-Brometum mit regelmäßigem Herbst- oder Frühjahrsbrand, keine Mahd.

maßnahmen durch, um so die Wahl des idealen Schnittzeitpunktes und der optimalen Pflegemethode festzustellen. Als Fazit konnte er festhalten, daß es keinen Zeitpunkt und keine Methode gibt, zu dem bzw. bei der nicht irgendeine Pflanzenart in Mitleidenschaft gezogen wird. So begünstigt der Juni-Schnitt Bromus erectus, Ranunculus bulbosus und Orchis pallens, während Aster amellus, Buphtalmum salicifolium, Brachypodium pinnatum und Primula veris in Mitleidenschaft gezogen werden. Der Oktober-Schnitt hingegen erweist sich als eher ungünstig für Bromus erectus und Ranunculus bulbosus, während Primula veris, Aster amellus und Brachypodium pinnatum eher günstig beeinflußt werden. JACOBY (1981) stellte fest, daß durch den frühen Mähbeginn (ab Anfang Oktober) im Wollmatinger Ried spätblühende Arten wie Lungen-Enzian (Gentiana pneumonanthe), Deutscher Enzian (Gentiana germanica) oder Wohlriechender Lauch (Allium suaveolens) benachteiligt werden, da durch die frühe Mahd die Samenbildung eingeschränkt wird.

Läßt sich schon aus dem "Blickwinkel der Vegetation" kein idealer Mahdtermin festlegen, so gilt dies in einem noch viel stärkeren Maße für die Tierwelt (nähere Angaben siehe Pkt. 2.1). Viele tierische Wiesenbewohner, insbesondere Insekten und Spinnen, sind auf Halm- und Krautstrukturen angewiesen, um auch über den Winter bestehen bleiben müssen, um so die Überwinterung in den hohlen Pflanzenstengeln (z.B. Arthropoden) oder die Embryonalentwicklung an dürren Gräsern und Stengeln, an denen die Eier angeheftet wurden (z.B. Schmetterlinge), sicherzustellen (WILDERMUTH 1983a). "Den idealen Mahdzeitpunkt bei ehemals beweideten Magerrasen gibt es nicht, da z.B. die Überwinterer (Halmverpupper, Eigelege an starren Stengeln) mit dem Entfernen des Mähgutes aus dem Gebiet herausgetragen werden" (PRETSCHER, schriftl.).

● Wie die bisherigen Ausführungen nur allzu deutlich machen, gibt es keine idealen Pflegekonzepte ! Pauschale, schematische Pflegeempfehlungen sind deshalb abzulehnen !

Die enormen standörtlichen Unterschiede und die mangelnden Forschungsergebnisse über die Auswirkungen der Pflegemaßnahmen, so kann es bereits innerhalb einer einzelnen Assoziation durch unterschiedliche Pflege- und Bewirtschaftungsmaßnahmen zu erheblichen Verschiebungen im Artenspektrum kommen (siehe Tab. 6), machen es unmöglich, "Rezepte" oder allgemeingültige Erfahrungswerte für die Pflege von bestimmten Biotoptypen aufzustellen (WOLF schriftl.).

Der Termin und die zu ergreifende Pflegemaßnahme muß immer gebietsspezifisch abgestimmt werden. Eine flexible Handhabung der Pflegekonzepte und keinesfalls eine "Vereinheitlichung" der Maßnahmen ist anzustreben (FUCHS, schriftl.).

● Es fehlt eine umfassende Dokumentation aller Pflegemaßnahmen (FUCHS 1983)!

Über die Auswirkungen der verschiedenen Pflegemethoden liegen außer Erfahrungen von Praktikern kaum fundierte Erkenntnisse vor. Trotz unserer eingehenden Literaturrecherche konnten wir nur wenige Veröffentlichungen ausfindig machen, die sich mit den Auswirkungen der verschiedenen Pflegemethoden und den damit einhergehenden Veränderungen des Artenspektrums der Pflanzen- und vor allem der Tierwelt wissenschaftlich beschäftigt haben. Während hinsichtlich der Auswirkungen von Pflegemaßnahmen auf die Dynamik der Pflanzenwelt bereits eine Vielzahl von Untersuchungen durchgeführt wurden - so werden seit 1975 in Baden-Württemberg in einem umfangreichen Versuchsprogramm die natürliche, ungestörte Vegetationsentwicklung auf Grünlandbrachen untersucht und verschiedene Möglichkeiten des Offenhaltens dieser Flächen durch extensive Pflegemaßnahmen (extensive Weideverfahren mit Rindern, Schafen oder Ziegen; verschiedene Mulchzeitpunkte und -intervalle; kontrolliertes Brennen) geprüft - liegen über die Reaktion der Tierwelt (insbesondere blieb die Insektenwelt weitgehend unberücksichtigt) der Veränderungen ihres Biotops durch die Pflegeeingriffe kaum Daten vor (WILDERMUTH, schriftl.). Nicht nur das Fehlen von langjährigen Erfahrungen über die Auswirkungen der Pflegemaßnahmen ist zu beklagen, sondern auch, daß über die bereits durchgeführten Pflegemaßnahmen bedauerlicherweise keine Erfahrungsberichte verfaßt wurden.

Für diesen Mißstand macht WOLF den altbekannten "*personellen Notstand*" in den Naturschutzbehörden verantwortlich, da sich die wenigen zur Verfügung stehenden hauptamtlichen Pflegekräfte der Naturschutzverwaltung und ehrenamtlichen Helfer auf aktive Landschaftspflege konzentrieren und nicht die Zeit und Gelegenheit haben, ihre vielfältigen Erfahrungen zu Papier zu bringen. "Diejenigen, die aktiv Landschaftspflegemaßnahmen betreiben, sind meist nicht in der Lage ihre praktischen Erfah-Rungen niederzuschreiben; andererseits fehlt den vielen jungen Biologen, die derzeit auf der Suche nach Arbeit in Werkvertragsverhältnissen etc. Kartierungen und Dokumentationen erarbeiten, die praktische Erfahrung und vor allem die Einsicht in pragmatische Vorgehensweisen, die bei Landschaftspflegemaßnahmen unerläßlich sind" (WOLF, schriftl.).

Dieser, zu konstatierende Mangel an wissenschaftlichen Untersuchungen und Erfahrungsberichten zu dieser Fragestellung verwundert doch sehr. Wie will man denn sicherstellen, daß die gewählten Pflegemaßnahmen tatsächlich in der Lage sind, die vorgegebenen Schutzziele zu gewährleisten, wenn der Wissensstand über die Auswirkungen der Pflegemaßnahmen, beispielsweise auf die Tierwelt, vollkommen unzureichend ist? In diesem Sinne überrascht es deshalb auch nicht, daß es kaum wissenschaftliche Untersuchungen zur "ökologischen Effizienz" von Pflegemaßnahmen gibt (WOLF, schriftl.; HAAFKE 1987). *Ein umfassendes Biotopmanagement, das über notdürftige Pflegemaßnahmen hinausgeht, bedarf einer Erfolgskontrolle der Maßnahmen. Die wissenschaftliche Beobachtung der Pflegemaßnahmen mit Wiederholungskartierungen und Dauerquadraten liefert einen wesentlichen Beitrag zur Entwicklung und Fortschreibung von Pflegeplänen und eröffnet die Möglichkeit begangene Fehler in der Biotoppflege zu korrigieren* (KAULE 1986).

● **Vor Beginn der Pflege ist eine faunistische und vegetationskundliche Untersuchung zur Klärung der Pflegeziele erforderlich !**

"Da als Pflegeziel häufig nur der Orchideenschutz im Mittelpunkt des Interesses steht und bei "Erfolgskontrollen" trotz Mahd deren Vorhandensein befriedigte, sind schon etliche Insekten-Populationen in einigen Gebieten erheblich dezimiert worden oder gar erloschen." (PRETSCHER, schriftl.).

Wie das Zitat belegt, muß zunächst - soll ein Lebensraum gepflegt und gestaltet werden - über das Ziel der beabsichtigten Maßnahmen nachgedacht

werden. Es ist zu überlegen, was ist eigentlich an der zu pflegenden Fläche schützenswert bzw. schutzbedürftig, was soll erhalten bzw. wiederhergestellt werden, sind es ausgewählte Artengruppen, beStimmte Biozönosen oder ist es das ursprüngliche Landschaftsbild? Ein grundsätzliches Problem besteht darin, daß die Einschätzung eines bestimmten Biotoptyps nach unterschiedlichen Wertigkeitsskalen, zum Beispiel nach floristischen und insektenkundlichen Merkmalen, auch zu einer unterschiedlichen Beurteilung und Qualitätseinstufung führen kann. Während die floristische Bewertung (38) sich am Vorkommen seltener Pflanzengemeinschaften oder Pflanzenarten wie etwa Orchideen orientiert, ist für die insektenkundliche Bewertung das Vorhandensein meist häufiger, für das Präferenzverhalten der Schmetterlinge, Hautflügler, Zweiflügler und Käfer jedoch maßgebender nektarreicher Blütenpflanzenarten (vgl. Pkt. 2.3.6) wie Flockenblumen, Skabiosen, Thymian, aber auch Disteln und Brombeersträucher ausschlaggebend (EBERT 1983). *So kann es nicht ausbleiben, daß es bei der Festlegung der Schutzziele auch zu "naturschutzinternen" Zielkonflikten kommt*, wenn es um die notwendige Abwägung der Belange geht, wie die Fragen ob Landschaftsästhetik oder der Erhaltung bestimmter Strukturmerkmale der Artenschutz, ob floristischer oder faunistischer Artenschutz oder ob die Erhaltung von Singularitäten oder das Schaffen großer Diversitäten im Vordergrund der zu ergreifenden Pflegemaßnahmen stehen sollen. "Bei Biotopgestaltungen und auch bei deren Pflege kommt es nach meinen Beobachtungen in erster Linie auf die Initiatoren solcher Bemühungen an. Der eine bemüht sich um eine Eingliederung nach rein landschaftsästhetischen Aspekten, der andere hat ein Herz für Vögel und versucht in dieser Richtung dieses oder jenes Gebiet zu beeinflussen und wieder ein anderer hat nur einen Blick für Orchideen und gestaltet oder pflegt sein Biotop nach diesem Gesichtspunkt. Es ist sicher in manchen Fällen richtig, daß solche Prioritäten gesetzt werden, aber es dürfen dadurch andere Bereiche der Natur nicht wesentlich negativ beeinflußt werden" (HERRMANN 1978).

(38) HAKES (1987) kommt bei seiner Untersuchung über den "Einfluß von Wiederbewaldungsvorgängen in Kalkmagerrasen auf die floristische Artenvielfalt und Bedeutung der Steuerung durch Pflegemaßnahmen" zu dem Schluß, daß - wenn man nur das Vorkommen bedrohter Pflanzenarten ("Rote-Liste-Arten") als Maßstab für die Schutzwürdigkeit wählt - grundsätzlich alle Sukzessionsstadien schutzwürdig sind. "Bei allen handelt es sich um artenreiche Pflanzenbestände, die darüber hinaus einer Reihe schutzbedürftiger Pflanzenarten geeignete Lebensbedingungen bieten. In den offenen Halbtrockenrasen finden sich z.B. die lichtbedürftigen, konkurrenzschwachen Orchideen- und Enzianarten, im Orchideen-Buchenwald finden sich die typischen Waldorchideen (Cephalanthera, Epipactis, Platanthera). In den dazwischen liegenden Stadien (Liguster-Schlehen-Gebüsch und Kiefern-Vorwald) sind es z.B. Anemone sylvestris oder Orchis purpurea." (HAKES 1987).

Sichtet man daraufhin einige Pflegepläne, so kann man feststellen, daß sich die Pflegemaßnahmen fast immer nur am Bild des Schutzobjektes und einzelnen auffälligen Arten orientieren (HAAFKE (1987).

KAULE (1986) sieht in dem Tatbestand, daß sich die Beschreibungen der Pflegeaufwendungen meistens auf das sogenannte "Offenhalten" reduzieren oder an ästhetischen Bildern orientieren und dabei das Kulturökosystem als Ganzes vernachlässigen, die gleiche Problematik wie bei Bauernhaus-Museen, in denen auf Betonfundamenten und mit industriell gefertigten Nägeln gearbeitet (vgl. auch HEIN 1979) wird. "Es wird eine äußere Erscheinung konserviert, nicht aber die dazugehörige handwerkliche Tradition" (KAULE 1986).

● **Will man eine Fläche nur gehölzfrei halten und den Grünlandbestand alleine als Strukturelement in der Landschaft erhalten, dann brauchen die Pflegemaßnahmen nur äußerst sprarsam, mit dem Einschub längerer Phasen des "Sich-Selberüberlassens" eingesetzt werden (BORNHOLDT 1985; SCHREIBER 1980b).**

Die Untersuchungen von HARD (1976) haben gezeigt, daß es sich bei den Grünlandbrachen vielfach um dauerhafte gehölzverdämmende Vergesellschaftungen handelt. Die zu beobachtende Stabilität und Resistenz von wüchsigen Borstgrasrasen, Fettwiesen und Bergfettwiesen, Pfeifengrasrasen und Trespenrasen gegenüber der "Holzarteninvasion" resultiert aus dem intensiven Wurzelsystem, dem sog. "Wurzelfilz" des Rasens, dem das extensive Wurzelsystem der Holzpflanzen im Jungwuchsstadium in der Wurzelkonkurrenz um Wasser nicht gewachsen ist (HARD 1976). "Invasionsgefährdet" sind insbesondere die Flächen, die in der Nachbarschaft von Polykormone bildenden Arten (Schlehe, in geringerem Umfang auch Wildrosen, Weißdorn, Brombeerarten etc.) liegen. Aus den Initialen der polykormonbildenden Schlehe entwickeln sich dichte Gebüsche, die sich an der Peripherie mit einer Geschwindigkeit von 25 - 50 cm/Jahr (WILLIAMS 1975; REICH-HOFF & BÖHNERT 1978; SCHIEFER 1981) ausbreiten. Wenn auch durch den äußerst sparsamen und sporadischen Einsatz von Pflegemaßnahmen der gehölzfreie Charakter der Halbtrockenrasen, Borstgrasrasen etc. erhalten bleibt, so kommt es

doch durch den Wegfall des strukturbedingenden Faktors Mahd oder Beweidung - aufgrund der minutiösen Reaktionsfähigkeit der Biozönose auf die Unterlassung der bisherigen Eingriffe (s.o.) - zu einem allmählichen Wandel in Artenzusammensetzung und Struktur.

● **Will man bestimmte Pflanzengesellschaften und Lebensgemeinschaften als Zeugen und Ausdruck extensiver landwirtschaftlicher Nutzungsweisen einer inzwischen der Vergangenheit angehörenden Kulturlandschaft erhalten und dokumentieren, dann müssen die Pflegemaßnahmen in weitestgehender Übereinstimmung mit den früheren Bewirtschaftungsformen stehen !**

Dies entspricht auch der von LEEUWEN (1966 in HAKES 1987) aufgestellten ersten Grundregel zur Pflege von Naturschutzgebieten: "Die Erhaltung der (botanischen) Artenmannigfaltigkeit in einem Naturschutzgebiet ist am besten gesichert, wenn die Behandlung so genau wie möglich derjenigen gleicht, die vor der Unterschutzstellung stattgefunden hat, wenn sie zeitlich direkt daran anschließt und möglichst geringen Änderungen unterliegt."

Da man nur in Ausnahmefällen, schon alleine aus rein finanziellen Erwägungen, die historische Bewirtschaftungsweise bzw. deren Imitation durchführen kann, muß mit ensprechenden Veränderungen im Artenspektrum der zu pflegenden Flächen gerechnet werden. In diesem Zusammenhang interessiert die Frage, wie man eine solche Abweichung vom früheren Zustand bewerten und ob man sie gegebenenfalls auch anstreben sollte. Es wurde bereits erläutert, daß man für Kalkmagerrasen im Sinne eines vielseitigen Naturschutzes, kaum ein Zustand anstrebt, wie er bei extensiver Beweidung (39) früher geherrscht hat (DIERSCHKE 1985). Genauso verhält es sich, darauf haben WILMANNS & KRATOCHWIL (1983) bei ihren Untersuchungen am Kaiserstuhl hingewiesen, bei Halbtrockenrasenflächen, bei denen es nach Aufhören der Mahd zu einer Einwanderung spätblühender Sumpfpflanzen kommt, die zu einer biologischen Bereicherung eines Biotops beitragen können. Diese Versaumung der Halbtrockenrasen führt zu einer bemerkenswerten Diversitätssteigerung innerhalb der Phytozönose. "Zu den Rasenarten, die ihren Blühzeit-Schwer-

---

(39) Die oben beschriebene Extensität bezog sich früher ausschließlich auf die Nährstoffversorgung dieser Flächen, da diese keinerlei Düngung erhielten und sich durch eine äußerst intensive Nutzung zu den heute schützenswerten Biotopen entwickelten (SCHLOLAUT 1988).

---

punkt in der ersten Jahreshälfte (bis Ende Juli) haben, sind zahlreiche Saumarten mit einem Blühzeit-Schwerpunkt in der zweiten Jahreshälfte hinzugekommen" (KRATOCHWIL 1983).

Da das Auftreten vieler blütenbesuchender Insekten (zahlreiche Hymenopteren-, Lepidopteren-, Dipteren- und Coleopterenarten) eine ausgeprägte zeitliche Staffelung zeigt, wobei einige Gruppen ihr Maximum erst im Spätsommer erreichen - so die völkerbildenden Bienen- und Hummelarten, die im Juli/August ihre Brut versorgen - bedeutet dieses Versaumungsstadium eine beachtliche Verlängerung der Sammelzeit um einige Wochen und eine wesentliche mengenmäßige Erhöhung ihrer Nahrungsressourcen, wie Nektar und Pollen (KRATOCHWIL 1983). So profitieren alleine 39 Wildbienenarten, 21 Schmetterlingsarten (vor allem Bläulinge - Lycaeniden), Grabwespen (Sphecidae) und Schlupfwespen (Ichneumonidae) von dem zusätzlichen Nahrungsangebot der Saumpflanzenarten, wie Caronilla varia, Origanum vulgare, Aster linosyris und Geranium sanguineum (KRATOCHWIL 1983; 1984; WILMANNS & KRATOCHWIL 1983).

Da man in der Regel mit der Pflege ja nicht eine einseitige Förderung weniger bestimmter Arten, sondern eine artenreiche, ausgeglichene Lebensgemeinschaft anstrebt, stellt sich die Frage, ob man den historischen Zustand der unversaumten Mesobrometen überhaupt wiederherstellen oder erhalten möchte, da dies ja zu Lasten einer artenreichen Blütenbesucher-Zönose gehen würde **(40)** (WILMANNS & KRATOCHWIL 1983; KRATOCHWIL 1983)!

Resümierend bleibt festzuhalten, daß für die beschriebenen Mißverhältnisse zwischen Pflegeziel und Pflegeerfolg folgende Punkte ausschlaggebend sind:

● **Es fehlen entsprechende Untersuchungen und Dokumentationen über die verschiedenen Pflegemaßnahmen (FUCHS 1983; HAAFKE 1987)!**

Über die notwendigen Pflegemaßnahmen zur Erhaltung von artenreichen Halbtrockenrasen-Biozönosen oder deren Sukzessionsstadien, entsprechendes gilt auch für andere Vegetationstypen, liegen detaillierte Kenntnisse bis jetzt nur in Ansätzen vor. Es

bedarf weiterer eingehender Untersuchungen auf biozönologischer Ebene (vgl. KRATOCHWIL 1983). Die vielen Einzelbeobachtungen und lokalen Erfahrungen beziehen sich zumeist nur auf einzelne Arten und seltener auf ganze Gesellschaften.

"Ebenso ist die Entscheidung, wann, wo, wie und mit welchen Geräten gepflegt werden soll, weitgehend Erfahrungssache. Ständige Beobachtung der Pflegeflächen ist eine unabdingbare Voraussetzungen, wenn man einigermaßen erfolgreich Pflegemaßnahmen durchführen will" (WOLF 1983).

● **Ein geringer Kenntnisstand der Naturschützer über ihre Pflegeobjekte hinsichtlich der Existenzbedingungen und der tatsächlich vorhandenen Arten (HAAFKE 1987).**

Obwohl über Einzelvorkommen und Verbreitung der Grünlandbiotope ein relativ guter Kenntnisstand vorliegt (vgl. MAERTENS & WAHLER 1989), fehlt eine entsprechende Dokumentation des Ausgangs- und Ist-Zustandes der einzelnen Biotope. Es wird immer wieder das große Defizit an wissenschaftlichem Grundlagenmaterial beklagt. Während die Pflanzenwelt bei der biologischen Inventarisierung meist relativ gut erfaßt ist, ist das Wissen über die Tierwelt nur bruchstückhaft, da es ja nicht nur um den Nachweis von Tierarten auf einer bestimmten Fläche, sondern auch um deren Lebensweise geht. "Erst wenn diese Daten bekannt sind, besteht die Möglichkeit, speziell pflegerisch darauf einzugehen." (PETERMANN 1983). Entscheidende Voraussetzungen für die Pflegemaßnahmen sind qualifizierte Bestandsaufnahmen, wie Vegetationskarten, floristische und faunistische Standortkarten, gegebenenfalls auch Luftbilder aus früheren Zeiten der Pflegeflächen und Dauerprobeflächen zur Untersuchung verschiedener Bewirtschaftungsmaßnahmen (JACOBY 1981; WILDERMUTH 1983a) FUCHS (1983), SCHUMACHER (1988) und WOLF (schriftl.) machen für die mangelnde Grundlagenerhebung und Durchführung von Naturschutzprogrammen die vollkommen unzureichende finanzielle und personelle Ausstattung der Naturschutzbehörden auf allen administrativen Ebenen verantwortlich!

---

(40) Es deutet sich an, daß der Zustand der "versaumten" Halbtrockenrasen recht langlebig ist (KRATOCHWIL 1983), was im Widerspruch zu den Erfahrungen von WOLF (1983, 1984) über die labilen Zwischenstadien steht, die sich nach dem Aufhören der Beweidung einstellen (s.o.).

● **Fehlende fachliche Zielvorgaben zur Art, Notwendigkeit und Priorität von Pflege- und Erhaltungsmaßnahmen (vgl. FUCHS 1983)!**

Um dem fortwährenden Verlust an schützenswerten Biotopen wirksam zu begegnen, reicht die Erfassung der Biotope nicht aus, es muß auch das Ziel und die Zweckbindung der einzelnen Biotope festgelegt werden. Hierfür fehlen aber die generellen Pflege richtlinien und "Programme" auf Landesebene. Es fehlen Vorstellungen, welche Mindestgröße die einzelnen Biotope haben sollten oder wie das Verhältnis zwischen den Kernzonen und den "Pufferflächen" sein sollte (ABN 1983).

Eine biotopgerechte Pflege bedarf einer pflanzenkundlichen Voruntersuchung (siehe Pkt. 2.) und begleitenden Beobachtungen. Erfolgskontrollen nach den Pflegemaßnahmen sollten an sich eine Selbstverständlichkeit sein, da nur so Fehler korrigiert werden könnten und an "dem sich weiterentwickelnden Ökosystem" gelernt werden kann (DIERSSEN 1984). Erfolgskontrollen sind jedoch immer noch die Ausnahme. Das im Sommer 1984 in Hessen vom HMLFN ins Leben gerufene "Programm zur Erhaltung und Förderung ökologisch wertvoller Pflanzengesellschaften in Wirtschaftsgrünland und Ackerbau" (41), das dem Schutz und der Förderung extensiv genutzter Wiesen dienen soll, entspricht nicht den oben erwähnten Anforderungen an Pflegerichtlinien! Es beinhaltet keine detaillierten Bewirtschaftungsanleitungen für bestimmte Biotoptypen, sondern formuliert nur pauschale Pflegevorschriften ohne Rücksicht auf die speziellen Unterschiede der einzelnen Flächen. Es ist deshalb in seiner ökologischen Effizienz eher als wirkungslos einzuschätzen. Das "Programm zur Wiedereinführung und Erhaltung historischer Landnutzungsformen" des Landes Nordrhein-Westfalen hingegen enthält detaillierte Bewirtschaftungsanleitungen für bestimmte Biotoptypen und kann deshalb durchaus als vorbildlich gelten.

● **Die ungeklärten innerfachlichen Zielkonflikte (FUCHS 1983).**

Da man aufgrund der personellen Engpässe der Naturschutzbehörden - der Hinweis auf die unzureichende Personalstärke und Personalqualifikation zieht sich wie ein "Roter Faden" durch alle Kritikpunkte - auf die unentgeltliche Hilfe ehrenamtlicher Naturschützer angewiesen ist, kann es passieren, daß der Biotopschutz je nach Interessengebiet des ehrenamtlichen Mitarbeiters zum Artenschutz für bestimmte Arten abgewertet wird (ABN 1983). Konflikte zwischen den verschiedenen Interessenlagen unterschiedlicher Naturschutzgruppen bleiben nicht aus und werden teilweise erbittert ausgetragen. So propagieren "Birkhuhnfreunde" im NSG "Rotes Moor" in der Hohen Rhön als flankierende Biotopschutzmaßnahme den Lebendfang der Habichte, um so den Feinddruck auf die stark dezimierte Birkhuhnpopulation zu minimieren, was auf den erbitterten Widerstand der Ornithologen trifft (vgl. dazu MAERTENS und WAHLER 1987). In einem anderen Landkreis streiten sich Naturschützer über Sinn/Unsinn einer dringend notwendigen Entbuschungsmaßnahme für einen Halbtrockenrasen. Die eine Seite befürchtet enorme Singvogelverluste, weil ihnen der Vogelschutz vorgeht, die andere Seite möchte das ganze Biotop erhalten und befürwortet einen sicherlich gravierenden Eingriff in die Sukzession.

Auf die Widersprüchlichkeit dieser und ähnlicher Maßnahmen geht SCHERZINGER (1983) ein: "Wie können totholzreiche Laubholzinseln für seltene Spechte entstehen, wenn die Aufforstung von Nadelbäumen zur Hebung der Singvogeldichte propagiert wird? Wer löst weiters den Konflikt zwischen Baumpieper, für den der Wald stark verlichtet werden muß und dem Haselhuhn, das solche Orte meidet?" Auch ein einseitiges, auf eine Art abgestelltes Pflegeprogramm führt allzu leicht zu einer Verfälschung des ursprünglichen Biotoptyps und muß deshalb abgelehnt werden.

---

(41) Die Bewirtschaftungsvereinbarungen im hessischen Wiesenprogramm - es ist eine reine Mähnutzung für die vereinbarten Flächen und keine Beweidung, auch keine Nachweide vorgesehen - beschränken sich darauf, daß die erste Mahd nicht vor der Blüte der Hauptbestandsbildner bzw. nicht vor dem 15. Juni eines jeden Jahres durchgeführt werden und eine Stickstoffdüngung unterbleiben soll. Eine Grunddüngung mit Phosphat, Kali und Kalk darf "nur nach Maßgabe der Empfehlungen des Amtes für Landwirtschaft und Landentwicklung" (HMLF 1986) vorgenommen werden. Von den hessenweit 1.554 ha unter Vertrag genommenen Wiesen wurden nur in einem geringen Teil floristische oder vegetationskundliche Untersuchungen durchgeführt, erste Beobachtungen deuten daraufhin, daß ein großer Teil der Wiesenflächen bezüglich ihrer biologischen Wertigkeit als mittelmäßig mit Degradationserscheinungen einzustufen ist (SCHREINER 1987).

*"Die Natur hat den Menschen in der Pflanzenwelt vie-
lerei geboten. Gewöhnliches und Massenhaftes, das er
zu nutzen vermag. Das gehört zur Zivilisation. Außer-
ordentliches und Seltenes von hohem ideellem Interesse, das er erhalten sollte. Das fiele in den Bereich der
Kultur."* Theodor Schmücker (1962)

4. Zusammenfassende Bewertung

Im Zusammenhang mit Pflegemaßnahmen werden immer wieder die gleichen Fragen gestellt: Ist es überhaupt vertretbar und begründbar mit erheblichem finanziellen, personellen und vor allem energetischen Einsatz die natürlichen Sukzessionsabfolgen auf früher landwirtschaftlich genutzten Flächen zu unterbinden? (GÖTTKE-KROGMANN, schriftl.). Wäre es nicht naturgemäßer, die Biotope sich selber zu überlassen und sie vor anthropogenen Einflüssen und Eingriffen völlig abzuschirmen? Ist die Biotoppflege mit ihrem allzu schematischen Pflegerhythmus nicht eine Art "Gärtnern", das "den gängigen Vorstellungen und Idealen des Naturschutzes widerspricht?" (WILDERMUTH 1983 b).

In anthropogenen Biotopen hat sich im Laufe von Jahrzehnten oder Jahrhunderten ein dynamisches Artengleichgewicht eingestellt. Mahd und Beweidung haben zu unterschiedlichen Pflanzengesellschaften geführt, da der Weidegang der Tiere oder/und der jährliche Schnitt verbiß- und trittfeste/schnittresistente Arten selektieren, die den verschiedenen Gesellschaften ihr Gepräge geben (REICHHOFF & BÖHNERT 1978). Bleiben die periodischen Eingriffe aus, verschiebt sich das biozönotische Gefüge innerhalb weniger Jahre, die künstlich stabilisierten Zustände weichen den Sukzessionsvorgängen, wobei die nicht konkurrenzfähigen Arten - es handelt sich hierbei meistens um stenöke, bedrohte Arten - verschwinden. Auf der anderen Seite kann die Verbrachung mit der Bildung von Gebüschgruppen und ihrer Weiterentwicklung zum Vorwald und Wald durchaus auch als ein strukturelles, unter Umständen sogar anreicherndes Element hingenommen werden (SCHREIBER 1980 b). Die Verbrachung kann, wie im Pkt. 3. ausgeführt wurde, auch zu einer Verbesserung der ökologischen Eigenschaften führen, zumindest gilt dies für trockene bis mäßig feuchte Standorte, und auch im Hin-

blick auf die Artenvielfalt der Fauna scheint sich das Brachfallen von Wirtschaftsgrünland eher günstig auszuwirken (ITTIG & NIEVERGELT 1977). Es kann aber hingegen nur "im Sonderfall die Aufgabe eines NSG vom Typ der Halbkulturformation sein, den Sukzessionsvorgang zum Endstadium Wald ungestört fortschreiten zu lassen. ... Der Sukzessionsvorgang und sein Endstadium sind gewöhnlich von geringerem wissenschaftlichen Wert als der Primärzustand." (LOHMANN 1962 in REICHHOFF und BÖHNERT 1978).

An welchen Richtlinien sollte sich die Biotoppflege orientieren? Wertvolle Anhaltspunkte für die zu ergreifenden Pflegemaßnahmen liefern sicherlich die traditionellen Bewirtschaftungsweisen. Pflegemaßnahmen dürfen aber nicht als reine Wiederbelebung extensiver Wirtschaftsformen mißverstanden werden, es geht auch nicht darum, die heute antiquiert erscheinende "bäuerliche-vorindustrielle Landwirtschaft" (18., 19. und frühes 20. Jhd.) wieder einzuführen (REICHHOFF 1974; BAUER 1983). Die Pflegemaßnahmen haben vielmehr die Aufgabe, historisch überlieferte Strukturen der Kulturlandschaft zu sichern, die sich bei den heutigen Bewirtschaftungsmethoden nicht mehr herausbilden können, und die schutzwürdige Substanz durch Einführung pflegespezifischer Maßnahmen zu vergrößern (REICHHOFF 1974). Mit der Sicherung dieser Kulturbiotope wird auch die Wahrscheinlichkeit vermindert, etwas zu zerstören, dessen Bedeutung bisher noch nicht ganz erforscht und erfaßt werden konnte (BAUER 1983). "Immerhin handelt es sich bei den klassischen Kulturbiotopen (z.B. den Wacholdertriften) um Naturdokumente, die - einmal verschwunden - einen heute in seiner ganzen Tragweite noch gar nicht faßbaren Verlust darstellen. Selbst beste ökotechnische Methoden können diese Verluste nicht mehr ungeschehen machen" (WIT-

SCHEL 1979). Um den zu leistenden Pflegeaufwand abschätzen zu können, sollten für die Erarbeitung von Pflegenormativen die Assoziationen in Hemerobie-Stufen eingeordnet werden, da mit abnehmendem Kultureinfluß auch der Pflegeaufwand abnimmt (REICHHOFF & BÖHNERT 1978).

Es muß betont werden, daß die Auswirkungen der in dieser Arbeit beschriebenen Pflegemaßnahmen auf das Vegetationsinventar und die Fauna sehr stark von den standörtlichen Gegebenheiten bestimmt werden. So sind Kenntnisse über den Charakter der Standorte, über die Übereinstimmung der aktuellen und der natürlichen Vegetation des Standortes, über die Wahrscheinlichkeit, Zeitdauer und den aktuellen Stand der Sukzession erforderlich (REICHHOFF & BÖHNERT 1978). In diesem Sinne kann nur eine formale Anwendung von Pflegenormativen nicht empfohlen werden. Die im Pkt. 2 gemachten Ausführungen geben zwar Hinweise und Richtwerte zur zukünftigen Behandlung der schutzwürdigen Kulturbiotope, aber sie ersetzen nicht detaillierte und auf die örtlichen Verhältnisse abgestimmte Pflegepläne!

Geht man von der Zielvorstellung aus, eine möglichst hohe Artenvielfalt in der Kulturlandschaft wiederherzustellen, dann lassen sich nach dem bisherigen Kenntnisstand folgende generelle Aussagen machen:

Die variablen Pflegestrategien sind sparsam, überlegt, und im Hinblick auf das Schutzziel vorzunehmen (WILDERMUTH 1983 a; REICHHOFF, schriftl. Mittlg.). Naturschutz kann sich nicht auf Einzelartenschutz beschränken, sondern muß den Schutz von Lebensräumen zum Ziel haben. In diesem Sinne sollte die Erhaltung der für ein Biotop typischen (floristischen und faunistischen) Artengarnitur der Leitfaden der Pflege sein (FUCHS, schriftl.). Jede Art von Vereinheitlichung und Perfektionismus sollte bei der Duchführung von Pflegemaßnahmen vermieden werden. Mahd, Mulchschnitt, Beweidung und Entbuschung dürfen niemals großflächig nach einem einheitlichen Schema durchgeführt werden, da dies eine Artenverarmung zur Konsequenz hätte. Aufgrund mangelnder Forschungsergebnisse (vgl. Pkt. 3.) erfolgen die Pflegeeinsätze bedauerlicherweise aber immer noch nach einfachen und allzu pauschalen Richtlinien (FUCHS, schriftl.; WILDERMUTH 1983 a, 1983 b).

Wenngleich die Mahd mit hohem Arbeitsaufwand und enormen Kosten verbunden ist, sollte sie aber Doch unbedingt auf bestimmten Flächen durchgeführt werden, um die besonders artenreichen, mahdbedingten Gesellschaften zu erhalten. Da die alljährliche Mahd nur auf wenigen Beispielsflächen möglich sein wird, empfiehlt sich als Alternative eine andere pflegespezifische Behandlung, wo der

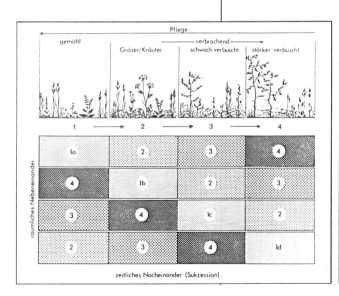

Abb. 9: Modell zur extensiven, zeitlich gestaffelten Pflege von größeren anthropogenen Grünlandbiotopen

Beispiel: Halbtrockenrasen. 1 bis 4 Sukzessionsstadien. Die vertikalen Kolonnen der Rasterflächen zeigen das Muster (räumliches Nebeneinander) der Flächen in unterschiedlichen Sukzessionsstadien zu verschiedenen Zeitpunkten. 1a bis 1d: Die Pflegemaßnahmen werden nacheinander in verschiedenen Jahreszeiten ausgeführt.

(Quelle: WILDERMUTH 1983 a)

Bestand nur periodisch gemäht wird und anschließend eine vorgeschriebene Zeitspanne ungenutzt bleibt. WILDERMUTH (schriftl.) spricht von einem "Rotationsprinzip", bei dem die Pflegemaßnahmen örtlich und zeitlich differenziert zu erfolgen haben.

Wie aus der Abb. 9 ersichtlich wird, führt die zeitliche Staffelung der Pflegeeingriffe und die kleinflächige, parzellenweise durchgeführte Mahd zu einem räumlichen Mosaik verschiedener Sukzessionsstadien, womit eine grundlegende Forderung des Arten- und Biotopschutzes erfüllt wird, nämlich einen möglichst vielfältigen Wechsel zwischen gemähten Flächen und Brachen unterschiedlichen Alters anzubieten. "Um allen Organismen des Hauptbiotops Kalkmagerrasen gerecht zu werden, wäre eine möglichst differenzierte Einflußnahme wahrscheinlich am günstigsten. Denkbar wäre ein flächenweiser Wechsel verschieden intensiver Mahd zu unterschiedlichen Zeitpunkten der Vegetationsperiode (einschließlich des Mulchens) mit Flächen der Brachestadien unter großflächiger Regulation des Gehölzwuchses. Hier würde einer Vielzahl von Pflanzen und Tieren mit ihren differenzierten Lebensraumansprüchen Raum gegeben für ein weites Spiel von Wechselwirkungen im Sinne einer biologisch reichen und vielfältigen Landschaft." (DIERSCHKE 1985). Mit diesem Pflegemodell wird innerhalb eines Gesamtbiotops eine fortwährende Diversität sichergestellt!

Ein weiterer Vorteil in der Anwendung der periodischen Nutzung ist darin zu sehen, daß hierbei mit der vorhandenen Pflegekapazität die drei- bis vierfache Flächengröße gepflegt werden kann, als das bei der alljährlich wiederholten Mahd einer Fläche möglich wäre (REICHHOFF 1974).

Einfacher als die Mahd ist die extensive Beweidung mit Schafen zu realisieren, wobei man bei den Beweidungsplänen eine wechselnde Flächennutzung mit unterschiedlicher Beweidungsintensität anstreben sollte, um so die Erhaltung einer reichhaltigeren Flora und ein Nebeneinander vielfältiger Strukturen zu sichern bzw. zu schaffen (s.o.). So sind viele Insekten in ihrem Vorkommen weniger mit dem Vorhandensein bestimmter Futterpflanzen, als vielmehr mit der räumlichen Aufteilung eines Gebietes und dem dadurch erzeugten Mikroklima korreliert (BORNHOLDT 1988).

Wenn die Schutzfunktion des Gebietes nicht auf die Konservierung spezieller nutzungsabhängiger Pflanzengesellschaften ausgerichtet ist, sollten Pflegemaßnahmen zum Einsatz kommen, deren Ziel es ist, die standörtliche Vielfalt zu vergrößern und Initialphase und Auflassungsphase einer Gesellschaft nebeneinander zu erzeugen. Mit dem Anpassen der Pflege und Gestaltung an das Nebeneinander von verschiedenen Habitaten im gleichen Biotop, ahmt man nicht nur die anthropogenen Ökosystemkomplexe nach, die mosaikartig aus verschiedenen Pflanzengesellschaften zusammengesetzt sind, sondern bietet der Fauna auch bessere Lebensmöglichkeiten an (REICHHOFF & BÖHNERT 1978; WILDERMUTH 1983 a). So sind die abwechslungsreichen Übergangsstadien, die sowohl von Waldarten (z.B. viele Vögel), als auch von Offenlandarten (z.B. thermophile Tagfalter und Laufkäfer) genutzt werden können, besonders artenreich! Im Vergleich zu Pflanzengesellschaften, die durch langanhaltende, gleichbleibende Nutzung, sei es durch Mahd, Mulchen oder kontrolliertes Brennen (entsprechendes gilt bei Brachfallen) konsolidiert werden, ermöglicht die Einführung von Dynamik und die damit verbundene Abnahme der Stabilität der Pflanzengesellschaften konkurrenzschwachen Arten wesentlich günstigere Existenzmöglichkeiten und Arten der offen gehaltenen Bereiche können auf den Sukzessions-Parzellen überwintern (REICHHOFF & BÖHNERT 1978; HANDKE & SCHREIBER 1985). "Unabhängig von der bestimmten Pflegemaßnahme, die man durchführen will, sollte stets ein Mosaik aus ungestörten Sukzessionsflächen mit Büschen und aus offengehaltenen Bereichen erhalten werden." (HANDKE & SCHREIBER 1985).

REICHHOFF & BÖHNERT (1978) entwickelten am Beispiel des Gentiano-Koelerietums ein Modell der rotierenden Nutzung auf parzellierten Rasenflächen, wobei die Parzellengröße des Rotationsmodells wenigstens 1 ha betragen sollte. Gleiche Parzellengröße ist nicht erforderlich!

Aber all diese mit viel Akribie ausgetüftelten Pflegestrategien bleiben solange Makulatur, wie die Probleme bei der Beschaffung von Finanzen und der Rekrutierung von Pflegepersonal nicht gelöst sind (WOLF, schriftl.)! In der Regel bestimmen Arbeitskapazität, Finanzmittel und rein technische Gesichtspunkte (zur Verfügung stehendes Gerät usw.) die jeweilige Pflegemaßnahme und keineswegs, wie man nach Lektüre dieser Studie vermuten könnte, die vegetationskundlichen und faunistischen Grundlagenerhebungen! Die Analyse der Naturschutzgebiete der Bundesrepublik Deutschland durch HAARMANN & PRETSCHER (1988) ergab, daß in der Mehrzahl der Fälle selbst unbedingt erforderliche Pflegemaßnahmen nicht durchgeführt werden und somit die Aufgabe der extensiven Nutzung und/oder die fehlende Pflege (neben der zu geringen

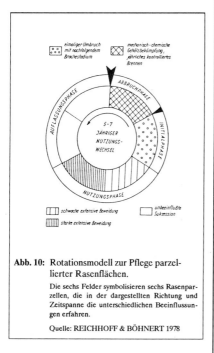

Abb. 10: Rotationsmodell zur Pflege parzellierter Rasenflächen.

Die sechs Felder symbolisieren sechs Rasenparzellen, die in der dargestellten Richtung und Zeitspanne die unterschiedlichen Beeinflussungen erfahren.

Quelle: REICHHOFF & BÖHNERT 1978

Größe und konkurrierenden Nutzungen) die Hauptursache darstellen, daß viele Naturschutzgebiete ihre Funktion nicht oder nur teilweise erfüllen!

Pflegemaßnahmen - Ein neues Betätigungsfeld der Landwirte!

Bleibt nur noch die Frage zu klären, wer bzw. welche Berufsgruppe am ehesten in der Lage ist, die mehr oder weniger homogen übers Land verteilten schützenswerten Grünlandgesellschaften fachgerecht und kostengünstig zu pflegen, damit diese die ökologisch notwendige Mindestnutzung erfahren?

Wie bereits in der Einleitung dargelegt wurde, waren die Landwirte seit Jahrhunderten in ihrem Berufsfeld landschaftsprägend, -gestaltend und -pflegend tätig. Aber die traditionelle Rolle des Landwirts, einerseits als Wahrer und Unterhalter der vielgestaltigen Kulturlandschaft und andererseits gleichzeitig als Produzent, unter Ausnutzung des biologisch-technischen Forschritts, von möglichst billigen, qualitativ aber hochwertigen Nahrungsmitteln in Erscheinung zu treten, läßt sich nicht mehr aufrechterhalten! "Eine produktive, der Ökologie verpflichtete Landwirtschaft wird zum Nulltarif wird es daher nicht geben können." (EBEL & HENTSCHEL 1987). In Zeiten, wo die staatlichen Mittel für Landschaftspflegemaßnahmen noch äußerst spärlich flossen, war alleine der persönliche Idealismus die Haupttriebfeder vieler Aktivitäten im Rahmen landschaftspflegerischer Aufgaben. Ohne das Engagement vieler landesweiter und lokaler Naturschutzorganisationen wäre "das 'Pflegeloch' zwischen dem Ende traditioneller bäuerlicher Nutzung und den ersten Erfolgen staatlicher Pflegeprogramme in vielen artenschutzwichtigen Biotopen nicht zu überbrücken gewesen." (RINGLER 1988).

Mit dem Anstieg der Angebote an Förderungsprogrammen setzte auch eine Konkurrenz um die Pflegeaufgaben ein! So sieht SEIDENSPINNER, Verbandsvorsitzender des Garten-, Landschafts- und Sportplatzbaus Baden-Württemberg, schon das bedrohliche Eindringen der Landwirtschaft in angestammte Arbeitsbereiche des Garten- und Landschaftsbaus, so etwa die Pflege von öffentlichen Grünflächen in den Gemeinden oder von Erholungseinrichtungen (KRAUSS 1988). Aufgrund dieser Konkurrenzsituation ist man in der erfreulichen Lage, die für die einzelnen Leistungen bereitstehenden Branchen hinsichtlich ihrer Eignung sorgfältig zu prüfen und auszuwählen. Eine Grundvoraussetzung hierfür sind aber präzis formulierte Pflege- und Entwicklungsziele, um so die Effizienz der Pflegemaßnahmen bzw. der Förderprogramme hinsichtlich ihrer Wirksamkeit für den Naturschutz konkret zu überprüfen. Erfolgskontrollen, ob die eingesetzten Finanzmittel oder der Personalaufwand durch entsprechende ökologische Wirkung in einer annähernd adäquaten Aufwand-Ertragsrelation gerechtfertigt werden, fehlen bedauerlicherweise weitgehend! (vgl. Pkt. 3.).

Der Rahmen dieser Arbeit läßt es nicht zu, näher auf die steuer- und versicherungsrechtlichen, die technischen und betriebswirtschaftlichen Gesichtspunkte, die mit der Landschaftspflege durch Landwirte verbunden sind, einzugehen. Wir möchten deshalb hier nur einige Argumente anführen, die erläutern, warum Landwirte zur Durchführung von Pflegemaßnahmen besonders geeignet sind.

● **Die Landwirte verfügen über die notwendigen Ortskenntnisse, da ihre Betriebe zumeist in der Nähe der zu pflegenden Flächen liegen.**

Landwirte, deren Betriebe in der Nähe der zu pflegenden Flächen liegen, sind in der Lage, die Pflegearbeiten flexibler und variabler durchzuführen, als dies die "museale Pflege" durch Dritte, wie Pflegebetriebe, Lohnunternehmer oder kommunale Pflegehöfe, je vermag. Die Landwirte können Rücksicht nehmen auf die Witterung und so kurzfristig den günstigsten Zeitpunkt zur Durchführung der Arbeiten wählen. Sie müssen die Pflegearbeiten nicht, wie dies z.B. bei Bautrupps oder Lohnunternehmern der Fall ist, in einem Zug erledigen! Eine zeitliche Staffelung der Pflegeeingriffe entspricht auch, wie dies ausführlich in Pkt. 3. dargelegt wurde, besser dem Pflegegedanken als eine vereinheitlichte Handhabung der Pflegemaßnahmen. Desweiteren entfallen bei den Landwirten die langen Anfahrten und Rüstzeiten, wie sie bei den Lohnunternehmern anfallen (WIMMER 1988). Eine Konzentration auf einige wenige Bauern (z.B. Pflegehöfe) oder die Entwicklung von Lohnunternehmern, wie dies schon auf dem Mähdrescher-Sektor zu beobachten ist, mit ihrer Tendenz zur Vereinheitlichung und Perfektionierung bei der Durchführung der Pflegemaßnahmen, sollte auf jeden Fall vermieden werden!

● **Eine Verteilung der Aufgaben auf möglichst viele, ortsansässige Bauern entspricht auch den Interessen des Naturschutzes.**

Kleinflächige, parzellenweise und möglichst differenziert durchgeführte Pflegemaßnahmen entsprechen den grundlegenden Anforderungen des Arten- und Biotopschutzes nach einem möglichst vielfältigen Wechsel der Biotopstruktur und verhindern die Entwicklung zu "maschinengerechten Biotopmustern". Die individuelle Betreuung der zu pflegenden Flächen gewährleistet, daß der Landwirt sich mit der

Fläche identifiziert und das Interesse an "seiner Fläche" wächst. Erfahrungen aus dem Pilotprojekt "Pflege schutzwürdiger Flächen durch Landwirte" in NRW bestätigen das. "Erfreulich war weiterhin die Feststellung, daß die Landwirte sich vor Ort mit ihren Naturschutzflächen zunehmend identifizieren und zum Teil auch außerhalb der Arbeitszeiten darauf achten, daß dort nichts Illegales geschieht. Nicht weniger wichtig war die Einschätzung der Landwirte, daß es sich um sinnvolle Arbeit handelt und daß sie damit einen wertvollen Beitrag zum Naturschutz leisten, was ihnen ansonsten durch die politischen Rahmenbedingungen fast unmöglich gemacht wird." (SCHUMACHER 1988).

● **Die Landwirte sind in der Lage, kostengünstige personelle und maschinelle Leistungen anzubieten.**

Die Förderung von Pflegemaßnahmen zur Erhaltung von besonders wertvollen Ökosystemen durch öffentliche Mittel verlangt eine effiziente, kostengünstige Ausführung der Maßnahmen, da die öffentlichen Gelder nach dem Haushaltsrecht wirtschaftlich einzusetzen sind und damit dem ökonomischen Minimal- (Sparsamkeits-) bzw. dem Optimalprinzip (Erreichung eines bestmöglichen Ergebnisses) unterliegen (ROTHENBURGER 1988). Unter diesem Gesichtspunkt kommt der Bewertung der eingesetzten Arbeitskraft eine besondere Bedeutung zu. Werden die Pflegemaßnahmen von Landwirten geleistet, treten keine Kosten zwischen Maschinenringeinsätzen, Gehilfenlohn und Lohnansatz bzw. Entnahmen des Unternehmers je Arbeitsstunde auf. Nimmt man einen Gewerbebetrieb für Pflegearbeiten in Anspruch - gewerbliche Tätigkeiten werden überwiegend ausgeschrieben, bieten fachliche Gewährleistungen und müssen deshalb teurer sein als Ausführungen ohne Qualitätsanforderungen (42) - muß man höhere Kosten in Kauf nehmen, die aus höheren Lohntarifen, einem höheren Anteil von Gemeinkosten einschließlich Gewerbesteuer und der Notwendigkeit der Gewinnerzielung resultieren. Eine Lohn- und Nebenkostensynopse ergab, daß allein die Ecklöhne um 20% je Stunde in der Landwirtschaft niedriger sind als im Garten- und Landschaftsbau. Berücksichtigt man die jeweils verschiedenen gesetzlichen und tariflichen Zusatzkosten, die

---

(42) Landschaftspflegerische Arbeiten auf nicht land- oder forstwirtschaftlichen Grundstücken fallen unter gewerbliche Tätigkeiten!

Arbeitskosten

landwirtschaftliche Fachkraft
- ohne Zuschläge   18 DM/Stunde
- mit Zuschlägen   23 DM/Stunde

gewerbliche Fachkraft
- ohne Zuschläge   27 DM/Stunde
- mit Zuschlägen   35 DM/Stunde

(ROTHENBURGER und HUNDSDORFER 1988)

geleisteten Jahresstunden und ein üblicher Zuschlag von 30% für Gemeinkosten und Risiko sowie Gewinn, dann ergeben sich folgende Arbeitskosten (Stand 1987):

Vertreter des Berufsstandes des Garten- und Landschaftsbaus sehen in der bisherigen Praxis den Grundsatz der Gleichbehandlung nicht verwirklicht und fordern vergleichbare Wettbewerbsvoraussetzungen/-chancen. So soll auf eine Gleichbehandlung der Verrechnungslöhne hingearbeitet werden, da in diesem Bereich (s.o.) zwischen landwirtschaftlicher und gartenbaulicher Seite Differenzen um das Dreifache und mehr zugunsten der Landwirtschaft auftreten (KRAUSS 1988).

Erbringt der Landwirt landschaftspflegerische Leistungen für Dritte, so ist zu fragen, ob es sich hier noch um eine landwirtschaftliche Tätigkeit handelt oder ob bereits eine gewerbliche Tätigkeit vorliegt, mit allen gewerberechtlichen, steuerlichen, abgabemäßigen und sonstigen Konsequenzen für einen Gewerbebetrieb, denen beispielsweise Betriebe des Garten- und Landschaftsbaus unterliegen (ZEITLER 1988)?

Um diese unbefriedigende Situation zu beseitigen, sollte durch eine gesetzliche Regelung geklärt werden, ob eine Berufsgruppe bei der Vergabe von Landschaftspflegeaufträgen bevorzugt berücksichtigt werden sollte, oder ob dies dem "freien Spiel der Kräfte" überlassen bleibt. So sieht beispielsweise das Bayerische Naturschutzgesetz vor, daß mit der Ausführung von Landschaftspflegemaßnahmen nach Möglichkeit land- und forstwirtschaftliche Betriebe und Selbsthilfeeinrichtungen der Land- und Forstwirtschaft beauftragt werden.

- **Landwirte verfügen über die notwendigen Erfahrungen mit der Natur und sind mit der Mehrzahl der anfallenden Pflegearbeiten vertraut.**

Obgleich die Landwirte über die notwendigen Fertigkeiten zur Durchführung der einzelnen Pflege-

maßnahmen (z.B. Mahd von verschilften Naßwiesen oder Streuwiesen, Beseitigung von Gehölzaufwuchs etc.) und zur Handhabung der dafür einzusetzenden Geräte und Maschinen verfügen, so steht doch außer Frage, daß darüberhinaus bestimmte fachliche Anforderungen für die Tätigkeit in der praktischen Pflege notwendig sind. Geht man von äußerst komplexen pflegebedürftigen Biotopen aus - nicht jedes Biotop ist in seiner Struktur relativ einfach aufgebaut, deren Pflege in Form der Mahd oder des Zurückschneidens von Gehölzen verhältnismäßig überschaubar ist - so wird verständlich, daß vom Landschaftspfleger ein ökologisches Grundwissen und Grundverständnis, ein Hineindenken und Einfühlen in bestehende ökologische Wirkungsgefüge verlangt werden muß. Obgleich der Pflegeplan Angaben über ökologische Auswirkungen verschiedener Bewirtschaftungs- und Pflegeformen macht, so bleiben dem Landschaftspfleger vor Ort doch genügend Entscheidungsspielräume offen, wenn es um die Pflegeintensität, um die Abgrenzungen im Gelände, um den richtigen Zeitpunkt für die Maßnahmen und den Einsatz der schonendsten Geräte geht, um so dem Schutzziel am besten gerecht zu werden! Es wurde bereits mehrmals erwähnt eine allzu schematische Umsetzung "wie nach Kochbuchrezept" der Angaben des Pflegeplanes ist abzulehnen! Da sich die Biotope dynamisch verhalten, verändern sie sich ständig, möglicherweise auch in unvorhergesehener Weise. Die im Pflegeplan gemachten Bestandsaufnahmen und die daraus abgeleiteten Pflegeerfordernisse müssen von dem, der für die Pflege verantwortlich zeichnet, stets im Detail ergänzt und fortgeschrieben werden.

SCHEMEL (1988) skizzierte ein Anforderungsprofil, an dem sich der "praktische Landschaftspfleger" zu messen hat:

- Der Landschaftspfleger muß die wichtigsten abiotischen Standortfaktoren kennen und die Bedingungen verstehen, unter denen die natürliche und menschlich beeinflußte Sukzession verschiedener Pflanzengemeinschaften abläuft.

- Der Landschaftspfleger muß die wichtigsten biotischen Wirkungsprozesse der Biozönose, die wichtigsten standorttypischen Leitarten und ihre ökologischen Ansprüche erkennen und beurteilen können.

- Der Landschaftspfleger muß die zur Verfügung stehenden Geräte und Maschinen und ihre Ein-

Foto 18: "Hangenleite" im NSG "Lange Rhön" bei Oberelsbach

Das Foto zeigt ein sehr differenziertes Standortmuster in den Grünlandbereichen (fast parzellenscharf). Diese sichtbare Ausprägung feinster Standortunterschiede ist das Ergebnis angepaßter Bewirtschaftung. Um diesem Phänomen der Komplexität gerecht zu werden, muß der "praktische Landschaftspfleger" sehr behutsam vorgehen, so müssen in unregelmäßigen Abständen mal hier, mal dort Eingriffe vorgenommen werden. (Zustand September 1986).

satzbedingungen kennen und in der Lage sein, ihre Wartung vorzunehmen.

● Der Landschaftspfleger muß die ökonomischen und rechtlichen Rahmenbedingungen des Pflegeeinsatzes kennen.

In Anbetracht dieser komplexen Anforderungen, denen ein Landschaftspfleger gerecht zu werden hat, und angesichts fehlender Fachkräfte für die Biotoppflege überrascht es nicht, daß eine Arbeitsgruppe aus freiberuflichen Umwelt-Beratern und Berufspädagogen die Anregung zu einer Weiterbildung zum "praktischen Landschaftspfleger" gab. Ihre Vorstellung von einem "praktischen Landschaftspfleger" ist eine Fachkraft mit abgeschlossener Berufsausbildung als Landwirt, Gärtner, Winzer oder Forstmann, der eine ein- bis zweijährige Zusatzausbildung absolviert hat und so in der Lage ist, als Führer einer Arbeitskolonne notwendige Biotop-Pflegearbeiten auf der Grundlage eines Pflegeplanes eigenverantwortlich zu leiten (SCHEMEL 1988).

● **Die Landwirte besitzen geeignete Maschinen und Geräte für den Pflegeeinsatz.**

Zur mechanischen Pflege brachliegender Flächen werden vorwiegend landtechnische Geräte eingesetzt. Im Gegensatz zu den Kommunen, die bisher mit der Landschaftspflege betraut waren, können die Landwirte diese Arbeiten allein aus dem Grunde kostengünstiger durchführen, da sie über eine entsprechende Maschinenausstattung verfügen (Ausnahme Spezialmaschinen, vgl. Pkt. 2.3.1) und so die Investitionskosten eingespart werden können!

Ein Kostenvergleich belegt, daß alle Pflegearbeiten mit landwirtschaftlichen Geräten durch den überbetrieblichen Geräteeinsatz kostengünstiger zu erledigen sind, als durch eigene Maschinen der Pflegebehörden (KROMER & RELOE 1988). So kann der an der Übernahme von Pflegearbeiten interessierte Landwirt seinen Ackerschlepper, sofern er über die nötige Zusatzausrüstung verfügt und sicherheitstechnisch den gestellen Anforderungen entspricht, in der Landschaftspflege einsetzen. Neben den

Funktionen Ziehen, Antreiben über Zapfwellen oder Hydromotoren und Tragen werden für den Einsatz zusätzlich größere Hangsicherheit, was durch größere Spurbreiten erreicht wird, und eine Verringerung des Bodendruckes, was Bodenschäden zu vermeiden hilft (Terra-Bereifung), und eine verbesserte Wendigkeit verlangt (KRAUS 1988).

Das Mähen größerer Landschaftsflächen kann mit konventionellen, in den Betrieben vorhandenen Kreisel- und Scheibenmähern sowie zapfwellengetriebenen oder hydraulischen Mähwerken erfolgen. Die Problematik dieser Gerätetypen wurde bereits in Pkt. 2.1.3 beschrieben.

Die Aufnahme und der Abtransport des Schnittgutes kann in einem Arbeitsgang mit dem Mähen bei Verwendung eines Pick-up-Ladewagens erfolgen. Sollte der Einsatz moderner Geräte aus der Grünlandwirtschaft auf Grund der Geländeform oder des Bodenzustandes (nasse oder versumpfte Flächen, empfindliche Biotoptypen) nicht möglich sein und Handarbeit aus Kostengründen vermieden werden, dann empfiehlt sich der Einsatz des Bandrechens an Einachsschleppern als wendige selbstfahrende Einheit. Die Möglichkeit der Gras- und Heuwerbung durch den Einsatz einer Rundballenpresse ist ebenfalls möglich, es sollte aber ein Ballenmaß von 1,20 m Durchmesser und einer Breite um 1,20 m aus Gewichtsgründen nicht überschritten werden (KRAUS 1988).

Es gilt aber zu bedenken, daß z.T. auch Spezialmaschinen erforderlich werden, die den Landwirten normalerweise nicht zur Verfügung stehen, und daß die Betriebskosten dieser Maschinen durch starke Beanspruchung höher sind (vgl. Abb. 8; ROTHENBURGER & HUNDSDORFER 1988). Um die hohen Einsatzkosten zu reduzieren und um den Kauf von Spezialmaschinen zu vermeiden, bietet es sich an, daß sich der Landwirt der Organisation des Maschinenringes bedient. Der Maschinenring vermittelt und koordiniert zwischen den Landwirten und den Behörden und stellt ein Team aus mehreren Landwirten zusammen, das über die notwendige Technik verfügt und somit auch größere Aufträge komplett übernehmen kann. Desweiteren kann der Maschinenring im Auftrag und stellvertretend für die betreffenden Landwirte ein Angebot abgeben, den Einsatz überwachen und die Abrechnung vornehmen (GRIMM 1988). Ein gelungenes Beispiel für die erfolgreiche Vermittlungstätigkeit stellen die Pflegearbeiten im NSG "Lange Rhön" (Unterfranken) durch den Maschinenring Saale-Rhön dar!

Bei der Pflege der Kulturlandschaft handelt es sich um einen Leistungsbereich, der sich aus dem Selbstverständnis der bodengebundenen bäuerlichen Landwirtschaft ergibt (vgl. Pkt. 1.). Wenngleich dieses Tätigkeitsfeld wesensmäßig zur Landwirtschaft gehört, so bedeutet dies jedoch nicht, daß dieser Leistungsbereich bereits mit dem Preis für die Agrarprodukte als abgegolten angesehen werden darf. Die beiden Arbeitsfelder Agrarproduktion und Landschaftspflege gehören zwar zusammen, müssen aber beide als eigenständige Leistungsbereiche anerkannt und als solche auch angemessen vergütet werden (vgl. Pkt. 2.3.7). Es steht außer Frage, daß die erforderlichen ökologischen Schutzfunktionen in Form von Bewirtschaftungsbeschränkungen für die in Schutzgebieten betroffenen Landwirte zu Einkommenseinbußen und Wettbewerbsnachteilen führen, die nur dann mitgetragen werden können, wenn diese durch angemessene Ausgleichszahlungen des Staates abgegolten werden (EBEL & HENTSCHEL 1988).

Wie bereits früher dargelegt wurde (MAERTENS & WAHLER 1989), besteht die Tendenz, daß sich die landwirtschaftliche Produktion zunehmend auf ertragreiche Standorte konzentriert, während ertragsschwache Standorte aus der Nutzung herausfallen, womit extensive Nutzungsformen und die an sie angepaßte Lebensgemeinschaften immer seltener werden. Zur Sicherung von ausgedehnten Grünlandflächen wurden mittlerweile Programme zum vorrangigen Schutz der Feuchtwiesen, von Trocken- und Magerwiesen, von Wiesenvögeln und Programme zur Pflege und Entwicklung von Biotopen aufgelegt, bei denen der Landwirt als "Unternehmer in Sachen Naturschutz- und Landschaftspflege" tätig wird.

In Hessen gibt es als Grünlandprogramm neben der "Förderung von Grünlandbewirtschaftung und Sicherung von Arbeitsplätzen in klein- und mittelbäuerlichen Betrieben" nur noch das "Ökowiesenprogramm", auf dessen unzureichende Bewirtschaftungsvereinbarungen bereits eingegangen wurde (vgl. Pkt. 3.). 1986 konnten hessenweit insgesamt 1.554 ha Wiesen unter Vertrag genommen werden, wobei in den Mittelgebirgslagen (Vogelsberg, Knüll, Rhön), entsprechend dem höheren Grünlandanteil, die meisten Vertragsflächen vorhanden waren. Mit rd. 1.000 Landwirten wurden Bewirtschaftungsvereinbarungen abgeschlossen, sie galten ein Jahr und sollten anschließend verlängert werden, der Landwirt erhält am Ende des Bewirtschaftungsjahres einen Ausgleich von DM 300,-/ha/Jahr. Die Akzeptanz auf Seiten der Landwirte war groß. In vielen Amtsbezirken konnten nicht alle vorgeschlagenen Parzellen berücksichtigt werden (SCHREINER 1987).

Auch in Bayern ist die Nachfrage der Landwirte nach den bestehenden Förderprogrammen so groß, daß der gegebene finanzielle Rahmen nicht mehr ausreicht. Der Bayerische Bauernverband fordert nicht nur eine finanzielle Ausweitung der bestehenden Programme, sondern sogar die Einführung neuer, weiterer Förderprogramme! Auch von Seiten des Naturschutzes wird eine Ausweitung gefordert, denn "je mehr differenzierte Naturschutzförderprogramme dem Landwirt angeboten werden, die er additiv, frei wählbar nutzen kann, desto größer ist die Chance einer Nutzungsextensivierung bzw. einer Flächenumwidmung." (ZIELONKOWSKI 1988). Es wird aber übersehen, daß diese Programmschwemme mittlerweile überhaupt nicht mehr administrierbar ist (SCHARPF, mdl.) und die Naturschutzbehörden mit Kontroll- und Beratungstätigkeiten überfrachtet werden.

Es ist hier nicht der Raum, um auf ein Für und Wider der Naturschutzprogramme mit der Landwirtschaft einzugehen. Es sollen zum Abschluß nur einige Kritikpunkte an diesen Programmen aufgeführt werden, die die in diesem Zusammenhang oft strapazierte Formel von der Partnerschaft zwischen Landwirtschaft und Naturschutz zumindest ein klein wenig relativiert.

● Die unvermeidliche und endgültige Abhängigkeit der Förderprogramme vom Staatshaushalt und der jeweiligen Politik. So wurden nach dem Regierungswechsel in Hessen zu Beginn des Jahres 1987 sämtliche Fördermittel für das "Ökowiesenprogramm" kurzerhand gestrichen. Wie kann man so von den Landwirten erwarten, daß sie Vertrauen in die Politik entwickeln?

● Die finanziellen Zuwendungen für Landschaftspflegemaßnahmen können nie vollständiger Einkommensersatz für aus der landwirtschaftlichen Produktion ausscheidende Betriebe sein, sie gewährleisten keine Existenzsicherung. Die Landschaftspflege stellt keine Alternative für die Land-

wirtschaft dar, sie kann jedoch wichtige Unterstützungsfunktionen erfüllen (KRAUS 1988)!

● Die vorgegebenen Termine der Bewirtschaftungsauflagen - so beispielsweise die Verbote der maschinellen Bearbeitung von 15.3. bis zum 15.6. oder die Mahd- bzw. Beweidungserlaubnis erst ab dem 15.6. etc. - sind, den Notwendigkeiten der Verwaltung entsprechend, stark schematisiert. Die landwirtschaftlichen Nutzflächen, die ihre Existenz und Erhaltung einer einfühlsamen, den jeweils gegebenen Verhältnissen angepaßte Bearbeitung und Bewirtschaftung verdanken, können naturgemäß durch eine solch pauschale Biotoppflege in ihrer Qualität nicht erhalten werden. (vgl. Pkt. 3.).

● Bäuerliche Erfahrungen im sinnvollen Umgang mit besonders schützenswerten Grünlandtypen (soweit noch vorhanden) können bei der Entwicklung zu naturschützerischen Unterhaltungsabteilungen vollends verloren gehen. Da öffentliche Gelder wirtschaftlich einzusetzen, besteht zwangsläufig die Notwendigkeit zu Rationalisierungen, wie z.B. die Entwicklung eines vollautomatischen Streuwiesenmähgerätes, das die frühere abschnittsweise Nutzung nun in einem Zug erledigen kann (HAAFKE 1988). Große maschinengerechte Biotopmuster im Stile der modernen Agrartechnik anstelle kleinteiliger Strukturen als Ergebnis von Pflegemaßnahmen?

● Es fehlen Begleituntersuchungen zur Überprüfung der ökologischen Auswirkungen der verschiedenen Pflegemaßnahmen und der Effektivität der entsprechenden Programme hinsichtlich ihrer Wirksamkeit für den Naturschutz (LÜDERWALDT 1988).

Den Extensivierungs- und Bewirtschaftungsprogrammen auf Länderebene wird oft der Vorwurf gemacht, sie bewegen sich von der Konzeption und der Flächengröße her im Rahmen der konventionellen Reservatsstrategie und lassen somit keine Integration der Naturschutzziele in die Landbewirtschaftung erkennen (VOGEL 1988). Ein Vorwurf, den man sicherlich auch dem Arbeitsansatz dieser Arbeit machen kann. Wir konzentrieren uns darauf, die besonders schützenswerten Halbkulturformationen durch Aufrechterhaltung oder Nachahmung der Bewirtschaftung zu erhalten, während allgemeine Extensivierungsangebote, so die flächendeckende Herabsetzung der Bewirtschaftungsintensität und der Neuaufbau vernetzter Strukturelemente, mit

denen man der Biotopzerstörung und dem Artenschwund sicher auch wirksam begegnen kann, in
dieser Arbeit ausgespart bleiben. Zum einen, darauf
hat auch ROTHENBURGER (1988) hingewiesen,
ist die Gesamtfläche der Bundesrepublik bzw. des
Landes Hessen alleine aus finanziellen Gründen
nicht pflegbar, wir schätzten den Pflegebedarf in
Hessen auf rd. 100.000 bis 130.000 ha. Dies bedeutet
die Bevorzugung knapper und damit wertvoller
Standorte bei der Pflege. Um die für die Pflege bzw.
Extensivierung aufgewandten Mittel "ins rechte
Licht zu rücken", sei darauf hingewiesen, daß es sich

bei dem geschätzten Gesamtvolumen der bisherigen
Extensivierungsprogramme aller Bundesländer von
etwa 40 Mio. DM/Jahr "um ein Fünfzigstel der
Beträge handelt, welche für konventionelle, agrar-
strukturelle Maßnahmen mit überwiegend negativen
Folgen für die Natur ausgegeben werden." (HAM-
PICKE 1988). Zum anderen, dies soll noch betont
werden, ist der unbedingte Erhalt und die Pflege der
noch vorhandenen Reste artenreicher Halbkulturformationen nur ein Punkt der einzuschlagenden
Strategien zur Lösung des Konfliktes Landwirtschaft
und Naturschutz!

Eignung verschiedener Nutztierrassen zur Landschaftspflege auf gefährdeten Grünlandstandorten

Dipl. Ing. agr. Johannes Lutz

Erarbeitet an der
Gesamthochschule Kassel / Witzenhausen
Fachbereich Nationale Agrarwirtschaft
(1988)

1. Einleitung

Einflüsse menschlichen Ursprungs verursachten vor allem in den letzten vier Jahrzehnten einen sprunghaften Rückgang von extensiv bewirtschafteten Grünlandflächen in der Bundesrepublik Deutschland und damit auch eine akute Verminderung der dortigen Artenvielfalt an Pflanzen und Tieren (KUNZE 1985; MEISEL 1984; SUKOPP 1972; SUKOPP & HAMPICKE 1985). Vor diesem Hintergrund soll die vorliegende Arbeit die Möglichkeiten des Einsatzes verschiedener Nutztierarten und - rassen zur Pflege gefährdeter Flächen untersuchen oder zumindest andeuten.

Als mögliche Weidetiere werden hierbei Rinder, Schafe, Ziegen, Pferde und Damwild näher behandelt.

Hinsichtlich der Erhaltung von bedrohtem Extensivweideland möchte ich mich auf folgende Vegetationsbereiche beschränken:

- Kalkmagerrasen
- Silikatmagerrasen
- Heidegesellschaften
- Feuchtgrünland

Die spezielle Problematik von beweideten Hoch- und Niedermooren, Salzrasen, Dünengesellschaften und alpinen Rasen bleiben ausgespart, um den Rahmen der Arbeit nicht zu sprengen. Ebenso sind Grünlandgesellschaften, die aus langzeitiger Mähnutzung entstanden sind, weitgehend unberücksichtigt, so z.b. Bergwiesen (Goldhaferwiesen u.a.).

Die wissenschaftlichen und in der überwiegenden Mehrzahl auch die deutschen Pflanzennamen werden nach ROTHMALER (1982) benannt. Bei den Bezeichnungen und der Systematik der Pflanzengesellschaften stütze ich mich vorwiegend auf WILMANNS (1984).

2. Geschichtliche und thematische Herleitung zum Problem der Erhaltung und Pflege von Grünlandbiotopen

Zu Beginn des Mittelalters brachten großflächige Rodungen, die je nach Gebiet zwischen 600 und 1300 n. Chr. einsetzten, einen grundsätzlichen Wandel im Landschaftsbild Deutschlands. Neben Äckern und Wiesen prägten vor allem extensiv beweidete Grünlandflächen die neu entstandenen Vegetationsformen. Auf ärmeren, oft trockenen und flachgründigen Böden bildeten sich im Zuge der Grünlandbewirtschaftung Heiden und Trockenrasen heraus, die unter natürlichen Bedingungen ohne anthropogene Eingriffe nicht zu großflächiger Ausbreitung gekommen wären (FUKAREK, 1979; PAFFEN; 1949). Landschaften wie die Lüneburger Heide oder die Wacholderheiden auf der Schwäbischen Alb sind in ihrer Gestalt auf solche alten Wirtschaftsweisen - hier die Hutehaltung von Schafen - zurückzuführen. Aber auch die Beweidung mit Rindern schuf in vielen Mittelgebirgslagen eigentümliche Bedingungen für die jeweilige Flora und Fauna. Borstgrasen im Schwarzwald oder am Vogelsberg zeugen z.B

noch heute von ehemaligen und zum Teil noch bewirtschafteten Extensivweiden.

Die Schaffung von gehölzfreien Flächen durchbrach die verhältnismäßig einheitlichen ökologischen Bedingungen des Waldes und ermöglichte vielen lichtbedürftigen Pflanzenarten erweiterte Entwicklungschancen. FUKAREK (1979) veranschlagt für die Zeit von etwa 1750 bis 1850 das Maximum der Vielfalt an Pflanzenarten und Vegetation in Deutschland. Seit der industriellen Revolution und verstärkt ab 1950 ist ein beträchtlicher Artenschwund in der mitteleuropäischen Pflanzenwelt zu verzeichnen (SUKOPP und HAMPICKE 1985). Davon ist in besonderem Maße auch die Grünlandvegetation betroffen. Nach KLAPP (1965) finden sich 456 von etwa 2500 in Deutschland vorkommenden Gefäßpflanzenarten, also knapp 20%, in den verschiedenen Grünlandgesellschaften.

Mehrere Ursachen sind für die Verarmung an Pflanzengesellschaften und -arten verantwortlich. Sie sind vor allem in den Biotopveränderungen bzw. Lebensraumzerstörungen zu suchen. Nach BICK (1981) werden die Maßnahmen der modernen Landwirtschaft einschließlich Flurbereinigung zu 70% für die Gefährdung der Rote-Liste-Pflanzenarten verantwortlich gemacht. Unter diesen Maßnahmen sind u.a. die Vergrößerung von Flächeneinheiten, Entwässerung, Düngung, Aufgaben unrentabler Flächen, Spezialisierung der Produktion, kurzum die Intensivierungserscheinungen der Landwirtschaft zu verstehen. Hinzu kommen außerlandwirtschaftliche Einflüsse wie Immissionen, z.B. in Form von Stickoxiden. HÄBERLE und HERMANN (1984), in ELLENBERG (1987), setzen durchschnittlich etwa 40 kg N/ha für das Jahr 1983 an, die auf diese Weise sämtliche Grünlandflächen "aufdüngen". Dies ist umso bemerkenswerter, wenn ELLENBERG (1987) einen großen Teil der gefährdeten Pflanzenarten als "lichtbedürftige Hungerkünstler" charakterisiert. Auch BLAB und NOWAK (1983) weisen auf hohe Gefährdungsraten für Vegetationsbereiche hin, die eng an Biotope mit extremen ökologischen Bedingungen gebunden sind, so z.B. nahrungsarme Feucht- und Trockenstandorte.

Bei der Frage um die Erhaltungswürdigkeit bestimmter Grünlandgesellschaften bestehen verschiedene, zum Teil gegensätzliche Ansichten. Da die Flächen, die erhalten werden sollen, mehr oder weniger auf anthropogenen Entstehungsgeschichten beruhen, kann man zur Meinung kommen, daß - nach Aufgabe des unmittelbaren Bewirtschaftungseinflusses - die spontane Sukzession die natürlichste

und damit anstrebenswerteste Art der Weiterentwicklung der jeweiligen Vegetation sei. Dies würde bedeuten, daß Gebiete, die traditionell durch den Verbiß des Weideviehs offengehalten waren, über Versaumungs- und Verbuschungsstadien auf eine Rückentwicklung zum Wald zusteuern würden (ARENS, (1976); KLAPP, (1965); SCHIEFER, (1981); WOLF, (1984)).

Einige Gründe sprechen gegen eine weitgehende Wiederbewaldung. Diese würde über die Beschattung der sich knapp über dem Boden befindenden Krautschicht, d.h. die relative Nivellierung der Sichtbedingungen, vielen Pflanzenarten die Existenzgrundlage rauben. Diese Arten können aber z.B. wichtige Genressourcen darstellen. Nach Schätzungen können etwa 1/3 aller wissenschaftlich erfaßten Farn- und Blütenpflanzen als eßbar bezeichnet werden (MYERS, (1979), in SUKOPP und HAMPICKE, (1985)). Der Nutzen der Pflanzenwelt für die Menschheit bezüglich Ernährung, Medizin usw. ist noch nicht annähernd erschöpfend untersucht. Mit jeder aussterbenden Pflanzenart geht gleichzeitig die jeweils von ihr abhängige Fauna zugrunde oder wird zumindest in ihrer Existenz bedroht. Nach HEYDEMANN (1988) hängen an einer Pflanzenart zwischen 10 und 20 Tierarten, die nicht ohne weiteres auf andere Florenbereiche ausweichen können. Es geht vielen Autoren (von KRACHENFELS, (1986) u.a.) aber nicht nur um die Erhaltung der Einzelarten selbst, sondern um die ganzen Gesellschaften, Areale und Landschaften. Wenn "nur" die Bewahrung des ökologischen Gleichgewichts allein als Ziel für die Vegetationsentwicklung angepeilt wird, erfüllen auch Wald- und Strauchformationen ihre

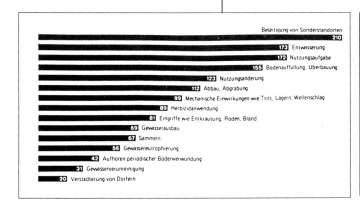

Abb. 11: Ursachen (Ökofaktoren) des Artenrückganges

Angeordnet nach Zahl der betroffenen Pflanzenarten der Roten Liste. Durch Mehrfachnennung liegt die Summe der angegebenen Arten höher als die Gesamtzahl (= 581) der untersuchten Arten. (Quelle: SUKOPP et al. 1978)

Aufgabe zur Stabilisierung des Ökolsystems. WINKLER (1980) zufolge strebt natürliche Sukzession sogar stets auf einen stabileren Endzustand hin. Diese Entwicklung würde z.B. mit der Aufgabe der Schafbeweidung auf den Magerrasen des Schwäbischen Jura eingeleitet werden. Vielerorts ist dieser Trend schon seit Jahren sichtbar, so in Nordhessen.

ARENS (1976) weist allerdings darauf hin, daß die natürliche Sukzession mehr oder weniger rasch zu einem Pflanzenbestand führt, der eine eventuelle landwirtschaftliche Wiedernutzung nur mit hohem Aufwand gestattet. Hinzu kommt die oft seit Generationen bestehende Bedeutung des Extensivgrünlandes für Erholungszwecke. Die Beweidung mit verschiedenen landschaftstypischen Tierarten und Tierrassen gibt einigen Landstrichen ihr typisches Gepräge. Es handelt sich bei der Weiterführung von extensiven Wirtschaftsweisen also auch um die Be-Wahrung eines kulturellen Erbes.

Der Fortführung oder zumindest Nachahmung ehemaliger oder bisheriger Landbewirtschaftung stehen kurzfristige ökonomische Zwänge entgegen (WEIN-SCHENCK, 1981). Aus ethischer Sicht betrachtet, ist eine bloße Kosten - Nutzen - Analyse jedoch

absurd. Der Anblick einer blühenden Heide im nordwestdeutschen Tiefland ist ebensowenig wertmäßig quantifizierbar wie der einer grasenden Schafherde in der Rhön. "Ästhetische" Verluste kann niemand in Zahlen fassen.

Für die Erhaltung traditionell gewachsener Grünlandbereiche kommen verschiedene landschaftspflegerische Maßnahmen in Betracht. Neben Mahd, Mulchen, kontrolliertem Brennen etc. kann die Beweidung mit Nutztieren einen Beitrag zu Arten- und Biotopschutz leisten. Dies gilt insbesondere für solche Standorte, deren Erscheinungsbild überhaupt erst durch Weidetiere entstanden ist. Es muß allerdings beachtet werden, daß es sich bei der Beweidung von Grünland um einen Eingriff handelt, der die Pflanzenvielfalt der jeweiligen Flächen vermindern kann (KLAPP, 1971; WOLF, 1984).

Im Gegensatz zu reinen Pflegemaßnahmen ohne Möglichkeiten monetärer Erlöse (z.B. mechanisches Abholzen verbuschter Flächen) kann der Einsatz von Weidetieren im Dienst der Landschaftspflege über den Verkauf von tierischen Produkten (Fleisch, Wolle usw.) betriebswirtschaftlich von Nutzen für Landwirte und Schäfer sein.

Hinsichtlich des Pflegeerfolgs kommen der Wahl der Tierarten und -rassen und der damit verbundenen Standortfrage zentrale Bedeutung zu. Im folgenden sollen die in der Arbeit behandelten Vegetationsbereiche kurz vorgestellt und skizziert werden.

2.1. Vorstellung und Skizzierung der behandelten Vegetationsbereiche

2.1.1. Kalkmagerrasen

Auf kalkreichen, meist flachgründigen Böden konnten nach der Rodung oder schleichenden Zerstörung des ursprünglichen Waldbestandes Kalkmagerrasen (auch Kalkhalbtrocken- und Kalktrockenrasen genannt) entstehen (GÖTZ, 1979; KLAPP, 1965). Die Nutzung dieser oft in hängigen Lagen, vor allem der Mittelgebirge, entstandenen Flächen erfolgte entweder als ein- bis zweischürige Wiese oder als Weide, vornehmlich Schafweide (OBERDORFER, 1978; WILMANNS, 1984). Das karge Grünland der Kalkmagerrasen wurde seit jeher nicht oder nur schwach gedüngt. Hinzu kam der Nährstoffentzug über die Pferchnächte (vgl. Kap. 3.2.1) in der Wanderschafhaltung (MEISEL, 1984). Allgemein

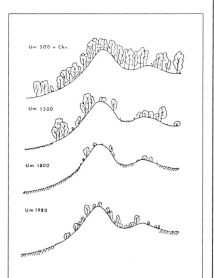

Abb. 12: Die wichtigsten Etappen der Vegetationsumwandlung in Nordhessen.

(Quelle: GLAVAC 1983)

bekannt ist das Bild der Wachholderheide, z.B. der Schwäbischen und Fränkischen Alb, die zu den Kalkmagerrasen gehören. MÜLLER (1983) macht jedoch darauf aufmerksam, daß die heute in die Weideflächen eingesprenkelten Wacholderbüsche noch vor einigen Jahrzehnten nicht typisch waren. Bei den Schafhutungen handelte es sich eher um weitgehend buschfreie Grünlandflächen mit klaren Trennlinien zum Wald. Das Bild der blütenübersäten Halbtrokkenrasen stellt sich bei Schafweiden, zumindest bei frühem Auftrieb nicht ein. Die Schafweide stellt einen eher kurzgefressenen Pflanzenbestand dar. Eine reiche Blütenpracht kann sich erst nach Aufgabe der Weidenutzung entwickeln (GÖTZ, 1979; WOLF, 1960). Durch jede intensive Nutzung wird der charakteristische Pflanzenbestand der beweideten Kalkmagerrasen (Gentiano-Koelerieten) verdrängt (STÄHLIN, 1960). Im Unterschied zu den gemähten Flächen, die ein Vorherrschen der nicht weidefesten Aufrechten Trespe (Bromus erectus) zeigen, werden die Schafweiden der Kalkhalbtrokkenrasen von Gräsern wie Fiederzwenke (Brachypodium pinnatum), Schafschwingel (Festuca ovina) und Kammschmiele (Koeleria pyramidata) sowie verbiß- und trittfesten Kräutern (z.B. Carlina-Arten) dominiert (WILMANN, 1984).

Das Aufhören der Schafbeweidung auf Gentiano-Koelerieten hat mehrere Auswirkungen auf den Pflanzenbewuchs:

- Entstehung einer Streu- bzw. Filzschicht durch abgestorbene Pflanzen und dadurch "Erstickung" lichtliebender Pflanzenarten;
- Entstehung von Saumgesellschaften mit vielen Hochstauden;
- zunehmende Verbuschung durch Ansiedlung von Gehölzen wie Wachholder (Juniperus communis), Schlehe (Prunus spinosa), Weißdornarten (Crataegus spp.) u.a.;
- allmähliche Rückentwicklung zum Wald (ELLENBERG, 1982; KLAPP, 1965; MÜLLER, 1962; SCHIEFER, 1981).

Die genannten Entwicklungen, die sich unter dem Begriff "natürliche Sukzession" zusammenfassen lassen, sollen in der Landschaftspflege verhindert oder in verschiedenen Stadien erhalten werden.

2.1.2. Silikatmagerrasen

Silikatmagerrasen gehen in ihrer größerflächigen Entstehung auf die Rodung bodensaurer Waldgesellschaften zurück. Ungeregelte Beweidung, v.a. mit Rindern und Schafen, führten bei fehlender oder zurückhaltender Düngung vielerorts zu Borstgrasrasen. Pflanzensoziologisch lassen sich die Borstgrasrasen oft kaum von Ginster- und Callunaheiden abtrennen. Fließende Übergänge sind nicht selten. Borstgrasrasen sind insbesondere in kargen Mittelgebirgslagen von Schwarzwald, Rhön, Vogelsberg, Eifel, Harz und Bayrischem Wald zu finden, aber auch in tiefer gelegenen Gebieten.

Vorherrschend sind zumeist das namengebende Borstgras (Nardus stricta) und wenig verbissene Ginster- und Rosettenpflanzenarten (KLAPP, 1931; PAFFEN, 1940; SCHWABE-BRAUN, 1979; WILMANNS, 1984). Die Pflegeproblematik (Versaumung, Wiederbewaldung) dieser Weidegesellschaften entspricht in etwa der von Kalkmagerrasen.

Unter dem Oberbegriff "Silikatmagerrasen" möchte ich neben den schwerpunktmäßig behandelten Borstgrasrasen auch die Sandtrockenrasen stellen. Bei diesen handelt es sich um schütter bewachsene Pioniergesellschaften der armen Sandböden mit vielen einjährigen Arten wie Silbergras (Corynephorus canescens) und Kleinschmielen. Sandtrockenrasen leiten bei Unterlassen von anthropogenen Störungen oft zu Borstgrasrasen und Callunaheiden über (STÄHLIN, 1960). OBERDORFER (1978) nennt dazu Beispiele aus dem Oberrhein- und dem Saar-Nahe-Gebiet. Bei der Erhaltung von Sandtrockenrasen geht es u.a. um die Verhinderung von Sukzessionen, die hin zu dicht geschlossenen Pflanzenbeständen führen. REICHHOFF & BÖHNERT (1978) weisen auf das schnelle Gebüschaufkommen bei fehlender Pflege hin.

2.1.3. Heidegesellschaften

Unter "Heide" sollen hier nach der Definition von MEISEL (1984) mehr oder weniger baumfreie Zwergstrauchheiden verstanden werden. Sie werden auf nährstoffarmen Sandböden von Heidekraut (Calluna vulgaris), auf Anmoorböden von Glockenheide (Erica tetralix) beherrscht. In Mittelgebirgslagen bestimmen Ginsterarten zunehmend das Bild der Zwergstrauchheiden, welche auch unter den Bezeichnungen "Callunaheide" oder "Besenheide" zusammengefaßt erden (WILMANNS, 1984). Die Callunaheiden waren früher über ganz Nordwestdeutschland verbreitet. Heute findet man sie großflächig noch in der Lüneburger Heide. Sie nahmen

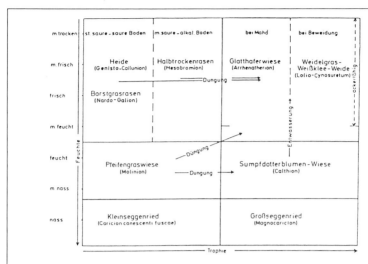

Abb. 13: Grünlandgesellschaften in Abhängigkeit von Wasser- und Nährstoffangebot sowie Nutzung.
(Quelle: KUNTZE 1985)

ihren Ursprung aus der Rodung des Waldes auf nährstoffarmen, bodensaueren Standorten, wurden durch Schafweide erhalten und durch Abplaggen und Abbrennen verjüngt.

Die auf den dortigen Flächen vorrangig gehaltenen Heidschnucken ernähren sich vor allem von eingestreuten Gräsern, Baumkeimlingen und jungen Calluna-Trieben (ELLENBERG, 1982; TÜXEN, 1968). Nach etwa 15 Jahren sterben die Äste von Calluna vulgaris von innen her zunehmend ab.

Das daraufhin vorgenommene Plaggen und Brennen stellte über lange Zeiträume einen stetigen Nährstoffentzug für die ohnehin schon kargen Gebiete dar (WILMANNS, 1984).

Bei der Pflege von Heidegesellschaften durch Schafbeweidung stehen folgende Ziele im Vordergrund:
- Verhinderung der Vergrasung von Heideflächen;
- Verbiß von aufkommenden Gehölzsämlingen;
- Heideverjüngung durch Schafverbiß.

2.1.4. Feuchtgrünland

Die Bezeichnung "Feuchtgrünland" soll an dieser Stelle als Überbegriff für nasses und feuchtes bis wechselfeuchtes Weideland auf verschiedensten Bodenarten fungieren, soweit es extensiv bewirtschaftet wird oder wurde. Feuchtweiden können sowohl abgetorfte Moore und ehemalige Streuwiesen als auch brachgefallenes Grünland oder Verlandungsgesellschaften sein. Als pflanzensoziologische Gruppen kommen Pfeifengraswiesen und Knickfuchsschwanzrasen und sogar Röhrichte (MEISEL und von HÜBSCHMANN, 1976; TÜXEN, 1974) vor. Im Vergleich zu den oben vorgestellten drei Vegetationsbereichen handelt es sich beim Feuchtgrünland um eine botanisch sehr uneinheitliche Gruppe von Pflanzengesellschaften. Die typischen Hoch- und Niedermoore sollen dabei allerdings ausgespart bleiben.

Die Pflegeziele auf Feuchtgrünland können gemäß der äußerst unterschiedlichen Bedingungen im Detail nicht einheitlich festgelegt werden. Die Verhinderung von Versaumung und Verbuschung ist jedoch auf Feuchtflächen ein wichtiger Pflegegrund, wenngleich gerade auf brachgefallenen Feuchtweiden das Aufkommen von Gehölzanflug relativ langsam vor sich geht (GERTH, 1978).

3. Nutzungsmöglichkeiten verschiedener Nutztierrassen zur Landschaftspflege

Bei der Überlegung, welche Tierart oder Tierrasse zu Pflegezwecken auf dem einen oder anderen Grünlandstandort eingesetzt werden kann, spielen verschiedene Kriterien eine Rolle. Diese liegen sowohl im Tier selbst als auch im Standort begründet, bzw. in den entsprechenden Wechselwirkungen.

Die Weidetiere beeinflussen durch Tritt, Biß und das Ausscheiden von Exkrementen die Konkurrenzsituation im Pflanzenbestand (KLAPP, 1965, 1971; TISCHLER, 1980; VOISIN, 1961).

Der Tritt der Tiere verursacht einen mehr oder weniger starken Druck auf die Grasnarbe. Diese, auf eine nur sehr kleine Fläche wirkende Belastung, wird in ihrem Ausmaß sowohl vom Körpergewicht der Tiere als auch von Klauengrößen und -form bestimmt (von KORN, 1987). Die selektive Wirkung des Viehtrittes beeinflußt direkt (Zertreten von Pflanzen) und indirekt (Bodenverdichtung) die Vegetation (KLAPP, 1965; VOISON, 1961). Die Tritthäufigkeit je Flächeneinheit ist über unterschiedliche Besatzdichten und Weidesysteme regulierbar. In dieser Hinsicht ist auch das Temperament der Tierrassen von Bedeutung. Bodenart und Bodenzustand (feucht, trocken) sowie Exposition (flach, hängig) bedingen weitere Unterschiede in den Auswirkungen des Klauen- und Hufdrucks.

Weiterhin zieht der Biß der Weidetiere vielseitige Konsequenzen für den Pflanzenbestand nach sich. Zwischen den Tierarten und -rassen bestehen beträchtliche Differenzen in Freßtechnik, Verbißhöhe und Vorliebe für bestimmte Pflanzenarten. Der Verbißhöhe kommt insofern Bedeutung zu, als sie die Möglichkeit der Reservestoffbildung der Pflanzen mehr oder weniger einschränkt. Pflanzenarten, die ihre Reservestoffe in tiefer liegenden Pflanzenteilen einlagern, erhalten durch den Verbiß einen Konkurrenzvorteil gegenüber anderen Arten (BOHNE, 1953; VOISIN, 1961). Bei der Freßtechnik ist zwischen Abbeißen, Abreißen und Ausrupfen zu unterscheiden. Werden Pflanzen z.B. ganz aus dem Untergrund gerissen, sind sie ihrer weiteren Existenzmöglichkeit beraubt im Gegensatz zu solchen, bei

denen Rhizome, Wurzeln, Rosettenblätter, Stengel usw. zurückbleiben.

Nicht nur der Verbiß selbst, sondern vor allem auch die Selektivität des Bisses ist von ausschlaggebender Bedeutung für die Zusammensetzung des Weidebewuchses. Tierarten und -rassen zeigen weit auseinandergehende Neigungen in der Wahl der aufgenommenen Pflanzen und Pflanzenteile (von KORN, 1987). Der Schmackhaftigkeit des Weidefutters liegen chemische und anatomisch-mophologische Beschaffenheiten zugrunde (MOTT, 1955). Unter chemischen Merkmalen sind Duft-,Aroma- und andere Inhaltstoffe zu verstehen, die die Tiere zu Bevorzugung oder Meidung beim Fressen veranlassen. Stacheln, Haare, derbe oder weiche Pflanzenteile, Blattreichtum oder Stengeligkeit usw. bestimmen dagegen die anatomisch-morphologischen Eigenschaften der Pflanzen bzw. deren Wertschätzung bei den Weidetieren. Verschiedentlich sind innerhalb der einzelnen Tierrassen sogar individuelle Differenzen in der Geschmacksrichtung beobachtet worden (BOHNE, 1953; KLAPP, 1965).

Nicht zuletzt muß auf die Beeinflussung der tierischen Exkremente auf den Pflanzenbestand hingewiesen werden. Auf vielen Grenzstandorten stellen Kot und Harn der weidenden Tiere die einzige Düngerzufuhr dar. Wesentlich sind dabei die Exkrementmengen je Flächeneinheit sowie deren chemische Zusammensetzung und Verteilung auf die Fläche.

Von der Beweidung gehen nicht nur Konsequnzen für die Vegetation aus. Bereiche der Tierwelt erfahren gleichfalls fördernde und hemmende Einflüsse. Beispielsweise werden von Vogelschützern in manchen Gegenden Störungen für bodenbrütende Vogelarten und das Zertreten von Eigelegen befürchtet (de JONG, 1977; WILKE, 1983).

Die dargestellten Weidewirkungen auf Flora und Fauna werden neben der Weideführung in der jeweiligen Haltungsform ganz wesentlich von der Rassewahl mitbestimmt. Der Weideeffekt der Tierart selbst kann von dem der Rasse überlagert werden. In der Tendenz sind mittel- bis kleinrahmige Rassen anspruchsloser als großrahmige. In Anpassung an die Standortbedingungen (Klima, Vegetation, Expo-Sition) sinkt das optimale Reifegewicht einer Rasse mit der Extensivität und der Härte der Weidegründe (von KORN, 1987).

3.1 Rinder

In der Überlegung, das Rind zu landschaftspflegerischen Zwecken heranzuziehen, taucht zunächst der Gesichtspunkt auf, daß die zu pflegenden Extensivflächen nur begrenzte Futtermengen liefern. Hohe, für typische Weidelgrasweiden normale Besatzdichten sind in der Regel nicht möglich. Nicht selten liefern Kalkhalbtrockenrasen, Borstgrasrasen oder Feuchtwiesen höchstens 3000 KStE/ha Futterertrag, ja z.T. sogar weniger als 1000 KStE/ha (BAETGE & LOHMANN, 1987; MÜLLER et al., 1987; KLAPP, 1971). Abstriche bezüglich des Leistungsvermögens der Tiere (Milchleistung, Fleischansatz usw.) sind auf solchen Flächen unausweichlich.

Je Weidetier wird also eine größere Fläche benötigt als auf Fettweiden. SCHWABE-BRAUN (1979) weist aber auch auf den möglichen Nutzen von Extensivgrünland für die Tiere als "Gesundungsweiden" hin. Die dortige relative Pflanzenvielfalt kann z.b. für Kühe mit Stoffwechselstörungen regenerierend wirken.

Das Rind ist in der Praxis noch wenig als Landschaftspfleger im Einsatz. Entsprechend wenig Erfahrungen und wissenschaftliche Erkenntnisse stehen bislang zur Verfügung.

3.1.1 Auswirkung der Rinderbeweidung

Das Rind ist im Vergleich zu Schaf und Ziege ein schweres Weidetier. Mit seinem Körpergewicht übt es daher einen erheblichen Druck auf den Untergrund aus. Zwar besitzen Rinder gleichfalls verhältnismäßig breite Klauen, doch ist die Drucklast je Flächeneinheit zumindest beim ausgewachsenen Vieh wesentlich höher zu veranschlagen als beim Schaf. KUNTZE (1963) ermittelte für 420 - 660 kg schwere Kühe eine Drucklast von 1,09 - 1,14 kg je qcm Boden. Im Vergleich dazu errechnete er für einen 1400 kg schweren Schlepper einen Wert von nur 0,80 kg je qcm. SEARS (1956) hat in Versuchen eine verdichtende Wirkung bei Rindertritt bis in 10 - 15 cm Bodentiefe (je nach Bodenzustand) nachgewiesen.Die Trittverteilung auf der Weidefläche, v.a. bei extensivem Weidegang, ist sehr ungleichmäßig. Rinder schaffen sich Trittpfade, auf denen sich nur ganz

wenige, sehr trittfeste Pflanzenarten wie Breitwegerich (Plantago major), Jähriges Rispengras (Poa annua) und Deutsches Weidelgras (Lolium perenne) halten können (KLAPP, 1965; WIL-MANNS, 1984). Bei einer normal besetzten Umtriebsweide werden nach ELLENBERG (1952) 30 - 60% der Fläche betreten, während nach 3 Tagen nahezu jeder Fleck Weide wenigstens ein Mal dem Druck der Klaue ausgesetzt ist. Der Rindertritt wirkt besonders auf saftreiche Stauden vernichtend (KLAPP, 1971). Dazu sind einige besonders seltene und geschützte Arten wie Orchideen zu zählen.

Ein weiterer Beweidungsaspekt kommt auf hängigen Expositionen hinzu. Die Weiderichtung von Rindern verläuft parallel zum Hang, so daß sogenannte "Viehtreppen" entstehen können. Viehtreppen können einerseits erosionsmindernd, bei hoher Besatzdichte und größerer Hangneigung aber auch erosionsfördernd wirken (SPATZ, 1981). Neben hängigen reagieren feuchte Standorte empfindlich auf den schweren Rindertritt, besonders wenn es sich dabei um tonige Böden handelt, die nach der Verdichtung im feuchten Zustand beim Abtrocknen stark verhärten (VOISIN, 1961). Der Gefahr von Bodenschäden läßt sich mit jüngeren Tieren oder leichten Rassen begegnen.

In charakteristischer Weise läuft der Biß des Rindes ab: Das Tier umfaßt zur Futteraufnahme einen Grasbüschel mit der Zunge und schiebt ihn ins Maul. Dann wird das Gras gegen den Oberkiefer gedrückt und, unterstützt von einem ruckartigen Hochziehen des Kopfes, abgerissen (BROUWER, 1962; PORZIG, 1969). Diese Freßtechnik läßt laut VOISIN (1961) bestenfalls ein Abgrasen bis 2 cm über der Bodenoberfläche zu. Ein Ausreißen ganzer Pflanzen ist unter bestimmten Bodenverhältnissen möglich. Normalerweise aber hinterläßt das Rind einen Pflanzenrest, der nach dem Biß weiterhin zur Assimilation fähig ist (KLAPP, 1971). Am Boden eng anliegende Pflanzenteile werden so geschont. Die Rosettenblätter von Arten wie Gänseblümchen (Bellis perennis), Weidewegerich (Plantago media) oder Herbstlöwenzahn (Leontodon autumnalis) bleiben unerreichbar, obgleich diese dem Rind durchaus schmecken (BOHNE, 1953). Das im Vergleich zum Schaf breite Rindermaul bedingt ein eher büchelweises, weniger selektives Abfressen der Narbe (vgl. auch Abb. 5, Kap. 3.2.1).

Rinder bevorzugen im allgemeinen leichtverdauliches Weidefutter. Saftigkeit, Blattreichtum und Ballastarmut der frühen Entwicklungsphasen stehen in der Beliebtheitsskala der Tiere ganz oben. Bei Übersättigung mit jungem, frischem Aufwuchs beginnt allerdings die Suche nach rohfaserreichem Futter (PORZIG, 1969). ZELLFELDER (1976) spricht dem Rind ein besseres Abweidevermögen bei überständigen Pflanzenbeständen zu.

Bei Hunger selektiert das Vieh weniger. Der Hunger besitzt die größere Treibkraft als der Appetit (MOTT, 1955). Die geringen Besatzdichten auf Extensivweiden führen jedoch gerade dazu, daß sich die Tiere die schmackhaftesten Pflanzen aussuchen und die unbeliebteren stehen lassen. Dadurch können sich nicht oder nur wenig verbissene Pflanzenarten wie z.B. Borstgras (Nardus stricta), Fiederzwecke (Brachypodium pinnatum), Adlerfarn (Pteridium aquilinum), Flügelginster (Chamaespartium sagittale), Binsen- und Seggenarten (Juncus spp., Carex spp.) ausbreiten und die Weide im Futterwert zunehmend verschlechtern (KLAPP, 1971).

Abgesehen von Rassenunterschieden zeigen die Weidetiere altersmäßig ein unterschiedlich differenziertes Selektivitätsverhalten. Jungtiere besitzen nach MOTT (1955) ein geringeres Selektivitätsvermögen als erfahrene Rinder. Jungvieh frißt deshalb eher ansonsten unbeliebtes Futter, verschmäht aber doch völlig unbekömmliche Pflanzen wie Herbstzeitlose (Colchicum autumnale), Doldiger Milchstern (Ornithogalum umbellatum) oder Wolfsmilcharten (Euphorbia spp.). Ebenso unbeliebt sind stark riechende, aromatische Pflanzenarten wie Minze (Mentha spp.) oder Wilder Majoran (Origanum vulgare), scharf schmeckende Arten wie Pastinake (Pastinaca sativa), Sumpfdotterblume (Caltha palustris), Wiesenschaumkraut (Cardamine pratensis) oder Scharfer Hahnenfuß (Ranunculus acris), derbes Futter wie Binsenarten (Juncus spp.) Rohrschwingel (Festuca arundinacea) oder Sumpf-Schafgarbe (Achillea ptarmica), behaarte Pflanzen wie Wolliges Honiggras (Holcus lanatus) oder Beinwell (Symphytum officinale) sowie Stachelpflanzen wie Distelarten (Carlina spp., Cirsium spp., Carduus spp.) Dorniger Hauhechel (Ononis spinosa), Feld-Mannstreu (Eryngium campestre) oder Schlehe (Prunus spinosa) (BOHNE, 1953, vgl. auch Tab. im Anhang).

Abgesehen vom jeweiligen Vegetationsstadium kann die klimatische Lage eine Verschiebung in der Beliebtheitsskala bringen. MOTT (1955) erwähnt als Beispiel die Rasenschmiele (Deschampsia caespitosa), die in höheren Berglagen zum Teil rege verbissen wird, während die Rinder sie in Tallagen nahezu unberührt lassen.

Rinder meiden Futter, welches in Kotstellen wächst. Das Abkoten der Rinder erfolgt nicht an bestimmten Stellen, sondern dort, wo sich die Tiere gerade befinden (PORZIG, 1969). VOISIN (1961) stellt an solchen Geilstellen eine Förderung der Gräser gegenüber den Kräutern fest. Kuhfladen beeinflussen auch die am Boden lebende Fauna. So vermehren sich nach ELLENBERG (1986) durch den Rinderkot viele großkörperige Insektenarten auf der Weide. TISCHLER (1980) beschreibt die Ausbreitung von Käfern und Dipterenlarven, konstatiert jedoch insgesamt einen Rückgang der Insektenzahl durch Exkrementablagerungen.

Das ruhige Weideverhalten, vor allem der älteren Tiere, kennzeichnet die Einflüsse auf andere faunistische Bereiche. Auf die Vogeldichte z.B. müssen bei extensiver Beweidung mit Alttieren keine nachteiligen Auswirkungen zu befürchten sein. Jungtiere verhalten sich aber ungleich temperamentvoller und können durchaus zu Störfaktoren für die Vogelwelt werden (von KORN, 1987). Dies gilt besonders für die Brutzeit und beim Vorhandensein von Bodenbrütern. De JONG (1977) ermittelte im holländischen Wiesenvogelreservat "Kievitslanden" bei einem Besatz von 4 Rindern/ha eine Zerstörung der Gelege von 50%.

Rotwild wird vom Rindvieh wenig gestört. Rinder sind sogenannte "Distanztiere", halten beim Weidefraß einen gewissen Abstand untereinander, auch wenn sie vorwiegend gruppenweise grasen (PORZIG, 1969). Verschiedene Beobachtungen zeigen, daß Rotwild bisweilen sogar in Gesellschaft Mit Rindern weidet (GÖTZ, 1974).

3.1.2. Haltungsformen und Produktionsverfahren aus landschaftspflegerischer Sicht

Um den Anforderungen der Landschaftspflege gerecht zu werden, bieten sich extensive Formen der Rinderhaltung an. Bei geringerem Kapitaleinsatz und niedrigerem Arbeitsbedarf sollen Flächen durch Beweidung gepflegt werden können, wobei sich aus den in der Regel vorhandenen Standortsnachteilen der Pflegegebiete ein weitgehender Zwang zu milchvichloser Rinderhaltung ergibt (ANDREAE, 1973; PIOTROWSKI, 1970). Besonders Grenzertragsböden vermögen nicht den Pflanzenbestand zu tragen, der einen ausreichenden Futterertrag für die Milchproduktion liefern könnte, zumal auf Extensivgrünland nicht oder nur wenig gedüngt werden darf, falls man charakteristische Pflanzenformationen erhalten möchte.

Die Mutterkuhhaltung ist nach ANDREAE (1973) die weltweit verbreitetste Form der Rindviehhaltung. Sie kann u.U. nahezu ohne Zufütterung auskommen, da selbst vom Futterwert her gesehen schlechter Weidebewuchs noch genug Nährstoffe und Energie für Kuh und Kalb liefern kann. Die Milchleistung der Kuh muß lediglich so hoch sein, wie es für das Kalb nötig ist (KOLT, 1972). Nach ROSENBERGER (1985) erfordert die Mutterkuhhaltung nur etwa 30% des Arbeitsaufwandes einer vergleichbaren Milchkuhherde.

> **Die folgenden extensiven Rinderhaltungsformen kommen daher für landschaftspflegerische Zwecke in Betracht:**
> - Mutter- und Ammenkuhhaltung
> - Pensionsviehhaltung
> - Jungrinderaufzucht
> - Jungviehmast
> - Färsenmast
> - Bullen- und Ochsenmast
> - Wildrinderhaltung
>
> (ANDRAE; 1973; DIETER, 1980; HAUSER, 1976; SCHMITTEN, 1972; FRISCH & FRISCH, 1988).

Die Mutterkuhhaltung stellt allerdings einige Ansprüche an die Tiere. Hohe Fruchtbarkeit, Leichtkalbigkeit, geringe Futteransprüche in punkto Menge und Qualität, gute Futterverwertung, hohe Vitalität, gute Muttereigenschaften und Robustheit gegenüber harten klimatischen Bedingungen sind Eigenschaften, die für diese Haltungsform wichtig sind. Mit sehr robusten Rinderrassen wie etwa den aus Schottland stammenden Galloways ist Mutterkuhhaltung auch ohne Stall möglich (DAENECKE, 1984).

Die Ammenkuhhaltung, bei der die Kuh nicht nur ihr eigenes, sondern mehrere Kälber aufzieht, ist in der Organisation schwieriger, erfordert einen höheren Arbeitszeitbedarf und ist seit Jahren stark im Rückgang begriffen (SCHMITTEN, 1972).

Eine weitere, für die Landschaftspflege interessante Haltungsform ist die u.a. aus dem Bayerischen Wald und Spessart bekannte Pensionsviehhaltung. Wenn von der Prämisse ausgegangen wird, daß für ein Verfahren im Dienste der Landschaftspflege ein möglichst geringer Kapitaleinsatz erforderlich sein sollte, so gewährleistet dies die Pensionsviehhaltung am besten (DIETER, 1980). WILLI (1975) weist ihr in der Intensitätsskala der Viehhaltung den niedrigsten Rang zu. Das zumeist von Nebenerwerbslandwirten betriebene Haltungsverfahren läßt ein extensives Weiden bei geringem Arbeitsanfall zu (ZELLFELDER, 1976). RIESINGER (1976) berichtet von Pensionsviehweiden im Bayerischen Wald, die einen Weideertrag von nur 1100 - 1200 KStE/ha liefern.

Die Jungrinderaufzucht ist als Pflegeverfahren schon allein im Hinblick des Körpergewichtes der Tiere erwähnenswert. Jungtiere sind verhältnismäßig leicht und können daher auch auf hängigen Lagen eingesetzt werden, ohne daß sofort mit Erosionsproblemen gerechnet werden muß. SCHMITTEN (1972) hält diese Produktionsform in genossenschaftlicher Nutzung für denkbar. Beispiele dafür sind auf den Allmendweiden des Südschwarzwaldes zu finden (SCHWABE-BRAUN, 1979).

Die Färsenmast, in der Regel mit Vornutzung, ist in der Praxis wenig verbreitet. Nach einer 3 - 4 monatigen Endmast auf der Weide werden die Tiere zum Schlachten verkauft. Sämtliche Weidemastverfahren erfordern jedoch eine gewisse Mastintensität, um noch befriedigende Tageszunahmen zu erreichen. Dies bedeutet, daß Weidemast höhere Ansprüche an die Futterqualität stellt (SCHMITTEN, 1972). Extrem karge Flächen, z.B. Borstgrasrasen in Mittelgebirgen, schließen solche Rinderhaltungsformen u.U. aus.

Bei der Bullenmast ist auf Magerrasen weitgehende Zufütterung notwendig, was gerade dort aus Naturschutzgründen unerwünscht ist. Zufütterung führt zur Eutrophierung der Magerweiden und damit zu Verschiebungen in der Artenzusammensetzung (KLAPP, 1951; SPATZ, 1981). Außerdem wird die gepflegte Fläche je Weidetier durch Futtergaben verkleinert (DIETER, 1980). Färsen-, Bullen-, Ochsen- und Jungviehmast sind auf extensiven Weiden schon rein betriebswirtschaftlich problematisch, wie die niedrigen Fleischpreise der letzten Jahre belegen (von KORN, 1987).

Die Wildrinderhaltung stellt eine Sonderform der Grünlandbewirtschaftung dar. Sie wird z.B. mit Auerochsen betrieben und kommt daher ganzjährig nahezu ohne Zufütterung aus. Selbst ein künstlicher Unterstand ist nicht vonnöten (FRISCH & FRISCH, 1988).

3.1.3 Das Rassenspektrum aus landschaftspflegerischer Sicht

Die Pflege von magerem Grünland setzt bei der Rassenwahl andere Kriterien an, als dies für intensive Milch- und Mastviehbetriebe der Fall ist. Für den Landwirt muß zwar auch bei extensiverer Landbewirtschaftung die Leistung der Tiere im Vordergrund stehen, doch kann hier die Leistung zum Teil anders definiert werden.

Zunächst muß sich die Rasse in die im vorigen Kapitel beschriebenen Haltungsformen - insbesondere Mutterkuh - und Pensionsviehhaltung - eingliedern können. Während die Rassenfragen bei der Pensionsviehhaltung weniger relevant bezüglich des Produktionsverfahren sind, läßt die Mutterkuhhaltung einige Rinderrassen als wenig, andere als sehr geeignet erscheinen. Erwähnte Eigenschaften wie Genügsamkeit u.a. spielen dabei eine große Rolle. Grundsätzlich eignet sich jede Milchkuh als Mutterkuh (PAHMEYER; 1988). Bevorzugt werden aber Zweinutzungs- und Fleischrassen. Einseitige Milchrassen sind aufgrund großer wirtschaftlicher Verluste (keine Milchabgabe, geringe Fleischleistung) für den betreffenden Landwirt kaum einsetzbar (DAENECKE, 1984).

Im Hinblick auf den landschaftspflegerischen Nutzen müssen weitere Ansprüche an die jeweilige Rinderrasse gestellt werden:

- Anpassungsfähigkeit an die regionalen Klimabedingungen;
- Anpassungsfähigkeit an die regionalen Vegetationsbedingungen;
- Geringes Körpergewicht oder Minderung der Drucklast auf den Boden durch breite Klauen (DAENECKE, 1984; von KORN, 1987; SCHORNSTEIN, 1982).

Kulturelle Aspekte lassen es außerdem sinnvoll erscheinen, in den betreffenden Regionen die dort traditionell vorhandenen, angestammten Rassen zu verwenden, zumal bei solchen Tieren davon auszugehen ist, daß sie den jeweils herrschenden Naturbedingungen am besten angepaßt sind. Schon LEITHIGER (1896) erklärt sich die Enstehung von Tierrassen und -schlägen daraus, daß eine Gruppe von Tieren derselben Gattung unter ähnlichen oder gleichen Verhältnissen lebte und sich diesen im Laufe der Zeit angepaßt hat. Kärgliche Ernährungsgrundlagen ließen die Rassen kleiner, anspruchsloser und auch langlebiger werden (von KORN, 1987). Das Hinterwälder-Rind ist hierfür ein gutes Beispiel.

Wenn wir einen Blick auf die in der BRD noch vorhandenen Landschläge werfen, so wird eine drastische Einengung des Rassensprektrums, vor allem im Laufe der letzten vierzig Jahre, deutlich. Viele, zum Teil jahrhundertealte Rinderrassen sind entweder ausgestorben oder akut vom Aussterben bedroht (FEWSON, 1979; SIMON & SCHULTE-COERNE, 1979). Nach Angaben von SIMAK (1988) vereinnahmen gegenwärtig 4 Rinderrassen 96% des Gesamtrinderbestandes in der BRD. Marktwirtschaftliche Zwänge und einseitige Gewichtung in der Züchtung auf moderne Hochleistungstiere haben die Rassenvielfalt, die einst herrschte, stark dezimiert (SIMON & SCHULTE-COERNE, 1979). LEITHIGER (1986) nennt z.B. beim Mitteldeutschen Rotvieh (heute auch Rotes Höhenvieh genannt) noch acht Landschläge für das heutige Gebiet der BRD, die als eigenständige Rassen galten: Voigtländer Vieh, Rhönvieh, Westerwälder Vieh, Wittgensteiner Rind, Taunus-Vieh, Odenwälder Vieh, Harzer Vieh, Vogelsberger Rind. Bemerkenswert sind die damaligen Angaben über das Körpergewicht von Kühen, wie 250 - 500 kg beim Westerwälder oder 250 - 450 kg beim Vogelsberger Rind. Die Tiere wiesen einen sehr kleinen Rahmen auf. Heute gibt es von all diesen robusten Rotvieh-Landschlägen kein reinrassiges Tier mehr. Der "Verein zur Erhaltung des Roten Höhenviehs" bemüht sich um die Rettung und Bewahrung der letzten vorhandenen Blutlinien (OEHMICHEN, 1988). Ein ähnliches Dasein fristet gegenwärtig das noch kurz nach dem 2. Weltkrieg in Rheinland-Pfalz dominierende Glanvieh (SINGHOF, 1986). Es zeichnet sich u.a. durch Genügsamkeit, Ausdauer und harte Klauen aus (SAMBRAUS, 1986).

Aus landschaftspflegerischen Erwägungen heraus muß diesen robusten, regional angepaßten Landschlägen nachgetrauert bzw. sollten die Restbestände unbedingt erhalten werden, nicht zuletzt auch zur

Sicherung von wertvollem Genmaterial zu Einkreuzungszwecken (MAIJALA et al. 1984). Die Mutterkuhhaltung war sowohl beim Roten Höhenvieh als auch beim Glanvieh nie üblich. Sie dienten eher als Milch-,Mast- und Arbeitsrinder) REYE, 1919; BIEDENKOPF, 1921).

Unter den noch verbliebenen deutschen Rinderrassen gibt es wenige, die sich sowohl mit einer schlechten Futtergrundlage arrangieren als auch ein geringes Körpergewicht aufweisen. Die Hochleistungsrassen wie Fleckvieh, Schwarzbunte, Rotbunte und Braunvieh sind aufgrund ihrer hohen Weideansprüche für Extensivflächen kaum geeignet. Auch das fleischbetonte Gelbvieh kann für Pflegegebiete zu schwer sein. Beim Angler-Rotvieh handelt es sich wiederum um eine milchbetonte Rasse, die sich schwerlich für die Mutterkuhhaltung eignet. Das inzwischen ebenfalls vom Aussterben bedrohte Murnau-Werdenfelser Rind aus dem bayerischen Voralpengebiet ist die einzige deutsche Rasse, die an Sumpf- und Moorlandschaften angepaßt ist. Weiden mit geringem Futterwert und rauhe klimatische Bedingungen behagen ihr jedoch nicht (SAMBRAUS, 1986). Nach JAEP (1986) gab es 1955 noch 20 000 Tiere der Rasse Murnau-Werdenfelser, heute sind es nur noch 300 - 400. Das in Nordwürttemberg beheimatete Limpurger Rind zählt nur noch wenige Tiere und stand kurz vor dem völligen Niedergang. Gerühmt werden die harten, widerstandsfähigen Klauen der Limpurger (SAMBRAUS, 1986).

Als ein an hängige, karge und kalkarme Weidegründe hervorragend angepaßtes Rind ist das aus dem Südschwarzwald stammende Hinterwälder Vieh bekannt. Es erfüllt nahezu alle Ansprüche, die der Landschaftspfleger an eine Rinderrasse stellen kann: Angepaßtheit an die regionalen Bedingungen, Zähigkeit, Genügsamkeit, Kleinwüchsigkeit (die Hinterwälder gelten als kleinste und leichteste deutsche Rinderrasse), Leichtkalbigkeit, gute Muttereigenschaften (BRÜGGEMANN, 1965; SAMBRAUS, 1986). Auf traditionell von Hinterwäldern (heutige Population etwa 2500 Tiere) beweidetem Grünland sind Hangneigungen bis zu 30% zu verzeichnen (KRATOCHVIL & SCHWABE, 1987). Während die Hinterwälder vornehmlich im Hochschwarzwald (z.T. um 1000 m ü. NN und darüber) zu finden sind, haben die deutlich schwereren Vorderwälder ihre Verbreitung in tieferen Regionen dieses Mittelgebirges. Auch Vorderwälder kommen auf

kargen, kalk- und mineralstoffarmen Flächen zurecht, ebenso wie das im benachbarten Elsaß beheimatete Vogesenrind. Es kann sich fast ausschließlich von Grundfutter ernähren und beweidet insbesondere die dortigen Hochlagen (BRÜGGEMANN, 1956; SAMBRAUS, 1986). Das Vogesenrind ist allerdings in der BRD kaum anzutreffen, ganz im Gegenteil von einigen, aus dem Ausland kommenden Rassen, so z.b. die französischen Charolais- und Limousinrinder. Sie stellen intensivste Mastrassen mit sehr hohen Tageszunahmen bei guten Futterverhältnissen dar. In der Mutterkuhhaltung haben sich zwar beide Rassen bewährt, doch eignen sie sich eher für Betriebe mit guter Futtergrundlage (DAENECKE, 1984). Zudem handelt es sich um sehr schwere Tiere.

Interessant für Extensivweiden sind die aus Schottland stammenden Galloways. Ihre ursprüngliche Heimat sind Landstriche mit Moor- und Heideflächen (SCHLEGEL, 1984). Sie sind nach SCHORNSTEIN (1982) an unterschiedlichste Futtergrundlagen, Höhen und klimatische Bedingungen gewöhnt. Die breiten Klauen lassen einen relativ schonenden Tritt zu. Mit den robusten Tieren ist ganzjährige Freilandhaltung möglich. Galloways erzielen bei kargen Pflanzenbeständen auf der Weide noch erstaunlich gute Gewichtszunahmen, sprechen aber auch auf gutes Futter an. Gute Muttereigenschaften und Leichtkalbigkeit zeichnen Galloways aus, so daß sie sowohl in den Ursprungsgebieten als auch in der BRD vorwiegend als Mutterkühe gehalten werden (FRAHM, 1982).

Ähnliches gilt für das Schottische Hochlandrind. Es ist in den höher gelegenen Gebieten Schottlands zuhause und wird bei bis zu 2000 mm Jahresniederschlägen im Freien gehalten. Hochlandrinder sind in ihrem Einsatzgebiet allerdings nicht auf Höhengebiete beschränkt, sondern lassen sich ebenso in tiefer gelegnen Gebieten halten. In punkto Kleinrahmigkeit, Genügsamkeit, Robustheit und Muttereigenschaften sind sie mit den Galloways vergleichbar (FRAHM, 1982).

Mit Aberdeen Angus und Welsh Black kann auf weitere bewährte Mutterkuhrassen aus Großbritannien zurückgegriffen werden. Lediglich ein einfacher Unterstand sollte vorhanden sein (SPRINGER, 1986). Aberdeen-Angus-Tiere sind vorwiegend in extensiveren Haltungsformen zu finden und weisen unter wenig üppigen Vegetationsverhältnissen trotzdem gute Zunahmen auf (SCHWARK et al., 1972; DAENECKE, 1984). Auch der fleischbetonte Rassenzweig der Shorthorns findet sich in Mutterkuhherden.

Das mit Beständen im Taunus vertretene Dexter-Rind ist von seinem extrem geringen Körpergewicht her als Zweinutzungsrasse interessant (SAMBRAUS, 1986). Die gleichfalls leichten Jerseys sind für die Mutterkuhhaltung aufgrund der einseitigen Milchbetonung wenig geeignet.

Mit dem aus Schweden stammenden Fjäll-Rind sind in der DDR bereits Erfahrungen beim Einsatz in der Landschaftspflege gemacht worden. Fjäll-Rindern macht rauhes klima ebensowenig aus wie feuchte Weidebedingungen. Die kleinwüchsige Rasse stellt geringe Futteransprüche und kann bei Zufütterung im Winter und Bereitstellen eines primitiven Unterstandes ganzjährig im Freien gehalten werden (ARENANDER, 1896; KRAHN, 1977).

viehhaltung, Färsenmast oder Jungviehaufzucht lassen mehr Rinderrassen in Frage kommen. Gerade bei der Jungviehweide ist rein vom Körpergewicht her jede Rasse zur Landschaftspflege geeignet. So zeigen die Allmendweiden des Südschwarzwaldes im Sommer ein kunterbuntes Bild unter den Jungtieren, selbst Charolais fehlen (nach eigenen Beobachtungen) auf den von Borstgras durchsetzten Weiden nicht.

3.1.4 Erfahrungen mit Rindern.....

Wenn es um Angaben über Rinderbeweidung und die daraus resultierenden Auswirkungen auf die jeweiligen Pflanzenformationen geht, nennen die meisten Autoren keine Rinderrassen. Genauere rassenspezifische Aussagen über Futterspektren und Selektionsverhalten auf den verschiedenen Pflegeflächen sind daher bislang nur in Ausnahmefällen möglich.

Tab.7: Köpergewichte (in kg) von Kühen bei einigen ausgewählten Rinderrassen

Munau-Werdenfelser	500 - 600	Shorthorn	500 - 600
Limpurger	550 - 600	Aberdeen angus	450 - 550
Vorderwälder	550 - 600	Galloway	450 - 500
Hinterwälder	400 - 450	Schottisches Hochlandrind	400 - 450
Glan-Rind	600 - 700	Dexter	300 - 350
Vogelsberger Rind	500 - 550	Fjäll-Rind	380 - 420
Vogesenrind	550 - 600	Auerochsen-Rückzüchtung	550

(eigene Zusammenstellung nach SAMBRAUS, 1986)

Einen Sonderfall stellen die Auerochsen dar. Sie wurden in den 30er Jahren als europäische Urrinder rückgezüchtet. Ihre Widerstandsfähigkeit gegen Kälte und Hitze ist enorm. Die Tiere können weitgehend wild leben, ein künstlicher Unterstand ist zu vermeiden. In einem eingezäunten Areal ist im Winter eine geringe Zufütterung empfehlenswert. Die Urrinder nehmen Sommer wie Winter sogar dünne Äste von Laub- und Nadelgehölzen auf (FRISCH & FRISCH, 1988).

Unter Einbeziehung nichteinheimischer Rinderrassen stehen der Landschaftspflege also durchaus Alternativen bei der Rassenauswahl zur Verfügung. Wird als Produktionsverfahren die Mutterkuhhaltung ausgewählt, treten zwar einige Rassen in den Hintergrund, ausgesprochene Mutterkühe finden wir aber mit Galloways, Schottischen Hochlandrindern, Welsh Black, Fjäll-Rindern u.a. (DAENEK-KE, 1982). Andere Haltungsformen wie Pensions-

An dieser Stelle sollen hauptsächlich die Pflegebereiche "Kalkmagerrasen", "Silikatmagerrasen" und "Feuchtgrünland" zur Erwähnung kommen. Auf Calluna- und ähnlichen Heiden wurde in Deutschland traditionell mit Schafen und nur sehr selten mit Rindern beweidet, so daß in diesem Bereich wenig Erfahrungen vorliegen (MUHLE, 1974; TÜXEN, 1968).

In Frage kommen Rinder dagegen für die Pflege ehemaliger Bergwiesen, die nach Nutzungsaufgaben zu verwildern und zu verbuschen drohen. Von wenigen Ausnahmen, wie z.B. der Pensionsviehhaltung im Bayerischen Wald (FIEDERLING, 1976; RIESINGER, 1976), abgesehen, fehlen aber auch auf diesem Gebiet ausführliche Untersuchungsergebnisse.

3.1.4.1 ...auf Kalkmagerrasen

Kalktrocken- und Kalkhalbtrockenrasen verbindet man allgemein eher mit grasenden Schafherden als mit Rinderweiden. Weniger bekannt ist, daß früher in Gebieten wie z.B. der Schwäbischen Alb neben Schafen Großvieh auf die mageren Grünflächen getrieben wurden (MÜLLER, 1983). Die Futterqualität des dortigen Aufwuchses muß durchaus nicht schlecht sein. Pflanzenarten wie Hornklee (Lotus corniculatus), Wundklee (Anthyllis vulneraria), Zittergras (Briza media) oder Aufrechte Trespe (Bromus erectus) werden vom Rind gern gefressen. Die sich auf den beweideten Kalkmagerrasen ausbreitende Fiederzwecke (Brachypodium pinnatum) ist dagegen äußerst unbeliebt bei den Tieren (BOHNE, 1953; WILMANNS, 1984). Aber schon der verhältnismäßig geringe Massenwuchs auf den trockenen Weiden setzt für Rinderbeweidung Grenzen.

Der Einsatz von Rindern zur Pflege der oft hängigen Grenzertragsflächen wird von fast allen Autoren negativ beurteilt. Für REICHELT (1983) scheidet die Möglichkeit ganz aus. WESTHUS et al. (1984) räumen lediglich Jungvieh die Fähigkeit ein, Naturschutzziele auf Kalkmagerrasen zu verwirklichen und dies auch nur in Ausnahmefällen, wobei normalerweise eine Nachmahd erforderlich ist.

Dies bedeutet eine Erhöhung des Pflegeaufwandes. Dieselben Autoren erwägen auf gemähten Kalkmagerrasen im Herbst eine Nachbeweidung mit Rindern.

Die Bedenken, die der Großviehweide entgegenstehen, machen sich hauptsächlich an der Flachgründigkeit der jeweiligen Böden fest. Gerade auf hängigen Kalkhalbtrockenrasen kann der schwere Rindertritt die Narbe leicht aufreißen und damit zu Erosionserscheinungen führen. Hinzu kommt der im Vergleich zu Schafen geringere Verbiß von Holzpflanzen durch Rinder, wodurch der Verbuschung von Pflegearealen Vorschub geleistet wird (WESTHUS et al., 1984).

3.1.4.2....auf Silikatmagerrasen

Weitaus häufiger als bei Kalkmagerrasen finden sich auf Silikatmagerrasen traditionelle Rinderweiden. Besonders Borstgrasrasen verschiedenster Ausprägungen gründen sich auf jahrzehntelangen ungeregelten Weidegang (KLAPP, 1951). Die früher in manchen Gegenden noch praktizierte Hutweide Sorgte auf den ohnehin schon kargen Flächen für einen Nährstofftranfer durch die Tiere. Die Rinder schieden den größeren Teil der mit dem Futter auf-

genommene Nährstoffe über Kot und Harn außerhalb der Weidegründe aus (SCHWABE-BRAUN, 1979).

Es herrschten gebietsweise sowohl Unter- als auch bisweilen Überweidung. Schmackhafte Pflanzen wurden ständig verbissen, wodurch sich wenig beliebte Arten ausbreiten konnten. Dazu gehören das weidefeste und nur in ganz jungem Zustand gefressene Borstgras (Nardus stricta) und Zwergsträucher wie Heidelbeere (Vaccinium myrtillus), Preiselbeere (Vaccinium vitis-idea) u.a. (WILLMANNS, 1984). Die genannten Arten reagieren allerdings empfindlich auf intensive Beweidung und Nährstoffzufuhr, während sie sich unter Extensivbeweidung ausbreiten können (ELLENBERG, 1952; SPATZ, 1970). Die Weideleistung montaner Borstgrasrasen liegt nach KLAPP (1965) häufig um nur 500 - 600 KStE/ha.

Erfahrungen über beweidete Borstgrasrasen liegen vor allem aus dem Schwarzwald vor. Zu diesem Grünlandtyp zählt die von SCHWABE-BRAUN (1979) beschriebene Flügelginster-Weide. Der namensgebende Flügelginster wird vom Vieh nicht verbissen und ist zudem sehr trittfest. Als bestandsbildend können außerdem der bei den Rindern beliebte Horstrotschwingel (Festuca rubra) sowie Borstgras und Kleinsträucherarten gelten. Ohne die meist mit einheimischen Rinderrassen (Hinderwälder, Vorderwälder) betriebene Beweidung würden die mit einzelstehenden Bäumen sowie Büschen durchsetzten Flügelginsterweiden allmählich zuwachsen. Diese Entwicklung konnte in vielen Gebieten des Südschwarzwaldes auch beobachtet werden (SCHWABE-BRAUN, 1979). Die Staatliche Weideinspektion Schönau bemüht sich in Zusammenarbeit mit den ansäßigen Bauern um Offenhaltung der dortigen Allmendweiden (GEIGER, 1983). Wie mir Mitarbeiter der Weideinspektion mitteilten, können Probleme wie etwa das zunehmende Auftreten des aufgrund seiner Dornen verschmähten Stechginsters (Ulex europaeus) durch Rinderbeweidung allein nicht gelöst werden. Sie erfordern zusätzliche mechanische Maßnahmen.

Von allen Extensivweiden im Schwarzwald ist die ebenfalls zu den Borstgrasrasen zu zählende Besenginsterweide die am meisten bedrohte Pflanzengesellschaft (SCHWABE-BRAUN, 1979). Sie ist meist an steilen Hängen angesiedelt. Zu ihrer Beweidung eignet sich das Hinterwälder-Rind am besten.

KRATOCHVIL und SCHWABE (1987) zufolge verbeißen die Tiere dieser Rasse selbst Buchenblätter und holzige Pflanzenteile von bis zu 1 cm Durchmesser.

In Höhen über 1000 m, vor allem im Feldberggebiet, werden seit Jahren Flächen beweidet, die dem Pyrenäenlöwenzahn-Borstgrasrasen zuzuordnen sind (OBERDORFER, 1978). Als Weidetiere dienen Schafe und Jungrinder. Rinderbeweidung hat bei diesem Magerrasentyp den Vorteil, daß die Tiere die Blattrosetten der dort vorkommenden geschützten Pflanzenarten wie Arnika (Arnica montana), Weißzunge (Leucorchis albida) und Schweizer Löwenzahn (Leontodon helveticus) mit ihrem Biß kaum erreichen, wohl aber die Schafe. Niedrige Besatzdichten sind aber einzuhalten. Gerade Arnika ist sehr trittempfindlich. Immens vermehrt hat sich auf einigen Weiden der von den Rindern überhaupt nicht verbissene, geschützte Gelbe Enzian (Gentiana lutea). Diese Art ist stellenweise regelrecht zum Problem geworden (MÜLLER,K., 1988 mdl.).

Um die beschriebenen Silikatmagerrasen im Schwarzwald erhalten zu können, ist die Fortführung extensiver Beweidungsformen maßgeblich. KRATOCHVIL und SCHWABE (1987) halten einen Weidebesatz von unter 1 GVE/ha für angemessen. KLAPP (1951) nennt für Borstgrasrasen allgemein Besatzdichten von nur Bruchteilen einer GVE/ha. Schon allein die überwiegende Hängigkeit der Weidegebiete im südlichen Schwarzwald (zum Teil über 30% Hangneigung) läßt nur eine begrenzte Tierzahl je Flächeneinheit zu. Die entstehenden offenen Trittstellen und der dadurch lückig werdende Rasen fördern allerdings einige gefährdete Pflanzenarten wie Katzenpfötchen (Antennaria dioica), Feld-Enzian (Gentianella campestris), Heide-Nelke (Dianthus deltoides) und Ausdauernde Jasione (Jasione laevis) (SCHWABE-BRAUN, 1979).

Von Rindern beweidete Borstgrasrasen sind außer im Schwarzwald auch in der Eifel (u.a. Flügelginsterweiden) und der Rhön, am Vogelsberg, im Harz und im Bayerischen Wald vorzufinden (KLAPP, 1951; PAFFEN, 1940; WILMANNS, 1984).

RIESINGER (1976) berichtet von Pensionsviehhaltung im Bayerischen Wald, die sich durch extensive Weidenutzung auf manchen Standorten zu Borstgrasrasen der dort typischen Ausprägung zurückentwickelten.

Neben den Borstgrasrasen der montanen Gebiete gibt es in den tieferen Lagen Bestände, die seit jeher von Rindern beweidet werden. TÜXEN (1974) setzt sich z.b. mit den Flächen der Haselünner Kuhweide in Nordwestdeutschland auseinander. Sie umfaßt u.a. auch Magerrasen. Das optische Bild der dortigen Borstgrasrasen zeigt große Ähnlichkeit mit echten Zwergstrauchheiden. Kontinuierliche Beweidung hat jedoch grasreichere Pflanzenbestände enstehen lassen, in denen sich bei Zunahme der Verbißintensität mehr und mehr Weide-Korbblütler wie Herbst-Löwenzahn (Leontodon autumnalis), Gemeinder Löwenzahn (Taraxacum officinale), Nikkender Löwenzahn (Leontodon saxatilis) und Gänseblümchen (Bellis perennis) ausbreiten. Auf nährstoffärmeren und weniger intensiv beweideten Teilstücken treten Pillensegge (Carex pilulifera), Kleines Habichtskraut (Hieracium pilosella) sowie verschiedene Frauenhaarmoose (Polytrichum spp.) stärker in den Vordergrund. Die Weidewirkung der auf der Haselünner Kuhweide grasenden Schwarzbuntherde schafft im Zusammenspiel mit den unterschiedlichen Boden- und Feuchtigkeitsverhältnissen ein vielfältiges Vegetationsbild (TÜXEN, 1974).

WALTHER (1977) schildert aus dem Landkreis Lüchow-Dannenberg Übergänge von borstgrasreichen Magerweiden zu extrem nährstoffarmen Sandtrockenrasen, welche nur ganz geringe Besatzdichten an Großvieh zur Beweidung zulassen. Bei stärkerer Weideintensität ist die Gefahr von erheblichen Narbenschäden mit daraus resultierenden Sandverwehungen und Dünenbildungen sehr groß. ELLENBERG (1952) bezeichnet solche Flächen als absolutes Ödland, das meist die Beweidung - zumal die Rinder - ausschließt. Eine gewisse Störung der Vegetationsdecke durch den Viehtritt und dadurch die Verhinderung einer geschlossenen Grasnarbe kann jedoch aus Erwägungen der Erhaltung dieser zum Teil einzigartigen Sukzessionsstadien erwünscht sein. Einige Pflanzenarten wie Silbergras (Corynephorus canescens), Frühe Haferschmiele (Aira praecox) und Nelken-Haferschmiele (Aira caryophyllea) sind auf solche halboffenen Standorte spezialisiert (ELLENBERG, 1982; WILMANNS, 1984).

Von herausragender Bedeutung bei der Erhaltung und Pflege von Silikatmagerrasen ist neben der Verhinderung von Verbuschungsstadien die Gewährleistung nährstoffarmer Bodenverhältnisse (MEISEL,

1984). Eine stärkere Nährstoffzufuhr, sei es über mineralische oder organische Düngung, läßt die Magerweiden in landwirtschaftlich wertvollere (nach Wertzahlen von KLAPP, 1983) Grünlandbestände übergehen. Borstgrasrasen tendieren in höheren, kühlen Lagen bei verbesserten trophischen Bedingungen zu den Rotschwingelweiden, während in tieferen Regionen letztendlich Veränderungen bis hin zu intensiven Weidelgrasweiden möglich sind (BOBERFELD, 1971; ELLENBERG, 1952; SPATZ, 1970; STÄHLIN, 1960).

3.1.4.3. ....auf Feuchtgrünland

Das beweidete Feuchtgrünland schließt einige bei uns gefährdete Pflanzenarten und -gesellschaften ein. Meliorationsmaßnahmen (Drainage etc.) und Düngung ließen die Ausdehnung von extensiven Feuchtwiesen in den vergangenen Jahrzehnten stark zurückgehen. Auf dem noch vorhandenen Feuchtgrünland führte der steigende Beweidungsdruck zu weiterer Artenverarmung. Magerheitszeiger wie Gemeine Hainsimse (Luzula saxatilis), Ferkelkraut (Hypochoeris radicata) oder Nickender Löwenzahn (Leontodon saxatilis) sind z.b. auf nordwestdeutschen Feuchtweiden zusehends verschwunden (MEISEL, 1970).

Nicht nur die Erhaltung von bestimmten Pflanzenarten, sondern auch faunistische Belange (Nist- und Rastplätze für Vögel etc.) spielen beim Schutz solcher Flächen eine wesentliche Rolle. Es stellt sich die Frage, ob z.B. Rinder oder Schafe den Pflegeaufgaben am ehesten gerecht werden bzw. welche Tierarten und -rassen überhaupt einsetzbar sind. Von einigen Autoren wird die im Vergleich zu Schafen geringere Anfälligkeit der Rinder für Parasiten ins Feld geführt (GERTH, 1978; ZELLFELDER, 1976). KLAPP (1965) warnt besonders vor den Brutstätten der Leberegel und deren Zwischenwirten in Feuchtgebieten. DIETER (1980) konnte in Niederungen des bayerischen Spessart trotz sehr feuchter Bodenverhältnisse bei Mutterkühen keinen größeren Leberegelbefall feststellen.

Der dort häufig überständige Weidebewuchs wurde von den Rindern besser abgeweidet als von Schafen. Selbst durchschnittliche Weideleistungen von 800 - 1000 KStE/ha brachten noch anständige Zunahmen bei den Tieren (ZELLFELDER, 1976).

Ob das vergleichsweise schwere Rind jedoch für feuchte Weiden in Frage kommt, hängt nicht zuletzt von der Tragfähigkeit der Böden ab. Der mehr oder weniger hohe Grundwasserstand der Flächen bedingt eine reduzierte Trittfestigkeit. Die Narbe bleibt in feuchtem Milieu verhältnismäßig weich. GERTH (1987) stellt z.b. bei Vorversuchen zur Pflege von brachgefallenem Grünland, daß die Trittfestigkeit der dortigen Böden den Ansprüchen einer Rinderweide nicht genügten, wobei die Nährstoffversorgung für die Aufzucht weiblicher Rinder durchaus ausgereicht hätten. SCHORNSTEIN (1982) betont in diesem Zusammenhang die besondere Eignung von Galloways (breite Klaue, schonender Tritt) für weiche Narben.

Werden Feuchtweiden extensiv genutzt, bietet der Pflanzenwuchs in der Regel ein heterogenes Bild. Relativ kurz abgefressene Stellen wechseln mit stehengebliebenen kleinen "Inseln" unbeliebter Pflanzenarten. Rohrschwingel (Festuca arundinacea) ist z.B. wie die Rasenschmiele (Deschampsia caespitosa), eine von Rindern kaum gefressene Grasart, ebenso bleiben Binsen- und Seggenarten sowie Sumpfschachtelhalm (Equisetum palustre) zumeist vom Rindermaul verschont. Flutender Schwaden (Glyceria fluitans) und Rohrglanzgras (Phalaris arundinacea) werden mäßig verbissen. Von Schilfrohr (Phragmites australis) und Pfeifengras (Molina coerulea) nehmen die Tiere nur junge Pflanzenteile auf, wobei beide Arten jedoch trittempfindlich sind. Mit Knickfuchsschwanz (Alopecurus geniculatus), Sumpfhornklee (Lotus uliginosus) u.a. beherbergen Feuchweiden aber auch ausgesprochen beliebte Pflanzenarten (BOHNE, 1953; MOTT, 1955).

Eine Zusammenstellung von Beispielen für die Pflege von Feuchtflächen durch Galloways liegt von KAIDEL (1987) vor. Die Herkunft dieser Rinderrassen (vgl. Kap. 3.2.3) läßt schon allein auf ihre Verwendbarkeit für diese Standorte schließen. Galloways verbeißen von anderen Rassen zum Teil verschmähte Pflanzenarten wie Wolliges Honiggras (Holcus lanatus), Weiches Honiggras (Holcus mollis), junge Triebe von Moorbirken (Betula pubescens) und Eberesche (Sorbus aucuparia). Selbst Distelarten werden vorsichtig befressen. In den Landkreisen Diepholz (1,5 GVE/ha Besatzdichte), Nienburg (10 GVE/ha), Lüchow-Dannenberg (2 - 3 Milchkühe/ha) und Neumünster wird die schottische Rasse schon seit geraumer Zeit zur Landschaftspflege eingesetzt. Die jeweiligen Vegetationsbedingungen sind unterschiedlich. Abgetorfte Hochmoore

Bewidungsdauer		Viehart	Kühe			Rinder			Schafe		
		Zahl der Tiere pro ha	5	10	20	5	10	20	5	10	20
	4 Tage	Austernfischer	−	41	65	−	32	54	−	5	9
		Kiebitz	−	31	53	−	57	81	−	14	26
		Uferschnepfe	−	48	72	−	84	97	−	23	41
		Rotschenkel	−	67	89	−	84	98	−	23	41
	1 Woche	Austernfischer	37	61	84	29	49	74	4	8	15
		Kiebitz	28	48	73	52	77	95	12	23	40
		Uferschnepfe	43	68	90	80	96	100	21	37	60
		Rotschenkel	62	85	98	80	96	100	21	37	60
	2 Wochen	Austernfischer	61	84	−	49	74	−	8	15	29
		Kiebitz	48	73	−	77	95	−	23	40	65
		Uferschnepfe	68	90	−	96	100	−	37	60	84
		Rotschenkel	85	98	−	96	100	−	37	60	84

Tab. 8: Durch Viehtritt zerstörte Gelege (Angaben in %)(Quelle: BEINTEMA et al. 1982)

mit Birkenanflug sind ebenso unter den Pflegeflächen wie ehemalige Pfeifengras-Streuwiesen (KAIDEL, 1987).

Unter landschaftspflegerischen Aspekten müssen jedoch Rinderrassen wie Schwarzbunte oder Rotbunte auf mäßig feuchtem Untergrund keineswegs ausgeschlossen werden. TÜXEN (1974) erwähnt einen von Schwarzbunten beweideten Fadenbinsensumpf bei Haselünne. Weitere Beispiele finden sich bei BURRICHTER et al. (1980), die die Hudelandschaft "Borkener Paradies" im Emstal bei Meppen beschreiben. Die dortige traditionelle Waldweide schließt Pflanzengesellschaften wie Knickfuchsschwanzrasen, Fingerkraut-Rohrschwingel-Rasen und Kalmus-Röhrichte ein. Letztere entstanden aus ehemaligen Wasserschwaden-Röhrichten, nachdem der Verbiß den Wasserschwaden (Glyceria maxima) zurückgedrängt hatte. Auf den Knickfuchsschwanzrasen herrschen neben der namengebenden Art Flutender Schwaden und Brennender Hahnenfuß (Ranunculus flammula) vor. Letztere Art wird nach BOHNE (1953) von Rindern nicht angerührt.

Falls an Feuchtweiden angrenzende Röhrichtbestände geschützt werden sollen, ist die Auszäunung der Tiere zu überlegen. Das Vieh kann durchaus das Abfressen junger Triebe im Frühjahr ganze Schilfbestände, sofern für die Tiere erreichbar, vernichten (HÄRDTLE, 1984).

Langjährige Erfahrungen mit Rindern in der Landschaftspflege liegen aus der DDR vor. Dort haben sich Fjäll-Rinder unter ganzjähriger Freilandhaltung bewährt. Das Pflegegebiet liegt im Naturschutzgebiet "Ostufer" an der Müritz. In einem von sumpfigen Wiesenflecken durchzogenen Wacholderwald sollen die Fjäll-Rinder durch ihren Weidebiß die günstigen Lichtverhältnisse für den Wacholder (Juniperus communis) erhalten, sprich die Überwachsung mit Kiefern, Eichen u.a. verhindern. Eine Betreuung der Tiere ist nur im Winter notwendig. Zum Schutz vor Witterung wurde lediglich ein Unterstand aufgestellt (DEMBITZKI, 1976). Die ursprünglich 9köpfige Herde wurde binnen 8 Jahren auf 22 Tiere ausgeweitet. Sie beweiden eine 45 ha große Feuchtwiese, in der sich mit Arten wie Kleines Knabenkraut (Orchis morio), Große Händelwurz (Gymnadenia conopsea), Sumpfwurz (Epipactis palustris), Baltischer Enzian (Gentianella baltica), Bitterer Enzian (Gentianella axillaris) und Fettkraut (Pinguicula vulgaris) zahlreiche geschützte Pflanzen befinden (LANGER, 1977). Die Zahl der Fjäll-Rinder soll sich auf maximal 39 erhöhen (KRAHN, 1977).

Der Erfolg der Rinderbeweidung an der Müritz auf orchideenbestandenem Grünland läßt sich nicht unbedingt auf andere Regionen übertragen. WOIKE (1983) warnt im allgemeinen vor der Beweidung von Feuchtwiesen, die viele frühblühende, tritt- und verbißempfindliche Pflanzenarten (wie Orchideen) beherbergen. 40 - 50 Pflanzenarten auf 10 - 20 m großen Mähwiesenstücken sind kein Einzelfall. Rinder können durch Biß und Tritt eine derartige Artenvielfalt sehr schnell reduzieren. WESTHUS et al. (1984) räumen auf durch Mahd entstandenen Grünlandformen lediglich die Möglichkeit einer gezielten Nachbeweidung im Herbst, z.B. auf Pfeifengras-Feuchtwiesen, ein. Besonders behutsam muß bei der Rinderbeweidung von Feuchtgrünland mit Weidevogelnestern vorgegangen werden. BEINTEMA et al. (1982) untersuchten in den Niederlanden die Folgen von Beweidung für Weidevogelgelege. Hohe Besatzdichten von 20 Kühen oder Rinder je ha und mehr führten binnen weniger Tage zu einer nahezu totalen Zerstörung sämtlicher Gelege. Selbst bei extensiver Beweidung waren beträchtliche Verluste zu verzeichnen, wobei die temperamentvolleren Rinder mehr Nester zertraten als die ruhigeren Kühe.

3.2 Schafe

Die Nutzung von Grenzertragsböden durch Schafbeweidung stellt eine sehr alte, mindestens seit dem Mittelalter bestehende Bewirtschaftungsform dar.

Zwar stand auch auf den armen Weidegründen der Heidelandschaften, Silikat- und Kalkmagerrasen die landwirtschaftliche Produktion seit jeher im Vordergrund, doch mußten die Schäfer schon aus Eigeninteresse die Hutungen pflegen, um über lange Jahre die zum Teil sehr empfindlichen Grünlandgesellschaften nutzen zu können. Erst in den letzten Jahrzehnten kam dem naturschützerischen Aspekt größere Bedeutung zu.

Ein Plus für den landschaftspflegerischen Einsatz von Schafen bedeutet die bereits jahrhundertelange Erfahrung mit den Tieren auf Magerflächen. Der geringe Investitionsbedarf einiger Schafhaltungsformen bietet weitere Vorteile. Häufig ist Schafbeweidung gegenüber anderen Pflegeverfahren die billigste Lösung (THIELE-WITTIG, 1974). Das sowohl in der BRD als auch innerhalb der EG bestehende große Defizit im Selbstversorgungsgrad bei den Produkten Schaffleisch und Schafwolle kann zudem marktwirtschaftliche Anreize für eine Ausweitung der Schafhaltung geben (WEIDTMANN, 1988).

Schafe stellen die einzige Nutztierrasse dar, die heute noch auf ausgedehnten Arealen gehütet wird. Allerdings ist gerade die Wanderschafhaltung von der zunehmenden Durchschneidung der Landschaften mit Straßen, Brücken usw. extrem betroffen.

3.2.1 Auswirkungen der Schafbeweidung

Wenn hier in allgemeiner Weise von Weidewirkungen durch Schafe gesprochen wird, kann es sich nur um eine ungefähre Annäherung handeln. Die Rassenunterschiede sind - insbesondere was den selektiven Biß anbetrifft - beträchtlich. Heidschnucken besitzen z.B. ein von dem der Merino-Landschafe erheblich abweichendes Futterspektrum.

Dagegen ist die Trittwirkung der einzelnen Schafrassen weniger spezifisch. Der Schaftritt ist aufgrund des geringeren Körpergewichts der Tiere schonen-

der als der von Großvieh (von KORN, 1987). Die von SEARS (1956) festgestellte verdichtende Wirkung unter Schafweide war bis in eine Bodentiefe von 1,2 - 3,7 cm nachweisbar. Die Trittwirkung der Schafe auf den Untergrund kann jedoch nicht nur von deren Körpergewicht abgeleitet werden. Die Klauen der Tiere setzen nicht gleichmäßig auf den Boden auf, sondern eher etwas spitz und geneigt. HOCHBERG und PEYKER (1985) sprechen vom "scharfen Tritt" des Schafes. Bei weichem, feuchtem Untergrund wird mehr das Bodengefüge in Mitleidenschaft gezogen, bei hartem, trockenem Boden greift der Tritt die Pflanzendecke stärker an (KLAPP, 1965). Eine Schafherde vermag kleinere Unebenheiten im Gelände auszugleichen, sie wirkt wie eine bodenfestigende "Trittwalze" (TISCHLER, 1980). RADEMACHER (1953) leitet aus dem Schaftritt sogar Bekämpfungsmöglichkeiten gegen tierische Schädlinge wie Feldmäuse, Engerlinge, Drahtwürmer und Tipula-Larven ab. Im Rahmen der Deichbeweidung ist die bodenstabilisierende Trittwirkung besonders erwünscht (WASSMUTH, 1978). An hängigen Standorten kann der Schaftritt sowohl erosionshemmend als auch -fördernde Eigenschaften aufweisen. Die Verdichtung von bestehenden Erdrissen und das Kurzhalten der Narbe (geringer Widerstand gegen Schubkraft von Schneedecken) kann positiv beurteilt werden. Dagegen ist die Verhinderung der Wiederbegrünung von Erdaufbrüchen als nachteilig anzusehen. Zudem kann die "Treppenbildung" an steilem Gelände Erdrutschungen nach sich ziehen (HELM, 1987). Wie bei anderen Weidetierarten nimmt die Klaue des Schafes über die unterschiedliche Tritttempfindlichkeit der Pflanzenarten Einfluß auf die Artenzusammensetzung der Weidenarbe. Hingewiesen sei auf die geringe Trittoleranz von krautigen Pflanzenarten wie Orchideen, die auch von den relativ leichten Schafen zertreten werden können. Moose reagieren ebenfalls empfindlich und verschwinden zusehends bei größeren Besatzstärken (ZIMMERMANN und WOIKE, 1982). Das eventuelle Aufreißen der Weidenarbe schafft zudem kleine vegetationsfreie Stellen, wodurch sich die Keimmöglichkeiten für Gehölzsamen verbessern (ELLENBERG, 1982).

In der Selektionswirkung gravierender als der Tritt macht sich der Biß des Schafes auf den Weidebewuchs bemerkbar.

Der im Vergleich zum Rind schmalere Kopf ermöglicht dem Schaf zum einen eine sehr selektive Freßweise und zum anderen ein besonders tiefes Abbeißen von Weidefutter (von KORN, 1987). Besonders zusagende Pflanzen unterliegen, vor allem bei Futterknappheit, so extrem tiefem Verbiß, daß zum Teil sogar Bestockungsknoten und flachliegende Triebe miterfaßt werden (HOCHBERG & PEYKER, 1985).

Schon die Freßtechnik der Schafe unterscheide sich grundsätzlich von der des Rindes. Mit der gespaltenen Oberlippe ergreift das Schaf einzelne oder mehrere Halme und Blätter, drückt sie mit den unteren Schneidezähnen gegen das Zahnpolster und reißt das Futter unter Zuhilfenahme von ruckartigen Kopfbewegungen ab (PORZIG, 1969).

Das Spektrum der von Schafen verbissenen Pflanzenarten ist außerordentlich breit. Insofern läßt sich der Tierart bei der Futtersuche das Prädikat "Anspruchslosigkeit" zuschreiben. Betrachtet man allerdings die Wahl der Pflanzen und -teile, die die Tiere zu sich nehmen, so muß diese Aussage relativiert werden. Gröbere und härtere Futterteile werden von Schafen gemieden. Sie selektieren auch auf Ödland die wertvollste, hochverdauliche Nahrung heraus, lassen überständige Pflanzen bei ausreichendem Futterangebot weitgehend unberührt (KLAPP, 1971). Niedrige Besatzdichten vorausgesetzt, liegt die mittlere Verdaulichkeit der gefressenen Grünmasse selbst bei jungem Aufwuchs noch um über 20% höher als die mittlere Verdaulichkeit des Gesamtbestandes, so daß das herausselektierte Futter kraftfutterähnliche Werte annehmen kann (SCHLOLAUT, 1985). Die Behauptung von BROUWER (1962), Schafe würden mit mehr als 80 kg N/ha gedüngte Weidepflanzen ablehnen (solange noch ungedünte Stellen auf der Fläche sind), deutet ebenfalls auf eine Bevorzugung wenig gedüngten Aufwuchses hin.

Schafe verbeißen einige Pflanzenarten, die vom Rind verschmäht werden, so z.B. Rainfarn (Tanacetum vulgare), Gänsedistel (Sonchus spp.), Beifuß (Artemisia vulgaris) und Vogelknöterich (Polygonum aviculare) (MOTT, 1955).

Unbeliebte oder/und tritt- und verbißunempfindliche Pflanzen können sich auf den Schafweiden halten und ausbreiten. Sie wenden unterschiedliche "Strategien" an, um dem Schafbiß zu entgehen bzw. ihn auszuhalten.

Hochwertige Futterpflanzen wie Deutsches Weidelgras (Lolium perenne), Weisenrispe (Poa pratensis), Wiesenschwingel (Festuca pratensis), Rotklee (Trifolium pratense) u.a. stehen auch bei den Schafen in der Beliebtheitsskala ganz oben. Höhere Besatzstärken und der entsprechend tiefe Verbiß können solch wertvolle Weidepflanzen rasch zurückdrängen. RAABE & SAXEN (1955) berichten von einem Beispiel aus der Rhön, wo Schafe eine reiche Goldhaferwiese binnen 10 Jahren in einen armen Borstgrasrasen (mit z.t. 75% Borstgras) verwandelten. BRAUN (1980) kann solche Tendenzen aus dem Spessart bestätigen. Dort wurden Übergänge von brachgefallenen Glatthaferwiesen zu Kreuzblumen-Borstgrasrasen beobachtet. Auf Schafweiden in Mittelgebirgslagen der DDR stellten HOCHBERG und PEYKER (1985) bei hohen Besatzdichten zum Teil völlige Entartungen der Pflanzenbestände fest. Einen deutlichen Rückgang wertvoller Gräser wie Wiesenfuchsschwanz (Alopecurus pratensis), Knaulgras (Dactylis glomerata) u.a. stand die Zunahme von Weichem Honiggras (Holcus mollis) und Rasenschmiele gegenüber. Dieser Prozeß verlangsamte sich auf N-gedüngten Parzellen. Die stärksten Selektionswirkungen übt ungeregelte Schafbeweidung auf ungedüngtem Grünland aus (KLAPP, 1971).

Selbst innerhalb einer Pflanzenart kann eine selektive Auslese stattfinden. Die Gemeine Küchenschelle (Pulsatilla vulgaris) brachte z.B. aufgrund periodischen Schafverbisses mancherorts zwerg- und krüppelwüchsige Formen hervor (GOTTHARD, 1965 in ELLENBERG, 1982; MÜLLER, 1983). Besonders drastisch wirkt das nächtliche Pferchen von Schafherden auf den jeweiligen Pflanzenbewuchs. Überweidungsschäden, bis hin zu vollkommenen Narbenzerstörungen können sich auf Pferchflächen einstellen (von KORN, 1987). Hochwüchsige Gräser und Stauden sowie alle anspruchslosen Arten gehen infolge Überdüngung zurück. Einem zunächst lückigen Bewuchs folgt die Dominanz von Weißklee (Trifolium repens) und Untergräsern)KLAPP, 1965).

Geschieht das Pferchen außerhalb der Pferchflächen, bedeutet dies einen Nährstoffentzug aus dem eigentlichen Weideland. Tagsüber auf den Weiden geben die Tiere verhältnismäßig wenig Kot ab, sondern nehmen vorwiegend Nährstoffe über die

Nahrung auf. Auf dem Triftweg und im nächtlichen Pferch findet dann der größte Teil der Exkrementausscheidung statt (EIGNER uns SCHMATZLER, 1980).

MÜLLER (1986) stellt anhand eines Beispiels von Moorbeweidung mit Weißen Hornlosen Heidschnucken dar, daß bei entsprechender Herdenführung eine 70%ige Kotabgabe (von der Tagesgesamtmenge) außerhalb des Pferchgebietes möglich ist.

Einzelne Schafrassen zeigen nicht nur Unterschiede im Futterspektrum, sondern im Weideverhalten. So steht z.B. individuellem Weiden der Texel-Schafe das gruppenweise an-Kopf-Weiden der Merino-Schafe gegenüber (FEHSE, 1974).

Insgesamt sind Schafe recht ruhige Weidetiere, sodaß von KORN (1987) bei nicht zu hoher Besatzdichte von keinen nachteiligen Auswirkungen auf die Vogeldichte in den Weidegebieten ausgeht. Allerdings sind, ähnlich wie beim Rind, doch in geringerem Maße, Bodenbrüter durch den Schaftritt gefährdet (BEINTEMA et al., 1982; vgl. Tab.2, Kap.3.1.4.3).

TEERLING (in WOIKE & DIERICHS, 1987) berichtet von einer guten Gewöhnung des Rehwildes an weidende Schafe am Beispiel der Moorschnukken. Er kann sogar auf Beobachtungen verweisen, bei denen einzelne Rehe inmitten einer Schafherde grasten. Die Übertragung von Parasiten vom Schaf auf das Reh geschieht nur im Einzelfall (JAHN-DE-ESBACH, 1976).

Ein wesentlicher Weideeinfluß, besonders auf die Kleintierwelt, ist mit dem Kurzhalten der Narbe gegeben. Die Veränderungen der Strahlungsverhältnisse und damit des Mikroklimas, bedingen höhere Temperaturschwankungen dicht über dem Grund und schaffen völlig andere Voraussetzungen für die am Boden lebende Fauna, als dies in einem hochwüchsigen Bestand der Fall wäre (ELLENBERG, 1986). Sie bedeuten schwerwiegende Eingriffe in die Lebenswelt vieler Wirbelloser (WOIKE, 1983). Dies trifft um so mehr zu, wenn vor und während der Blütezeit der Großteil der Pflanzen geweidet wird.

In ihrem Ausmaß sind die geschilderten Weidewirkungen (Tritt, Biß, Exkrementabgabe, Verhalten) ganz entscheidend von steuerbaren Weidefaktoren abhängig, sprich von Beweidungszeitpunkt, -dauer, -dichte und Weideverfahren (MUHLE, 1974).

Verbißschutz-Strategien-bei Pflanzen

● **Dornen, Stacheln und Nadelblätter**
z.B. Rosenarten (Rosa spp.), Wacholder (Juniperus communis), Weißdorn (Crataegus monogyna, C. laevigata), Silberdistel (Carlina acaulis), Golddistel (Carlina vulgaris), Stengellose Kratzdistel (Cirsium acaule), Sumpfkratzdistel (Cirsium palustre), Nickende Distel (Carduus nutans) Stechginster (Ulex europaeus), Feld-Mannstreu (Eryngium campestre), Dornige Hauhechel (Ononis spinosa);

● **schnelles Verholzen oder Zähigkeit oberirdischer Pflanzenteile**
z.B. Sonnenröschen (Helianthemum nummularium), Echtes Mädesüß (Filipendula ulmaria), Johanniskraut (Hypericum spp.), Borstgras (Nardus stricta), Rasenschmiele (Deschampsia caespitosa), Pfeifengras (Molina coerulea), Binsen-Arten (Juncus spp.), Seggen-Arten (Carex spp.);

● **Milch-, Gift- und Duftstoffe**
z.B. Zypressen-Wolfsmilch (Euphorbia cyparissias), Deutscher Enzian (Gentiana germanica), Schwalbenwurz (Cynanchum vincetoxicum), Wilder Majoran (Origanum vulgare), Minzen-Arten (Mentha spp.), einige Storchenschnabel-Arten (Geranium spp.), Sumpf-Schachtelhalm (Equisetum palustre), Gelbe Resede (Resede lutea), Stinkende Nieswurz (Helleborus foetidus);

● **Rosettenwuchs**
z.B. Silberdistel, Stengellose Kratzdistel, Kleines Habichtkraut (Hieracium pilosella), Herbst-Löwenzahn (Leontodon autumnalis), Braunelle (Prunella vulgaris, P. grandiflora), Weide-Wegerich (Plantago media), Bitteres Kreuzblümchen (Polygala amara), Wiesen-Primel (Primula veris), Frühlings-Enzian (Gentiana verna), Katzenpfötchen (Antennaria dioica), Kleiner Wiesenknopf (Sanguisorba minor), Wiesen-Flockenblume (Centaurea jacea);

● **feste Wurzeln oder Knollen**
z.B. verschiedene Distelarten, Gräser und Riedgräser, Knolliger Hahnenfuß (Ranunculus bulbosus), Wilde Möhre (Daucus carota), Kleine Pimpinelle (Pimpinella saxifraga), Blutwurz (Potentilla erecta);

● **Vermehrung mittels unterirdischer oder dem Boden eng anliegender Ausläufer**
z.B. Fiederzwenke (Brachypodium pinnatum), Katzenpfötchen, Hufeisenklee (Hippocrepis comosa), Kleines Habichtskraut, Berg-Gamader (Teucrium montanum);

● **Wachstum basal (nicht an der Pflanzenspitze)**
Gräser

(BOHNE, 1953; FISCHER und MATTERN, 1987; GERTH, 1978; KLAPP, 1971; KUHN, 1937; WOLF, 1984; ZIMMERMANN und WOIKE, 1982).

3.2.2 Haltungsformen und Produktionsverfahren aus landschaftspflegerischer Sicht

In der BRD gibt es nach THOMANN (1988) derzeit etwa 1,3 Millionen Schafe, die sich auf verschiedene Haltungsformen aufteilen:

● Wanderschafhaltung
● Stationäre Hütehaltung
● Koppelschafhaltung

Die Futtergrundlage für die Wanderschafhaltung besteht aus armen Weiden und Hutungen ("absoluten" Schafweiden), Ödland und Unland (Böschungen, Wegränder etc.), Brachflächen, Erntrückständen sowie Wiesen und Weiden nach der letzten Nutzung bis zum Vegetationsbeginn im Frühjahr, (RIEGER, 1966). Als ehemals vorherrschende Haltungsform, zeigt die Wanderschafhaltung rückläufige Tendenzen. Sie umfaßt etwa über 30% der in der BRD gehaltenen Schafe (WILKE, 1984). Schuld an diesem Rückgang sind die schwierigen sozialen Bedingungen für die Wanderschäfer und dadurch Nachwuchsprobleme an qualifizierten Hütern, die zunehmende Verkehrsdichte (Erschwerung der Wanderzüge), die schwieriger gewordene Beschaffung von Flächen für die Winterweide (Grünlandumbrüche, Herbizideinsatz auf Ackerland) und nicht zuletzt Anpassungsschwierigkeiten an die heutigen Gegebenheiten des Fleischmarktes (HARING, 1984; STEINHAUSER, 1974). Während die Wanderschafhaltung von stetigem Ortswechsel gekennzeichnet ist, besteht bei der Stationären Hütehaltung ein fester Herdensitz. Auf diese Haltungsform vereinigen sich etwa 40% des bundesdeutschen Gesamtschafbestandes (WILKE, 1984). Sie erfordert in der Regel Eigen- oder Pachtland zur Werbung von Winterfutter sowie Stall- und Wohngelände. Durch das Fehlen der Wanderzüge muß im Pflegegebiet ein ganzjähriges Futterangebot gewährleistet sein. Beide Hütehaltungssysteme zeigen gegenüber der Koppelhaltung aus der Sicht der Landschaftspflege einige Vorteile:

● die Eignung für großflächige Pflege (Herdengrößen von bis zu 800 Tiere und mehr sind möglich);

● die Möglichkeit differenzierter Beweidungsintensität bei geschickter Herdenführung aufgrund der

beweglicheren, flexibleren Art der Haltung und damit gute Reaktionsfähigkeit auf Vegetation und Pflegeansprüche;

● die Produktivität als flächenunabhängiger Faktor; die Erlöse aus der Haltung machen sich an der Marktleistung je Arbeitskraft fest.

(von KORN, 1987; SCHLOLAUT, 1987; WILKE, 1984; ZIMMERMANN & WOIKE, 1982). Die Hütehaltung muß in erster Linie auf solche Schafrassen zurückgreifen, die einen ausgeprägten Herdentrieb besitzen. Übliche Sommerweiden mit Weideleistungen von 500 - 1000 KStE/ha (WILKE, 1985) könen allerdings dem Nährstoffbedarf ganzer Herden in Produktionsabschnitten mit höheren Futteransprüchen (Hochträchtigkeit, Säugezeit, Lämmeraufzucht) in der Regel nicht gerecht werden. SCHLOLAUT (1987) schlägt vor dem Hintergrund, daß die Fleischerzeugung heute 95% des Einkommens aus der Schafhaltung ausmachen, verschiedene Lösungsansätze vor, die einen Kompromiß zwischen Wirtschaftlichkeit und Pflegebedarf darstellen sollen: Es ist möglich, die genannten Produktionsabschnitte zeitlich und örtlich aus den Pflegeansprüchen herauszuhalten. Die anspruchsvolle Lämmermast kann auf ertragreicherem Grünland verlagert werden. Ebenso ist die Abtrennung hochtragender oder säugender Mutterschafe von der Herde zu überlegen. Dazu sind Ausgleichsflächen außerhalb der Pflegeareale notwendig.

Etwas unproblematischer gestaltet sich die Situation bei der Wollerzeugung, welche in geringerem Maße

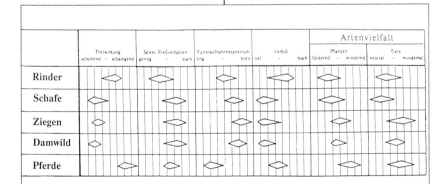

Abb. 9: Einfluß der Nutztierarten auf den Pflegestandort bei angemessener Weideführung
(Quelle: von KORN 1987)

von hohen aufgenommenen Nährstoffmengen abhängig ist.

Im Unterschied zur Hütehaltung ergeben sich die Erlöse der Koppelhaltung aus der Produktivität je Flächeneinheit. Aus diesem Grund gilt die Koppelhaltung als die intensivere Schafhaltungsform. Sie ist bereits zu etwa 28% am Schafbestand der BRD beteiligt (WILKE, 1984).

Bei ihr ist die oben beschriebene Trennung von einzelnen Produktionsbereichen im Bereich Landschaftspflege schon fast unabdingbar. Aus dem Lager des Naturschutzes wird die Koppelhaltung oft als zu unflexibel und zu intensiv hingestellt. ZIMMERMANN & WOIKE (1982) warnen auf lange Sicht vor der Verdrängung von zu schützenden Pflanzenarten bei Standweide. Regulierungsmöglichkeiten sind durch Umtrieb oder flexible Elektrozäune gegeben. Außerdem kann der tägliche Weidegang auf 8 - 10 Stunden begrenzt werden. HARING (1984) hält die Koppelschafhaltung nur bedingt für die Zwecke von Naturschutz und Landschaftspflege geeignet. Er weist u.a. auf das Problem der Weidezäune hin. Die Einzäunung kann für Wildtiere ein kaum zu überwindendes Hindernis darstellen. Bei kleiner Maschenweite und geringen Abständen der Elektrodrähte von 10 - 20 cm vom Boden, sind z.B, tödliche Stromstöße für Igel möglich (SCHLOLAUT, 1987). Auf den Aspekt des behinderten Zuganges der Flächen für Erholungssuchende wurde bereits im Kap. 3.1.2 hingewiesen.

Die Koppelhaltung eignet sich am ehesten für kleinere verstreute und isoliert liegende Pflegeparzellen und bedarf keiner großen, mehr oder weniger zusammenhängenden Areale (RIEGER, 1988); STEINHAUSER, 1974). Bei Standbeweidung ist der Einsatz von Schafrassen mit geringerem Herdentrieb von Vorteil. Sie verteilen sich gleichmäßiger auf die abgesteckten Flächen und richten unter Berücksichtigung niedriger Besatzdichten weniger Schaden an der Narbe an (FEHSE, 1974).

Die Schafhaltungsformen stehen in der Landschaftspflege zwischen den Bedürfnissen von Ökonomie und Naturschutz. Rein wirtschaftliche Überlegungen können für den Naturschutz dergestalt von Nutzen sein, als mit hohen Erlösen aus der Schafhaltung die Pflegekosten niedriger angesetzt werden können (HARING, 1984). Wie mir ein Mitarbeiter der Oberen Naturschutzbehörde in Braunschweig mitteilte, wird, wenn ein Garten- und Landschaftsbauunternehmen die Pflege (Mahd, Entbuschen) eines Kalkhalbtrockenrasens übernimmt, ein Pflegesatz von etwa 50 Pfennig je qm angesetzt. Es fallen dann also Kosten von 5000 DM je ha an. In Niedersachsen übliche Pflegezuschüsse für Schäfer von bis zu 500 DM je ha sind also vergleichsweise gut angelegt.

3.2.3 Das Rassenspektrum aus landschaftspflegerischer Sicht

Wenn der Naturschutz nach geeigneten Schafrassen für die Pflege extensiver Grünlandstandorte sucht, befindet er sich in einer etwas glücklicheren Lage, als ihm dies bei den Rinderrassen vergönnt ist. Die einheimischen Schafe bieten noch eine beachtliche Rassenvielfalt. Besonders das Vorhandensein von Landschafrassen, weche den regionalen Umweltbedingungen angepaßt sind, lassen der Landschaftspflege Möglichkeiten offen.

WOIKE & ZIMMERMANN (1988) gestehen grundsätzlich allen Schafrassen Eignung für den pflegerischen Bereich zu. Unterschiede bestehen vor allem zwischen Hochleistungs- und Landschaftsrassen. Hochleistungstiere (z.B. Texelschafe, Fleischschafe) müssen, um ihr Leistungspotential ausschöpfen zu können, intensiv gehalten werden (SCHARNHÖLZ & SCHARNHÖLZ, 1983). Die dazu benötigte Zusatzfütterung, in der Regel auch mit Kraftfutter, läuft der Pflege extensiver Magerweiden entgegen. Das Beifutter findet sich später als eutrophierende Komponente im Kot auf den Flächen wieder und kann die dortige Vegetationszusammensetzung entscheidend verändern.

Die speziell auf Fleischleistung gezüchteten Hochleistungsrassen lassen aufgrund ihrer Ansprüche an die Futterqualität und der zum großen Teil nicht sehr ausgeprägten Anpassung an rauhe Klimaverhältnisse Pflegeeinsätze problematisch erscheinen. Häufig kommt noch, wie z.B. bei Texel-Schafen, ein schwach entwickelter Herdentrieb hinzu, so daß Hütehaltung nicht immer möglich ist (SCHLOLAUT, 1987).

Im Gegensatz dazu stehen die Landschafrassen. Ihre Herkunft geht überwiegend auf Regionen zurück, in denen seit jeher karge Weideflächen zu finden sind. Dort mußten die Tiere mit geringeren Mengen an Aufwuchs, schlechterer Futterqualität und langen futterarmen Zeitabschnitten zurechtkommen. Hinzu kamen oft extreme Klima- und Witterungsbedingungen. Aus solchen regionalen und lokalen Gegebenheiten heraus entwickelten sich kleinrahmige robuste Rassen (von KORN 1987; SCHLOLAUT, 1987).

SCHARNHÖLZ & SCHARNHÖLZ (1983) nehmen die Einteilung der Landschafrassen nach ihren ursprünglichen Lebensräumen vor:
• Marschland (z.B. Ostfriesisches Milchschaf)
• Moor und Heide (z.B. Heidschnucken, Skudde, Bentheimer Landschaf, Rauhwolliges Pommersches Landschaf)
• Mittel- und Hochgebirge (z.B. Rhönschaf, Coburger Fuchsschaf, Bergschaf).

Die Bestandszahlen der Landschafrassen gingen in den letzten Jahrzehnten erheblich zurück, nachdem deren Fleischleistungen den marktwirtschaftlichen Erfordernissen nicht mehr genügten (SCHLOLAUT, 1987). Mittlerweile ist die eingangs erwähnte Rassenvielfalt gefährdet. Rassen wie die Weiße Gehörnte Heidschnucke, die Skudde oder das Coburger Fuchsschaf sind heute akut vom Aussterben bedroht (MAIJALA et al., 1984; OEHMICHEN,1988).

Landschafrassen zeichnen eine Fülle von Eigenschaften und Merkmalen aus, die den Bedürfnissen der Landschaftspflege entgegenkommen:
• Robustheit gegenüber rauhen klimatischen Verhältnissen;
• Genügsamkeit gegenüber karger Futtergrundlage, niedriger Erhaltungsbedarf;
• Anpassung an lokale Umweltbedingungen;
• geringe Anfälligkeit für Krankheiten (zumindest beim Einsatz im angestammten Gebiet);
• geringes Körpergewicht;
• meist ausgeprägter Herdentrieb;
• gute Marschfähigkeit bzw. harte Klauen;
• gute Muttereigenschaften, leichte Geburten und vitale Lämmer
(FEHSE, 1974; SCHARNHÖLZ und SCHARNHÖLZ, 1983; SCHLOLAUT, 1987; WOIKE; WOIKE & ZIMMERMANN, 1988).

Aus den aufgeführten Eigenschaften von Landschafrassen läßt sich deren Eignung für die Pflege extremer Standorte ableiten. Die Fähigkeit, ihre Leistung überwiegend aus dem Grundfutter erbringen zu können, macht ihren Wert für extensive Haltungsformen aus.

Im folgenden sollen einzelne Schafrassen genannt und einige ihrer Merkmale kurz skizziert werden. Die in Klammern stehenden Gewichtsangaben beziehen sich auf das durchschnittliche Körpergewicht eines Mutterschafes (nach SAMBRAUS, 1987).

Merino-Landschafe und -Fleischschafe (75 - 90 kg) eignen sich bei guter Marsch- und Pferchfähigkeit für die Hüte und Wanderschafhaltung. Sie sind gut an trockene Gebiete mit starken jährlichen Temperaturschwankungen angepaßt (FISCHER, 1987; KÖGEL, 1982). Aufgrund des sehr feinen Vlieses der Tiere ist Merinoschafhaltung in regenreichen Gegenden problematisch (WOIKE & ZIMMERMANN, 1988). Im Südschwarzwald mit über 1000 mm Niederschlägen traten nach der Ansiedlung von Merino-Herden recht schnell verschiedene Krankheiten bei den Schafen auf. Früher gab es dort das den gegebenen Verhältnissen widerstehende Schwarzwaldschaf mit gröberer Wolle (MÜLLER,K., 1988 mdl.).

Das Weißköpfige Fleischschaf (80 - 90 kg) ist u.a. vom Einsatz bei der Deichbeweidung in Schleswig-Holstein bekannt. Ihm wird Wetterhärte und geringe Anfälligkeit gegen Parasitenbefall und Klauenerkrankungen zugeschrieben (HEINE, 1978). Es hat sich ebenso wie das Schwarzköpfige (70 - 90 kg) und das Blauköpfige Fleischschaf (80 - 90 kg), in der Koppelhaltung bewährt (SAMBRAUS, 1987). Die Fleischschafe reagieren relativ empfindlich auf schlechte Futtergrundlagen und können als Hochleistungsrassen bezeichnet werden (WOIKE & ZIMMERMANN, 1988). Dasselbe trifft auf das Texelschaf (70 - 90 kg) zu. Dessen individuelles Weideverhalten und die dadurch lockere Verteilung der Tiere auf der Weidefläche favorisiert die Rasse für die Koppelhaltung (FEHSE, 1974). Texelschafe werden im Flachland gehalten, für Hochlagen sind sie nicht witterungstolerant genug (WOIKE & ZIMMERMANN, 1988). Die Ansprüche bezüglich der Ernährung sind, ähnlich wie bei den aus Großbritannien stammenden Suffolks (70 - 85 kg), so groß, daß sich landschaftspflegerische Einsätze auf Magerweiden nicht unbedingt aufdrängen.

Ostfriesische Milchschafe (80 - 100 kg) sind ebenfalls keine Herdentiere und werden demnach in der Koppel gehalten. Sie gehören zwar bereits zu den Landrassen, doch bei Spitzenleistungen von über 1400 kg Jahresmilchmenge (SAMBRAUS, 1987) kann von einem höheren Nährstoffanspruch ausgegangen werden, als dies bei Landrassen gemeinhin üblich ist. Das Schwarze Milchschaf ist ähnlich zu beurteilen, wenn es auch in der Milchleistung (ø 500

Tab. 8: Gefährdung der Landschafrassen unter besonderer Berücksichtigung der Anzahl der Herdbuchtiere.

(Quelle: SCHARNHÖLZ & SCHARNHÖLZ 1983)

Rasse	Bestand 1981 (1982)*		Gefährdung + = gering + + = stark + + + = hochgrd.	Zukunfts-aussichten
	gesamt	Herdbuch		
Milchschaf	18 124 ( )	1 601 ( )	(+) Milchtyp	günstig
Heidschnucke grau, gehörnt	~18 000 (~18 000)	850** (~900)**	+	günstig
Heidschnucke weiß, gehörnt	? (1 350)	? (100)	+ + +	schlecht
Heidschnucke weiß, hornlos	? (~2 000)	? (~300)	+ + +(!)	(sehr) schlecht
Skudde	wenige hundert	---	+ + +!	sehr schlecht
Bentheimer Landschaf	950 (~800)	82 (58)	+ + +!	sehr schlecht
Rauhwolliges pommersches Landschaf	? (?)	? (30)	+ + +!	sehr schlecht
Coburger Fuchsschaf	? (900)	? (251)	+ + +!	schlecht
Rhönschaf	4 490 (~5 000)	827 (~1050)	+ +	problematisch
Bergschaf	20 513 (?)	978 (?)	(+)	günstig

* Offizielle Zahlen lagen bei Drucklegung des Artikels noch nicht vor
** Verband Lüneburger Heidschnuckenzüchter e. V.

kg/Jahr) um etwa 5% hinter der des Ostfriesischen Milchschafes zurückbleibt (SAMBRAUS, 1987).

Das Leineschaf (70 - 80 kg) zeichnet hohe Fruchtbarkeit, Leichtlammigkeit und gute Säugeleistungen aus. Es kann sowohl in der Koppel- als auch in der Wanderschafhaltung (gute Marschfähigkeit) eingesetzt werden (BEHRENS et al., 1983).

Bei den Heidschnucken können Graue Gehörnte, Weiße Gehörnte (jeweils 45 - 50 kg) und Weiße Hornlose (40 - 45 kg) unterschieden werden. Gemeinsam sind ihnen Merkmale wie sehr geringe Futteransprüche, Klauenhärte und Eignung für Wanderschafhaltung (HARING, 1984; SCHMIDT, 1981). Auch Koppelhaltung ist möglich. Die Graue Gehörnte Heidschnucke kommt auf einen täglichen Nährstoffbedarf von nur 300 - 400 StE (im Vergleich dazu liegt der Erhaltungsbedarf eines 60 - 65 kg schweren Schafes bei 550 StE; GERTH, 1978). Sie war früher weit über Norddeutschland, u.a. in den dortigen Heidegebieten, verbreitet und zählte 1870 noch etwa 1,5 Mio. Tiere (HARING, 1984). Ein Gedeihen der Tiere ist entgegen früherer Behauptun-

gen auch ohne Heide möglich (BOCKHORN, 1976; WILKE, 1988, schriftl.). SCHMIDT (1981) empfiehlt zur Erzielung befriedigender Leistungen sogar bis zu 50% Grasweide, während HARING (1984) anteilsmäßig mindestens 2/3 Calluna-Weide für nötig hält. Die Graue Gehörnte Heidschnucke ist von ihrem Ursprung her die Rasse der leichten, nährstoffarmen Sandböden, der trockenen Heiden (HAMANN, 1987).

Die Weiße Gehörnte Heidschnucke ist von ihren Eigenschaften her der Grauen Gehörnten ähnlich, stellt allerdings etwas höhere Ansprüche an die Weide als diese (SAMBRAUS, 1987).

Auf wechselfeuchten bis feuchten Standorten ist die Weiße Hornlose Heidschnucke, auch Moorschnucke genannt, zu Hause. Sie kennt keine Scheu vor Nässe und geht mitunter bis bauchtief ins Wasser, um von sonst keiner anderen Schafrasse erreichbare Pflanzen zu verbeißen (SCHARNHÖLZ und SCHARNHÖLZ, 1983). Birkensämlinge gehören ebenso zu ihrem Futterrepertoire wie Pfeifengras und Heidekrautarten (MÜLLER, 1986).

SCHMIDT (1981) hält jedoch anhaltende Nässe auch für Moorschnucken für gefährlich. Ganzjährige Freilandhaltung ist zwar möglich, doch ein Unterstand oder luftiger Stall sollte dem Fell Zeit zum Abtrocknen geben. Derselbe Autor weist aufgrund des lebhaften, wildartigen Charakters der Tiere auf die Notwendigkeit täglichen Austriebs (auch im Winter) hin.

Stark in ihrem Bestand gefährdet sind die aus dem ehemaligen Ostpreußen stammenden Skudden (40 - 50 kg). In ihrer Anspruchslosigkeit sind sie mit den Heidschnucken vergleichbar (HARING, 1984): Hervorgehoben wird ihre Anpassung an leichte Böden, magere Vegetation und rauhe Klimabedingungen (WOIKE & ZIMMERMANN, 1988).

Vom Rauhwolligen Pommerschen Landschaf (50 - 55 kg) gibt es in der BRD nur noch eine einzige Herde bei Baden-Baden. Die ursprünglich im Ostseeküstengebiet beheimatete Landrasse kann auf ärmsten Sand- und Moorböden ebenso gehalten werden wie auf nassen Weiden. Sie kennzeichnet eine ausgeprägte Widerstandsfähigkeit gegen Wurm- und Klauenkrankheiten (SCHARNHÖLZ & SCHARNHÖLZ, 1983).

Das westliche Niedersachsen gilt als Herkunftsgebiet des Bentheimer Landschafs (60 - 70 kg). Ihm werden harte Klauen (moderhinkefest), gute Marschfähigkeit und Eignung für Wanderschafhaltung nachgesagt (SAMBRAUS; 1987). Es ist z.B. für die Pflege von Heiden und verheideten Mooren geeignet (WOIKE & ZIMMERMANN, 1988).

Der Gesamtbestand des Rhönschafs (60 - 70 kg) umfaßt heute nur noch ca. 3500 Tiere, nachdem es Anfang des Jahrhunderts noch 50 000 - 60 000 gewesen waren (JAEP, 1986). Die Landrasse wurden früher trotz des rauhen, feuchtkalten Klimas der Rhön die meiste Zeit des Jahres im Freiland gehalten (HENNESEN, 1984). Dies führte zur Auslese besonders robuster Schafe. Sie sind mit idealen Eigenschaften zur Nutzung armer Hutungen in Mittelgebirgslagen ausgestattet. Rhönschafe mit ihren extrem harten Klauen sind widerstandsfähig gegen feuchte Standorte. Sowohl Koppel- als auch Wanderschafhaltung sind möglich (HARING, 1984).

Zu den vom Aussterben bedrohten Nutztierrassen gehört das Coburger Fuchsschaf (55 - 65 kg). In punkto Widerstandsfähigkeit kann dieser, aus Franken stammende genügsame Futterverwerter mit

dem Rhönschaf auf eine Stufe gestellt werden (BEHRENS et. al., 1983). Bevorzugte Haltungsgebiete der Coburger Füchse sind rauhe Mittelgebiergslagen (SCHARNHÖLZ & SCHARNHÖLZ, 1983).

Waldschafe (40 - 50 kg) eröffnen für die Landschaftspflege Einsatzmöglichkeiten in moorigen Gebieten und Höhenlagen. Die im Bayerischen und Böhmerwald ansäßige Mittelgebirgsrasse ist an rauhes und regenreiches Klima gewöhnt. In ausgedehnten Waldweiden werden Waldschafe stellenweise mehr oder weniger frei gehalten. Sie haben sich aber genauso in der Koppelhaltung in kleinen Gruppen bewährt (SEIBOLD, 1988).

Den Bergschafen ermöglicht ihre außerordentlich grobe Wolle das Weiden in Gebieten mit über 900 - 1000 mm Jahresniederschlägen. Noch an steilsten Hängen sind sie aufgrund ihrer völligen Schwindelfreiheit (eine Ausnahme unter den einheimischen Schafrassen) und Trittfestigkeit zum Weidegang befähigt. Man unterscheidet zwischen Weißem (70 - 75 kg) und Braunem Bergschaf (65 - 70 kg). Ihr Vorkommen konzentriert sich auf die Bayerischen Alpen und die Allgäuer Berge (HARING, 1984; KÖGEL, 1982).

Mit den Kärntner Brillenschafen (55 - 60 kg) und den Walliser Schwarznasenschafen (65 - 85 kg) sind weitere, an Bergregionen angepaßte Rassen genannt. FEHSE (1974) hebt die Standorttreue der letztgenannten Schafrasse hervor. Eine ständige Beaufsichtigung dieser Tiere ist nicht erforderlich (SAMBRAUS, 1987).

Scottish Blackface (50 - 55 kg) sind v.a. in Großbritannien zahlreich vertreten. Dort halten sich zum Teil ganzjährig im Freien auf. Den grobwolligen Tieren machen weder das rauhe Klima noch geringe Futterqualitäten der britischen Bergregionen viel aus (HENNESEN, 1983). Als Weide dienen nicht selten Zwergstrauchheiden (THOMAS, 1956).

Mit dem Romanov (45 - 55 kg) weist eine weitere Rasse die typischen Merkmale von Landschafrassen auf. Romanovs kommen ursprünglich aus der Sowjetunion. Sie ertragen Kälte und starke Temperaturschwankungen. Ihre Ansprüche an Fütterung und Haltung sind gering (SAMBRAUS, 1987). In Schleswig-Holstein wurden einzelne Tiere mit Moorschnucken gekreuzt (MÜLLER, 1986).

Tab. 9: Leistungsvermögen der verschiedenen Landschafrassen

(Quelle: SCHARNHÖLZ & SCHARNHÖLZ 1983)

Rasse	Ablamm-ergebnis* %	Gewichts-zunahme g/Tag**	Spezialleistung
Milchschaf	-230	-370	Milchleistung extrem hoch
Heidschnucke grau, gehörnt	102 (Heide)	170	Landschaftspflege von Heidegebieten; extrem gute Rohfaserverwertung
Heidschnucke weiß, gehörnte	135	230	Landschaftspflege von Heide- und Moorgebieten
Heidschnucke weiß, hornlos	100-150	160	Erhaltung und Wiederbelebung von Mooren u. Feuchtgebieten; optimale Anpassung an das Leben im Moor
Skudde	?	?	äußerst anspruchslos; sehr robust
Bentheimer Landschaf	150-175	260	Nutzung von Heide- und Moorflächen sowie minderwertiger Weiden moderhinkefest
Rauhwolliges pommersches Landschaf	180	?	Nutzung ärmster Sand- und Moorböden; Resistenz gegen Klauen- und Wurmerkrankungen
Rhönschaf	120-150	200	Nutzung und Pflege von Mittelgebirgslandschaften; sehr gut angepaßt an rauhes, feuchtes Klima
Coburger Fuchsschaf	140-200	170-250	besonders gute Eignung für rauhe Mittelgebirgslagen
Bergschaf	200	250-280	optimale Eignung für Nutzung und Erhaltung von Hochgebirgsalmen

* Herdbuchbestände
** Außer beim Milchschaf beziehen sich die Angaben auf ELP im Feld

Das Soay-Schaf (20 -25 kg) ist ein extrem leichtes Tier. Es stellt laut CAMPBELL (1974) die primitivste domestizierte Schafrasse Europas dar und hat seinen ausgeprägten Wildcharakter bewahrt. Die Heimat der Soay-Schafe sind Inseln vor der schottischen Küste, die mit armem Grasland und Heidegesellschaften bewachsen sind. Die dortige jährliche Niederschlagsmenge liegt bei 1200 mm. Zum Futterspektrum der Tiere gehören z.b. Borstgras, Seggen- und Binsenarten (MILNER & GWYNNE, 1974).

Neben den bereits genannten sind noch weitere, aus dem europäischen Ausland stammende Landschafrassen, wie z.B. das Gotlandschaf (45 - 50 kg) aus Schweden, für Pflegeeinsätze auf Extensivgrünland denkbar. Schon die Anzahl der aufgeführten Rassen läßt die Möglichkeit erkennen, Schafe unter ganz speziellen regionalen Standortverhältnissen auf Naturschutzflächen zu halten.

3.2.4. Erfahrungen mit Schafen....

In den folgenden vier Kapiteln sollen einige bei der Schafbeweidung auf Extensivgründland gewonnene Erkenntnisse zusammengetragen werden. Die verschiedenen Autoren erwähnen bei ihren Ausführungen über Schafweiden nicht immer die eingesetzten Rassen, sondern schreiben allgemein von "Schafen".

Unberücksichtigt bleiben an dieser Stelle weitgehend Nach- und Vorbeweidung von Flächen im Herbst bzw. Frühjahr. Im Rahmen der ebenfalls nicht behandelten Moorbeweidung mit Weißen Hornlosen Heidschnucken muß auf Literatur von EIGNER (1980, 1982) und MÜLLER (1986) verwiesen werden.

Einen ersten Überblick über Pflegeeinsätze von Schafen auf verschiedenen Grünlandgesellschaften gibt Tabelle 10.

3.2.4.1 ... auf Kalkmagerrasen

Die beweideten Kalkmagerrasen (Gentiano-Koelerieten) zeigen in aller Regel ein mehr oder weniger starkes Auftreten der Fiederzwenke (Brachypodium pinnatum). Sie kann, insbesondere bei Unterbeweidung, als ausläufertreibende Art vorherrschend werden (RIEGER, 1988). Brachypodium pinnatum

Tab. 10: Pflege der mit Schafen zu beweidenden Biotope.

(Quelle: ZIMMERMANN & WOIKE 1982)

Biotop	Haltungsform	Zeitpunkt u. Dauer	Rasse	Einschränkung[*])	evtl. notwendige, z.T. vorbereitende Zusatzmaßnahmen	
					Art	Zeit
verheidetes Moor	Standortgebundene Hütehaltung mit mobiler Herde in kleinen Gebieten; Keine Koppelschafhaltung!	bei günstigem Klima und Futterangebot ganzjährige, kleinräumig wechselnde, turnusmäßige Beweidung	weiße hornlose (Moor-)Schnucke	Hochmoorregenerationskomplexe sind ganzjährig zu schonen	Entkusseln	Nov.–März
					Brennen	Dez.–Febr. bei Frost
					Mahd	Nov.–März
Sandheide	Standortgebundene Hütehaltung mit mobiler Herde oder Wanderschäferei; Keine Koppelschafhaltung!	ganzjährige Beweidung, turnusmäßiger Wechsel; besonders im Spätsommer und Winter Beweidung der Besenheide	graue gehörnte (Heid-)Schnucke	Flächen mit aufkommender Calluna sind für 2–3 Jahre zu schonen	Entkusseln	Aug.–März
					Brennen	Nov.–März
					Mahd	Nov.–März
Wacholderheide	Standortgebundene Hütehaltung mit mobiler Herde oder Wanderschäferei; Koppelhaltung nur, sofern ausschließlich der Wacholder schutzwürdig ist	Frühjahr- und/oder Sommerweide	Schnucken oder andere Schalrassen sowie Ziegen		Mahd	Okt.–März
					Entkusseln anderer Gehölze	Aug.–März
Hochheide	Wanderschäferei oder standortgebundene Hütehaltung mit mobiler Herde; keine Koppelschafhaltung	Sommerweide, besonders im Spätsommer Beweidung der Besenheide	Landschafrassen, Berg-, Rhönschafe, u.U. Schnucken		Entkusseln	Aug.–März
					Mahd	Okt.–März
Halbtrocken- und Trockenrasen	Wanderschäferei oder standortgebundene Hütehaltung mit mobiler Herde; keine Koppelschafhaltung!	Frühjahr- und oder Sommerweide; u.U. erst nach Abblühen gefährdeter Pflanzen, z.B. Orchideen	alle Schafrassen, bevorzugt Landschafrassen	Teilparzellen mit schutzwürdigen verbiß- u. trittempfindlichen Arten (z.B. Orchideen) sind z.B. in deren Blühphase nicht zu beweiden	Mahd-	je nach floristisch-vegetationskundl. Schutzziel zwischen Juni u. Sept.; bei verfilzten Flächen vor der Beweidung erforderlich
					Entkusseln	Ende Aug.–März
Silbergrasflur	Standortgebundene Hütehaltung, auch mit mobiler Herde oder Wanderschäferei	Frühjahr- und oder Sommerweide	alle Schafrassen		Entkusseln	Aug.–März
Feucht- und Fettweiden	Koppelschafhaltung oder standortgebundene Hütehaltung mit mobiler Herde oder Wanderschäferei	Frühjahr- und Sommerweide, bei günstigem Klima ganzjährige Beweidung	alle Schafrassen,	Teilparzellen mit schutzwürdigen verbiß- u. trittempfindlichen Arten (z.B. Orchideen) sind z.B. in deren Blühphase nicht zu beweiden	Mahd	1–2 x jährl. Mitte.Ende Juni und Aug./Sept.
Grünlandbrache	Wanderschäferei oder standortgebundene Hütehaltung mit mobiler Herde; keine Koppelschafhaltung!	Frühjahr- und Sommerweide, bei günstigem Klima ganzjährige Beweidung	alle Schafrassen, bevorzugt Landschafrassen		Mahd	(in mehrjährigem Abstand)
					Entkusseln	Aug.–März

[*]) Sollten gefährdete, bodenbrütende Vogelarten vorkommen, so sind ihre Brutplätze während der Brutzeit zu schonen.

wird von Schafen nur in ganz jungem Zustand verbissen (ELLENBERG, 1982; KUHN, 1937; OBERDORFER 1978). KLAPP (1965) berichtet von extrem beweideten Flächen der Eifel, die von bis zu 50% Fiederzwenke, bis zu 50% Schafschwingel (Festuca ovina) und bis zu 20% Trifthafer (Avena pratensis) bedeckt werden.

Mit abnehmenden Weideeinfluß kann die aufrechte Trespe (Bromus erectus) stärker vordringen.

Etliche, durch den Schafverbiß geförderte Kräuter-

Arten der Kalkmagerrasen sollen hier aufgezählt werden: Golddistel (Carlina vulgaris), Silberdistel (Carlina acaulis), Stengellose Kratzdistel (Cirsium acaule), Dornige Hauhechel (Ononis spinosa), Feld-Mannstreu (Eryngium campestre), Deutscher Enzian (Gentiana germanica), Frühlings-Enzian (Gentiana verna), Fransen-Enzian (Gentianella ciliata), (FISCHER und MATTERN, 1987; KNAPP & REICHHOFF, 1973).

Bei den genannten Arten handelt es sich um Pflanzen, die von den Tieren gemieden werden. Der u.U. sehr hohe Anteil ungern gefressener Pflanzenarten auf den Gentiano-Kolererieten senkt Futterwert und Weideertrag der Flächen. Andererseits hebt KLAPP (1965) den meist sehr hohen Mineralstoffwert des auf Kalkmagerrasen gefressenen Futters hervor.

Hinter der Pflege von Kalktrocken- und Kalkhalbtrockenrasen steht hauptsächlich die Absicht, die flächentypische Artenzusammensetzung zu erhalten und das Gehölzaufkommen zurückzudrängen. Neben dem verbißfesten Wacholder (Juniperus communis) sind es vor allem Rosenarten (Rosa spp.), Schlehe (Prunus spinosa), Weißdorn (Crataegus spp.), Hartriegel (Cornus sanguinea), Zitterpappel (Populus tremula) u.a., die die Verbuschung der Weiden vom Rand her einleiten (WOLF, 1984).

SCHLOLAUT (1987) hält die Verhinderung von Gehölzaufwuchs nur bei großer Beweidungsintensität für möglich. Die Tiere wären dadurch praktisch gezwungen, nach dem Herausselektieren schmackhaften Futters Pflanzen- und damit auch Gehölzarten zu verbeißen, die in der Beliebtheitsskala weiter unten stehen. Beobachtungen aus dem niedersächsischen Naturschutzgebiet am Heeseberg bestätigen diese Aussage. Auf dem dortigen Kalkmagerrasen wurde über die Dauer von 6 Jahren relativ intensiv (durchschnittl. Besatzdichte 8,4 Tiere/ha) bei 5-7 maliger Wiederholung der Wanderstrecke pro Jahr, mit Schwarzköpfigen Fleischschafen beweidet. Das Pflegeziel, die Verbuschung durch Beweidung einzuschränken sowie den Bewuchs kurz zu halten und damit eine Streudeckenbildung zu verhindern, konnte so weitgehend erfüllt werden. Auf intensiv beweideten Stellen waren nahezu keine Gehölzkeimlinge mehr vorhanden, Weißdorn- und Rosensträucher blieben nach starkem Verbiß im Kümmerzustand, und selbst größere Sträucher wurden bis zu einer Höhe von 1 m vom Schafmaul nicht verschont. Die geringe Wandergeschwindigkeit der Herde führte jedoch zu erheblichen Störungen in der Krautschicht. Zum Teil wurde der Rasen lückig und neigte an Hangflächen zu Erosion. Die Artenzusammensetzung unterlag stärkeren Verschiebungen. Für magerrasenuntypische Pflanzenarten wie Weißklee (Trifolium repens) und Spitzwegerich (Plantago lanceolata) siedelten sich an, während einige ange-

stammte Arten zurückgingen (GRÜNEWALD, 1982).

Auch die als günstige Maßnahme gegen Strauchbewuchs angesehene, sehr frühe Beweidung in der ersten Hälfte der Vegetationsperiode ist in der Wirkung auf die Krautschicht meist unerwünscht (SCHLOLAUT, 1987). KNAPP & REICHHOFF gehen davon aus, daß Beweidung allein die Verbuschung nur verlangsamen, aber nicht verhindern kann, begleitende Maßnahmen wie mechanisches Ausholzen oder Mähen also nötig sind. HENN berichtet von Pflegeflächen im Regierungsbezirk Stuttgart, die wegen des üppigen Austriebes von Laubsträuchern eine Folgepflege schon ein Jahr nach Schafbeweidung erfordern. Auf intensiver genutzten Weiden stellt sich dort ein durchschnittlich fünfjähriger Turnus für Zusatzpflege ein. KNAPP (1977) verweist z.B. auf eine Versuchsfläche im Landkreis Wetzlar, die nach 12 Jahren nur schwacher Schafbeweidung und dem Einfluß grasender Wildtiere keine Anzeichen von verbuschender Sukzession verriet. Im allgemeinen wächst aber eine Schafhutung umso schneller zu, je intensiver sie beweidet wird (RUHDEL, 1956).

Die Tolerierung oder sogar Förderung einer gewissen Verbuschung und damit verschiedener Sukzessionsstadien kann durchaus erwünscht sein. Verschiedene Gehölzarten sind besonders als faunistischer Lebensraum für diverse Insektenarten u.a. enorm wichtig. Die Schlehe fungiert z.B. für potentiell 88 Schmetterlingsarten als Futterpflanze, von denen etwa die Hälfte nicht ohne weiteres auf andere Pflanzen ausweichen können. Blütenlose, kurz abgeweidete Magerweiden stehen dem Nektarbedarf der Falter während der Flugzeit entgegen (TRAUB, 1983).

Ein weiteres Problem ergibt sich aus dem häufigen Auftreten von geschützten, aber nicht weidefesten Pflanzenarten, namentlich von Orchideen, auf den Kalkmagerrasen. Auf stärker beweideten Hutungen fehlen die Orchideen in der Regel ganz (KUHN; 1937). Über die Beliebtheit der Orchideenarten als Futterpflanze für die Schafe gibt es unterschiedliche, teilweise widersprüchliche Behauptungen. ELLENBERG (1982) zufolge werden Orchideen kaum gefressen, während RIEGER (1988) auf Erfahrungen In Südniedersachsen zurückgreifen kann, wo sie sogar bevorzugt verbissen wurden. Übereinstimmend wird dagegen die hohe Trittempfindlichkeit von Orchideen beurteilt.

KNAPP & REICHHOFF (1973) beschreiben den Rückgang von Helm-Knabenkraut (Orchis militaris) und Großer Händelwurz (Gymnadenia conopsea) durch Schafbeweidung. ZIMMERMANN und WOIKE (1982) erwähnen ein Naturschutzgebiet im Landkreis Höxter, in dem Kalkmagerrasen während der Blüte von Dreizähnigem Knabenkraut (Orchis tridentata), Fliegen-Ragwurz (Ophrys insectifera) und Großer Händelwurz beweidet wurden, was zu einem drastischen Rückgang dieser Orchideenarten führte. Dieselben Autoren schlagen deshalb ein eventuelles Verbot jeglicher Standweide in der Zeit vom Austreiben bis zum Aussamen dieser Arten vor. Bei frühblühenden Orchideen wie Stattlichem Knabenkraut (Orchis mascula) und Kleinem Knabenkraut (Orchis morio) müßten die Schafe demnach schon ab Mitte April von den Pflegeflächen fernbleiben. Auch jährlich wechselnde Hütezeiten und mehrjährige Beweidungspausen können in Betracht gezogen werden (NITSCHE, 1987). Bei den Orchideen gibt es Arten mit und ohne Winterblätter. Arten mit Winterblättern können eine vorsichtige Sommerbeweidung eventuell ertragen, so z.B. Kleines, Dreizähniges und Brand-Knabenkraut (Orchis ustulata). Bei Einsetzen der Winterblätterbildung sind die Schafe dann allerdings von der Fläche abzuschirmen (HABER, 1972).

Solange es jedoch weniger um die Erhaltung spezieller Arten, sondern lediglich um das Offenhalten von Landschaften oder um das Vegetationsbild "Wacholderheide" geht, ist sogar Standweide denkbar (ZIMMERMANN & WOIKE, 1982). Flüchtige über die Magerrasen ziehende Wanderschafherden garantieren dagegen eher die Aufrechterhaltung vielfältiger Vegetation, solange sich Gehölze und Gräser wie die Fiederzwenke nicht zu sehr ausbreiten. Die Wanderschafherden auf der Schwäbischen Alb sind ein bekanntes Beispiel. Dort ziehen traditionell Herden großflächig über die Sommerweiden. Die weniger niederschlagsreichen Gebiete (unter 1000 mm/Jahr) der Alb lassen die Haltung von Merino-Schafen zu, die von Mai bis August/September auf den Kalkmagerrasen bleiben. Viele seltene Pflanzen wie Gemeine Küchenschelle (Pulsatilla vulgaris), Herbst-Wendelorchis (Spiranthes spiralis), Mondraute (Botrychium lunaria) u.v.a. sind auf Schafhutungen heimisch.

Noch etwa 30 000 ha, steile Hanglagen einbezogen, dienen auf der Schwäbischen Alb als Schafhutung (FISCHER & MATTERN, 1987).

Gerade auf hängigen Magerrasen ist die Schafweide oft die einzige Möglichkeit, das labile Gleichgewicht des Gentiano-Koelerietums aufrechtzuerhalten (SCHMITHÜSEN & WALDERICH, 1981).

Eine der wenigen genauen Untersuchungen über die Wirkungen von Schafbeweidung auf Kalkhalbtrockenrasen stammt von RIEGER (1984, 1988). Er stellt die Vegetationsentwicklung auf Magerrasen im Landkreis Northeim dar. Die untersuchten Flächen wurden nach jahrzehntelanger Beweidungspause ab 1984 fleckenweise mit Schwarzköpfigen Fleischschafen beschickt. Die jeweils zu pflegenden Areale waren meist um 5 ha groß. Die 30- bis 40köpfige Herde wurde in flexibler Koppelhaltung mit Umtrieb gehalten, die einzeln beweideten Parzellen hatten eine Größe von 0,4 - 1,9 ha. Die Koppelhaltung bot sich insofern an, als daß das Pflegegebiet für Wanderschafhaltung zu klein ist bzw. zu isoliert liegt und sich gleichzeitig für mechanische Pflege als zu groß und vom Gelände her als zu schwierig erwiesen hatte. Beobachtet wurde die Vegetationsentwicklung sowohl auf Parzellen mit nur einjähriger Beweidung, als auch auf Teilflächen mit Dauerbeweidung. Auf einmalig beweideten Rasen kam RIEGER (1988) nach zweijähriger Pflegepause u.a. zu folgenden Feststellungen (vgl. auch Tab.7 und 8 im Anhang:

• fast alle Gräser und Kräuterarten wurden stark bis mäßig befressen;

• vorher dominierende Obergräser, besonders Fiederzwenke, wurden zurückgedrängt;

• der Kräuteranteil im Bestand erhöhte sich deutlich;

• Keimlinge von Halbtrockenrasenarten konnten verstärkt auflaufen;

• die Orchideenblüte nahm im 2. Ruhejahr wesentlich zu;

• seltene Pflanzenarten sind ansonsten zu jeder Jahreszeit gefährdet, im Frühjahr und Sommer besonders Orchideenarten, im Herbst Enzianarten;

• nach Weidebeginn erfolgte ein rasches Zurückgehen der Blüten im Rasen, nach ca. 2 Tagen waren die beweideten Flächen praktisch blütenfrei;

• die Blütendichte nahm gegenüber den unbeweideten Kontrollflächen im 1. Ruhejahr um 5 - 10%

zu, im 2. Ruhejahr war keine erhöhte Blüterdichte mehr festzustellen;

● die Gehölzarten konnten trotz starken Verbisses nur geringfügig an ihrer Ausbreitung gehindert werden, die Ausbreitungsgeschwindigkeit verlangsamte sich im 3-Jahres-Beweidungsrythmus nur um etwa 30%;

● Unterbeweidung führte zur Begünstigung von Gräsern gegenüber den meisten Kräuterarten;

● die meisten Rote-Liste-Arten profitieren im Anschluß an die Beweidung vom Pflegeeingriff, Ausnahmen blieben einige Orchideenarten.

Auch die Dauerweideparzelle zeigte kaum Ausfälle an Pflanzenarten, wenn auch z.B. die Große Händelwurz stark zurückging. Die stärksten Einbußen waren bei Fiederzwenke, Rauhaar-Veilchen (Viola hirta) und Blaugrüner Segge (Carex flacca) festzustellen. Unter Dauerbeweidung ergab sich ein äußerst dichter, kurzgrasiger Bewuchs mit vielen Leguminosenarten wie Hornklee (Lotus corniculatus), Hopfen-Luzerne (Medicago lupulina) u.a..

Nahezu alle am Standort vorkommenden Gehölzarten wurden von den Schafen verbissen, so Grauerle (Alnus incana), Hartriegel, Faulbaum (Frangula alnus), Schlehe, Weißdorn, Kreuzdorn (Rhamnus vulgaris), Liguster (Ligustum vulgare) u.a..

Ob der Kalkmagerrasenmit Beweidung in der versuchten Wiese dauerhaft erhalten werden kann, bleibt noch dahingestellt. RIEGER (1988) stellt aber als Konsequenz seiner Untersuchungen u.a. folgende Forderungen an die Pflege der beschriebenen Flächen

● Einhaltung von mindestens zweijährigen Beweidungspausen nach jedem Beweidungsjahr zur Erhaltung von bestimmten Rote-Liste-Arten;

● Belassen von unbeweideten, offenen Rasenflächen von mindestens 0,5 ha Größe als Zufluchtstätten für die Fauna;

● Abweidung bis zur Erschöpfung während der Pflegebeweidung;

● keine Beweidung nach Ende September zum Schutz von wintergrünen Orchideenarten;

● keine Beweidung vor dem vollen Gehölzaustrieb, ebenfalls aus Schonungsgründen für Orchideen.

Das hier einmal ausführlicher beschriebene Beispiel des NSG Weper soll die Pflegeproblematik auf Kalkmagerrasen verdeutlichen, die Verhältnisse lassen sich jedoch nicht ohne weiteres auf andere Biotope übertragen.

Probleme gibt es mancherorts mit dem Schafpferch, insofern er innerhalb von Magerrasenflächen lokalisiert ist. Die typische Magerrasenflora wird an Pferchplätzen weitgehend zerstört (NITSCHE, 1987; ZIMMERMANN & WOIKE, 1982). Die übliche Pferchdichte von 1 - 1,4 Tieren/qm bedeutet umgerechnet auf 1 ha eine Düngung von 250 kg N je Nacht (WILKE, 1984).

Insgesamt soll sich die Beweidungsintensität auf Kalkmagerrasen nach der Biomasseentwicklung des jeweiligen Pflanzenbestandes richten. Auf wüchsigem Weideland kommt auch zweimaliges Beweiden während einer Vegetationsperiode in Frage (NITSCHE, 1987).

WILKE (1984) empfiehlt zur Landschaftspflege auf Magerrasen eine Besatzdichte von etwa 30% des gedüngten Intensivgrünlandes. Freilich müssen lokale Unterschiede beachtet werden. Von ROCHOW (1951) verweist z.B. auf Kalktrockenrasen im Kaiserstuhl, die gar keine Beweidung tolerieren, da dort weidefeste Pflanzenarten weitgehend fehlen und der Viehtritt erosionsfördernde Lücken in den Lößboden reißt. Tiefgreifende Änderungen im Vegetationsbild und in der Artenzusammensetzung ergeben sich vor allem auch, wenn auf ursprünglichen Mähwiesen zur Schafbeweideng übergegangen wird.

Über die landschaftspflegerische Flächenleistung der Schafe gibt es Angaben von WILKE (1985). Demzufolge kann eine Schafherde von 700 Tieren in etwa 150 Weidetagen rund 100 ha Sommerhutung abweiden. Zugrundegelegt sind dabei Weideerträge von 500 -1000 KStE/ha.

3.2.4.2 ...auf Silikatmagerrasen

Unter den Silikatmagerrasen gibt es Standorte, die auf eine langjährige, traditionelle Schafbeweidung zurückblicken können. Dazu gehören z.B. Borstgrastriften in Rhön und Eifel (HENNESEN, 1984 ; PAFFEN, 1940).

Im Südschwarzwald wurden erst nach zunehmender Verbuschung ehemaliger Rinderweiden lokal Wanderschafherden angesiedelt, um die dortigen Borstgrasrasen zu pflegen und zu bewirtschaften (SCHWABE-BRAUN, 1979). Da es sich bei vielen Borstgrasrasen um Pflanzengesellschaften handelt, die auf intensivere Beweidung und auf selbst leichte Düngung empfindlich reagieren, wurden die Besatzdichten sehr niedrig gehalten. Die Wanderherden (zum Großteil Merino-Schafe) ziehen zum Teil sehr rasch über die Flächen, so daß WILMANNS und MÜLLER (1976) stellenweise kaum Verbißwirkungen erkennen konnten. Dies hat den Nachteil, daß Fichtenspitzen und Zwergsträucher gemieden und die wenigen schmackhaften Weidegräser von den Schafen herausselektiert werden. Eine stärkere, geregelte Beweidung führt jedoch schnell zu Vegetationsverschiebungen bis hin zu Rotschwingel-Straußgrasweiden (MEISEL, 1984). Heidekraut (Calluna vulgaris) und Ginsterarten werden durch dauernde, mäßig selektive Beweidung gefördert, stärkere Besatzdichten bringen Calluna zum Verschwinden (KLAPP, 1951). WILMANNS & MÜLLER (1977) erwähnen Borstgrasrasen am Feldberg, wo auf Pferchplätzen schon eine Pferchnacht zu einem völligen Absterben von Calluna vulgaris führte.

Zwergsträucher werden durch Biß und Tritt stärker geschädigt als die meisten Gräser und Kräuter. Bei Überweidung entstehen dadurch zum Teil reine Grasweiden, auf denen Borstgras (Nardus stricta) vorherrschend wird (ELLENBERG, 1952). VOISIN (1961) spricht von einer generellen Begünstigung des Borstgrases bei Standweide. Schafe werden zur Pflege der Borstgrasrasen im Feldberggebiet seit 1970 eingesetzt. Ziel der Maßnahme sind in erster Linie die Eindämmung der Streuschicht und der Verbiß des Gehölzanflugs. Einige geschützte, seltene Pflanzenarten wie Weißzunge (Leucorchis albida) und Arnika (Arnica montana) sind allerdings durch die Schafbeweidung gefährdet. Daher wurden auf manchen Extensivweiden mehrjährige Beweidungspausen erwogen, um diesen Arten das Aussamen zu ermöglichen (SCHWABE-BRAUN, 1979). Zum Teil mußten in den Schutzgebieten Pflegeareale verpflockt werden, damit die Schafe nicht in benachbarte, empfindliche Hochstaudenfluren eindringen konnten (WILLMANNS & MÜLLER, 1977). Die beiden letztgenannten Autoren halten extensive Schafbeweidung zur Erhaltung der Borstgrasrasen am Feldberg für möglich, obgleich es sich dort um traditionelle Rinderweiden handelt.

Die Gegenden des Südschwarzwaldes kannten von früher her nicht überall großflächige Schafbeweidung. Die Ansiedlung von Merino-Schafen stieß auf witterungsbedingte Schwierigkeiten (Krankheiten bei Tieren). Versuche, unter Einkreuzung von

Bergschafen ein "neues" Schwarzwaldschaf (vgl. auch Kap.3.2.3) zu züchten, um eine robuste Rasse für die Weidepflege zur Verfügung zu haben, wurden inzwischen wieder aufgegeben (MÜLLER, K., 1988, mdl.; SCHWABE-BRAUN, 1979).

Über Pflegeerfahrungen mit Schafen auf Sandtrockenrasen liegt noch sehr wenig ausführliches Schriftmaterial vor. Die Empfindlichkeit der schütter bewachsenen Trockenrasenbestände läßt jedoch vorsichtige Beweidung mit Schafen praktikabler erscheinen. als eventueller Besatz mit vergleichsweise schweren Rindern.

3.2.4.3. ...auf Heidegesellschaften

Die Lebensgemeinschaft der Heide ist an die Verjüngungsmaßnahmen des Menschen geknüpft. Damit ist neben Plaggen, Mähen und Brennen die Schafbeweidung gemeint. Der traditionelle Verbiß durch Heidschnucken fördert das Austreiben neuer Schößlinge und hält Heideflächen länger nutzbar (ELLENBERG, 1982).

Calluna-Heide erträgt nur extensive Schafweide. Starkem Viehtritt gegenüber reagiert der Bewuchs mit empfindlichen Störungen, was z.B. auf Triftwegen beobachtet werden kann, wo das häufige Begehen durch Schafe zum Absterben von Heidekraut (Calluna vulgaris) und zu offenen Pioniergesellschaften wie Silbergrasrasen die "Wunden" in der Vegetationsdecke allmählich wieder schließen (TÜXEN, 1968).

HAMANN (1987) weist auf die zunehmende Vergrasung bei Überweidung hin. Junge Heideflächen zeigen eine größere Neigung zu Vegetationsverschiebungen als ältere Bestände. Doch auch letztere zeigen bei zu hoher Schafsichte Vergrasungssymptome (MUHLE, 1974). Umgekehrt beeinflußt das Vorhandensein der Schafe bevorzugten Gräser den Calluna-Verbiß (HUNTER, 1962). Die Verbißhäufigkeit von Calluna vulgaris ist von seinem Anteilsverhältnis zum Gras abhängig. Die Beliebtheit des Heidekrauts bei den Schafen wird zudem vom jeweiligen Vegetationsstadium bestimmt. Im Frühsommer findet z.B. unter britischen Verhältnissen ein besonders reger Verbiß von Calluna statt (THOMAS, 1954).

GRANT & HUNTER (1968) beobachteten eine Bevorzugung junger Heide gegenüber Altbewuchs. Ihnen zufolge bleibt die Heide länger in der Jugendphase, wo durch Schafe regelmäßig etwa 60% des Neuzuwachses abgefressen werden. Andere Zwergstrauchaarten wie Krähenbeere (Empetrum nigrum) und Glockenheide (Erica tetralix) sind selbst bei Heidschnucken unbeliebt und werden von ihnen kaum verzehrt. RAABE (1981) hält es allerdings für machbar, in einer von der Krähenbeere beherrschten Heide durch Schafbeweidung Calluna vulgaris allmählich zur Dominanz zu verhelfen. Im Vordergrund der Heidepflege steht u.a. das Zurückdrängen von Gehölzanflug und Gebüschaufkommen. Nach HAMANN (1987) kann regelmäßige Heidschnuckenbeweidung weitgehend Überalterung, Vergrasung und Verbuschung der Heidegebiete verhindern. GIMINGHAM (1970) siehtdie Erfüllung dieser Pflegeziele bei Schafbeweidung und Brennen in der richtigen Intensität und in angemessenen Zeitabständen ebenfalls als realisierbar an. Autoren wie ZIMMERMANN & WOIKE (1982) bezeichnen den alleinigen Einsatz von Schucken zur Eindämmung von Gras- und Holzpflanzen als vielfach unzureichend. Gerade Jungbirken entgehen oft dem Schnuckenverbiß, vor allem wenn die Tiere auch noch mit Gras oder Heu von Intensivgrünland zugefüttert werden (TÜXEN, 1974 b).

Das Problem des Birkenanflugs schildert BEYER (1968) am Beispiel des NSG "Heiliges Meer". Auf den dortigen Heideflächen brachten Heidschnucken zwar Kiefernjungwuchs und auch Stieleichen (Quercus robur) hinreichend zum Verschwinden, das Vordringen der Birken wurde durch die Schafe aber nicht wesentlich gebremst. Zwar verbissen die Tiere die Moorbirke (Betula pubescens) tief, doch die bitter schmeckende Weißbirke (Betula pendula) Blieb großenteils verschont.Auch Mähen blieb als Unterstützungsmaßnahme ohne Erfolg. Der Birkenwuchs verdichtete sich sogar durch anschließende Stockausschläge. Ebenfalls unverbissen blieben Wacholder (Juniperus communis), Glockenheide, Krähenbeere und Gagelstrauch (Myrica gale). Dagegen nahmen die Heidschucken gern Eberesche (Sorbus aucuparia), Zitterpappel (Populus tremula), Faulbaum (Frangula alnus), Heidelbeere (Vaccinium myrtillus), Preiselbeere (Vaccinium vitis-idea), Himbeere (Rubus idaea), Rosen (Rosa spp.) sowie fast alle Gräser auf. Das 15 ha große Pflegeareal wurde von einer 45köpfigen Heidschnuckenherde beweidet. Für die Zurückdrängung der Weißbirke war diese Besatzstärke offenbar zu gering. Mit ge-

zielter Beweidung, evtl. durch kleinere Einzäunungen, kann auch Betula pendula dem Schafmaul zum Opfer fallen (BEYER, 1968). Erst der Hunger zwingt die Tiere, das stark gerbstoffhaltige Birkenblatt zu fressen (TOEPFER, 1971).

Bezüglich der Besatzdichte legen ZIMMERMANN & WOIKE (1982) einen groben Richtwert für nordrhein-westfälische Heiden von nicht mehr als 2 Schafen/ha zu Pflegezwecken an. TOEPFER (1971) nennt 1 Mutterschaf/ha als Faustzahl für Calluna-Heide.

Die Heidepflege steht unter der heutigen Bewirtschaftung in Schwierigkeiten mit den trophischen Bedingungen. Im Gegensatz zur früheren Nutzungsweise fehlt heute weitgehend der Nährstoffentzug aus den Heiden durch kaum mehr praktiziertes Brennen, Plaggen und Mähen. Hingegen sind vermehrte Einträge über Zufütterung der Schafe und Immissionen aus der Luft zu verzeichnen. Nährstoffarmut gilt aber als Vorraussetzung für Heideerhaltung (MUHLE, 1974).

Mit der Weißen und zahlenmäßig vor allem der Gehörnten Grauen Heidschnucke gibt es in der BRD angepaßte und seit langer Zeit erfolgreich eingesetzte Schafrassen zur Heidepflege auf trockenen Standorten (HAMANN & SEEFELDT, 1981).

Die Moorschnucke kommt für feuchtere Heideflächen in Frage (SCHMIDT, 1981). Aus Großbritannien liegen Erfahrungen mit den bei uns kaum gehaltenen Blackface-Schafen vor. HENNESEN (1983) berichtet von Gebieten mit Heidekraut-Anteilen von 10 - 80%, die von dieser Rasse beweidet werden.

3.2.4.4. ...auf Feuchtgrünland

Wenn man einmal von den Moorschnucken absieht, die selbst in extrem nassen Weidegebieten mit Futterangebot und Umweltverhältnissen zurechtkommen, ist er Einsatz von Schafen auf Feuchtgrünland umstritten. Autoren wie FEHSE (1974) oder KÖGEL (1982) halten den Pflegefraß durch Schafe aufgrund des höheren Parasitendrucks für nicht praktizierbar.

Untersuchungen hierzu sind aus Schleswig-Holstein bekannt. GERTH (1978) stellte Versuche zur Pflege von brachgefallenem Grünland u.a. in der Eider-Treene-Niederung bei Norderstapel an. Beobachtet wurde z.B. das Freßverhalten von Weißköpfigen Fleischschafen und Grauen Gehörnten Heidschnukken auf den wechselfeuchten bis nassen Standorten. Die Schafe kamen über die Dauer von zwei Jahren (1976 und 1977) auf Pflegeflächen verscheidener Vegetationstypen in Koppelhaltung zum Einsatz. Im einzelnen waren dies folgende Grünlandgesellschaften: Pfeifengraswiese, Feuchtwiese mit hohen Anteilen an Wolligem Honiggras (Holcus lanatus) oder Sumpf-Reitgras (Calamagrostis canescens), stellenweise von Brennnessel (Urtica dioica) beherrschte Kohldistelwiesen und verbuschte Weidelandschaften.

Die Qualität des Weidefutters auf den Brachflächen war mit einem Energiegehalt von 350 - 400 StE je kg TM mäßig. Die Weißköpfigen Fleischschafe wurden nach einem Jahr auf ihren Gesundheitszustand hin untersucht und zeigten dabei keine Unterschiede zu Tieren derselben Herde, die gleichzeitig trockene Standorte beweideten. Allerding kann der Infektionsdruck durch Parasiten mit den Jahren ansteigen, so daß diese Feststellung nur begrenzt Aussagekraft besitzt.

Auf sämtlichen Versuchsflächen konnte der Erhaltungsbedarf der Schafe (550 StE je Tier und Tag bei 60 -65 kg Körpergewicht) gedeckt werden, solange die Besatzdichte niedrig genug war, um den Weiderrest nicht unter 50 % des Gesamtbewuchses sinken zu lassen. Lämmer konnten bei dem vorhandenen Weidefutter allerdings keine annähernd ausreichenden Gewichtszunahmen erzielen. Die beweideten Parzellen wiesen durch den wachstumsfördernden Verbiß eine höhere Flächenproduktivität auf als unbeweidete.

Die Schafe fraßen bevorzugt Pflanzenarten wie Gemeinen Gilbweiderich (Lysimachia vulgaris), Blutweiderich (Lythrum salicaria), Rotschwingel (Festuca rubra) sowie die allerdings weniger häufigen Grasarten mit hoher Futterwertzahl (nach KLAPP, 1983). Auch Wolliges Honiggras, Pfeifengras (Molinia coerulea) und Sauerampfer (Rumex acetosa) waren durchaus beliebt. Diese Beobachtungen stehen zum Teil denen von BOHNE (1953) entgegen, die z.B. Blutweiderich und Wolliges Honiggras als von Schafen weitgehend gemiedene Pflanzenarten schildert. Offenbar spielt dabei dabei die Artenzusammensetzung der jeweiligen Weide eine Rolle. Kaum verbissen oder völlig verschmäht wurden bei GERTH (1978) v.a. Sumpf-Schachtelhalm (Equisetum palustre), Sumpf-Kratzdistel (Cirsium palustre), Wassernabel (Hydrocotyle vul-

garis), Wasserschwaden (Glyceria maxima), Flatterbinse (Juncus effusus) und Hasenpfoten-Segge (Carex leporina). Brennesseln fraßen die Schafe in frischem Zustand nur ungern. Gemähte und angewelkte Blätter dieser, auf einer Parzelle bestandsbildenden Art lagen in der Gunst der Tiere höher. Blatttriebe von Schilf (Phragmites communis) unterlagen regem Verbiß, gelegentlich auch Blätter von Distelarten (Cirsium spp.). Bei den Gehölzpflanzen mochten die Schafe Blätter von Weiden (Salix spp.) am meisten. Angenommen wurden auch die Eberesche (Sorbus aucuparia), Stieleiche (Quercus robur), Kiefer (Pinus silvestris) und Moorbirke (Betula pubescens), Gagelstrauch (Myrica gale) dagegen nur zögernd.

Beim Gehölzverbiß waren Rassenunterschiede unverkennbar. Heidschnucken befressen Holzpflanzen demnach früher und stärker als dies bei den Weißköpfen der Fall ist, dasselbe trifft für die Aufnahme von Gräserarten wie Schilf, Rohrkolben (Typha latifolia), Sumpf-Reitgras, Rasenschmiele (Deschampsia caespitosa) sowie Flatterbinse zu (vgl. auch Tab. 8, 9 und 10 im Anhang).

Eine Gefahr droht den in der Regel trockene Flächen gewohnten Heidschnucken jedoch durch offene Wasserflächen. Während des Versuchsablaufs glitten Tiere ab und zu in Gräben etc., aus denen sie sich nicht wieder befreien konnten. Dies war bei den Fleischschafen nie der Fall. GERTH (1978) hält als Fazit seiner Versuche Schafbeweidung auf feuchten und nassen Grünlandflächen für möglich. Voraussetzungen sind allerdings extensive Haltung und Inkaufnahme von hohen Weideresten von 50% und mehr.

Auf Feuchtbrachland mit hohem Nährstoffpotential ist bei Unterlassung von Pflegemaßnahmen langfristig eine Abnahme der Pflanzenvielfalt zu befürchten. Nichtbeweidung bzw. -bewirtschaftung begünstigt die Ausbreitung von Hochstauden wie Sumpfreitgras, Rasenschmiele, Rohrglanzgras (Phalaris arundinacea) u.a. (KNAUER & GERTH, 1980).

Geradezu prädestiniert für die Beweidung von Feuchtbiotopen sind die Moorschnucken. Sie nehmen erstaunlich viele rohfaserreiche und nähr-Stoffarme Pflanzen auf. Wichtige Nahrungspflanzen für die Weiße Hornlose Heidschnucke sind Gräser wie Pfeifengras, Wollgräser (Eriophorum spp.), Schafschwingel (Festuca ovina), Drahtschmiele (Deschampsia flexuosa) und Seggenarten; Kräuter wie Sauerampfer; Zwergsträucher wie Heidekraut (Calluna vulgaris), Glockenheide (Erica tetralix) im Jungstadium bzw. Zwergstrauchfrüchte wie bei Moosbeere (Oxycoccus palustris), Krähenbeere (Empetrum nigrum) und Rauschbeere (Vaccinium uliginosum) sowie eine große Zahl von Holzpflanzenarten.

Jungen Birken- und Kiefernaufwuchs weiden die Moorschnucken mit Vorliebe ab. Bemerkenswerterweise bleibt selbst die Weißbirke (Betula pendula) nicht verschont (EIGNER, 1980; HAHNE et al., 1986; TEERLING, 1987). Gleiches gilt für den bei den meisten anderen Schafrassen unbeliebten Gagelstrauch. Soll der Gagel als landschaftspflegerische Maßnahme "totgeweidet" werden so ist dies mit Moorschnucken möglich, ebenso die weitgehende Zurückdrängung von Pfeifengras (MÜLLER, 1986).

Die Landschaftspflege kann als heutiger Hauptzweig für die Moorschnuckenhaltung angesehen werden (HAHNE et al., 1986).

3.3. Ziegen

Die Haltung und die großflächige Weidewirkung der als "Kuh des kleinen Mannes" apostrophierten Ziege hat eine lange Geschichte. Ziegenherden verhinderten schon im Mittelalter beim Weiden in Niederwäldern und Buschlandschaften eine Wiederbewaldung. Ungeregelte Ziegenweide führte neben zweifellos positiven ökonomischen Effekten zu ökologisch nachteiligen Entwicklungen (GLAVAC, 1983). In einigen Landstrichen Europas ist in der Vergangenheit Ziegenhaltung verboten worden, um den Pflanzenbewuchs vor dem Ziegenmaul und den Boden damit vor Erosionserscheinungen zu schützen.

Die "waldzerstörenden" Eigenschaften der Tiere will man sich heute in der Landschaftspflege zueigen machen, um bestimmte Landschaften vor der Verbuschung zu bewahren. Gezielte extensive Beweidung mit Ziegen kann möglicherweise auch ökologisch sinnvoll sein (SAMBRAUS, 1987). Schon KUHN (1937) beschreibt Flächen bei Pfullingen (am Rande der schwäbischen Alb), die über Jahre als Ziegenweiden genutzt wurden und zumindest optisch wenig von regelmäßig befahrenen Schafweiden zu unterscheiden waren. Aus einigen Regionen der BRD ist das traditionelle Mitführen einiger weniger Ziegen in Wanderschafherden bekannt (SCHLOLAUT, 1987). .

3.3.1 Auswirkungen der Ziegenbeweidung

Von allen Nutztierarten unerreicht ist die Ziege beim Abweiden schwer zugänglichen Weidefutters in schwierigem Gelände. Selbst in sehr steilen Lagen sind von Ziegen abgeweidete Stellen zu finden (CAMPBELL et al., 1962).

Die beweglichen Tiere bevorzugen naturgemäß ein sehr weites Futterspektrum an Buschwerk, Kräutern und Gräsern. Ziegen sind zwar einerseits sehr wählerisch, doch andererseits gibt es wenige Pflanzenarten, die von ihnen überhaupt nicht verbissen werden (GALL, 1982). Selbst bei sehr reichhaltigem Futterangebot lieben die naschhaften Tiere den ständigen Futterwechsel, zeigen sogenannten "Neugier- und Abwechslungsfraß". Ist die Zusammensetzung des Weidefutters auf wenige, dominierende Pflanzenarten beschränkt, fressen sie gezielt seltenere und optisch auffällige Pflanzen. So können ihnen z.b. blühende Orchideen zum Opfer fallen (WOIKE & ZIMMERMANN, 1988).

Ziegen können mit ihrem schmalen Maul und ihrer beweglichen Oberlippe bei Weidefraß äußerst selektiv vorgehen (CAMPBELL et al., 1962). Geschickt fressen sie einzelne Pflanzen und -teile ab, sind z.B. in der Lange, einzelne Blatttriebe zwischen den Dornen von Brombeerarten (Rubus spp.) auszulesen (WILMANNS & MÜLLER, 1976). Die Ziege ist befähigt, den Pflanzenbewuchs tiefer zurückzubeißen als das Rind, jedoch geschieht dies nur bei Futtermangel (von KORN, 1987).

Ziegen fressen beträchtliche Anteile sehr rohfaserreichen Grünfutters, können sich aber auch an hochverdaulichen Aufwuchs anpassen. Auf ihrem "Speisezettel" stehen viele Blätter von Bäumen und Sträuchern. Laut BOGNER (1980) verschonen die Tiere außer Wacholder (Juniperus communis) bei uns keine Gehölzart. WILMANNS & MÜLLER (1976) berichten von Versuchen im Schwarzwald, wo die Ziegen schnurstracks auf erreichbares Buschwerk zugingen, sobald sie auf ein neues Weidestück getrieben wurden. Der Gehölzverbiß erreichte dort eine Höhe von etwa bis 1,5 m über dem Erdboden.

Die einschneidenste Wirkung auf Holzpflanzen erzielen die Ziegen jedoch weniger über den eigentlichen Verbiß, sondern vielmehr durch das Ringeln der Stämme. Die Aufnahme und das Abschälen von Rinden kann schon nach wenigen Vegetationsperioden zum Absterben von Büschen und Bäumen führen (von KORN, 1987). BOGNER (1980) hält die Ziegen für das Weidetier, welches unerwünschten Gehölzaufwuchs am besten zu verhindern vermag.

Den verschiedentlich geäußerten Bedenken über die erosionsfördernden Auswirkungen der Ziegenbeweidung widersprechen CAMPBELL et al. (1962). Demnach spielt die Ziege eine sehr untergeordnete Rolle beim Verursachen von Erosion. Schäden verursachen die Tiere meist auf ohnehin schon gestörten Narben bzw. bei Überweidung. Solange die Ziege noch genügend Laubwerk von Büschen und Kräutern vorfindet, verbeißt sie das Gras sehr wenig oder zumindest nicht sehr tief (CAMPBELL et al., 1962).

Bezüglich des Weideverhaltens ist zunächst das im Vergleich zu Rind und Schaf größere Temperament der Ziege herauszustellen. Sie frißt sehr schnell, ist agil, unternehmungslustig und auf der Weide leicht zu stören. Hinzu kommt die Empfindlichkeit gegen einsetzenden Regen, der die Tiere zusätzlich in Unruhe versetzen kann (GALL, 1982; BOGNER , 1980). Deren Lebhaftigkeit läßt den Schluß zu, daß Von ihnen empfindliche Störungen auf die jeweilige Fauna ausgehen können (von KORN, 1987; vgl. auch Abb. 6, Kap. 3.2.1).

3.3.2 Haltungsformen, Produktionsverfahren und Rassenspektrum aus landschaftspflegerischer Sicht

Die reine Ziegenweide wird in aller Regel als Koppelweide betrieben. Damit beginnt von landschaftspflegerischen Geschichtspunkten her schon das erste Problem. Schon 10 - 15 cm Zaunabstand zum Boden reichen den Tieren mitunter aus, um durchschlüpfen zu können (GALL, 1982). Zäune müssen also dicht am Erdboden entlanggeführt werden. Die Zaunhöhe muß etwa 2 m betragen, um die Tiere sicher am Ausbrechen zu hindern (WILMANNS & MÜLLER, 1977). Der Zugang zu den von Ziegen gepflegten Flächen ist daher selbst für Kleintiere erschwert bzw. unmöglich, abgesehen von anderen Nachteilen, die ein Koppelzaun mit sich bringt (vgl. Kap. 3.1.2).

Unter den Produktionsverfahren eignen sich zu Naturschutzzwecken sowohl Fleisch-, als auch Milch- und Mutterziegenhaltung. An die Erzielung hoher Milchleistungen kann allerdings bei kargem Weidebewuchs und Verzicht auf Zusatzfutter nicht gedacht

werden (GALL, 1982; ZEEB, 1947). Die Unterschiede in den Produktionsformen sind mehr ökonomischer Art und schlagen sich über die Höhe der Verkaufserlöse auf die Pflegekosten nieder (GLAVAC, 1983; SCHÖMIG, 1987).

Neben der reinen Ziegenhaltung kann das Mitführen einzelner Ziegen in Schafherden die Verbuschung auf Schafweiden eindämmen bzw. die Aufzucht von Waisen- und Mehrlingslämmern durch Ziegenmilch ermöglichen (SCHLOLAUT, 1987). Allerdings scheuen viele Schäfer die Schwierigkeiten, die die kletterfreudigen und temperamentvollen Ziegen beim Hüten verursachen können (WILMANNS & MÜLLER, 1977).

Hinsichtlich der Rassenfrage bestehen verhältnismäßig wenig Alternativen, wobei allerdings Eignungsunterschiede im Pflegeeinsatz wenig bekannt sind. In der bundesdeutschen Ziegenhaltung dominieren die Rassen Weiße und Bunte Deutsche Edelziege (GALL, 1982). Interessante Wesensmerkmale weist die aus dem südlichen Afrika stammende Burenziege auf. BIRNKAMMER (1987) beschreibt sie als Fleischziege mit ruhigem Temperament und guten Muttereigenschaften. Burenziegen eignen sich sowohl für Extensiv- wie für Intensivverfahren und können gemeinsam mit Schafen und Rindern gehalten werden.Die Fleischerlöse lassen sich auf Extensivweiden durch den Einsatz dieser typischen Fleischziege erhöhen (SCHÖMIG, 1987). Aufgrund ökonomischer Gesichtspunkte (hohe Haarpreise) schlägt SCHLOLAUT (1987) die Haltung von Angora- und Caschmirziegen vor. Als weitere, in der BRD und DDR einsetzbare Rassen seien Thüringerwaldziege, Appenzellerziege und Toggenburgerziege genannt (SAMBRAUS, 1987).

3.3.3 Erfahrungen mit Ziegen

Die Aufgabenbereiche, die der Ziegenbeweidung als Landschaftsschutzmaßnahme zugeordnet werden kann, ergeben sich aus den in Kap. 3.3.1 beschriebenen Weideeffekten. Dabei steht das Offenhalten von zu Verbuschung neigenden bzw. bereits zugewachsenen Flächen im Vordergrund.

Zur ausreichenden Zurückdrängung von Strauchbewuchs ist allerdings eine gewisse Weideintensität vonnöten. Unterbeweidung kann die Verbuschung sogar noch beschleunigen.

In diesem Fall sind zwar Schädigungen bei den dornlosen Sträuchern wie etwa Wolligem Schneeball (Vibrunum lantana) und Rotem Hartriegel (Cornus sanguinea) zu beobachten, doch die weniger beliebten, dornbewehrten Gehölze wie Eingriffliger Weißdorn (Crataegus monogyna), Weinrose (Rosa rubiginosa), Hundsrose (Rosa canina) u.a. breiten sich möglicherweise um so mehr aus. Dem kann mit der Erzeugung relativer Futterknappheit durch Einzäunung begegnet werden (GLAVAC, 1983).

Von einem im Jahr 1971 begonnenen Versuch bei Mambach (Südschwarzwald) berichten WILMANNS & MÜLLER (1976, 1977). Eine 500 - 600 m über NN liegende, 30 ha große Fläche sollte von 65 Bunten Deutschen Edelziegen offengehalten werden. Die Gemeinde Mambach entschied sich für die Mutterziegenhaltung, um den Betreuungsaufwand möglichst gering zu halten. Das Pflegeareal wurde eingezäunt und von April - Oktober beweidet. Es setzt sich aus Rotschwingel-Straußgrasweiden und Flügelginsterweiden zusammen, letztgenannte mit zum Teil starkem Auftreten von Heidekraut (Calluna vulgaris) und Adlerfarn (Pteridium aquilinum).

Das Freßverhalten der Ziegen auf den zum Teil stark verbuschten Flächen stellte sich wie folgt dar:

Die Tiere bevorzugten u.a. **alle Pflanzenteile** von

- Schafgarbe — Achillea millefolium
- Rauhem Löwenzahn — Leontodon hispidus
- Spitzwegerich — Plantago lanceolata

Blüten- und Fruchtstände von

- Bärenklau — Heracleum sphondylium
- Kleiner Pimpinelle — Pimpinella saxifraga
- Rotklee — Trifolium pratense

sowie **Kraut** von

- Rotschwingel — Festuca rubra
- Goldhafer — Trisetum flavescens
- Wurmfarn — Dryopteris filix-mas
- Wiesenlabkraut — Galium mollugo
- Vogelwicke — Vicia cracca

Weniger gern gefressen, aber aufgenommen wurden

- Heidekraut — Erica spec.
- Zypressen-Wolfsmilch — Euphorbia cyparissias
- Flügelginster — Chamaespartium sagit., jung)
- Salbei-Gamander — Teucrium scorodonia
- Rotstraußgras — Agrostis tenuis
- Wolliges Honiggras — Holcus lanatus
- Weiches Honiggras — Holcus mollis

Wenig beliebt und daher kaum verbissen blieben Arten wie

- Gemeiner Thymian — Thymus pulegioides
- Augentrost (Euphrasia rostkoviana)

Den vier Jahre lang verschmähten Adlerfarn verbissen die Ziegen plötzlich im heißtrockenen Sommer 1976 und zwar nicht nur in jungen Zustand. Der Adlerfarn ist ein von den dortigen Bauern gefürchtetes Weideunkraut.

Zumindest bis zum Jahr 1975 ergaben sich hinsichtlich derKrautvegetation der Pflegefläche keine wesentlichen Verschiebungen in der Artenzusammensetzung. Ganz deutliche beweidungsbedingte Einflüsse traten jedoch in der Gehölzflora zutage. Die Ziegen nahmen mit Bevorzugung das Blattwerk von Holzpflanzen auf. Von folgenden Gehölzarten wurde das Laub gern gefressen:

- Buche — Fagus sylvatica
- Weißbirke — Betula pendula
- Stieleiche — Quercus robur
- Hainbuche — Carpinus betulus
- Hasel — Corylus avellana
- Robinie — Robinia pseudoacacia
- Salweide — Salix caprea
- Eingriffliger Weißdorn — Crataegus monogyna.

Außerdem nahmen die Tiere Triebe von

- Faulbaum — Frangula alnus
- Fichte — Picea abies
- Brombeere — Rubus fruticosa
- Hundsrose — Rosa canina
- Schlehe — Prunus spinosa

Bei der letztgenannten Art wurdem die Laubtriebe zwischen den Dornen aufgenommen.

Der Verbiß und das Ringeln von Stämmen verursachte drastische Schädigungen an vielen Holzpflanzen. Sogar Schlehen waren nach zwei Vegetationsperioden so stark in Mitleidenschaft gezogen, daß ihr Absterben bevorstand. Eine weitgehende, rasche Beseitigung des Gehölzaufwuchses konnte somit erwartet werden.

Bei den Ziegen stellten sich durch die langen Aufenthalte auf denselben Flächen mit den Jahren zunehmender Parasitenbefall ein, was sich in der steigenden Anzahl an Behandlungen gegen Lungen-, Magen- und Darmbehandlungen niederschlug (WILMANNS & MÜLLER, 1976, 1977).

Eine tendenzielle Bestätigung für die Beobachtungen im Schwarzwald liefern die Versuche von GARMO & REKDAL (1986), die das Futterspektrum freilaufender Ziegen im norwegischen Bergland untersuchten. Sie stellten eine **besondere Vorliebe** der Tiere für folgende Pflanzenarten fest:

- Weide — Salix spp.
- Moorbirke — Betula pubescens
- Sauerampfer — Rumex acetosa

● Goldrute	Solidago virgaurea
● Drahtschmiele	Deschampsia flexuosa
● Alpenscharte	Saussurea alpina

Viel verbissen wurden außerdem:

● Zwergbirke	Betula nana
● Zitterpappel	Populus tremula
● Wacholder	Juniperus communis
● Wald-Wachtelweizen	Melampyrum sylvaticum
● Pfeifengras	Molinia coerulea
● Heidelbeere	Vaccinium myrtillus
● Rauschbeere	Vaccinium uliginosum
● Bärentraube	Arctostaphylos uva-ursi
● Krähenbeere (Beeren)	Empetrum nigrum
● Rotstraußgras	
● Ruchgras	Anthoxanthum odoratum
● Schafschwingel	Festuca ovina
● Wiesensegge	Carex nigra
● Schnabelsegge	Carex rostrata

u.a.. Überraschend ist hierbei v.a. das relativ starke Befressen von Wacholder. Selbst Schachtelhalme (Equisetum spp.) nahmen die Ziegen gelegentlich auf, während Feldenzian (Gentianella campestris), Sumpfdotterblume (Caltha palustris), Brennessel (Urtica dioica), Katzenpfötchen (Antennaria dioica) und Borstgras (Nardus stricta) nahezu unbehelligt blieben.

Weniger konkrete Informationen liegen über in Wanderschafherden mitgeführte Ziegen vor. Ein entsprechender Versuch wird gegenwärtig in Bopfingen (am Rande der Schwäbischen Alb) unternommen. 20 - 30 Ziegen ziehen dort mit einer großen Schafherde, um den Gehölzverbiß auf den Hutungen zu verstärken. Erste Zwischenergebnisse lassen die Maßnahme als aussichtsreich erscheinen (FISCHER & MATTERN, 1987).

In Gersbach (Südschwarzwald) z.B. ist die Beigesellung von Ziegen zu Schafen Tradition. Sie haben dort v.a. die Aufgabe, Besenginster (Sarothamnus scoparius) zurückzubeißen. Das ständige Befressen der jungen Triebe läßt Besenginster kaum mehr zur Blüte kommen. An Steilhängen sind Ziegen mitunter das einzige Mittel, dem Vordringen dieser Strauchart Herr zu werden (SCHWABE-BRAUN, 1979).

ELLENBERG (1952) nennt als Beispiel für gemeinsames Weiden von Rindern und Ziegen das Kleine Walsertal, wo die Ziegen zum einen die Lägerflora der Rinderweiden befressen und zum anderen den Jungaufwuchs der platzraubenden Grünerle (Alnus viridis) vertilgen.

Einsetzbar sind die Ziegen in rauhem Klima, solange sie Schutz vor Regen finden können (CAMPBELL et al., 1962). Standörtliche Einschränkungen sind auf nassen Flächen zu machen, wo besonders die Leberregelgefahr für die Tiere mitunter zu groß ist (ZEEB, 1947).

3.4 Pferde

Versuche, Pferde auf Landschaftspflegeflächen einzusetzen, sind bislang noch kaum unternommen worden. Aus diesem Grund liegen nur wenige Erfahrungen auf diesem Teilgebiet vor. In der Literatur (BOEKER, 1978 u.a.) wird das Pferd in der Regel aber als "schlechtes Weidetier" bezeichnet.

Die allgemeine Einteilung von Pferden orientiert sich nach ihrem jeweiligen Stockmaß (bzw. Widerristhöhe). In der BRD werden Pferde, bei denen das Stockmaß unter 120 cm liegt, als Ponys bezeichnet. Darüberhinaus unterscheidet man Klein- und Großpferde (LÖWE & MEYER, 1979; PAPENDIECK, 1958).

3.4.1 Auswirkungen der Pferdebeweidung

Die Einflüsse auf Boden und Pflanzenbestand durch weidende Pferde sind neben Faktoren wie Bodenart, -zustand und Besatzdichte von der Größe bzw. Rasse der Tiere abhängig.

Besonders hinsichtlich der Trittwirkung der Pferde spielt das Körpergewicht eine wesentliche Rolle. Allgemein wird dem Pferd, v.a. wenn es beschlagen ist, ein schwerer Tritt nachgesagt, d.h. es setzt die Hufe hart am Boden auf. Überweidungsschäden können besonders rasch auf feuchten, weichen, z.B. anmoorigen Böden auftreten, welche dem Pferdetritt zu wenig Widerstand entgegensetzen. Tonige Böden bergen das Problem des starken Verhärtens nach Tritteinflüssen und anschließender Trockenperiode (BOEKER, 1977; von KORN, 1987).

Eine längere Zeit nur von Pferden betretene Weide bietet in der Regel ein sehr ungleichmäßiges Bild. Während zum einen vom Pferdemaul nahezu unberührte, hochgewachsene Vegetationsflecken zu sehen sind, gibt es andererseits Weideplätze mit ganz kurz über dem Boden abgefressenem Pflanzenbewuchs (TISCHLER, 1980).

Pferde können das Weidefutter mit den Lippen erfassen und mit den Zähnen abbeißen. Ihre Freßtechnik erlaubt ihnen ein tieferes Abfressen schmackhafter Pflanzen als dem Rind. Pferde sind jedoch, v.a. wenn es sich um Großpferde und nicht um genügsame Pony- und Kleinpferderassen handelt, wählerisch und stellen gewisse Ansprüche an die Qualität der angebotenen Grünmasse. Weißklee (Trifolium repens) und hochwertige Gräser wie Wiesenrispe Poa pratensis), Deutsches Weidelgras (Lolium perenne) u.a. werden mit Vorliebe gefressen (BOHNE, 1953; VOISIN, 1961). Hinzu kommt die im Vergleich zum Rind größere Empfindlichkeit gegenüber verschiedenen Giftpflanzen wie Scharfem Hahnenfuß (Ranunculus acris) u.a. (SCHÖN, 1983).

Ein besonderes Problem stellt, zumindest auf eingezäunten Flächen, die Exkrementablage dar. Pferde setzen den Kot immer an derselben Weidestelle ab. Dadurch entstehen verkotete, völlig überdüngte Plätze. Dort findet eine drastische Veränderung oder gar Zerstörung des Pflanzenbestandes statt (KOLTER & MEYER, 1986).

Die Freß- und Weidegewohnheiten der Pferde können allerdings aufgrund der beträchtlichen rassenspezifischen Unterschiede nicht über einen Kamm geschoren werden. Das Ausmaß der geschilderten und u.U. sehr nachteiligen Auswirkungen der Pferdeweide auf Grünlandvegetation, sind über niedrige Besatzdichten und Rassenwahl verringerbar. Kleinrahmige, leichte Rassen sind nicht nur im Tritteffekt schonender für die Grasnarbe als Großpferde, sie stellen im allgemeinen auch geringere Qualitätsansprüche an das Weidefutter. Für das Shetland-Pony z.B. ist junges Gras zu rohfaserarm und zu nährstoffkonzentriert, als es den verdauungs-Physiologischen Bedürfnissen des Tieres entsprechen könnte. Das Tier benötigt geradezu rohfaserreiches, nach Futterwerttabellen schlechteres Futter (SCHWARK, 1978). Bei Fjordpferden und Isländern können Eichen- und Birkenanflug eine nicht unwichtige diätetische Funktion erfüllen. Zwar ist eine Vorliebe für Klee und gute Futtergräser auch bei ihnen vorhanden, doch werden in Mangelsituationen minderwertiges Gras und sogar Binsenarten (Juncus spp.) verwertet (PAPENDIECK, 1958).

Ausschlaggebend für eventuelle Beweidungseinflüsse ist nicht zuletzt die Haltungsform. Bei freilebenden Pferden sind z.B ausgesprochene Abkotungszo-

nen bislang kaum beobachtet worden (KOLTER & MEYER, 1986).

Verschiedene Autoren (BOEKER, 1977; UPPENBORN, 1978 u.a.) empfehlen gemischten oder wechselnden Besatz von Pferden mit Rindern oder Schafen. Rinder fressen beispielsweise eher überständiges, von den Pferden gemiedenes Weidefutter, so daß sich die tierartspezifischen Freßgewohnheiten positiv ergänzen können (KOLTER & MEYER, 1986). Zu den Weidewirkungen von Pferden siehe auch Abb.9, Kap.3.2.1.

3.4.2 Haltungsformen und Rassenspektrum aus landschaftspflegerischer Sicht

Im Sinne der Landschaftspflege sind, um größeren Schäden durch Pferdebeweidung vorzubeugen, extensive Haltungsformen vorrangig zu beachten. Kleinflächig kann auf Koppelhaltung zurückgegriffen werden, eventuell als Mischbesatz mit Rindern oder Schafen. Eine Möglichkeit zur Verminderung von Narbenbelastungen durch die Pferdehufe ist regelmäßiger und rechtzeitiger Weideumtrieb.

Anzuführen sind die einigermaßen aufwendigen Einfriedungen einer Pferdekoppel. In Frage kommen hierbei Holz-, Elektro- und Stacheldrahtzäune, aber auch "lebende" Weidebegrenzungen wie Strauchhecken. Bei Ponys reicht bereits eine Zaunhöhe von ungefähr 1 m, während Großpferde höherer Zäune bedürfen (SCHÖN, 1983). Wildlebende Kleintiere sind aufgrund des relativ hohen Durchschlupfs weniger gefährdet bzw. behindert, als dies bei den dicht über dem Erdboden verlaufenden Weidezäunen der Koppelschafhaltung der Fall ist.

Um mit Pferden größerflächig Landschaftspflege betreiben zu können, bieten sich Wild- oder Halbwildhaltungen an. Darunter ist eine Art der ganzjährigen Weidehaltung zu verstehen. Im Winter wird den Tieren in den meisten Fällen ein geeigneter Windschutz oder Unterstand sowie etwas Rauhfutter, Silage, Rüben o.ä. zur Verfügung gestellt (ANDREAE, 1973; PAPENDIECK, 1958).

Diese Art der Extensivhaltung ist allerdings nur mit Pferderassen möglich, die einige wesentliche Voraussetzungen erfüllen. Die Tiere müssen genügsam und anspruchslos dem Weidefutter gegenüber, klimahart, wenig pflegebedürftig und fruchtbar sein. Mit diesen Vorzügen sind in der Tendenz eher kleinrahmige Tiere ausgestattet (von KORN, 1987).

Unter Kleinpferden und Ponys gibt es etliche Rassen, welche über die entsprechende Robustheit verfügen (in Klammern Angaben über jeweiliges Stockmaß und Körpergewicht nach SAMBRAUS, 1987 und SCHÖN, 1977).

Die Dülmener (120 - 135 cm) sind völlig wild gehaltene Kleinpferde, von denen es allerdings nur etwa 200 Tiere, den Hauptbestand davon in Westfalen, gibt (SAMBRAUS, 1987).

Das Fjordpferd (135 - 145 cm, 350 - 500 kg) kommt ursprünglich von der norwegischen Westküste. Dort mußte es seit jeher monatelang mit Futter geringster Qualität auskommen. Fjordpferde reagieren sogar geradezu empfindlich auf höhere Kraftfuttergaben, sind geradezu prädestiniert für Wild- und Halbwildhaltung. Die Wetterhärte dieses Kleinpferdes läßt Überwinterungen, z.B. von Jährlingen, auf den Weidegründen ohne weiteres zu (PAPENDIECK, 1958; LÖWE & MEYER, 1979).

Ähnlich einzuschätzen sind die etwas kleineren Islandponys (130 - 138 cm, 350 - 400 kg). Ihre Robustheit leitet sich aus der isolierten Lage des Herkunftslandes Island, dem dortigen Klima und den kargen Vegetationsverhältnissen ab. Islandponys bleiben mitunter ganzjährig sich selbst überlassen, wodurch sich die Rasse als besonders ausdauernd und futtergenügsam entwickelte (SCHWARK, 1978).

Arme Böden, zum Großteil mit Moor, daneben mit Heide und nur ab und zu kleineren Grasflächen bedeckt - so wird die Vegetation der Shetland-Inseln, Ursprungsgebiet der kleinen Shetland-Ponys (90 - 106 cm, 150 - 200 kg) charakterisiert. Darauf gründet sich die Anpassungsfähigkeit dieser kleinsten Ponyrasse in der BRD an ärmlichste Futtergrundlagen. Shetland-Ponys stellen nur geringste Anforderungen an Haltung und Arbeitsaufwand und zeichnen sich, ebenso wie die Island-Ponys, durch hohe Fruchtbarkeit aus (SCHWARK, 1978; UPPENBORN, 1978).

Das Exmoor-Pony (114 - 130 cm) ist als älteste englische Ponyrasse aus seiner Heimat moorige und bergige Gebiete gewohnt. In ihm sind die Eigenschaften der britischen Wildpferde am besten erhalten. Genauso wie das Dartmoor-Pony (120 - 127 cm) wird es in der Literatur als äußerst zäh und widerstandsfähig beschrieben. Mit beiden Rassen kann ganzjährige Freilandhaltung praktiziert werden (SCHWARK, 1978).

Dasselbe trifft auf die im Wuchs größeren, von der irischen Westküste stammenden Connemaras (140 - 148 cm) zu. Neben ihrer Robustheit wird ihnen ein ruhiges Wesen nachgesagt (SAMBRAUS, 1987).

Ein anspruchsloses, trittsicheres Bergpferd stellt sich mit dem Haflinger (135 - 145 cm, 350 - 400 kg) vor. Ihm machen schnelle Temperaturwechsel, wie sie im Hochgebirge vorkommen können, wenig aus. Haflinger sind, was die Fütterung anbelangt, etwas anspruchsvoller als die bisher aufgezählten Rassen (UPPENBORN, 1978).

3.4.3 Erfahrungen mit Pferden

Die reine Pferdeweide ist als vorwiegend von landschaftspflegerischen Motiven herrührende Weidenutzung bei uns nicht verbreitet. Die Haltung von Pferden auf Extensivgrünland erfolgt seit jeher in eher kleiner Stückzahl oder/und in gemischten Herden, damit sich Freß- und Tritteigenschaften von Pferden, Rindern und Schafen ausgleichen bzw. ergänzen (BOGNER, 1980). Auf den Allmendweiden des Schwarzwaldes wurden früher beispielsweise durchaus einige Pferde zusammen mit Rindern und auch Ziegen gehütet (Weideinspektion Schönau, mdl. Mitteilung eines Mitarbeiters).

Die Wildhaltung der Dülmener im Meerfelder Bruch bei Dülmen in Westfalen ist bei uns eines der wenigen Beispiele für Pferdebeweidung auf einem größeren Areal. Etwa 200 Tiere leben dort ganzjährig auf einer 200 ha großen Fläche. Sie ernähren sich fast ausschließlich von der Weide. Lediglich im Winter wird etwas Rauhfutter zugefüttert (PAPENDIECK, 1958; SAMBRAUS, 1987).

Im Rahmen der landschaftspflegerischen Aktivitäten auf brachgefallenen Grünlandflächen im Spessart seit Beginn der 70er Jahre wurden kleinflächig Connemaras eingesetzt. Die Robustpferde beweideten dabei mehr oder minder feuchte Talauen. Die durchschnittlichen Weideleistungen der Flächen betrugen 800 - 1000 KStE/ha. Nach dem ersten Sommer waren die Pflegeflächen sauber abgeweidet. Die Pferde präsentierten sich trotz der geringen Weidequalität in zufriedenstellendem Futterzustand (ZELLFELDER, 1976).

Dies unterstützt die Aussicht, daß Pferdebeweidung mit standörtlich angepaßten, kleinen Rassen (z.B. Connemaras, Exmoor-, Dartmoor-Ponys) auch auf feuchten und nassen Flächen möglich sein kann. Die

Kleinpferdehaltung war ohne diese bis vor einigen Jahrzehnten in vielen Moor- und Geestgebieten Nordwestdeutschlands üblich (PAPENDIECK, 1958). BOEKER (1977) hat v.a. anspruchsvolle Großpferderassen im Sinn, wenn er feuchte und nasse Standorte als für Pferde ungünstig erklärt. Als Gründe nennt er Parasitengefahr und schlechte Hufausbildung durch den weichen Untergrund.

Die standortspezifische Eignung der im vorigen Kapitel beschriebenen Pferderassen ergibt sich im wesentlichen aus den Umweltverhältnissen ihrer ursprünglichen Herkunftsgebiete. Bei dieser Überlegung sind jedoch Naturschutzaspekte wie Offenhaltung der Landschaft oder Erhaltung bestimmter Pflanzengesellschaften größtenteils unberücksichtigt. Die Feststellung, daß Kleinpferdehaltung auf Feuchtweiden möglich ist, muß noch nicht positive Pflegewirkungen durch die Tiere bedeuten.

3.5. Damwild

Das aus der Türkei stammende europäische Damwild kann auch in Gehegehaltung nicht als Haustier bezeichnet werden. Der biologische Status der Tiere weist sie als gefangene wilde Tiere aus (BOGNER, 1980).

3.5.1 Auswirkungen der Damwildbeweidung

Die Weidewirkungen des Damwildes auf die jeweilige Vegetation äußern sich in Art und Ausmaß sehr verschieden.

Zunächst bedingt das geringe Körpergewicht (Alttiere um 50 kg) der Tiere einen relativ schonenden Tritt. Deren kleine Klauen können in Hanglagen Bodenverfestigungen und damit sogar erosionsmindernde Effekte hervorrufen (REINKEN; 1980).

Viel einschneidender in der Wirkung zeigt sich der Verbiß des Damwildes. Die Tiere vermögen, besonders in Zeiten geringen Futterangebots, Kräuter und Gräser sehr dicht über dem Boden abzufressen. Sie äsen mit hastigen Kopfbewegungen, wobei die Pflanzen abgebissen oder gerupft werden. Als Nahrungspflanzen dienen in erster Linie Wiesengräser. Dazu gehören auch Arten, die viele andere Weidetiere nur ungern fressen, wie Wolliges Honiggras (Holcus lanatus), Rasenschmiele (Deschampsia caespitosa) sowie Seggenarten (Carex spp.) u.a. (REINKEN, 1980).

Überhaupt verfügt das Damwild über ein weiteres Futterspektrum. Die Tiere nehmen Baum- und Strauchaufwuchs zu sich und sind selbst Brennesseln (Urtica spp.) und Disteln (Cirsium spp.) u.a. gegenüber nicht abgeneigt. Buschwerk von Himbeeren und Brombeeren (Rubus spp.) sowie von Rosenarten (Rosa spp.) ist besonders beliebt. Damwild nimmt bisweilen Baumrinden auf. Das Abschälen von Rinde kann Bäume zum Absterben bringen, wodurch eine gewisse Öffnung verbuschter Landschaften mit Hilfe von Damwildbesatz möglich ist (von KORN, 1987; vgl. auch Abb. 6, Kap. 3.2.1).

3.5.2 Haltungsformen aus landschaftspflegerischer Sicht

Damwild wird ganzjährig im Freien gehalten. Eine Beifütterung erfolgt in der vegetationsarmen Zeit (70 - 120 Tage im Winter). Die Tiere leben in umzäunten Gehegen, zuweilen mit einem schützenden Unterstand versehen. Nach REINKEN (1980) sollte die Gehegefläche eine Größe von mindestens etwa 2 - 3 ha besitzen.

Von landschaftspflegerischen Aspekten her gesehen, sind die hohen Zäune der Gehege problematisch. Damwild besitzt ein sehr gutes Springvermögen, so daß Zaunhöhen von nicht unter 1,80 m erforderlich werden, um die Tiere am Ausbrechen zu hindern (BOGNER, 1980; POPP, 1988). Der zumeist verwendete Maschendraht hindert viele andere Wildtiere am Durchwandern der Gehege und stellt dadurch eine Störfaktor in der Natur dar. Zusammenhängende Areale werden durch die Umzäunungen zerschnitten.

3.5.3 Erfahrungen mit Damwild

Mit Ausnahme von besonders nassen Flächen kommen die meisten Standorte in der BRD grundsätzlich für die Damwildhaltung in Frage. Die Befürchtung, die Tiere könnten auf weicheren Böden mit verstärktem Klauenwachstum reagieren, hat sich bislang nicht bewahrheitet (REINKEN, 1980).

Damwild kommt bis zu einer Niederschlagsmenge von 1000 mm/Jahr ohne zusätzlichen Schutz (Hütte, offener Stall) aus, insofern natürlicher Sicht- und Witterungsschutz vorhanden ist. Große Regenereignisse, verbunden mit starkem Wind, bedeuten für die Tiere jedoch eine Belastung. Grenzen bezüglich Hangneigung müssen kaum beachtet werden, dagegen ist eine ganzjährige Wasserversorgung durch entsprechende Quellen, Bäche, Brunnen etc. wichtig (REINKEN, 1976).

Unter wüchsigen Bedingungen (3000 - 4000 KStE/ha) sind Bestandsdichten von 8 - 11 Alttieren einschl. Nachwuchs möglich. Höhere Besatzstärken haben u.U. verstärkten Wurm- und Leberegelbefall zur Folge (REINKEN, 1980). Auf Pflegeflächen mit geringeren Aufwuchsmengen ist an Reduzierung des Tierbesatzes zu denken. Bei Versuchen in Nordrhein-Westfalen Mitte der 70er Jahre bei Kleve weideten 14 Tiere/ha auf einer Weidelgrasweide von 4000 KStE/ha. Die Damwildbeweidung führte zu einer Verringerung des Kräuteranteils auf der Fläche, so z.B. zum Verschwinden von Löwenzahn (Taraxacum officinale) und Brennessel (Urtica spp.) (REINKEN, 1976).

Auf Weidelgrasweiden beobachtetes Freßverhalten läßt sich allerdings nicht ohne weiteres auf Extensivgrünland übertragen.

Bäume, die innerhalb von Gehegen stehen, können mit Hilfe von Drahthosen vor dem Damwild geschützt werden. Andernfalls droht Holzpflanzen das Absterben durch das Abschälen der Rinde (REINKEN, 1980). Nach POPP (1988) fallen jüngere Bäume (unter 25 cm Umfang) ohne Schutz dem Schälen der Tiere mit Sicherheit zum Opfer.

BAMBERG (1985) hat in Schleswig-Holstein das Verhalten von Damwildbeständen in Gehegen und im Freiland untersucht und verglichen. Als Grundlage für seine Beobachtungen dienten 3 Gehegebestände und eine Freilandpopulation auf Grenzertragsböden. Die in den Gehegen lebenden Tiere zeigten im Vergleich zu den freilebenden Artgenossen Verhaltensänderungen, die hauptsächlich auf die Beschränkung der freien Wohngebietswahl und die Verminderung von Ruhezeiten durch Störungen von außen begründet waren. Ein Gehege muß als ein Lebensraum sämtliche jahreszeitlichen Bedürfnisse der Tiere befriedigen, was besonders in kleineren abgegrenzten Arealen kaum möglich ist. Doch auch in optimal angelegten Gehegen stellte der Besucherverkehr eine Störung für das Damwild dar. Der Stoffwechsel der Tiere kann sich in Fluchtsituationen um bis zu 700% gegenüber dem ruhigen Gehen erhöhen. Gerade aber im Winter gilt das Ruheverhalten als Überlebensstrategie. Es verhindert raschen Depotfettabbau.

Viele Tiere in den Gehegen verlegten die Nahrungsaufnahme auf die ruhigeren Tageszeiten nach Einbruch der Dunkelheit. BAMBERG (1985) zieht aus seinen Untersuchungen das Resümee, daß der für eine artgerechte Damtierhaltung zu betreibende Aufwand weit über der wirtschaftlichen Leistung der Wildart liegt, was andersherum heißen würde, daß rentabel betriebene Damtiergehege nicht artgerecht sein können.

3.6 Sonstige Tierarten

An dieser Stelle sollen Tierarten genannt werden, die in die Überlegungen eines landschaftspflegerischen Einsatzes aus vielerlei Gründen noch kaum Eingang gefunden haben.

REINKEN (1980) erwähnt neben dem Damwild andere, ursprünglich in Erwägung gezogene Wildtierarten zur Gehegehaltung. Aufgrund von lebensräumlichen und Nahrungsbedürfnissen ist die Haltung von Rehen, Elchen, Rentieren u.a. allerdings so problematisch, daß von dieser Idee wieder Abstand genommen wurde.

KNAPP (1977) berichtet von über die Dauer eines Jahrzehnts gemachten Beobachtungen auf einem Halbtrockenrasen in Hessen. Bei nahezu fehlender Beweidung durch Nutztiere und unter trockenen Bodenverhältnissen stellte er keinen wesentlichen Anstieg von Gehölzanflug fest und führt dies auf den dort reichen Wildbestand an Rehen, Feldhasen und Kaninchen zurück. Nur in regenreicheren Perioden ergab sich langfristig eine Erhöhung des Holzpflanzenanteils auf der Untersuchungsfläche. In stärkerer Besatzdichte kann das Wildschwein drastische Auswirkungen hervorrufen. Es durchwühlt in umzäunten Arealen die Grasnarbe sehr stark. Wildschweine eignen sich kaum für Grünlandnutzung, und nur mit großer Einschränkung ist eine Haltung auf Öd- und Brachland möglich (REINKEN, 1980).

Auch Hausschweine können die Pflanzendecke sehr rasch zerstören, v.a. wenn sie ungeringelt sind (BOHNE, 1953; VOISIN, 1961). Unkontrolliert besetzte Schweineweiden zeigen kahlgefressene Stellen neben gemiedenen Geilhorsten. Die Tiere nehmen vorrangig nur eiweißreichstes und rohfaserärmstes Futter auf (KLAPP, 1971).

Eine weitere vorstellbare Nutzungsform auf Pflegeflächen ist die der Gänsehaltung. Gänse u.a. Geflügel üben durch ihr geringes Körpergewicht extrem wenig Bodendruck aus. Im Freßverhalten zeigt Geflügel starkes Selektionsvermögen (ELLENBERG, 1952). Gänse reißen Weidepflanzen oft vollständig heraus. Dem Rupfen halten nur eine Reihe von Pflanzenarten stand. So treten auf einer reinen Gänseweide besonders Gänsefingerkraut (Potentilla anserina), Wegerich (Plantago spp.), gewisse Ampfer- (Rumex spp.) und Knötericharten (Polygonum spp.)

hervor (VOISIN, 1961). Gewisse Erfahrungen mit Gänsen liegen aus Dithmarschen vor. Dort wurden und werden stellenweise Deichschaf- und Gänsehaltung kombiniert. Die Gänse nutzen dabei den jüngsten Aufwuchs von feuchten Wattflächen, welche von Schafen noch nicht begehbar sind. Doch auch hier bereitet das Rupfverhalten der Gänse Schwierigkeiten (BRODERSEN, 1983).

4. Bisherige Berücksichtigung von Weidetieren in Extensivierungsprogrammen

Nach vorsichtigen Schätzungen von BÜTTENDORF & MÜLLER (1988) sind zur Zeit mindestens 10% der bundesdeutschen Grünlandfläche potentiell in den laufenden und geplanten Grünlandextensivierungsprogrammen berücksichtigt.

Die an den verschiedenen Programmen teilnehmenden Landwirte erhalten Erschwerniszulagen für Produktionsbeschränkungen auf den einbezogenen Flächen. Neben zum Teil differenzierten Verboten für Dünge- und Pflanzenschutzmitteleinsatz sowie Bodenbearbeitungsformen, sind Beweidungsauflagen nicht selten Bestandteile der Förderverträge.

HERMANN (1987) hat die einzelnen Grünlandextensivierungsprogramme der Bundesländer zusammengestellt und nach ihren Merkmalen untersucht. Enthalten sind Programme für Naß- und Feuchtgrünland (11 an der Zahl), Trockengrünland (2), Streuobstwiesen (2) und allgemeines Grünland (6).

Es fällt dabei auf, daß auf Naß- und Feuchtgrünland in den meisten Fällen (8 von 11) Beweidungsbegrenzungen, zum Teil auch Beweidungsverbote (2 von 11) vorgesehen sind. Auf Trockengrünland hingegen sind Weidetiere meist eingeplant. Das Programm für Mager- und Trockenstandorte, Bayern, integriert z.B. Beweidung durch Jungvieh, Schafe oder Ziegen bei einer Besatzstärke von max. 1,2 GVE/ha. In den Grünlandprogrammen allgemeiner Art sind Auflagen und Verbote für Beweidung wiederum üblich (in 2 von 6 Fällen).

Die Nutzungsauflagen sind teilweise gestaffelt bzw. zoniert, so das Programm "Borgfelder Wümmewie-

sen" (Naß- und Feuchtgrünland), Bremen. Darin gelten folgende Bestimmungen:

- in Zone 1 maximal 2 Nutztiere/ha
- in Zone 2 maximal 12 Nutztiere/ha
- in Zone 3 keine Beschränkungen

Eine weitere Auflagenvariante enthält die Extensivierungsförderung Schleswig-Holstein, Schwerpunkt Trockenes Magergrünland. Hier wird die Beweidung an sich zwar nicht limitiert, doch die Zufütterung der Weidetiere ist nicht erlaubt. Ebenso ist im Feuchtwiesenschutzprogramm Nordrhein-Westfalen das Zufütterungsverbot inbegriffen.

Inzwischen sind zu den bei HERMANN (1987) aufgeführten Programmen einige weitere hinzugekommen (Übersicht siehe Tab. 11 und 12 im Anhang). Dennoch kann festgestellt werden, daß der Anteil des Trockengrünlandes an der gesamten Extensivierungsförderung (2 von insgesamt 21) gering ist. Gerade aber auf trockenen Flächen könnten Weidetiere in stärkerem Maße Naturschutzzielen förderlich sein als beispielsweise auf Naß- und Feuchtgrünland, wo Beweidungsauflagen und -verbote sicherlich standörtlich begründet sind. Allgemein sind in den genannten Programmen Beweidungsmaßnahmen bislang noch wenig integriert.

Ebenso fehlen häufig genauere Differenzierungen von Besatzstärken und Beweidungszeiträumen für die verschiedenen Flächen. Die Programme für Trocken- und Magerstandorte in Nordrhein-Westfalen bilden diesbezüglich eine Ausnahme. Unterschieden werden dort je nach Standort Besatzstärken von max. 2 Tieren/ha, max. 1 GVE/ha nach dem

15.6. sowie generelle Beweidungserlaubnis und Zufütterungsverbote. Je nach Ausprägung der nach dem Biotopkataster der Landesanstalt für Ökologie, Landschaftsentwicklung und Forstplanung (LÖLF) registrierten, schutzwürdigen Flächen tritt die eine oder andere Bestimmung in Kraft (EBEL & HENTSCHEL, 1987).

Das neue bayerische Kulturlandschaftsprogramm setzt als Maßstab für die förderungswürdigen Betriebe allgemein einen Viehbestand von höchstens 1,5 GVE/ha an, um extensive Wirtschaftweisen zu unterstützen. Dazu wurden insgesamt 1,4 Mio. ha (39% der ldw. Fläche Bayerns) als Förderungsgebiete ausgewiesen. Enthalten sind darin Fluß- und Bachauen, Moore, Hanglagen mit mehr als 12% Gefälle, Almen, Alpen sowie Natur- und Landschaftsschutzgebiete (FUCHS, 1988).

Exakte Festlegungen auf bestimmte Nutztierarten sind in den Förderverträgen sämtlicher Länderprogramme nicht vorhanden. Es bleibt in der Regel den beteiligten Landwirten überlassen, ob sie Rinder, Pferde, Schafe oder Ziegen auf die Grünlandflächen treiben.

Eventuelle Förderungsmaßnahmen für die Haltung von marktwirtschaftlich weniger einträglichen, aber für die Landschaftspflege besonders geeigneten Landrassen sind ebensowenig in den Programmen verankert. Allerdings gewähren einige Bundesländer außerhalb der Extensivierungsförderung Zuschüsse für die Erhaltung bestimmter Nutztierrassenbestände. Ankaufshilfen für Röhnschafe und Coburger Fuchsschafe sind aus Bayern bekannt (SCHARNHÖLZ & SCHARNHÖLZ, 1983). Das Land Baden-Württemberg zahlt Prämien für aufgezogene Kälber und Erstlingskühe des Hinterwälder

---

In Feuchtwiesenschutzprogrammen desselben Bundeslandes finden sich ebenfalls zeitliche Unterteilungen in den Nutzungsauflagen, z.B. für

Extensive Mähweiden:
15.03. - 15.06. keine Beweidung.
16.06. - 31.10. nicht mehr als 2 Rinder/Pferde je ha

Extensive Weiden:
15.03. - 15.06. bis 2 Rinder,
16.06. - 31.10. bis 4 Rinder/Pferde je ha

(DER MINISTER FÜR UMWELT, RAUMORDNUNG UND LANDWIRTSCHAFT, NORDRHEIN-WESTFALEN, 1987).

Im Rahmen der Extensivierungsförderung Schleswig-Holstein finden sich je nach Schwerpunktsetzung verschiedene Festlegungen:

Schwerpunkt "Wiesenvogelschutz":
Auftrieb bis zum 20.06. nicht mehr als 3 Rinder je ha (Standweide);

Schwerpunkt "Brachvogelschutz":
Auftrieb bis zum 05.06. nicht mehr als 3 Rinder je ha (Standweide);

Schwerpunkt "Birkwildschutz":
Ab 01.08. dürfen die Flächen mit bis zu 2 GVE je ha nachgeweidet werden;

Schwerpunkt "Sumpfdotterblumenwiesen":
Beweidung ab 1. Juli nicht mehr als 2 GVE je ha (Standweide);

Schwerpunkt "Kleinseggenwiesen":
Beweidung ab 01.08. mit nicht mehr als 1 GVE je ha (Standweide);

Schwerpunkt "Amphibienschutz"
Auftrieb nicht mehr als 2 GVE ja ha

Schwerpunkt "Trockenes Magergrünland":
keine zusätzliche Fütterung des Weideviehs

(DER MINISTER FÜR ERNÄHRUNG, LANDWIRTSCHAFT UND FORSTEN SCHLESWIG-HOLSTEIN, 1987).

Viehs. OEHMICHEN (1988) nennt weitere Beispiele aus Hessen, Rheinland-Pfalz und dem Saarland.

Neben den Extensivierungsprogrammen der Bundesländer existieren auf Gemeinde- und Kreisebene Landschaftspflegeversuche wie z.B. im bayerischen Spessart. ZELLFELDER (1976) stellt im Zuge der Zusammenarbeit von Gemeinden und Schafhaltern einen Anstieg der dortigen Herdenzahl und -größen fest. In nahezu jeder Spessartgemeinde ist seinen Angaben zufolge inzwischen eine Schafherde vorhanden, um Grünlandareale vor dem Brachfallen zu bewahren. Trotz gelegentlicher lokaler Probleme hat sich dort die Schafhaltung zur Landschaftspflege bewährt (ZELLFELDER, 1988). Auch KOLT (1972) weist auf die Vorteile regionaler Zusammenarbeit hin.

5. Diskussion

Bevor die Frage gestellt werden kann, welche Nutztierrassen sich letztendlich für die Pflege des einen oder anderen Grünlandstandortes eignet, sind grundsätzliche Überlegungen notwendig.

Sollen bestimmte Pflanzen und Pflanzengesellschaften überhaupt vor dem Niedergang durch lichtraubenden Gehölzaufwuchs etc. bewahrt werden? Und - wenn ja - wie ist größerflächiger Biotopschutz realisierbar? Geht es um das Festschreiben gewesener und gegenwärtiger Vegetationsformen oder eher um die Steuerung einer dynamischen Landschaftsentwicklung?

Entscheidet sich unsere Gesellschaft für die Erhaltung gewisser, durch anthropogene Beeinflussung entstandene Grünlandbereiche, so stellt die Beweidung mit Nutztierrassen eine Möglichkeit dar, flächenhaft Landschaftspflege zu betreiben. Freilich kann der Pflegefraß der Tiere nicht isoliert betrachtet werden, da auf den meisten Standorten begleitendes Ausholzen, Mähen, Brennen usw. notwendig ist, um die jeweiligen Pflegeziele zu verwirklichen. Pflegeziele können sowohl Aufrechterhaltung von bestehenden Vegetationsbildern, als auch begrenzte Ermöglichung dynamische Sukzessionsverläufe bedeuten.

Die Beweidung als Pflegemaßnahme schutzbewürdiger Flächen trägt einige Vorteile in sich:

- verschiedene Pflanzengesellschaften sind durch Beweidung entstanden, können auf diese Art logischerweise auch am besten erhalten werden;
- traditionelle Weidehaltung von Nutztieren kann als erhaltenswertes Kulturgut aufgefaßt werden;
- die Pflegekosten fallen bei Beweidung in der Regel niedriger aus als bei anderen Verfahren wie mechanisches Ausholzen etc. (THIELE-WITTIG, 1974);
- es entstehen keine Entsorgungsprobleme wie z.B. mancherorts mit abgemähtem Auswuchs;
- Landschaftspflege "verkommt" durch Beweidung nicht zur reinen Pflege, sondern verzahnt sich mit landwirtschaftlicher Produktion.

Die größte Erfahrung bei der Beweidung von Landschaftspflegeflächen liegt in der Schafhaltung vor. Sämtliche in der Arbeit behandelte Vegetationsbereiche - Kalkmagerrasen, Silikatmagerrasen, Hei-

degesellschaften und Feuchtgrünland - können auf traditionelle Schafbeweidung zurückblicken.

Heute steht der Landschaftspflege noch eine beträchtliche, wenn auch gefährdete Vielfalt an einheimischen Landschafrassen zur Verfügung, so daß die Tiere standortgezielt eingesetzt werden könnten. Der niedrige Erhaltungsbedarf der robusten, kleinen Landschafe begünstigt deren Nutzungsmöglichkeiten für extensive Grünlandbeweidung auf ertragsarmen Magerflächen.

Hinzu kommen aus dem Ausland stammende Rassen wie Soay-Schaf, Romanov u.a. Ihnen allen ist gemeinsam, daß sie trotz kärglicher Futtergrundlagen noch beachtliche Fleisch-, Woll- und Pflegeleistungen zu erbringen vermögen. Aus landschaftspflegerischer Sicht kann die "Leitung" der Tiere anders formuliert und definiert werden, als dies in der modernen Landwirtschaft der Fall ist. Während dem hohen Fleisch- und Milchpotential der sogenannten Hochleistungsrassen mit der Zufuhr möglichst hoher Futtermengen und -qualität entsprochen werden muß, passen sich die Landrassen an die gegebenen Bedingungen an und erbringen daraus ihre Leistung. Wenn beispielsweise ein Rhönschaf unter dem rauhen, naßkalten Klima und kargen Futtergrundlagen des heimischen Mittelgebirges bei gleichzeitig geringem Betreuungsanspruch noch Güter wie Fleisch, Nachwuchs usw. liefert, ist dies auch als Hochleistung anzusehen.

Einige besonders geeignete Landschafrassen:

auf Kalk- und Silikatmagerrasen
- Rhönschaf
- Coburger Fuchs
- Waldschaf
- Bergschaf

auf Heidegesellschaften
- Graue und Weiße Gehörnte Heidschnucke
- Skudde
- Bentheimer Landschaf

auf Feuchtgrünland
- Weiße Hornlose Heidschnucke
- Rauhwolliges Pommersches Landschaf.

Ausgestorbene oder gefährdete Rassen

Schafrassen
- Rhönschaf
- Coburger Fuchs
- Waldschaf
- Bentheimer Landschaf
- Weiße Gehörnte Heidschnucke
- Skudde
- Rauhwolliges Pommersches Landschaf

Rinderrassen
- Hinterwälder
- Murnau-Werdenfelser
- Glanvieh
- Rotes Höhenvieh
- Limpurger.

(MALJALA et al., 1984; SAMBRAUS, 1987; SIMON & SCHULTE-COERNE, 1979).

Falls die Landschaftspflege mit Tieren wirklich ganz große Bedeutung erlangen sollte, kommen auf die Tierzucht völlig neue, dem gegenwärtigen Trend zum Teil entgegenlaufende Aufgaben zu. Die Landschaftspflege braucht keine schweren modernen Hochleistungstiere, sondern eher kleinere, zähe "Hochleistungstiere" anderer Art.

Im Bereich der Schafhaltung ist, neben der eher kleinflächig anwendbaren Koppelhaltung, die Hütehaltung für großflächigen Pflegeeinsatz günstig zu beurteilen. Da die Wanderschafhaltung im Rückgang begriffen ist, wird vermutlich der stationären Hütehaltung in Zukunft größere Bedeutung zukommen.

Rinder sind in der Landschaftspflege weniger erprobt als Schafe. Dennoch gibt es diverse robuste Rinderrassen, deren Einsatzchancen erfolgversprechend erscheinen. Galloways und Fjäll-Rinder eignen sich z.b. zur Pflege von Feuchtgebieten und zeigen eine vielzahl von Eigenschaften, die dem Biotopschutz zustatten kommen:
- Wetterhärte (daher ganzjährige Freilandhaltung möglich);
- Genügsamkeit in der Nahrungsaufnahme;
- Anpassungsfähigkeit an den jeweiligen Standort;
- relativ geringes Körpergewicht;
- geringer Betreuungsbedarf.

Ähnliche, für die Landschaftspflege günstige Merkmale sind bei den Rassen Schottisches Hochlandrind, Welsh Black, Aberdeen Angus und Vogesenrind zu finden.

Von den einheimischen Rinderrassen ist es v.a. das kleine Hinterwälder Vieh, welches den Kriterien der Biotoppflegeeignung am besten entspricht. Es ist geradezu ideal an die Bedingungen des Südschwarzwaldes und die Beweidung der dortigen Borstgrasrasen angepaßt.

Als Haltungsform sind aufgrund des geringen Betreuungsaufwandes die extensive Mutterkuhhaltung und Pensionsviehhaltung am günstigsten zu beurteilen. Die zu Pflegezwecken herangezogenen Rassen müssen sich deshalb auch in die entsprechenden Haltungsformen integrieren lassen, wie z.b. Hinterwälder, Limpuger, Galloways, Schottische Hochlandrinder, Welsh Black und Aberdeen Angus als Mutterkuh.

Gerade bei den Rinder-, aber auch bei den Schafrassen gleitet die Suche nach geeigneten Tieren zur Pflege von Magerstandorten in die Problematik der bedrohten Nutztierrassen über. Regionalen Umweltbedingungen angepaßte Rassen sind in manchen Gebieten entweder ausgestorben, nur noch in Resten vorhanden oder doch tendenziell gefährdet.

Wenn aber weitere Landschläge aussterben, bestehen für die Landschaftspflege immer weniger Alternativen. Mit dem Verschwinden von Landrassen gehen zudem wichtige Genressourcen und Kulturgut verloren.

Soweit noch vorhanden, kann der Einsatz lokaler und damit den örtlichen Gegebenheiten angepaßter Rassen günstig beurteilt werden. Es ist dagegen nicht unbedingt plausibel, auf den Flügelginsterweiden des Südschwarzwaldes Galloways zu halten, wenn mit dem Hinterwälder Rind eine für diese Fläche ideale, einheimische Rasse zur Verfügung steht.

Bei dem Beurteilungsversuch, welche Rassen für welche Standorte die geeignetsten sind, taucht ein weiteres Manko auf:

Es fehlt an genaueren, vergleichenden Untersuchungen. Wenn man einmal von GERTH (1978) absieht, der das Freßverhalten von Heidschnucken und Fleischschafen auf Feuchtgrünland verglichen hat, liegen kaum Versuche über Rassenunterschiede im Pflegebereich vor. Insofern kann die vorliegende Arbeit größtenteils auch nur Möglichkeiten andeuten.

Wären z.B. Vogesenrind, Hinterwälder oder Vorderwälder, die aus ihrem Herkunftsgebiet mit kalkarmen Magerrasen vertraut sind, auch auf vergleichbaren Flächen in Harz, Rhön und Eifel einsetzbar? Lassen sich solche Rassen in "Fremdgebieten" integrieren bzw. ist das überhaupt sinnvoll? Hier bleiben noch eine Vielzahl von Fragen, Möglichkeiten und Themen für eventuelle Arbeiten offen.

Einen ganz speziellen Beitrag im Naturschutz können Ziegn leisten. Sie eignen sich, wie die Versuche von WILMANN & MÜLLER (1976, 1977) zeigen, in hervorragender Weise zur Offenhaltung bzw. Auflichtung von bereits verbuschten Arealen. Vielversprechend erscheint auch das Mitführen von Ziegen in Hüteschafherden. Allerdings muß mit Ziegenbeweidung verantwortungsvoll umgegangen werden, um aus einem Pflegeeinsatz nicht das Gegenteil zu machen.

Im Rahmen der Pferdehaltung gibt es derzeit noch wenig Ansätze für flächenhafte Pflegeprojekte. Die Wild- oder Halbwildhaltung von Pferden,wie z.B. Dülmener im Meerfelder Bruch, bietet aber durchaus Perspektiven, zumal mit Fjordpferd, Isländer, Shetland-Pony, Exmoor-Pony, Connemara usw. widerstandsfähige, genügsame Rassen vorhanden sind. Von den Einflüssen wild oder halbwild gehaltener Pony- und Kleinpferderassen auf den jeweiligen Pflanzenbestand ist allerdings noch wenig bekannt.

Überhaupt kann gesagt werden, daß es bislang nur eine geringe Anzahl differenzierter Untersuchungen über die Auswirkungen verschiedener Beweidungs-Formen auf die Vegetation gibt. Gutachten wie jenes von RIEGER (1988) über Schafbeweidung im NSG Weper sind erwünscht, um mehr Anhaltspunkte und Entscheidungshilfen für die Landschaftspflege zu gewinnen.

Neben verschiedenen Haustierarten wurde auch Damwild als "Pflegetier" in Disposition gestellt. Problematisch bleiben allerdings die arealzerschneidenden, hohen Umzäunungen der Gehege sowie die von BAMBERG (1985) festgestellten Verhaltensänderungen von Damtieren in Gehegehaltung.

Bestehende Extensivierungsprogramme könnten zur Integration von Weidetieren in den Naturschutz beitragen. Bisher ist aber eher eine Tendenz zur Ausgrenzung von Beweidung erkennbar. Dazu trägt schon allein die Tatsache bei, daß der Anteil von Programmen für Halbtrockenrasen am Gesamtvorhaben gering ist. Doch gerade die Kalk- und Silikatmagerrassen könnten Weidetiere besonders gut in die Extensivierungsförderung eingliedern.

Die meisten Perspektiven für den Naturschutz bieten robuste und genügsame Schaf- und Rinderrassen. Dies sind in erster Linie:

Schafrassen

- Graue Gehörnte
- Weiße Gehörnte Heidschnucke
- Weiße Hornlose Heidschnucke
- Skudde
- Rauhwolliges Rommersches Landschaf
- Bentheimer Landschaf
- Rhönschaf
- Coburger Fuchsschaf
- Waldschaf

Rinderrassen

- Galloway
- Schottisches Hochlandrind
- Welsh Black
- Fjäll-Rind
- Hinterwälder
- Limpurger

Einen weiteren, erkennbaren Mangel aus der Sicht des Naturschutzes zeigen die Programme in der schwachen Differenzierung der Beweidungsauflagen. Unter dem Mengenbegriff "Großvieheinheit" ist eine standortgerechte Landschaftspflege zu erreichen. Es ist ein großer Unterschied, ob ein Kalkhalbtrockenrasen von 2 GVE Rinder, Schafe, Ziegen oder Pferden beweidet wird.

Extensivierungsprogramme bedürften also bisweilen noch exakterer Ausarbeitung. Auf der anderen Seite muß gefragt werden, ob solche gebietsübergreifenden Instumentarien dem Naturschutz an Ort und Stelle überhaupt gerecht werden können, ob lokale Pflegevorhaben, wie z.B. im Spessart (ZELLFELDER, 1976, 1988), nicht vielversprechender sind.

Darüberhinaus sind indirekt wirkende Maßnahmen, wie die Förderung von zur Landschaftspflege geeigneten, u.U. bedrohten Nutztierrassen zu überlegen.

In der vorliegenden Arbeit ist häufig von "extensiver" und "intensiver" Beweidung die Rede, ohne daß die Begriffe exakter gefaßt sind. Mit ihnen operiert die einschlägige Literatur, obgleich die Vergleichbarkeit von Autor zu Autor bzw. von Standort zu Standort nicht gegeben ist. Die Bezeichnungen bleiben deshalb relativ und sind unterschiedlich gefärbt. Der Intensitätsbegriff orientiert sich an dem jeweiligen Standort. Dasselbe gilt für Angaben von Besatzdichten je ha. Solche Zahlen sind nur miteinander vergleichbar, wenn sich die Tiere ganzjährig von den entsprechenden Flächen ernähren würden. Da aber die Dauer des Verbleibens der Tiere auf den Weiden in den jeweiligen Literaturstellen selten übereinstimmt, können Besatzstärken nur unvollkommene Anhaltspunkte darstellen. Auch in der Gesamtproblematik "Landschaftspflege" mit verschiedenen Nutztierrassen" läßt sich selten etwas absolut formulieren, sondern muß immer wieder mit den Anhängseln "vorrangig", "weitgehend", "mitunter", gelegentlich" usw. relativiert werden.

Anhang

Tab.11: Schmackhaftigkeit verschiedener Pflanzenarten für Rinder

(Quelle: BOHNE; 1953)

bevorzugt	gern gefressen	gefressen	ungern gefressen	Meist gemieden	völlig gemieden
Lolium perenne	Agrostis alba	Agropyron rep.	Brachypod. pinnat.	Glyceria aquatica	
Phleum pratense	Alopecurus genicul.	Agrostis canina	Deschamp. caespitosa	Molinia coerulea	
Poa annua	Alopecurus pratens.	Agrostis tenuis	Festuca arundinacea	Nardus stricta	
Poa pratensis	Briza media	Anthoxanth. odorat.	Festuca ovina	Phragmites communis	
	Cynosurus cristatus	Arrhenath. elatius	Glyceria fluitans		
	Dactylis glomerata	Bromus erectus	Helict. pratensis		
	Festuca pratensis	Bromus mollis	Holcus lanatus		
	Festuca rubra	Helictotrich. pubesc.	Phalaris arundinacea		
	Poa trivialis	Trisetum flavescens	Weingaertn. canesc.		
Trifolium pratense	Lotus corniculatus	Anthyllis vulneraris	Lathyrus pratensis	Ononis repens	
Trifolium repens	Lotus uliginosus	Trifolium dubium		Ononis spinosa	
	Medicago lupulina	Vicia cracca			
	Trifolium fragiferum	Vicia sepium			
	Trifolium hybridum				
Plantago lanceolat.	Heracleum sphondyl.	Allium-Arten	Achillea millefolium	Achillea ptarmica	Arctium lappa
Taraxacum officin.	Leontodon aut. + hisp.	Anthriscus silvestr.	Agrimonia eupatoria	Capsella b. past.	Caltha palustris
	Pimpinella magna	Asperula cynanchica	Campanula rotundif.	Cardamine praten.	Cirsium acaule
	Pimpinella saxifraga	Bellis perennis	Carices div.spec.	Cichorium intybus	Cirsium lanceol.
	Prunella vulgaris	Centaurea scabiosa	Carum carvi	Cirsium arvense	Cirsium palustre
	Sanguisorba minor	Chenopod. rubrum	Centaurea jacea	Filipendula ulmaria	Colchic. autumn.
	Thymus serpyllum	Chrysanth. leuc.	Cerastium caespitos.	Glechoma hederac.	Comarum palustre
		Crepis biennis	Geranium molle (?)	Hydrocotyle vulg.	Dipsacus sativus
		Daucus carota	Knautia arvensis	Hypericum perfor.	Equisetum palustre
		Galium mollugo	Luzula camp. + mult.	Junci div. spec.	Eryngium campestre
		Galium saxatile	Plantago moior	Lychnis flos-cuculi	Euphorbia-Arten
		Galim verum	Plantago media	Pastinaca sativa (?)	Iris pseudacorus
		Gernium robert.	Polygonum aviculare	Polygonum persic.	Juniperus communis
		Helianth. numm.	Potentilla anserina	Ranunculus acer	Lythrum salicaria
		Hieracium pilosella	Potentilla reptans	Rorippa amphibia	Mentha aquatica
		Hypochoer. radic.	Ranunculus bulbosus	Rorippa silvestris	Mentha arvensis
		Linum catharticum	Scirpus silvaticus	Rubus fructicosus	Ornithog. umbell.
		Lysimachia numm.	Silaum silaus	Sagittaria sagitt. (?)	Petasites hybridus
		Primula officinalis		Salix repens	Poygonum lapatif.
		Prunella grandiflora		Sanguisorba off.	Pulicaria dysanterica
		Ranunculus repens		Senecio aquaticus	Ranunc. flammula
		Rumex acetosa		Senecio eru. + jacob.	Rosa canina
		Salvia pratensis		Solanum nigrum	Rumex crispus
		Sxabiosa columbaris		Tanacetum vulgare	Rumex obtuifolius
		Veronica chamaedrys		Urtica dioeca	Sisymbrium officinale
				Crataegus species	Sonchus-Arten
				Equisetum arvense	Succisa pratensis
					Symphytum officinalis
					Tussilago farfara

Tab.12: Liste der zunehmenden Pflanzenarten auf den 1984 beweideten Flächen im NSG Weper.

Arten mit positiver Mengenbilanz bis Herbst 1987. (Quelle: RIEGER, 1988)

Kontinuierlich zunehmende Arten bzw. Arten mit Ausbreitungsschwerpunkt im 3. Jahr nach der Beweidung

Arten mit Ausbreitungsschwerpunkt während der Beweidung bzw. im 1. oder 2. Jahr nach der Beweidung, z. Zt. bereits wieder abnehmend oder stagnierend

deutlich postive Mengenbilanz gegenüber der Ausgangssituation vor der Beweidung

deutlich positive Mengenbilanz gegenüber der Ausgangssitutation vor der Beweidung

● Anthyllis vulneria	Wundklee
● Cirsium acaule	Stengellose Kratzdistel
● Galium mollugo*	Wiesen Labkraut
● Lotus corniculatus	Gewöhnlicher Hornklee
● Prunella vulgaris	Kleine Braunelle
● Sangiusorba minor	Bibernelle
● Thymus pulegioides	Arznei-Thymian
● Trifolium medium*	Mittel-Klee
● Trifolium pratense	Rot-Klee

● Agrostis tenuis	Rotes Straußgras
● Festuca rubra*	Rot-Schwingel
● Trisetum flavescens*	Goldhafer
● Astragalus glycyphyllos	Bärenschote
● Pimpinella saxifraga	Kleine Pimpinelle
● Scabiosa columbaria (lokal)	Tauben-Skabiose

schwach positive Mengenbilanz gegenüber der Ausgangssituation vor der Beweidung

schwach positive Mengenbilanz gegenüber der Ausgangssituation vor der Beweidung

● Avenochioa pratensis	Echter Wiesenhafer
● Briza media	Zittergras
● Dactylis glomerta	Knäulgras
● Poa angustifolio	Schmalblättriges Rispengras
● Anemone sylvestris	Großes Windröschen
● Linum leonii	Lothringer Lein
● Ophrys insectifera	Fliegen-Ragwurz
● Orchis mascula (lokal)	Männliches Knabenkraut
● Plantago media	Mittel-Wegerich
● Viola hirta	Behaartes Veilchen

● Daucus carota	Wilde Möhre
● Gentianella germanica	Deutscher Enzian
● Hieracium pilosella	Kleines Habichtskraut
● Plantago lanceolata	Spitz-Wegerich
● Polygala comosa	Schopfiges Kreuzblümchen
● Potentilla tabernaemontana	Frühlings-Fingerkraut
● Ranunculus bulbosus	Knolliger Hahnenfuß
● Taraxacum spec.	Gewöhnliche Kuhblume
● Torilis japonica	Gewöhnlicher Klettenkerbel

Beweidungsintensität	2 Schafe		4 Schafe		6 Schafe	
Beobachtungszeitpunkt (Tag:)	1.	8.	1.	8.	1.	8.
Lysimachia vulgaris	3	–	3	–	3	-
Festuca rubra	3	1	3	-	3	–
Poa trivialis	3	1	3	-	3	–
Rumex acetosa	2	1	2	–	3	-
Phragmites communis	2	1	3	2	3	2
Holcus lanatus	1	1	2	1	2	2
Molinia coerulea	1	1	2	2	2	3
Salix repens	1	2	1	2	1	2
Urtica dioica	0	1	1	2	1	3
Salix cinerea	0	1	1	2	1	3
Deschampsia caespitosa	0	1	1	2	2	1
Carex leporina	0	1	1	1	1	2
Juncus effusus	0	0	1	1	1	2
Calamagrostis lanceolata	0	0	1	1	1	2
Cirsium palustre	0	0	C	1	1	1
Myrica gale	0	0	0	1	0	2
Equisetum palustre	0	0	0	0	0	1

1 = etwas befressen   C = gemieden
2 = befressen   – = im Futterangebot
3 = stark befressen   nicht mehr vorhanden

Tab. 13: Verbiß der Pflanzen auf Grünlandflächen in Schleswig-Holstein in Abhängigkeit von Schafbesatz und Beweidungszeit. (Quelle: KNAUER & GERTH 1980)

Tab. 14: Zusammenhänge zwischen Beweidungsintensität und Verbiß verschiedener Pflanzenarten. Stengellänge bei Beweidungsende (Quelle: KNAUER & GERTH 1980)

	2	4	6 Schafe
Deschampsia caespitosa	77,2	40,5	28,9 cm
Juncus effusus (Feuchtwiese L)	72,0	61,0	47,0 cm
Juncus effusus (Feuchtwiese I)	49,6	25,3	15,0 cm

	Ertrags-anteil in %	Fleischschafe			Heidschnucken		
		2	4	6	2	4	6
		1.3.7. Tag	1.3.7. Tag	1.3.7. Tag	1.3.7. Tag	1.3.7. Tag	1.3.7. Tag
Molinia coerulea	88	1 1 2	1 1 3	2 2 3	1 1 2	1 2 3	2 2 3
Lysimachia vulgaris	1	2 2 1	2 3 1	3 2 1	3 3 3	3 3 2	3 3 –
Phragmites communis	–	1 2 1	1 2 1	2 2 –	2 2 3	2 2 3	3 3 –
Festuca rubra	+	2 3 3	2 3 3	3 – –	2 3 –	3 2 -	3 –
Salix repens	+	1 1 2	1 0 3	1 1 3	3 2 3	3 2 3	3 2 3
Salix cinerea	+	0 0 1	1 1 2	1 1 3	2 2 3	3 2 3	3 3 3
Myrica gale	+	0 0 1	0 0 1	0 1 2	2 1 1	2 1 1	2 1 1
Typha latifolia	+	0 1	0 1 1	1 2 3	1 1 1	2 3 2	2 3 –
Iris pseudacorus	+	0 1 1	0 2 1	1 1	1 2 2	1 2 2	2 3 3
Erica tetralix	2	0 0 0	0 1 1	1 1 1	2 1	1 3 3	1 3 3
Calamagrostis lanceolata	5	0 0 0	1 1 1	2 1 3	0 0 1	0 0 1	1 1 3
Deschampsia caespitosa	1	0 0 0	0 1 1	0 2 2	0 0 1	0 0 1	1 1 3
Juncus effusus	2	0 0 0	0 1 0	1 1 1	0 0 1	0 0 1	1.1 2
Carex leporina	+	0 0 0	0 1 2	0 1 2	0 0 1	0 1 2	1 1 3
Urtica dioica	+	0 0	0 0 1	0 1 1	0 0 1	–	–

1 = etwas befressen   0 = gemieden
2 = befressen   – = im Futterangebot
3 = stark befressen   nicht mehr vorhanden

Tab. 15: Vergleich des Selektionsverhaltens von Heidschnucken und Fleischschafen auf Ödland im Jahre 1977. (Quelle: KNAUER & GERTH 1980)

Tab. 16: Grünlandprogramme der Bundesländer - Übersicht

(Quelle: STEIN 1988)

Länder	Bezeichnung des Programms	Zielsetzung	insges. erfaßte Fläche (1986)	Anzahl der Projekte (1986)	Anteil an Dauer- grünland- fläche	Mittlere Flächen- größe der Projekte	Finanz- ausstattung DM/Jahr (1986)	Beginn und Dauer des Programms
Baden- Württem- berg	Feuchtwiesen- programm Modell Ravensburg							
Bayern	Erschwernis- ausgleich bei Feuchtflächen	Erhaltung von Feuchtflächen durch naturschonende extensive Bewirtschaftung	6 000 ha	3 700	0,45 %	1,6 ha	1,88 Mio.	1983: unbefristet
	Wiesenbrüter- programm	Erhaltung von Wirtschaftswiesen als Lebensraum für bedrohte wiesenbrütende Vogelarten	5 100 ha	3 178	0,38 %	1,6 ha	2,3 Mio.	1982: unbefristet
	Programm für Mager- und Trockenstandorte	Erhaltung in charakteristischem Zustand durch extensive Nutzung	115 ha	61	0,009 %	1,9 ha	80 000,—	1966: unbefristet
Bremen	Modell „NSG Borgfelder Wümmewiesen"	Erhaltung und Entwicklung seltener Pflanzen- und Tierarten; Ermittlung von Kalkulationsdaten für Ausgleichszahlungen	680 ha		8,2 %			1985: unbefristet
Hamburg	Feuchtgrünland- programm	Schutz und Erhaltung hochspeziali- sierter Tier- und Pflanzenarten durch minimale Wiesenbewirtschaftung						1987: unbefristet
	Schutzprogramm Marschengräben	Förderung ökologisch modifizierter Gewässerunterhaltungsmaßnahmen						1987: unbefristet
Hessen	Ökowiesen- programm	Förderung und Erhaltung ökologisch wertvoller Pflanzengesellschaften im Wirtschaftsgrünland	1 554 ha		0,6 %		466 000,—	1986: unbefristet
	Grünland- programm	Förderung der Grünlandbewirt- schaftung und Flächen, deren Bewirt- schaftung gefährdet ist						1986: unbefristet
Nieder- sachsen	Erschwernisaus- gleich für Dauer- grünland in Natur- schutzgebieten	Schutz von Pflanzen und wiesenbrütenden Vogelarten auf Dauergrünlandflächen in NSG und Nationalparken	9 750 ha	1 777	0,9 %	5,5 ha	3,5 Mio.	1985: unbefristet
Nordrhein- Westfalen	Feuchtwiesen- programm	Unterschutzstellung (NSG) sowie extensive Bewirtschaftung zur Erhaltung biologisch wertvoller und landschaftstypischer Feuchtwiesen	15 000 ha		2,9 %		6,5 Mio.	1985: unbefristet
Rheinland- Pfalz	Biotopsicherungs- programm; „Extensivierung von Dauer- grünland"	Erhaltung von Dauergrünland durch extensive landwirtschaftliche Nutzung						1986: unbefristet
Saarland	Grünland- programm	Erhaltung standorttypischer Pflanzengesellschaften vor allem auf Flächen der Biotopkartierung						1987: unbefristet
Schleswig- Holstein	Wiesenvögel- programm	Schutz des Lebensraumes von Wiesenvögeln	3 285 ha	486	0,68 %	6,8 ha	1,2 Mio.	1985: unbefristet
	Brachvogel- programm	Schutz des Lebensraumes von Brach- vögeln und anderen Wiesenvögeln	1 395 ha	19	0,29 %	7,3 ha	0,5 Mio.	1986: unbefristet
	Birkwild- programm	Schutz von Grünlandflächen am Rande von Mooren als Brutgebiet für Birkwild	48 ha	14	0,01 %	3,4 ha	20 000,—	1986: unbefristet
	Sumpfdotter- blumenprogramm	Förderung nährstoffreicher Feucht- grünlandflächen zum Schutz seltener Pflanzengesellschaften	200 ha	53	0,04 %	3,8 ha	73 000,—	1986: unbefristet
	Kleinseggen- wiesenprogramm	Förderung nährstoffreicher Feuchtgrünlandflächen zum Schutz von Kleinseggen- und Orchideen- arten sowie gefährdeter Pflanzen- gesellschaften	40 ha	11	0,008 %	3,7 ha	23 000,—	1986: unbefristet
	Magergrünland- programm	Schutz des selten gewordenen trockenen Grünlandes als Extrem- standort	39 ha	9	0,008 %	4,3 ha	15 000,—	1986: unbefristet
	Umwandlung von Acker in Grünland	Rückumwandlung von Acker in Grünland an geeigneten Stellen						1986: unbefristet
	Amphibien- programm	Förderung extensiv genutzter Grünlandflächen, ungenutzter Rand- streifen und Laichgewässer als Lebensraum für Amphibien	930 ha	129	0,19 %	7,2 ha	360 000,—	1986: unbefristet
BRD insgesamt			44 136 ha		0,97 %		16 917 000,—	

Tab. 17: Grünlandprogramme der Bundesländer - Auflagen

(Quelle: STEIN 1988)

Länder	Bezeichnung des Programms	Zielsetzung	AUFLAGEN betriebliche Voraussetzungen und Auflagen	AUFLAGEN Bewirtschaftungsarten und -termine	AUFLAGEN Düngung	AUFLAGEN Pflanzenschutzmittel	Entschädigung, Fördersatz/ Jahr
Baden-Württemberg	Feuchtwiesenprogramm Modell Ravensburg						.
Bayern	Erschwernisausgleich bei Feuchtflächen	Erhaltung von Feuchtflächen durch naturschonende extensive Bewirtschaftung	Mindestgröße der Feuchtfläche: 0,1 ha				150—600 DM/ha
	Wiesenbrüterprogramm	Erhaltung von Wirtschaftswiesen als Lebensraum für bedrohte wiesenbrütende Vogelarten		keine Bewirtsch. v. 20. 3.—20. 6.; Mahd zwischen 1. 7. und 1. 3.	Verzicht, ganzjährig		Regelsatz: 300 DM/ha; 100—900 DM/ha
	Programm für Mager- und Trockenstandorte	Erhaltung in charakteristischem Zustand durch extensive Nutzung		Mahd im Herbst und Entfernen des Mähgutes	keine	keine	Regelsatz: 375—400 DM/ha; bis 900 DM/ha
Bremen	Modell „NSG Borgfelder Wümmewiesen"	Erhaltung und Entwicklung seltener Pflanzen- und Tierarten; Ermittlung von Kalkulationsdaten für Ausgleichszahlungen		Beschränkung der Mahd- und Beweidungstermine	eingeschränkte Menge und Termine		300—800 DM/ha
Hamburg	Feuchtgrünlandprogramm	Schutz und Erhaltung hochspezialisierter Tier- und Pflanzenarten durch minimale Wiesenbewirtschaftung		keine maschinelle Bearbeitung v. 15. 3.—30. 5.; beschr. Anzahl Weidevieh; weitere Einschränkungen	gener. Verbot; bzw. Verbot zw. 15. 3.— 30. 6. sowie 15 10 — 15. 2.	keine	200—1250 DM/ha
	Schutzprogramm Marschengräben	Förderung ökologisch modifizierter Gewässerunterhaltungsmaßnahmen		Räumung und Pflege der Gräben abschnittsweise bzw. einseitig; Schonung gefährdeter Pflanzen			Mehrkostenerstattung
Hessen	Ökowiesenprogramm	Förderung und Erhaltung ökologisch wertvoller Pflanzengesellschaften im Wirtschaftsgrünland		keine Bewirtsch. v. 1. 3.—15. 6.; keine Beweidung, keine Einsaat		keine	bis zu 300 DM/ha
	Grünlandprogramm	Förderung der Grünlandbewirtschaftung auf Flächen, deren Bewirtschaftung gefährdet ist	ertragsschwacher Betrieb mit geringem Viehbestand	keine Eingriffe in Wasserhaushalt; (Weiterbestand des Betriebes für mindestens 5 Jahre)	weniger als 60 kg N/ha	keine	200 DM/ha; max 2000 DM je Betrieb
Niedersachsen	Erschwernisausgleich für Dauergrünland in Naturschutzgebieten	Schutz von Pflanzen und wiesenbrütenden Vogelarten auf Dauergrünlandflächen in NSG und Nationalparken		keine zusätzliche Entwässerung; kein Umbruch			300 DM/ha; b. weit. Einschr.: 400—500 DM
Nordrhein-Westfalen	Feuchtwiesenprogramm	Unterschutzstellung (NSG) sowie extensive Bewirtschaftung zur Erhaltung biologisch wertvoller und landschaftstypischer Feuchtwiesen		Weide- und Mähweide: keine Bearbeitung v. 15. 3.—30. 6.; max. 2 Rinder/ha Wiesennutzung: keine Beweidung	Keine Gülledüngung keine		500 DM/ha
Rheinland-Pfalz	Biotopsicherungsprogramm; „Extensivierung von Dauergrünland"	Erhaltung von Dauergrünland durch extensive landwirtschaftliche Nutzung	Nutzung seit mind. 3 Jahren als Dauerland	kein Umbruch, keine Beweidung v. 15. 3.—1. 6.; keine Bearbeitung v. 15. 3.—15. 6.	keine	keine Herbizide	440 DM/ha
Saarland	Grünlandprogramm	Erhaltung standorttypischer Pflanzengesellschaften, vor allem auf Flächen der Biotopkartierung	mind. 0,5 ha Grünland; Vertrag für mind. 3 Jahre	keine Bewirtsch. v. 1. 4.—30. 6.	keine	keine Herbizide	300 DM/ha

Fortsetzung Tabelle 17

Länder	Bezeichnung des Programms	Zielsetzung	betrieb-liche Voraussetzungen und Auflagen	Bewirtschaftungsarten und -termine	Düngung	Pflanzenschutzmittel	Entschädigung. Fördersatz/Jahr
Schleswig-Holstein	Wiesenvögel-programm	Schutz des Lebensraumes von Wiesenvögeln		keine Absenkung des Wasser-standes; keine Bearb. v. 20. 4.—20. 6.; eingeschr. Mahd- und Weidetermine	nicht zwi-schen 1. 4. und 20. 6.	keine	350 DM/ha
	Brachvogel-programm	Schutz des Lebensraumes von Brachvögeln und anderen Wiesenvögeln		kein Umbruch, kein Absenken des Wasserstandes, keine Bodenbearbeitung v. 5. 4.—5. 6.	keine organ. D.: 15. 3.—5. 6.	keine	350 DM/ha
	Birkwild-programm	Schutz von Grünflächen am Rande von Mooren als Brut-gebiet für Birkwild		keine Bodenbearb. v. 1. 4.—15. 7.; Mahd nach 15. 7. (3 m br. Randstr. stehen lassen); Beweidung ab 1. 8. mit 2 GVE/ha	keine miner. D.: 5. 4.—5. 6. keine D. zw. 1. 4. und 15. 7.	keine	Bemessung am Einzelfall
	Sumpfdotter-blumen-programm	Förderung nährstoffreicher Feuchtgrünlandflächen zum Schutz seltener Pflanzen-gesellschaften		keine Bodenbearb. v. 5. 4.—30. 6.; keine Mahd v. 5. 4.—30. 6.; Beweidung ab 1. 7. (bis zu 2 GVE/ha); keine Zufütterung des Weideviehs	keine D. zw. 5. 4. und 30. 6.	keine	bis zu 400 DM/ha
	Kleinseggen-programm	Förderung nährstoffreicher Feuchtgrünlandflächen zum Schutz von Kleinseggen- und Orchideensorten sowie gefähr-deten Pflanzengesellschaften		keine Bodenbearb. v. 5. 4.—30. 7.; keine Mahd und Beweidung vor 1. 8., 1 GVE/ha, kein Zufüttern	keine	keine	Bemessung am Einzelfall
	Magergrünland-programm	Schutz des selten gewordenen trockenen Grünlandes als Extremstandort		Bewirtsch. mind. jedes 2. Jahr, keine Bewässerung, kein Zu-füttern von Weidevieh	keine	keine	350 DM/ha
	Umwandlung von Acker in Grünland	Rückumwandlung von Acker in Grünland an geeigneten Stellen		standortgerechtes Saatgut, Extensivnutzung nach Programm Wiesenvögel, Brach-vogel, Amphibien o. Mager-grünland			für höchst. 4 Jahre zusätzl. z. Extr. Förd. 100 DM/ha
	Amphibien-programm	Förderung extensiv genutzter Grünlandflächen, ungenutzter Randstreifen und Laich-gewässer als Lebensraum für Amphibien		keine Absenkung des Wasser-standes; keine Mahd vor 21. 6.; Beweidung von bis zu 2 GVE/ha	keine D. zw. 1./20. 4. und 20. 6.; nie Dün-gung i. Umkr. v. 20 m um Gewässer	keine	bis zu 400 DM/ha

Bibliographie

MAERTENS, Thomas
WAHLER, Matthias
LUTZ, Johannes

Beitrag zur Pflege und Nutzung von extensiven Grünlandökosystemen in Hessen

Literaturverzeichnis

● ABN 1983: Naturschutz und Landschaftspflege zwischen Erhalten und Gestalten. Jahrbuch für Naturschutz und Landschaftspflege, Band 33, Greven.

● AMMANN, P., 1979: Umfang, Bedeutung und Wirtschaftlichkeit der Ziegenhaltung. Schweizerische Landwirtschaftliche Monatshefte, S. 161 - 167, Bern.

● ARENS, R., 1976: Die Vegetationsentwicklung auf Brachflächen und Möglichkeiten ihrer Steuerung durch technische Maßnahmen. Bayerisches Landwirtschaftliches Jahrbuch 6, S. 732 - 738, München.

● ARENS, R., 1983: Überlegungen zur "Ökowiese" aus der Sicht der Grünlandkunde. Das Gartenamt, 32, S. 319 - 322, Hannover.

● BARDELEBEN, R. & L. GEKLE, 1978: Nutzen- und Schadenskomponenten bei gepflegter Brache unter Berücksichtigung verschiedener Flächenumfänge, Standorte und Vorrangfunktionen. Landwirtschaft - Angew. Wiss. (211), Münster-Hiltrup.

● BAUCHHENSS, J., 1980: Auswirkungen des Abflämmens auf die Bodenfauna einer Grünlandfläche im Spessart. Bayerisches Landwirtschaftliches Jahrbuch, 57, S. 100 - 114, München.

● BAUER, S., 1982: Pflegemaßnahmen in Streugebieten; Entstehung, Wert und frühere Bewirtschaftung von Streuwiesen, sowie Auswirkungen heutiger Pflege auf ihre Tierwelt. Dissertation zur Erlangung des Grades eines Doktors der Naturwissenschaften der Fakultät für Biologie der Eberhard-Karls-Universität Tübingen.

● BAUER, H.-J., 1983: Sollen wir die Landschaft ökologisch gestalten? Jahrbuch für Naturschutz und Landschaftspflege, Bd. 33, S. 99 - 116, Greven.

● BECKER, C. 1986: Die Haltung von Gallowayrindern in der Bundesrepublik Deutschland. Diplomarbeit, Witzenhausen.

● BECKHOFF, J. & E. THIELMANN: Einfluß der Schnitthöhe bei Messerbalken- und Kreiselmäherschnitt auf die Narbenzusammensetzung

von Dauergrünland. Das Wirtschaftseigene Futter, Band 28, H. 1, S. 5 - 12, Kleve-Kellen.

● BERNATSKY, I., 1904: Anordnung der Formation nach ihrer Beeinflussung seitens menschlicher Kultur und der Weidetiere. Englers Botanische Jahrbücher, 34, S. 1 - 8, Stuttgart.

● BEYER, H., 1969: Versuche zur Erhaltung von Heideflächen durch Heidschnucken im Naturschutzgebiet "Heiliges Meer". Natur und Heimat 28 (4), S. 145 - 146.

● BICK, H., 1988: Belastungen von Natur und Landschaft durch landwirtschaftliche Flächennutzung. Jahrbuch für Naturschutz und Landschaftspflege, Bd. 41, S. 9 - 15, Greven.

● BIERHALS, E. u.a., 1976: Brachflächen in der Landwirtschaft. KTBL-Schrift D 195, Münster-Hiltrup.

● BLAB, J. & O. KUDRNA, 1982: Hilfsprogramm für Schmetterlinge. Naturschutz aktuell, Nr. 6, Greven.

● BÖHNERT, W. & W. HEMPEL, 1987: Nutzungs- und Pflegehinweise für die geschützte Vegetation des Graslandes und der Zwergstrauchheiden Sachsens. Naturschutzarbeit in Sachsen, 29, S. 3 - 14, Halle.

● BONESS, M., 1953: Die Fauna der Wiesen unter besonderer Berücksichtigung der Mahd. Zeitschrift für Morphologie und Ökologie der Tiere, 42, S. 225 - 227, Berlin.

● BORNHOLDT, G., 1985: Zum Stand der Forschung über Pflegemaßnahmen auf Halbtrockenrasen, unveröffentlicht, Schlüchtern.

● BORNHOLDT, G., 1988: Auswirkungen von Pflegemaßnahmen auf die Insekten (Geradflügler, Wanzen, Zikaden und Käfer) der Halbtrockenrasen-Abschlußbericht, unveröffentlicht, Schlüchtern.

● BOSCH, G., 1975: Die Landwirtschaft und ihr Beitrag zum Umweltschutz. Bochum.

● BRAUN, W., 1980: Bestandsveränderung auf Grünlandflächen als Folge von Landschaftspflegemaßnahmen und extensiver Landnutzung.

Bayerisches Landwirtschaftliches Jahrbuch, Sonderheft 1, S. 86 - 99, München.

● BRIEMLE, G., 1980: Magerrasen auf der Schwäbischen Alb. Naturschutz und Landschaftspflege mit Schafen, S. 58 - 72, Frankfurt.

● BRIEMLE, G., H.-G. KUNZ & A. MÜLLER, 1987: Zur Mindestpflege der Kulturlandschaft insbesondere von Brachflächen aus ökologischer und ökonomischer Sicht. Veröff. Naturschutz und Landschaftspflege Baden-Württemberg, 62, S. 141 - 160, Karlsruhe.

● BROUWER, 1962: zit. in GERTH; H., 1978: Wirkungen einiger Landschaftspflegeverfahren auf die Pflanzenbestände und Möglichkeiten der Schafweide auf feuchten Grünlandbrachen. Landwirtschaftliche Dissertation, Kiel.

● BUCHWALD, K. & G. KUDER, 1973: Landschaftsplan/Härtsfeld/Schwäbische Alb. Landschaftspflege und Naturschutz in der Praxis, S. 447 - 480. München.

● CANCELADO, R. & T. R. YONKE, 1970: Effect of Prairie Burning on Insect Populations. Jour. Kansas Ent. Soc., 43, S. 274 - 281.

● CRAWFORD, C.S. & R.F. HARWOOD, 1964: Bionomics and control of insects affecting Washington grass seed fields. Techn. Bull. agric. Exp. Stn. Wash. 44.

● DETZEL, P., 1985: Die Auswirkungen der Mahd auf die Heuschreckenfauna von Niedermoorwiesen. Veröff. Naturschutz und Landschaftspflege Baden-Württemberg, 59/60, S. 345 - 360, Karlsruhe.

● DICKSON, A., J. FRAME & D.P. ARNOT, 1981: Mixes grazing of cattle and sheep versus cattle Only in an intensive grassland.Animal Production, Band 33, Edinburgh.

● DIERSCHKE, H., 1985: Experimentelle Untersuchungen zur Bestandsdynamik von Kalkmagerrasen (Mesobromion) in Südniedersachsen - 1. Vegetationsentwicklung auf Dauerflächen 1972 - 1984. Münstersche Geographische Arbeiten 20, S. 9 - 24, Paderborn.

● DIERSSEN, K., 1983: Zum Wandel der Gefäßpflanzenflora Schleswig-Holsteins und ihren Ursachen. Heimat 90, S. 170 - 178.

● DIERSSEN, K., 1984: Gefährdung und Rückgang von Pflanzengesellschaften - zur Auswertung der Roten Liste der Pflanzengemeinschaften Schleswig-Holsteins. Mitt. Arbeitsgem. Geobot. Schleswig-Holstein und Hamburg, 33, S. 40 - 62, Kiel.

● DJAMARANI, H., 1977: Feinheit und Mineralstoffgehalt der Wolle von Dalaschafen und Texelkreuzungen bei unterschiedlichem Futterpflanzenangebot auf drei südnorwegischen Standorten verschiedener Höhenlagen. Dissertation, Justus-Liebig-Universität Gießen.

● EBEL, F. & A. HENTSCHEL, 1987: Analyse und Wertung der Naturschutzprogramme einzelner Bundesländer. DLG-Arbeitsunterlagen A/F 87, Frankfurt am Main.

● EBERT, G., 1983: Fünf Jahre Biotopkartierung in Baden Württemberg - Lebensräume für Schmetterlinge. Beiheft Veröff. Naturschutz und Landschaftspflege Baden-Württemberg, 34, S. 109 - 125, Karlsruhe.

● EGLOFF, Th., 1985: Regeneration von Streuwiesen (Molinion) - erste Ergebnisse eines Experiments im Schweizer Mittelland. Verhandlungen der Gesellschaft für Ökologie 13, S. 127 - 138, Göttingen.

● ELLENBERG, H., 1952: Wiesen und Weiden und ihre standörtliche Bewertung. Landwirtschaftliche Pflanzensoziologie II, Stuttgart.

● ELLENBERG, H., 1982: Vegetation Mitteleuropas mit den Alpen, Stuttgart.

● ELLENBERG, H. jun., 1985: Veränderungen der Flora Mitteleuropas unter dem Einfluß von Düngung und Imission. Schweizerische Zeitschrift für Forstwesen, 136, 1, S. 19 - 39, Zürich.

● ERHARD; A., 1981: Der Einfluß der Intensivdüngung und der Verbrachung von Magerwiesen und Extensivweiden auf die tagaktiven Großschmetterlinge in Tavetsch. Dissertation, Basel.

● EYGENRAAM, J., 1957: Über die Behandlung des Birkhuhnbestandes. Z. Jagdwiss. 3, S. 79 - 87.

● FEHSE, R., 1974: Gedanken zum Einsatz des Schafes und der Ziege in der Landschaftspflege im Berggebiet. Schweizerische Landwirtschaftliche Monatshefte, 52, S. 337 - 349, Bern.

● FISCHER, R., 1983: Probleme der Schafhaltung. Fachtagung der Naturschutzverwaltung, Tagungsbericht Nr. 5 Fachtagung Wacholderheiden und Halbtrockenrasen, S. 127 - 136.

● FISCHER, G. & H. MATTERN, 1987: Schafe in der Landschaftspflege auf der Schwäbischen Alb und deren Bedeutung für die Wacholderheiden. Deutsche Schafzucht, 13, S. 378 - 382, Stuttgart.

● FUCHS, M., 1983: Naturschutzstrategien zur Sicherung von Hutungen und Triften - Schutz von Trockenbiotopen: Trockenrasen, Triften und Hutungen. Laufener Seminarbeiträge 6/83, S. 65 - 72, Laufen/Salzach.

● GALL, Ch., 1982: Ziegenzucht. Tierzuchtbücherei, Stuttgart.

● GEILING, O., 1977: Florenschutz unter den Bedingungen intensiver landwirtschaftlicher Produktion - dargestellt am Beispiel unserer heimischen Wiesenorchideen (2. Teil). Landschaftspflege und Naturschutz in Thüringen, 14, 3, S. 49 - 55, Halle.

● GEISER, R., 1983: Die Tierwelt der Weidelandschaften. Laufener Seminarbeiträge 6/1983, S. 55 - 64, Laufen/Salzach.

● GEISSLER, B., 1987: Schafhaltung im Dienste der ökonomischen und ökologischen Landbewirtschaftung und des Naturschutzes. 1. Bundesschau Schafe. Hrsg. Ausstellungs-Messe-Kongreß GmbH, Berlin.

● GERTH, H., 1978: Wirkungen einiger Landschaftspflegeverfahren auf die Pflanzenbestände und Möglichkeiten der Schafweide auf feuchten Grünlandbrachen. Landwirtschaftliche Dissertation, Kiel.

● GIERER, K. & F. GREGOR, 1975: Ergebnisse der Modelle (1971 - 1973) zur Landschaftspflege im Spessart. Bayerisches Landwirtschaftliches Jahrbuch, H. 2, S. 181 ff., München.

● GIMINGHAM, C.H., 1949: The effects of grazing on the balance between Erica cinerea L. and Calluna vulgaris HULL in upland heath and their morphological responses. J. Ecol. 37, S. 100 - 119.

● GLAVAC, V., 1983: Über die Wiedereinführung der extensiven Ziegenhaltung zwecks Erhaltung und Pflege der Kalkmagerrasen. Naturschutz in Nordhessen, Heft 6, S. 25 - 47, Kassel.

● GORDON, J., 1970: Foodselection by ruminants. Proc. Nutr. Soc. 29, S. 325 - 330.

● GRANT, S.A. & R.F. HUNTER, 1968: Interaction of grazing and burning on heather moors and their implications in heather management. J. Brit. Grassl. Soc. 23, S. 285 - 293.

● GRIMM, A., 1988: Landschaftspflege durch Maschinen- und Betriebshilfsringe. Landschaftspflege als Aufgabe der Landwirte und Landschaftsgärtner. Laufener Seminarbeiträge 1/88, S. 30, Laufen/Salzach.

● HAAFKE, J., 1987: Naturschutz. Möglichkeiten der Verbindung von landdwirtschaftlicher Produktion und Naturschutz. Naturschutz - durch staatliche Pflege oder bäuerliche Landwirtschaft, S. 23 - 61, Rheda-Wiedenbrück.

● HAAFKE, J., 1988: Erfahrungen und Perspektiven, Gesamthochschule Kassel, Heft 35 der Reihe Arbeitsberichte des Fachbereichs Stadtplanung und Landschaftsplanung, Kassel.

● HAARMANN, K. & P. PRETSCHER, 1988: Naturschutzgebiete in der Bundesrepublik Deutschland. Naturschutz aktuell, 2. Auflage, Greven.

● HAILER, N., 1973: Pflegemaßnahmen in Naturschutzgebieten - auch mit Herbiziden? Jahrbuch für Naturschutz und Landschaftspflege, Band 22, S. 69 - 76, Bonn-Bad Godesberg.

● HAKES, W., 1987: Einfluß von Wiederbewaldungsvorgängen auf Kalkmagerrasen auf die floristische Artenvielfalt und Möglichkeiten der Steuerung durch Pflegemaßnahmen. Dissationes Botanicae Bd. 109, Berlin/Stuttgart.

● HAMPICKE, U., 1988: Extensivierung der Landwirtschaft für den Naturschutz - Ziele, Rahmenbedingungen und Maßnahmen. Schriftenreihe des Bayerischen Landesamtes für Umweltschutz, Heft 84, S. 9 - 35, München.

● HANDKE, K. & K.-F. SCHREIBER, 1985: Faunistisch-ökologische Untersuchungen auf unterschiedlich gepflegten Parzellen einer Brachfläche im Taubergebiet. Sukzession auf Grünlandbrachen. Münstersche Geographische Arbeiten 20, S. 155 - 186, Paderborn.

● HARD, G., 1976: Vegetationsentwicklung auf Brachflächen. KTBL-Schrift 195, Münster-Hiltrup.

● HARZ, O. & J. BALTZER, 1988: Rundschreiben Nr. 5 Bundesverband Deutscher Gallowayzüchter e.V., Lübeck.

● HEIN, M., 1979: Pflegeanleitung für die typischen Brachlandausbildungen im Hessischen Mittelgebirge. Hess. Landesamt für Ernährung, Landwirtschaft und Landentwicklung, Kassel.

● HELM, G., 1988: Alpines Grünland und Waldweide. Naturschutz und Landschaftspflege mit Schafen, S. 73 - 89, Frankfurt am Main.

● HERINGER, J., 1983: Seminarergebnisse. Laufener Seminarbeiträge 6/1983, S. 5 - 7, Laufen/Salzach.

● HERMANN, H., 1978: Gestaltung und Pflege von Biotopen unter Berücksichtigung von Schmetterlingen und anderen Tieren. Veröff. Naturschutz und Landschaftspflege Baden-Württemberg 47/48, S. 187 - 315, Ludwigsburg.

● HEYDEMANN, B., 1988: Anforderungen des Naturschutzes an agrarische Extensivierung und Flächenstillegung. Flächenstillegung und Extensivierung für Naturschutz. Jahrbuch für Naturschutz und Landschaftspflege, Bd. 41, S. 81 - 92. Bonn.

● HEYDEMANN, B. & J. MÜLLER-KARCH, 1980: Biologischer Atlas Schleswig-Holstein.

● HOCHBERG, H. & W. PEYKER, 1985: Erfahrungen und Ergebnisse zur Schafweide auf Mittelgebirgsgrasland. Tierzucht 39, S. 310 - 313.

● HÖRTH, M., 1982: Kostendatei für Maßnahmen des Naturschutzes und der Landschaftspflege. Bayer. Staatsministerium für Landesentwicklung und Umweltfragen, Materialien 17, München.

● HOFFMANN, 1980: zit. in HANDKE, K. & K.-F. SCHREIBER, 1985: Faunistisch-ökologische Untersuchungen auf unterschiedlich gepflegten Parzellen einer Brachfläche im Taubergebiet. Sukzession auf Grünlandbrachen. Münstersche Geographische Arbeiten, 20, S. 155 - 186, Paderborn.

● HURST; G.A., 1970: The effects of controlled burning on arthropod density and biomass in relation to bobwhite quail habitat on a right-of-way. Rocc. Tall. Timbers conf. on Ecol. Anim. Control by Hab. Manag., S. 173 - 183, Tallahasee.

● ISERMEYER, F., J. BUCHWALD &L. DEBLITZ, 1988: Landwirtschaft in benachteiligten Gebieten. Göttingen.

● ITTIG, R. & B. NIEVERGELT, 1977: Einfluß von Brachland auf das Verteilungsmuster einiger Wildtierarten in einem begrenzten Gebiet des Mittelgoms. Natur und Landschaft, H. 6., S. 170 - 173.

● JAKOBER, H. & W. STAUBER, 1987: Habitatsansprüche des Neuntöters und Maßnahmen für seinen Schutz. Beiheft Veröff. Naturschutz und Landschaftspflege Baden-Württemberg, 48, S. 25 - 53, Karlsruhe.

● JACOBY, H., 1981: Wie betreut man Flächen für den Artenschutz? Flächensicherung für den Artenschutz. Jahrbuch für Naturschutz und Landschaftspflege, Bd. 31, S. 93 - 104, Bonn-Bad Godesberg.

● KALMUND, P., 1985: Phänologische Entwicklung von Pflanzenbeständen aus Brachflächen in Baden-Württemberg. Diplomarbeit, Inst. Geogr. Univ. Münster.

● KAULE, G., 1986: Arten- und Biotopschutz, Stuttgart.

● KEMPF, H., 1981: Erfahrungen mit verschiedenen Pflegemethoden im Naturschutzgebiet "Harzgrund" bei Suhl. Landschaftspflege und Naturschutz in Thüringen, 18, 1, S. 12 - 16.

● KEMPF, H. & D. SCHMIDT, 1977: Die Wirkung der Mahd mit Abtransport des Mahdgutes auf ehemals ungenutzte Bergwiesengesellschaften der oliotrophen Reihe, dargestellt an Untersuchungen im NSG "Harzgrund" bei Suhl im Mittleren Thüringer Wald. Manuskript, Halle.

● KEMPF, H. & D. SCHMIDT, 1979: Die Wirkung von Brand auf ehemals ungenutzte Bergwiesengesellschaften der oliotrophen Reihe, dargestellt an Untersuchungen im NSG "Harzgrund" bei Suhl im Mittleren Thüringer Wald. Manuskript, Halle.

● KLAFS. G., 1974: Das Fjällrinderexperiment im NSG "Ostufer der Müritz". Naturschutzarbeit in Mecklenburg, 17, 1, S. 19 - 23.

● KLAPP, E., 1956: Das Weidetier als Grasnarbenbildner. Z. Tierzücht. Zübiol. 67, S. 393 - 397.

● KLAPP, E., 1965: Grünlandvegetation und Standort.

● KLAPP, E., 1971: Wiesen und Weiden. Eine Grünlandlehre. Berlin, Hamburg.

● KLÖTZLI, F., 1978: Wertung, Sicherung, Erhaltung von Naturschutzgebieten - Einige rechtliche und technische Probleme. Berichte der Schwyzerischen naturforschenden Gesellschaft 7, S. 23 - 32, Einsiedeln.

● KNAPP, H.-D. & L. REICHHOFF, 1973 a: Vorschläge für Pflegemaßnahmen von Halbtrockenrasen in NSG. Naturschutz und naturkundliche Heimatforschung in den Bezirken Halle und Magdeburg, 10, 1/2, S. 47 -54, Halle.

● KNAPP, H.-D. & L. REICHHOFF, 1973 b: Pflanzengesellschaften xerothermer Standorte des NSG "Wipperdurchbruch" in der Hainleite. Archiv für den Naturschutz und Landschaftsforschung 13, S. 219 - 249, Berlin.

● KNAUER, N.& H. GERTH, 1980: Wirkung einiger Landschaftspflegeverfahren auf die Pflanzenbestände und Möglichkeiten der Bestandlenkung durch Schafweide im Bereich von Grünlandflächen. Phytocoenologia 7, S. 218 - 236, Berlin.

● KOLT, W., 1973: Mittel und Möglichkeiten zur Offenhaltung von Brachflächen. Jahrbuch für Naturschutz und Landschaftspflege, Bd. 22, S. 28 - 37, Bonn-Bad Godesberg.

● KRATOCHWIL, A., 1983: Zur Phänologie von Pflanzen und blütenbesuchenden Insekten eines versäumten Halbtrockenrasens im Kaiserstuhl - Ein Beitrag zur Erhaltung brachliegender Wiesen als Lizenz-Biotope gefährdeter Tierarten. Beih. Veröff. Naturschutz und Landschaftspflege Baden-Württemberg, 34, S. 57 - 108, Karlsruhe.

● KRATOCHWIL, A., 1984: Pflanzengesellschaften und Blütenbesucher-Gemeinschaften: biozönologische Untersuchungen in einem nicht mehr bewirtschafteten Halbtrockenrasen (Mesobrometum) im Kaiserstuhl (Südwestdeutschland). Phytocoenologia, S. 455 - 669, Stuttgart, Braunschweig.

● KRAUS, R., 1988: Landwirte als Partner des Naturschutzes - Maschinenvorführung. Schriftenreihe Angewandter Naturschutz, Bd. 7, S. 119 - 144, Lich.

● KRAUSE, R., 1982: Pflegeeinsätze im NSG "Alperstedter Ried". Landschaftspflege und Naturschutz in Thüringen, 19, 1, S. 21 - 24.

● KRAUSS, H., 1988: Seminarergebnisse - Landschaftspflege als Aufgabe der Landwirte und Landschaftsgärtner. Laufener Seminarbeiträge 1/88, S. 5 - 6, Laufen/Salzach.

● KRISTAL, 1984: zit. in HANDKE, K. & K.-F. SCHREIBER, 1985: Faunistisch-ökologische Untersuchungen auf unterschiedlich gepflegten Parzellen einer Brachfläche im Taubergebiet. Sukzession auf Grünlandbrachen. Münstersche Geographische Arbeiten 20, S. 155 - 186, Paderborn.

● KROMER, K.H., 1975: Maschinen für die Landschaftspflege. AID-Broschüre D 392, Bonn-Bad Godesberg.

● KROMER, K.H. & H. RELOE, 1988: Maschinen und Geräte für die Straßenrand- und Landschaftspflege. Schriftenreihe Angewandter Naturschutz, Bd. 7, S. 73 - 107, Lich.

● KRÜSI, B., 1981: Phenoligical methods in permanent research - The indicator value of phenological phenomena - A study in limestone grassland in Northern Switzerland. Veröff. Geobot. Inst. ETH, Stiftung Rübel 75, Zürich.

● KÜNKELE, S., 1972: Probleme des Artenschutzes, dargestellt am Beispiel der Orchideen von Baden-Württemberg. Die Orchidee, 23, S. 112 - 115 und 147 - 158, Hannover.

● KÜNKELE, S., 1977: Über positive Arealveränderungen bei einigen Orchideen in Baden-Württemberg unter besonderer Berücksichtigung der Naturschutzprobleme. Göttinger Flor. Rundbriefe 11, S. 58 - 59.

● KÜTTNER, H., 1983: Struktur der Schafhaltung 1980 und 1982 in Hessen. Staat und Wirtschaft in Hessen, H. 10, S. 314 - 317, Wiesbaden.

● LÖTSCHERT, W., 1969: Pflanzen an Grenzstandorten. Stuttgart.

● LÜDERWALDT, D., 1988: Zusammenfassung der Tagungsergebnisse - Flächenstillegung und Extensivierung für Naturschutz. Jahrbuch für Naturschutz und Landschaftspflege, Band 41, S. 177 - 182, Bonn.

● LUNAU & RUPP, 1983: zit. in HANDKE, K. & K.-F. SCHREIBER, 1985: Faunistisch-ökologische Untersuchungen auf unterschiedlich gepflegten Parzellen einer Brachfläche im Taubergebiet. Sukzession auf Grünlandbrachen. Münstersche Geographische Arbeiten, 20, S. 155 - 186, Paderborn.

● MAERTENS, T. & M. WAHLER, 1987: Auswirkungen des Fremdenverkehrs auf Flora und Fauna der Hohen Rhön - 3. Projektarbeit am Institut für Landschaftspflege und Naturschutz der Universität Hannover. Hannover.

● MAERTENS, T. & M. WAHLER, 1989: Zunahme der Grünlandbrache in Hessen? Möglichkeiten und Grenzen der Brachflächenpflege - 4. Projekt am Institut für Landschaftspflege und Naturschutz der Universität Hannover. Hannover.

● MALICKY, H., 1970: Untersuchungen über die Beziehungen zwischen Lebensraum, Wirtspflanzen, Überwinterungsstadium, Einwanderungsalter und Herkunft Mitteleuropäischer Lycaeidae (Lepidoptera). Entmologische Abhandlungen, 36, 9, S. 341 - 360. Leipzig.

● MATTERN, H., R. WOLF & J. MAUK, 1979: Die Bedeutung von Wacholderheiden im Regierungsbezirk Stuttgart, sowie Möglichkeiten zu ihrer Erhaltung. Veröff. Naturschutz Landschaftspflege Baden-Württemberg 49/50, S. 9 - 29, Karlsruhe.

● MIKOLA, A., 1942: Über die Ausschlagbildung bei der Birke und ihre forstliche Bedeutung. Acta forestalia fennica 50, S. 92 - 102.

● MILLER, G.R. & J. MILES, 1970: Regeneration of heather (Calluna vulgaris) at different ages and seasons in north-east Scotland. J. appl. Ecol. 7, S. 51 - 60.

● MILLER, G. & A. WATSON, 1974: Some effects of fire on vertebrate herbivores in the Scottish Highlands. Proc. Tall Timbers Fire Ecol. Conf. 13, S. 39 - 64.

● MORRIS, M.G., 1975: Preliminary Observations on the Effects of Burning on the Hemiptera (Heteroptera and Auchenorhyncha) of Limestone Grassland. Biol. Conserv. 7, S. 311 - 319.

● MUHLE, O., 1974: Zur Ökologie und Erhaltung von Heidegesellschaften. Allg. Forst- und Jagdzeitung 145, S. 232 - 239.

● MUHLE, O. & E. RÖHRIG, 1979: Untersuchungen über die Wirkung von Brand, Mahd und Beweidung auf die Entwicklung von Heide-Gesellschaften. Schriften aus der Forstlichen Fakultät der Universität Göttingen und der Niedersächsischen Forstlichen Versuchsanstalt. Bd. 61, Göttingen.

● MÜLLER, TH., 1983: Wacholderheiden und Halbtrockenrasen - Hinweise zur Pflege aus der Sicht des Pflanzensoziologen. Fachtagungen der Naturschutzverwaltung. Tagungsbericht Nr. 5, Fachtagung Wacholderheiden und Halbtrockenrasen, S. 95 - 108.

● MÜLLER-LIST, R., 1985: Ländlicher Raum ohne Landwirtschaft? Folgen des Rückzugs der Landwirtschaft aus Mittelgebirgsregionen am Beispiel der Nordeifel. Schrift. d. Landwirtschaftskammer Rheinland, H. 56, Bonn.

● MÜLLER-SCHNEIDER, D., 1954: Über Endozoochore Samenverbreitung durch weidende Haustiere. Vegetatio 5 - 6, S. 23 - 26, Den Haag.

● MÜTZE, G., 1988: Untersuchungen zur Landschaftspflege mit Schafweide und mechanischen Pflegemaßnahmen in der Gemeinde Dietzhölztal im Lahn-Dill-Kreis - Inaugural-Dissertation. Fachbereich Agrarwissenschaften der Justus-Liebig-Universität, Gießen, im Druck.

● NITSCHE, L., 1988: Naturschutzgebiete und Brachländer in Hessen. Naturschutz und Landschaftspflege mit Schafen, S. 45 - 57, Frankfurt.

● OBERDORFER, E., 1970: Pflanzensoziologische Exkursionsflora für Süddeutschland. Stuttgart.

● OEHMICHEN, P., 1988: Initiativen der Bundesländer zur Erhaltung alter und gefährdeter Nutztierrassen und deren Einsatz in Naturschutz und Landschaftspflege. Referat auf der Tagung "Erhaltung alter Haustierrassen" des Naturschutz-zentrums Hessen (Wetzlar) und des Hessenparkes (Neu-Anspach).

● OPPERMANN, R., 1987: Tierökologische Untersuchungen zum Biotopmangement in Feuchtwiesen. Ergebnisse einer Feldstudie an Schmetterlingen und Heuschrecken im württembergischen Alpenvorland. Natur und Landschaft, Heft 6, S. 235 - 241.

● OST, G., 1979: Auswirkungen der Mahd auf die Artenmannigfaltigkeit (Diversität) eines Seggenriedes am Federsee. Veröff. Naturschutz Landschaftspflege Baden-Württemberg, 49/50, S. 407 - 439, Ludwigsberg.

● PETERMANN, R., 1983: Erfahrungsbericht der Bezirksstelle für Naturschutz und Landschaftspflege Tübingen. Fachtagungen der Naturschutzverwaltung. Tagungsbericht Nr. 5, Fachtagung Wacholderheiden und Halbtrockenrasen, S. 25 - 36.

● PFADENHAUER, J., 1988: Gedanken zu Flächenstillegungs- und Extensivierungsprogrammen aus ökologischer Sicht. Zeitschrift für Kulturtechnik und Flurbereinigung 29, S. 165 - 175, Berlin/Hamburg.

● POHL, J., 1885: Landwirtschaftliche Betriebslehre. Leipzig.

● REICHHOFF, L., 1974: Untersuchungen über den Aufbau und die Dynamik des Orchideen-Halbtrockenrasens im NSG "Leutratal" bei Jena/Thüringen. Mitteilungen der Sektion Geobotanik und Phytotaxonomie der Biologischen Gesellschaft in der DDR, S. 115 - 125, Berlin.

● REICHHOFF, L., 1977: Beitrag zur Pflegeproblematik anthropogen bedingter Xerothermrasen am Beispiel des NSG "Leutratal" bei Jena. Landschaftspflege und Naturschutz in Thüringen, 14, 2, S. 31 - 40, Jena.

● REICHHOFF, L. & W. BÖHNERT, 1978: Zur Pflegeproblematik von Festuca-, Brometea-, Sedo-Scleranthetea- und Corynephoretea-Gesellschaften in Naturschutzgebieten im Süden der DDR. Archiv für Naturschutz und Landschaftsforschung, 18, S. 81 - 102, Berlin.

● REICHHOLF, J.H., 1986: Ist der Biotop-Verbund eine Lösung des Problems kritischer Flächengrößen? Biotopverbund in der Landschaft. Laufener Seminarbeiträge 10/86, S. 19 - 24. Laufen/Salzach.

● REINKEN, G., 1980: Damtierhaltung auf Grün- und Brachland. Tierzuchtbücherei, Stuttgart.

● RIESS, W., 1975: Kontrolliertes Brennen - eine Methode der Landschaftspflege. Mitteilungen der Floristisch-soziologischen Arbeitsgemeinschaft, 18, S. 265 - 171, Todenmann üb. Rinteln.

● RIESS, W., 1978: Zur Wirkung von kontrolliertem Feuer auf Arthropoden. Freiburger Waldschutz, Abh. 1, S. 29 - 45.

● RIESS, W., 1980: Möglichkeiten der Feuerökologie zum Management von Vogelbiotopen. Veröff. Naturschutz Landschaftspflege Baden-Württemberg, Beihefte 16, S. 97 - 105, Karlsruhe.

● RINGLER, A., 1988: Aufgabenverteilung in der Landschaftspflege aus der Sicht des Landschaftspflegekonzepts Bayern. Landschaftspflege als Aufgabe der Landwirte und Landschaftsgärtner - Laufener Seminarbeiträge 1/88, S. 7 - 13, Laufen/Salzach.

● ROTHENBURGER, W., 1988: Synopse der Kosten landschaftspflegerischer Maßnahmen von Landwirten und von Landschaftsgärtnern. Landschaftspflege als Aufgabe der Landwirte und Landschaftsgärtner - Laufener Seminarbeiträge 1/88, S. 36 - 45, Laufen/Salzach.

● ROTHENBURGER, W. & M. HUNDSDORFER, 1988: Landschaftpflege - ökonomische Kriterien bei der Vergabe und Übernahme von Pflegearbeiten. Landwirte als Partner des Naturschutzes. Schriftenreihe Angewandter Naturschutz, Bd. 7, 41 - 54, Lich.

● SCHEMEL, H.-J., 1988: Anforderungen an die Weiterbildung in der praktischen Landschaftspflege. Landschaftspflege als Aufgabe der Landwirte und Landschaftsgärtner, Laufener Seminarbeiträge 1/88, S. 47 - 50, Laufen/Salzach.

● SCHERZINGER, W., 1983: Wenn ich ein Vöglein wär ... . Nationalpark, H. 3.

● SCHIEFER, J., 1981: Bracheversuche in Baden-Württemberg - Vegetations- und Standortsentwicklung auf 16 verschiedenen Versuchsflächen mit unterschiedlichen Behandlungen. Beiheft Veröff. Naturschutz Landschaftspflege Baden-Württemberg, 22, Karlsruhe.

● SCHIEFER, J., 1982: Kontrolliertes Brennen als Landschaftspflegemaßnahme? Natur und Landschaft 57, 7/8, S. 264 - 268.

● SCHIEFER, J., 1983: Ergebnisse der Landschaftspflegeversuche in Baden-Württemberg: Wirkungen des Mulchens auf Pflanzenbestand und Streuzersetzung. Natur und Landschaft, 58 jg., H. 7/8, S. 295 - 300, Stuttgart.

● SCHIEFER, J., 1984: Möglichkeiten der Aushagerung von nährstoffreichen Grünlandflächen. Veröff. Naturschutz Landschaftspflege Baden-Württemberg, 57/58, S. 33 - 62, Karlsruhe.

● SCHLOLAUT, W., 1988: Schafhaltung und Naturschutz - Traditionen - Probleme - Lösungsmöglichkeiten. Naturschutz und Landschaftspflege mit Schafen, S. 8 - 24, Frankfurt.

● SCHMIDT, W., 1985: Mahd ohne Düngung - Vegetationskundliche und ökologische Ergebnisse aus Dauerflächenuntersuchungen zur Pflege von Brachflächen. Münstersche Geographische Arbeiten 20, S. 81 - 99, Paderborn.

● SCHMÜCKER, Th., 1962: Verdienen Seltenheiten besonderes Interesse? Jahrbuch des Vereins zum Schutze der Alpenpflanzen und -tiere, 27, München.

● SCHÖNNAMSGRUBER, H., 1983: Zur ökologischen Bedeutung der Weidelandschaften. Schutz von Trockenbiotopen: Trockenrasen, Triften und Hutungen, Laufener Seminarbeiträge 6/1983, S. 24 - 32, Laufen/Salzach.

● SCHORNSTEIN, H., 1982: Galloways, Oberursel.

● SCHREIBER, K.-F., 1980 a: Brachflächen in der Kulturlandschaft. Tagung über Umweltforschung der Universität Hohenheim. Daten und Dokumente zum Umweltschutz: Sonderreihe Umwelttagung 30, S. 61 - 93, Stuttgart.

● SCHREIBER, K.-F., 1980: Entwicklung von Brachflächen in Baden-Württemberg unter dem Einfluß verschiedener Landschaftspflegemaßnahmen. Verhandlungen der Gesellschaft für Ökologie, Band VIII, S. 185 - 203, Göttingen.

● SCHREIBER, K.-F., 1981: Das kontrollierte Brennen von Brachland - Belastungen, Einsatzmöglichkeiten und Grenzen - Eine Zwischenbilanz über feuerökologische Untersuchungen. Angew. Botanik 55, 3/4, S. 255 - 275.

● SCHREIBER, K.-F. & J. SCHIEFER, 1985: Vegetations- und Stoffdynamik in Grünlandbrachen - 10 Jahre Bracheversuche in Baden-Württemberg. Münstersche Geographische Arbeiten 20, S. 111 - 153, Paderborn.

● SCHREINER, K., 1987: Ackerrandstreifen- und Wiesenprogramm in Hessen. Durchführung und erste Ergebnisse. Vogel und Umwelt, 4, S. 303 - 325, Wiesbaden.

● SCHULTZ, R., 1973: Zusammenhänge von Vegetations- und Faunenentwicklung auf Brachflächen - nach Beobachtungen im Dillkreis. Das Brachflächenproblem aus der Sicht von Naturschutz und Landschaftspflege, Bd. 22, S. 53 - 59, Bonn.

● SCHUMACHER, W., 1988: Notwendigkeit und Umfang von Pflegemaßnahmen auf Schutzflächen an Hand ausgewählter Beispiele. Landwirte als Partner des Naturschutzes, Band 7, S. 25 - 38, Lich.

● SCHWABE-BRAUN, A., 1980: Eine pflanzensoziologische Modelluntersuchung als Grundlage für Naturschutz und Planung. Urbs et Regio 18, Kassel.

● SEIBERT, O., 1986: Extensive Produktionsformen. Schriftenreihe des BMELF, Reihe A: Angewandte Wissenschaft, H. 322, Münster-Hiltrup.

● SHARP, W.M., 1970: The role of fire in ruffed grouse habitat management. Proc. Tall Timbers Fire Ecol. Conf. 10, S. 47 - 62.

● SILVERTOWN, J., 1980: The dynamics of a grassland ecosytem: botanica equilibrum in the park grass experiment. J. Appl. Ecol. 17, S. 491 - 504.

● SIMAK, E., 1988: Tierpark für gefährdete Haustiere. Unser Land, H. 1/88, S. 33 - 35.

● SIMON, 1973: zit. in GERTH, H., 1978: Wirkungen einiger Landschaftspflegeverfahren auf die Pflanzenbestände und Möglichkeiten der Schafweide auf feuchten Grünlandbrachen. Landwirtschaftliche Dissertation, Kiel.

● SIMON, D.L., 1980: Brauchen wir genetische Reserven für die Tierproduktion? Tierzüchter Nr. 8/80, S. 314 - 318, Hannover.

● SOMMERFELD, D. v., 1982: Haltungstechnik in der Ziegenhaltung - ein Betriebszweig mit Perspektiven. Hrsg.: Ausstellungs-Messe-Kongreß GmbH, Berlin, Senator für Wirtschaft und Verkehr - Tierzuchtamt und DLG - Fachbereich Tierische Produktion, Berlin.

● SOUTHWOOD, T.R.E. & H.F. van EMDEN, 1967: A comparison of the fauna of cut and uncut grasslands. Z. angew. Ent., 60, S. 188 - 198.

● STÄHLIN, A., 1969: Grundlage Grünland. Produktionsverfahren Koppelschafhaltung Arb. DLG Nr. 122.

● STEFFNY, H., A. KRATOCHWIL & A. WOLF, 1984: Zur Bedeutung verschiedener Rasengesellschaften für Schmetterlinge und Hummeln im Naturschutzgebiet Taubergießen. Natur und Landschaft, 59, 11, S. 435 - 443.

● STEINHAUSER, H. & J. ECKL, 1973: Möglichkeiten und Grenzen der Schafhaltung in der Landschaftspflege. Tierzüchter Nr. 7, S. 290 - 293, Hannover.

● SUCCOW, M., 1975: Praktische Naturschutzarbeit zur Erhaltung artenreicher Halbkulturformationen. Naturschutzarbeit in Berlin und Brandenburg 11, 2/3, S. 34 - 35, Berlin.

● TEBRÜGGE, F., 1978: Pflegeverfahren und Extensivnutzung. Brache und Wasserhaushalt, Hrsg.: K.W.K., S. 127 - 138, Hamburg.

● TEERLING, J., 1988: Feuchtbiotope und Moore in Niedersachsen. Naturschutz und Landschaftspflege mit Schafen, S. 40 - 44, Frankfurt am Main.

● TESTER, J.R. & W.H. MARSHALL, 1961: A study of certain plant and animal interrelations on a native prairie in North-Western Minnesota. Oec. Pap. Univ. Minn. Mus. nat. Hist. 8.

● THELE-WITTIG, H.C., 1976: Möglichkeiten und Grenzen beim Einsatz von Schafen in der Landschaftspflege, organisatorische, technische und gesellschaftspolitische Aspekte. Landschaftspflege durch Schafe. S. 19 - 25, Duisburg.

● THOMAS, B., 1956: Heather (Calluna vulgaris) as food for livestock. Herb. Abstr. 26, S. 1 - 7.

● THOMAS, J., 1980: Why did the large blue become extinct in Britain? Oryx, 15, S. 243 - 247, London.

● TISCHLER, W., 1965: Agrarökologie, Jena.

● TOEPFER, A.C., 1971: Zur Birkenfrage - eine Klarstellung. Naturschutz und Naturparke 63, S. 1 - 7.

● TRAUB, B., 1982: Landschaftspflege und Schmetterlinge. Neue Entomologische Nachrichten, 3, S. 25 - 30, Keltern.

● TRAUB, B., 1983: Wacholderheide als Lebensraum für Schmetterlinge. Fachtagungen der Naturschutzverwaltung. Tagungsbericht Nr. 5. Fachtagung Wacholderheide und Halbtrockenrasen, S. 109 - 117.

● TÜXEN, R., 1970: Anwendung des Feuers im Naturschutz? Ber. Naturhist. Ges., Hannover 114, S. 99 - 104.

É TÜXEN, R., 1973: Zum Birken-Anflug im Naturschutzgebiet Lüneburger Heide. Eine pflanzensoziologische Betrachtung. Mitt. flor. soz. Arbeitsgem. 15/16, S. 203 - 209.

● ULRICH, B., 1982: Gefahren für das Waldökosystem durch saure Niederschläge. LÖLF-Mitteilungen, Sonderheft.

● VAN RENSBURG, H.-J., 1971: Fire: its effects on grasslands, including swamps - southern, central, an eastern Africa. Proc. Tall Timbers Fire Ecol. Conf. 11, S. 175 - 200.

● VEN, J.A. VAN DER, 1978: Feuer als Pflegemittel im Marschland. Verh. Ges. Ökologie, S. 393 - 395, Kiel.

● VINES, R., 1973: Air movements above large bush-fires. Proc. Tall Timbers Fire Ecol. Conf. 13, S. 295 - 301.

● VOGEL, H., 1988: Naturschutzprogramme mit der Landwirtschaft in der Bundesrepublik Deutschland - Übersicht. Flächenstillegung und Extensivierung für Naturschutz. Jahrbuch für Naturschutz und Landschaftspflege, Bd. 41, S. 183 - 195, Bonn-Bad Godesberg.

● VOIGTLÄNDER, G. & H. JACOB, 1987: Grünlandwirtschaft und Futterbau. Stuttgart.

● WAGNER, P., 1972: Untersuchungen über Biomasse und Stickstoffhaushalt eines Halbtrockenrasens - Diplomarbeit an der Universität Göttingen zit. in ELLENBERG 1982.

● WAGNER, F., 1975: Wege und Probleme bei den aktiven Maßnahmen zur Landschaftspflege im Bayerischen Wald. Landwirtschaftliches Jahrbuch, Heft 5, S. 526 - 533.

● WALTER, H., 1960: Einführung in die Phytologie - Teil III: Grundlagen der Pflanzenverarbeitung - Standortslehre. Stuttgart.

● WASSMUTH, R., 1973: Die Bedeutung der Schafhaltung in der Welt und in der BRD, "Grüne Woche", Berlin.

● WEBER, C.A., 1901: Über die Erhaltung von Mooren und Heiden im Naturzustande, sowie über die Wiederherstellung von Naturwäldern. Abh. Naturw. Ver. Bremen XV.

● WEGENER, U., 1980: Gezielte Pflegemaßnahmen für Orchideenbestände des Berggrünlandes. Mitt. Arbeitskreis "Heimische Orchideen" 9, S. 38 - 51, Berlin.

● WEGENER, U. & H. KEMPE, 1982: Das Flämmen als Pflegemethode landwirtschaftlich nicht genutzter Rasengesellschaften. Landschaftspflege und Naturschutz in Thüringen, 19, S. 57 - 63, Halle.

● WEINITSCHKE, H. u.a., 1976: Prinzipien für die Pflege ausgewählter Typen von Naturschutzobkjekten. agra-Broschüre, Markkleeberg.

● WEINSCHENCK, G., 1981: Ökologische Forderungen und ihre Auswirkungen auf die wirtschaftliche Entwicklung. Landbewirtschaftung und Ökologie. Arbeiten der DLG, Band 172, S. 140 - 154, Frankfurt am Main.

● WERNER, W., 1983: Untersuchungen zum Stickstoffhaushalt einiger Pflanzenbestände. Scripta Geobot. 16.

● WESTHUS, W., L. REICHHOFF & U. WEGENER, 1984: Nutzungs- und Pflegehinweise für die Grünlandtypen Thüringens. Landschaftspflege und Naturschutz in Thüringen, 21, S. 1 - 9, Halle.

● WILDERMUTH, H. 1983 a: Sicherung, Pflege und Gestaltung besonders gefährdeter Biotope. Naturschutz und Landschaftspflege zwischen Erhalten und Gestalten. Jahrbuch für Naturschutz und Landschaftspflege 33, S. 68 - 91, Greven.

● WILDERMUTH, H., 1983 b: Biotoppflege eine Form von Gärtnern? Veröff. Naturschutz und Landschaftspflege Baden-Württemberg 57/58, S. 11 - 18, Karlsruhe.

● WILKE, E., 1984: Schafe aktuell in Landwirtschaft und Landschaftspflege - Daten und Fakten zur Schafhaltung. Vereinigung Deutscher Landesschafzuchtverbände e.V. und Deutsche Wollverwertung, Wiesetal-Sondershausen.

● WILKE, E., 1988: Zum Kostenaufwand der Schafbeweidung und mechanische Pflegemaßnahmen bei Düngungs- und Nutzungseinschränkungen. Naturschutz und Landschaftspflege mit Schafen, S. 97 - 100, Frankfurt am Main.

● WILKE, E. & G. KIELWEIN, 1983: Ziegen - Eine Alternative. Gießen.

● WILMANNS, O., 1975: Junge Änderungen der Kaiserstühler Halbtrockenrasen. Vorträge über Umweltforschung der Universität Hohenheim, S. 15 - 20, Stuttgart.

● WILMANNS, O. & A. KRATOCHWIL, 1983: Naturschutz-bezogene Grundlagen - Untersuchungen im Kaiserstuhl - Beih. Veröff. Naturschutz Landschaftspflege Baden-Württemberg 34, S. 39 - 56, Karlsruhe.

● WILMANNS, O. & K. MÜLLER, 1976: Beweidung mit Schafen und Ziegen als Landschaftspflegemaßnahme im Schwarzwald. Natur und Landschaft, 51 Jg., Heft 10, S. 271 - 274, Stuttgart.

● WIMMER, G., 1988: Landschaftspflegerische Leistungen durch die Landwirtschaft. Landschaftspflege als Aufgabe der Landwirte und Landschaftsgärtner. Laufener Seminarbeiträge 1/88, S. 31 - 32, Laufen/Salzach.

- WITSCHEL, M., 1979: Entwicklung eines Modells zur Bestimmung des Naturschutzwertes schutzwürdiger Gebiete, durchgeführt am Beispiel der Xerothermvegetation Südbadens. Landschaft und Stadt 11(4).
- WOIKE, M.& P. ZIMMERMANN, 1988: Biotope pflegen mit Schafen. AID 1197, Bonn.
- WOLF, R., 1983: Wacholderheiden und Halbtrockenrasen - Aufgabenfeld der Naturschutzverwaltung. Fachtagungen der Naturschutzverwaltung, Tagungsbericht Nr. 5, Fachtagung Wacholderheiden und Halbtrockenrasen, S. 9 - 15.
- WOLF, R., 1984: Heiden im Landkreis Ludwigsburg, Bilanz 1984, Schutzbemühungen, Verwachsungsprobleme, Pflege. Beih. Veröff. Naturschutz Landschaftspflege Baden-Württemberg 35, Karlsruhe.
- WOLF, G., H. WIECHMANN & K. FORTH, 1984: Vegetationsentwicklung in aufgegebenen Feuchtwiesen und Auswirkungen von Pflegemaßnahmen auf Pflanzenbestand und Boden. Natur und Landschaft 59 (7/8), S. 316 - 322, Stuttgart.
- ZEITLER, G., 1988: Beurteilung von landschaftspflegerischer Leistungen in der freien Landschaft und im Siedlungsbereich aus mittelstandpolitischer Sicht. Laufener Seminarbeiträge 1/88, S. 33 - 35, Laufen/Salzach.
- ZIMMERMANN, R., 1975: Einfluß des Flämmens auf einen Halbtrockenrasen im Kaiserstuhl. Natur und Landschaft 50, S. 183 - 187.
- ZIMMERMANN, R., 1979: Der Einfluß des kontrollierten Brennens auf Esparetten-Halbtrockenrasen und Folgegesellschaften im Kaiserstuhl. Phytocoenologica 5, S. 477 - 524, Berlin.
- ZIMMERMANN, P. & M. WOIKE, 1982: Das Schaf in der Landschaftspflege. LÖLF-Mitteilungen VII, 2, S. 1 - 13, Recklinghausen.
- ZIELONKOWSKI, W., 1988: Prognose der Wirkungen von Flächenstillegung und Extensivierung für den Naturschutz und die Erholungsvorsorge. Flächenstillegung und Extensivierung für Naturschutz. Jahrbuch für Naturschutz und Landschaftspflege Bd. 41, S. 69 - 79, Bonn-Bad Godesberg.
- ZUPPKE, U., 1984: Der Einfluß der Intensivierung der Graslandwirtschaft auf die Wiesen bewohnenden Vogelarten des LSG "MIttelelbe". Hercynia N.F., S. 354 - 387, Leipzig.

Verzeichnis der Mitteilungen

(1) mündliche Mitteilung; (2) schriftliche Mitteilung

- Prof. Dr. R. ARENS, Hessische Landwirtschaftliche Lehr- und Forschungsanstalt Eichhof, Institut für Grünlandwirtschaft, Bad Hersfeld, (1) 7.9.1988.
- F. BAYER, Schäferei Goldvlies, Soisdorf, (2) 28.11.1988.
- Dipl.-Biol. FUCHS, ANL, Laufen/Salzach, (2) 14.12.1988.
- K. GREBE, Forsthaus Wildeck-Roßdorf, (2;1) 23.7.1988 auf der Tagung "Erhaltung alter Haustierrassen" des NSZ Hessen und des Hessenparks in Neu-Anspach.
- Dipl.-Ing. J. GÖTTKE-KROGMANN, Nebenerwerbslandwirt, Obere Naturschutzbehörde Oldenburg, (2) 25.1.1989.
- E. HAPPEL, Geschäftsführer des Naturparks Hoher Vogelsberg, Schotten, (2;1) 23.7.1988.
- HESSISCHES STATISTISCHES LANDESAMT, Angaben zu den hessischen Ziegenbeständen, (1) 29.8.1988.
- R. KRAUS, (1) 23.11.1988 auf der Maschinenvorführung der DLG und des HELELL in Lich.
- L. NITSCHE, Bezirksdirektion für Forsten und Naturschutz - Obere Naturschutzbehörde, Kassel, (1) 23.8.1988.
- P. PRETSCHER, Bundesforschungsanstalt für Naturschutz und Landschaftsökologie, Institut für Naturschutz und Tierökologie, Bonn, (2) 16.9.1988.
- Dr. L. REICHHOFF, Akademie der Landwirtschaftswissenschaft der Deutschen Demokratischen Republik, Institut für Landschaftsforschung und Naturschutz, Arbeitsgruppe Dessau, (2) 10.1.89.
- STATISTISCHES BUNDESAMT, Angaben der Schafbestände im Dezember seit 1950, (2).
- Dr. H. WILDERMUTH, Wetzikon/Schweiz, (2) 21.11.1988.
- R. WOLF, Bezirksstelle für Naturschutz und Landschaftpflege, Karlsruhe, (2) 15.9.1988.

Eignung verschiedener Nutztierrassen zur Landschafts- pflege auf gefährdeten Grünlandstandorten

- ANDREAE, B., 1973: Extensivierung von Grün- landflächen - Innere Kolonisation, 22. Jrg., 39 - 45.
- ARENANDER, E.O., 1896: Studien über das un- gehörnte Rindvieh im nördlichen Europa. - Inau- gural Dissertation; Halle-Wittenberg.
- ARENS, R., 1976: Erfahrungen beim Einsatz von Schafen in der Landschaftspflege bei der Erhal- tung der Kulturfähigkeit des Bodens. - Broschüre Landschaftspflege durch Schafe, VOL, Bonn, 73 - 79.
- BAMBERG, F.-B., 1985: Untersuchungen von gefangenschaftsbedingten Verhaltensänderun- gen beim Damwild. - Dissertation, Kiel.
- BEHRENS, H.; R. SCHEELJE & R. WASS- MUTH, 1983: Lehrbuch der Schafzucht. - Verlag Paul Parey, Hamburg und Berlin.
- BEINTEMA, A.J. & T.F. DEBOERS, 1982: Ver- storing van Weidevogellegsels door weidend Vee. - Mitteilungen der LÖLF, H. 3, 35 - 55.
- BEYER, H., 1968: Versuche zur Erhaltung von Heideflächen durch Heidschnucken im Natur- schutzgebiet "Heiliges Meer". - Natur und Heimat, 28. Jrg.; H. 4, 145 - 149.
- BICK, H., 1981: Zwingen ökologische Ziele zu grundlegenden Änderungen der Bewirtschaftung von Acker-Grünland-Wald? ... aus der Sicht der Ökologie. - In: Landbewirtschaftung und Ökolo- gie. Arbeiten der DLG, Bd. 172, DLG-Verlag, Frankfurt/M., 7 - 12.
- BIEDENKOPF, H., 1921: Lehrbuch der Tier- zucht. - Verlagsbuchhandlung Paul Parey, Berlin.
- BIRNKAMMER, H., 1987: Burenziege. - Der Tierzüchter, 39. Jrg., 11, 465.
- BLAB, J., & E. NOWAK, 1983: Grundlagen, Pro- bleme und Ziele der Roten Listen der gefährde- ten Arten. - Natur und Landschaft, 58. Jrg., J.1, 3 - 8.
- BOBERFELD, O., von, 1971: Vorherrschende Pflanzengesellschaften und die Ertragsleistung der Dauerweiden im rechtsrheinischen Höhenge- biet Nordrhein Westfalens. - Dissertation, Bonn.
- BOCKHORN, C.H., 1976: Erfahrungen beim Einsatz von Schafen in der Landschaftspflege. -

Broschüre Landschaftspflege durch Schafe, VDL, Bonn, 84 - 90.
- BOEKER, P., 1977: Anlage, Nutzung und Pflege von Pferdeweiden. - In F. Gramatzki: Handbuch Pferde. Verlag H. Kamlage, Osnabrück, 341 - 351.
- BOGNER, B., 1980: Sonstige Tierhaltungsfor- men. - Bayer. Landw. Jahrbuch, Sonderheft 1, 72 - 76.
- BOHNE, B., 1953: Ein Beitrag zur Feststellung des Geschmackswerts der Weidepflanzen. - Dis- sertation, Bonn.
- BRAUN, W., 1980: Bestandsveränderungen auf Grünlandflächen aus Folge von Landschaftspfle- gemaßnahmen und extensiver Landnutzung. - Bayer. Landw. Jahrbuch Sonderheft 1, 86 - 99.
- BRODERSEN, J.H., 1983: Deichschafhaltung in Schleswig-Holstein. - Deutsche Schafzucht, 20, 395 - 398.
- BROUWER, B., 1962: Beobachtungen über Schmackhaftigkeit und Freßlust auf der Weide. - Das wirtschaftseigene Futter, Bd. 8, H.3, 186 - 192.
- BRÜGGEMANN, H., 1956: Viehhaltung im Bau- Ernbetrieb. - DLG-Verlag, Frankfurt/M.
- BURRICHTER, E., R.POTT, T. RAUS & R. WITTIG, 1980: Die Heidelandschaft "Borkener Paradies" im Emstal bei Meppen. - Abhandlungen Landesmuseum für Naturkunde, Münster, 42.4.
- BÜTTENDORF, D. & G. MÜLLER, 1988: Grünlandschutzprogramme der Länder - Über- sicht und Einschätzung - Natur und Landschaft, 63. Jrg., H.3, 112 - 114.
- CAMPBELL, Q.P., J.P. EBERSÖHN & H.H. von BROEMBSEN, 1962: Browsing by goats and its effects on the vegetation. - Herbage Abstracts, 32, 273 - 275.
- CAMPBELL, R.N., 1974: St. Kilda and its Sheep. - In P.A. Jewell, C. Milner and J.M. Boyd (Ed.): Island survivors. The Ecology of Soay Sheep of St. Kilda. Athlone Press, London, 160 - 194.
- DAENEKE, E., 1984: Rassen für die Mutterkuh- hallung. - Württ. Wochenblatt für Landw., 46, 40 - 41.

● DEMBITZKI, P., 1976: Das Spukloch am Wacholder. - Artikel aus: Neues Deutschland, Datum Nicht bekannt.

● DER MINISTER FÜR ERNÄHRUNG, LAND-WIRTSCHAFT UND FORSTEN, SCHLES-WIG-HOLSTEIN, 1987: Extensivierungsförderung in Schleswig-Holstein (Broschüre).

● DER MINISTER FÜR UMWELT, RAUM-ORDNUNG UND LANDWIRTSCHAFT, NORDRHEIN-WESTFALEN, 1987: Umweltschutz und Landwirtschaft, 5. Programm zum Schutz der Feuchtwiesen (Broschüre).

● DIETER, D., 1980: Probleme und Maßnahmen zur Erhaltung der Kulturlandschaft - Extensive Rinderhaltung im Spessart. - Bayer. Landw. Jahrbuch, Sonderheft 1, 72 -76.

● DRACHENFELS, O. von, 1986: Überlegungen zu einer Liste der gefährdeten Ökosystemtypen in Niedersachsen. - Schriftenreihe für Vegetationskunde, H.18, 67 - 73.

● EBEL, F. & A. HENTSCHEL, 1987: Neue Wege des Naturschutzes in Nordrhein-Westfalen im Vergleich mit Naturschutzprogrammen anderer Bundesländer. - Berichte über Landwirtschaft, Bd. 65 (3), 412 - 434.

● EIGNER, J., 1980: Zur Frage der Beweidung von Moorflächen bei der Hochmoor-Regeneration. - Bauernblatt/Landpost, 34/130, 1785 - 1787.

● EIGNER, J. & E. SCHMATZLER, 1980: Bedeutung, Schutz und Regeneration von Hochmooren. - Naturschutz aktuell, Bd. 4, 775.

● ELLENBERG, H. jun., 1987: Fülle-Schwund-Schutz: Was will der Naturschutz eigentlich? Über Grenzen des Naturschutzes unter den Bedingungen moderner Landnutzung. - Betriebswirtschaftliche Mitteilungen der LWK Schleswig-Holstein, Nr. 385, 3 - 15.

● ELLENBERG, H. sen., 1952: Wiesen und Weiden und ihre Pflanzensoziologie, Band II. - Verlag Ulmer, Stuttgart.

● ELLENBERG, H. sen.,1982: Vegetation Mitteleuropas mit den Alpen in ökologischer Sicht. - Verlag Eugen Ulmer, Stuttgart.

● FEHSE, R., 1974: Gedanken zum Einsatz des Schafes und der Ziege in der Landschaftspflege im Berggebiet. - Schweizer Landw. Monatshefte, 52. Jrg., 337 - 349.

● FEWSON, D., 1979: Stellungnahme zur Bildung von Genreserven in der Tierzüchtung. - Züchtungskunde, 51 (5), 329 - 331.

● FIEDERLING, K., 1976: Entwicklung der extensiven Rinderhaltung zur Pflege der Kulturlandschaft im Bayerischen Wald. - Bayer. Landw. Jahrbuch, 53. Jrg., 748 - 750.

● FISCHER, G., 1981: Merinolandschafe - stärkste Rasse im Bundesgebiet. - Deutsche Schafzucht 26, 520 - 522.

● FISCHER, G. & H. MATTERN, 1987: Schafe in der Landschaftspflege auf der Schwäbischen Alb und deren Bedeutung für die Wacholderheiden. - Deutsche Schafzucht, 18, 378 - 382.

● FRAHM, K., 1982: Rinderrassen in den Ländern der Europäischen Gemeinschaft. - Enke-Verlag, Stuttgart.

● FRISCH, I. & W. FRISCH, 1988: Artgerechte Wildrinderhaltung, Auerochsen im Oberland. - Unser Land, 4. Jrg., 32 - 34.

● FUCHS, K., 1988: Das Bayerische Kulturlandschaftsprogramm. - Unser Land, 4. Jrg., 49 - 50.

● GRÜNEWALD, B., 1982: Kontinental beeinflußte Magerrasen im Raum südlich von Braunschweig und Vorschläge zu ihrer Erhaltung. - Diplomarbeit, Institut für Landespflege und Naturschutz, Hannover.

● HABER, W., 1972: Ochideenschutz - Grundlagen, Ziele und Möglichkeiten. - Schriftenreihe für Landschaftspflege und Naturschutz, H. 7, 91 - 100.

● HAHNE, A., J. TEERLING & H. SCHMIDT, 1986: Die Weiße Hornlose Heidschnucke. - Der Tierzüchter, 38. Jrg., 166 - 168.

● HAMANN, K.T., 1987: Heidschnucken. - Deutsche Schafzucht, 10, 203 - 205.

● HAMANN, K.T. & G. SEEFELDT, 1981: Die Graue Gehörnte Heidschnucke. - Deutsche Schafzucht, 25, 496 - 498.

● HÄRDTLE, W., 1984: Vegetationskundliche Untersuchungen in der ostholsteinischen Ostseeküste. - Mitteilungen der Arbeitsgem. Geobotanik in Schleswig-Holstein und Hamburg, H. 34, 142 S.

● HARING, F., 1984: Schafzucht. - Verlag Eugen Ulmer.

● HAUSER, J., 1976: Brachflächen und ihre Nutzung. - Berichte über Landwirtschaft, 53, 669 - 682.

● HEINE, D., 1978: Deutsche Weißköpfige Fleischschafe. - Deutsche Schäferzeitung, 70. Jrg., Nr. 29, 369 - 371.

● HELM, G., 1987: Erfahrungen mit der Schafhaltung auf ausgewählten Standorten - Alpines Grünland und Waldweide. - Fachtagung der DLG am 8./9. 10. in Stadtallendorf, Naturschutz und Landschaftspflege mit Schafen, Vortrag.

● HENNESEN, J., 1984: Das Rhönschaf: Geschichte und Geographie. - Deutsche Schafzucht, 1, 4 - 7.

● HERMANN, G., 1987: Extensivierungsprogramme als Möglichkeit zur Erhaltung gefährdeter Grünlandbiozönosen. - Diplomarbeit, Gesamthochschule Kassel.

● FUKAREK, F., 1979: Die Pflanzenwelt der Erde. - Urania-Verlag, Leipzig.

● GALL, C., 1982: Ziegenzucht. - Verlag Eugen Ulmer, Stuttgart.

● GARMO, T.H. & Y. REKDAL, 1986: Mjlkegeiter pa fjellbeite; 2. Beitevanar og vegetasjonsbruk hja geiter pa fjellbeite. - Meldinger fra Norges Landsbrukskole, Vol. 65, Nr. 27, 1 16.

● GEIGER, F., 1983: Weidewirtschaft im, Südschwarzwald heute - die Staatliche Weideinspektion Schönau als landschaftsgestaltender Faktor. - Agrargeographie, 3, 262 - 287.

● GERTH, H., 1978: Wirkungen einiger Landschaftspflegeverfahren auf die Pflanzenbestände und Möglichkeiten der Schafweide auf feuchten Grünlandbrachen. - Dissertation, Kiel.

● GIMINGHAM, C.H., 1970: Calluna heathlands: use and conservation in the light of some ecological effects of management. - In E. Duffey and A.S. Watt (Ed.): The Scientific Management of Animal and Plant Communities for Conservation; Oxford, London and Edenburgh, 91 - 103.

● GLAVAC, V., 1983: Über die Wiedereinführung der extensiven Ziegenhaltung zwecks Erhaltung und Pflege der Kalkmagerrasen. - Naturschutz in Nordhessen, H. 6, 25 - 47.

● GÖTZ, V., 1979: Pflege von Wacholderheiden auf der Münsinger Alb. - Mitteilungen des Vereins Forstl. Standortkunde und Forstpflanzenzüchtung, 27, 49 - 54.

● GÖTZ, W., 1974: Mutterkühe als Landschaftspfleger. - DLG-Mitteilungen, 21, 620 - 622.

● GRAEBNER, P., 1925: Die Heide Norddeutschlands. - Die Vegetation der Erde V. Engelmann-Verlag, Leipzig.

● GRANT, S.A. & R.F. HUNTER, 1968: Interactions of grazing and burning on heather moors and their implications in heather management. - Journal of the British Grassland Society, Vol. 23, 4, 285 - 293.

● HEYDEMANN, B., 1988: Zielvorstellungen des Naturschutzes für die Agrarpolitik. - Europäische Aktionskonferenz Natur und Landwirtschaft 17.3. - 20.3. 1988, Vortrag.

● HOCHBERG, H. & W. PEYKER, 1985: Erfahrungen und Ergebnisse zur Schafweide auf Mittelgebirgsgrasland. - Tierzucht, 39, 7, 310 - 313.

● HUNTER, R.F., 1954: The grazing of hill pasture sward types. - Journal of British Grassland Society, Bd. 9, 195 - 208.

● HUNTER, R.F., 1962: Home range behaviour in hill sheep. - In D.J. Crisp (Ed.): Grazing in terrestrial and marine environments. Oxford, 155 - 171.

● JAEP, A., 1986: "Sieger" und "Besiegte" bei den Haustieren. - Hessenbauer, 195. Jrg., Nr. 6, 30.

● JAHN-DEESBACH, W., 1976: Möglichkeiten und Grenzen beim Einsatz von Schafen in der Landschaftspflege. - Broschüre Landschaftspflege durch Schafe, VDL, Bonn, 26 - 40.

● JONG, H. de, 1977: Experiences with the manmade meadow bird reserve "Kievitslanden" in Flexoland. - Biological Conservation 12/13, 13 - 31.

● KAIDEL, W., 1987: Extensive Beweidung insbesondere durch Galloways zur Erhaltung offener Brachlandökotope als mögliche ökonomische und ökologische Alternative zu herkömmlichen Pflegemaßnahmen - Landbewirtschaftung zur Landschaftspflege. - Diplomarbeit, Gesamthochschule Kassel.

● KLAPP, E., 1951: Borstgrasheiden der Mittelgebirge. - Zeitschrift für Acker- und Pflanzenbau, Bd. 93, 400 - 444.

● KLAPP, E., 1965: Grünlandvegetation und Standort. Verlag Paul Parey, Berlin und Hamburg.

● KLAPP, E., 1971: Wiesen und Weiden. - Verlag Paul Parey, Berlin und Hamburg.

● KLAPP, E., 1983: Taschenbuch der Gräser. - Verlag Paul Parey, Berlin und Hamburg.

● KNAPP, R., 1977: Dauerflächen-Untersuchungen über die Einwirkung von Haustieren und Wild während trockener und feuchter Zeiten in Mesobromion-Halbtrockenrasen in Hessen. - Mitteilungen der flor.-soz. Arbeitsgem. 19, 269 - 274.

● KNAPP, H.D. & L. REICHHOFF, 1973: Vorschläge für Pflegemaßnahmen von Halbtrockenrasen in NSG. - Naturschutz und naturkundl. Heimatforschung in den Bezirken Halle und Magdeburg, 10, 2, 47 - 54.

● KNAUER, N. & H. GERTH, 1980: Wirkungen einiger Landschaftspflegeverfahren auf die Pflanzenbestände und Möglichkeiten der Bestandslenkung durch Schafweide im Bereich von Grünlandbrachen. - Phytocoenologica, 7, 218 - 236.

● KÖGEL, S., 1982: Landschaftspflege als Aufgabe für die deutsche Schafzucht. - Deutsche Schafzucht, 12, 237 - 239.

● KOLT, W., 1972: Material zur Brachlandfrage. - Der Hessische Minister für Landwirtschaft und Umwelt, Wiesbaden, 46 s.

● KOLTER, L. & H. MEYER, 1986: Unterlagensammlung Pferdehaltung. 1. Ernährung und Haltung. - FN-Verlag Warendorf.

● KORN, S. von, 1987: Im Einsatz in der Landschaftspflege. - DLG-Mitteilungen, 18, 974 - 977.

● KRAHN, F., 1977: Weide für Fjällrinder. - Neues Deutschland, 25./26.5.1977.

● KRATOCHWIL, A. & A. SCHWABE, 1987: Die Bedeutung des Wäldviehs für die Entstehung der Schwarzwälder Weidbuchen. - Der Schwarzwald, H. 4, 147 - 151.

● KUHN, K., 1937: Die Pflanzengesellschaften im Neckargebiet der Schwäbischen Alb. - Hohenloesche Buchhandlung Ferdinand Rau, Öhringen.

● KUNTZE, H., 1963: Untersuchungen zur Trittfestigkeit von Weideböden. - Kali-Briefe, Fachgebiet 4, Folge 4, 1 - 8.

● KUNTZE, H., 1985: Die ökologische Bedeutung des Grünlandes in der intensiv genutzten Agrarlandschaft. - Zeitschrift für Kulturtechnik und Flurbereinigung, 26, 230 - 238.

● LANGER, G., 1977: Ein Tag auf dem Müritzhof. - Artikel aus: Neues Deutschland, Datum nicht bekannt.

● LEITHIGER, L., 1896: Das Vogelsberger Rind und seine Zucht. - Verlag Emil Roth, Gießen.

● LÖWE, H. & H. MEYER, 1979: Pferdezucht und Pferdefütterung. - Verlag Eugen Ulmer, Stuttgart.

● MAIJALA, K., A.V. CHEREKAEV, J.M. DEVILLARD, Z. REKLEWSKI, G. ROGNONI, D.L. SIMON & D.E. STEANE, 1984: Conservation of animal genetic resources in Europe. - Livestock Production Science, 11, 3 - 22.

● MEISEL, K., 1970: Über die Artenverbindungen der Weiden im nordwestdeutschen Flachland. - Schriftenreihe für Vegetationskunde, H. 5, Bonn-Bad Godesberg 236 S..

● MEISEL, K., 1984: Landwirtschaft "Rote Liste" - Pflanzenarten Natur und Landwirtschaft, 59. Jrg., H. 718, 301 - 307.

● MEISEL, K. & A. von HÜBSCHMANN, 1976: Veränderungen der Acker- und Grünlandvegetation im nordwestdeutschen Flachland in jüngerer Zeit. - Schriftenreihe für Vegetationskunde, H. 10, 109 - 124.

● MILNER, C. & D. GWYNNE, 1974: The Soay Sheep and their Food Supply. - In P.A. Jewell, C. Milner and J.M. Boyd (Ed.): Island Survivors. The Ecology of Soay Sheep of St. Kilda. Athlone Press, London, 273 ff.

● MOTT, B., 1955: Ein Beitrag zur Feststellung des Geschmackswertes der Grünlandpflanzen. - Das Grünland, 4. Jrg., Nr. 4, 31 - 32 und Nr. 38 - 40.

● MUHLE, O., 1974: Zur Ökologie und Erhaltung von Heidegesellschaften. - Allgemeine Forst- und Jagd-Zeitung, 145. Jrg., 12, 232 - 239.

● MÜLLER, Kl., 1986: Vergleich der Wirkung von Mahd und Beweidung als Pflegemaßnahme im regenerierenden Hochmoor. - Gutachten im Auftrag des schleswig-holsteinischen Ministeriums für Ernährung, Landwirtschaft und Forsten, Kiel.

● MÜLLER, Th., 1962: Die Saumgesellschaften der Klasse Trifolio-Geranietea sanguinei. - Mitteilungen der flor.-soz. Arbeitgem, 9, 95 - 140.

● MÜLLER, Th., 1983: Wacholderheiden und Halbtrockenrasen - Hinweise zur Pflege aus der Sicht des Pflanzensoziologen. - Fachtagung Wacholderheiden und Halbtrockenrasen, Tagungsbericht 5, 95 - 108.

● NITSCHE, L., 1987: Erfahrungen mit der Schafbeweidung auf ausgewählten Standorten - Brachland und Naturschutzgebiete in Hessen. - Fachtagung der DLG am 8./9.10.1987 in Stadtallendorf, Naturschutz und Landschaftspflege mit Schafen, Vortrag.

● OBERDORFER, E., 1978: Süddeutsche Pflanzengesellschaften Teil 2. - Gustav Fischer Verlag, Jena.

● OEHMICHEN, P., 1988: Retten, was zu retten ist. - Agrar-Übersicht, 2, 70 - 72.

● PAFFEN, K., 1940: Heidevegetation und Ödlandwirtschaft der Eifel. - Beiträge zur Landeskunde der Rheinlande, 3. Reihe, H. 3

● PAHMEYER, L., 1988: Grünlandnutzung ohne Milchvieh. - Unser Land, 4. Jrg., 1.

● PAPENDIECK, L., 1958: Das Kleinpferd. - Verlag Paul Parey, Hamburg und Berlin.

● PIOTROWSKI, J., 1970: Neue Nutzungsformen für Grenzertragsböden. - Innere Kolonisation, 19. Jrg., H. 8, 261 - 263.

● POPP, K., 1988: Die Behandlung von Damwild in Gehegen. - Unser Land, 4. Jrg., 2, 56 - 58.

● PORZIG, E., 1969: Das Verhalten landwirtschaftlicher Nutztiere. - VEB Deutscher Landwirtschaftsverlag, Berlin.

● RAABE, E.W., 1981: Über Heiden der Jütischen Halbinsel. - In R. Tüxen (Hrsg.): Vegetation als anthropo-ökologischer Gegenstand. Berichte der Internationalen Symposien der Int. Vereinigung für Vegetationskunde Rinteln 1971, Vaduz, 217 - 236.

● RAABE, E.W. & W. SAXEN, 1955: Über Arnica montana und den Borstgrasrasen. - Mitteilungen der Arbeitsgem. für Floristik in Schleswig-Holstein und Hamburg, H. 5, 185 - 210.

● RADEMACHER, B., 1953: Die Bedeutung der Schafhaltung im Pflanzenschutz. - Süddeutsche Schäferzeitung, 43. Jrg., 21, 197 - 199.

● REICHELT, G., 1983: Wacholderheiden und Halbtrockenrasen - Hinweise zur Pflege aus der Sicht der Naturschutzverbände. Fachtagung Wacholderheiden und Halbtrockenrasen, Tagungsbericht 5, 89 -94.

● REICHHOFF, L. & W. BÖHNERT, 1978: Zur Pflegeproblematik von Festuco-Brometea-Sedo-Scleranthetea- und Corynephoretea-Gesellschaften im Süden der DDR. - Archiv für Naturschutz und Landschaftsforschung, Berlin, 18, 2, 81 - 102.

● REINKEN, G., 1976: Nutzung von Öd- und Grünland durch Damtiere. - Der Tierzüchter, 28. Jrg., 12, 560 - 563.

● REINKEN, G., 1980: Damtierhaltung auf Grün- und Brachland. - Verlag Eugen Ulmer, Stuttgart.

● REYE, L., 1919: Die Tierzuchtlehre. - Verlag Hermann Olms, Hildesheim.

● RIEGER, D., 1966: Wanderschäferei im süddeutschen Raum. - Berichte über Landwirtschaft, Bd. 44, 493 - 517.

● RIEGER, W., 1984: Gutachten über die Ergebnisse eines Beweidungsversuches auf Halbtrockenrasenflächen im NSG Weper (Landkreis Northeim). Auftraggeber: Bezirksregierung Braunschweig.

● RIEGER, W., 1988: Gutachten über die Ergebnisse von Beweidungsversuchen auf Halbtrockenrasen im NSG Weper (Landkreis Northeim) 1984

- 1987. Auftraggeber: Bezirksregierung Braunschweig.

● RIESINGER, A., 1976: Pflanzenbestandsentwicklung auf einer Pensionsviehweide. - Bayer. Landw. Jahrbuch, 53. Jrg., 750 - 753.

● ROCHOW, M. von, 1951: Die Pflanzengesellschaften des Kaiserstuhls. - Pflanzensoziologie, Bd. 8, Gustav Fischer Verlag, Jena, 140 S.

● ROTHMALER, W., 1982: Exkursionsflora. - Volk und Wissen, Volkseigener Verlag, Berlin.

● ROSENBERGER, E., 1985: Die Mutterkuhhaltung gewinnt neue Standorte. - Rinderwelt, 5, 156 - 157.

● RUHDEL, H.-J., 1956: Die Vorsommer-Schafweiden auf der Schwäbischen Alb, deren heutige Nutzungsweise und Vorschläge für eine verbesserte Bewirtschaftung, dargestellt am Beispiel der Gemeinde Dapfen, Kreis Münsingen. - Inaugural-Dissertation, Hohenheim.

● SAMBRAUS, H.H., 1987: Atlas der Nutztierrassen. - Verlag Eugen Ulmer, Stuttgart.

● SCHARNHÖLZ, A. & R. SCHARNHÖLZ, 1983: Landschafrassen in der Bundesrepublik. - Deutsche Schafzucht 21, 412 - 417.

● SCHIEFER, J., 1981: Bracheversuche in Baden-Württemberg. - Beihefte zu den Veröffentlichungen für Naturschutz und Landschaftspflege in Baden-Württemberg, 22, 1 - 325.

● SCHLEGEL, W., 1984: Galloways nicht nur zur Landschaftspflege. - Der Hessenbauer, 193. Jrg., Nr. 16, 22 - 24.

● SCHLOLAUT, W., 1987: Schafhaltung und Naturschutz. - Deutsche Schafzucht, 23, 494 - 501.

● SCHMIDT, H., 1981: Weiße Hornlose Heidschnucken - kleinste deutsche Schafrasse mit großer Bedeutung, 18, 348 - 350.

● SCHMITHÜSEN, F. & L. WALDERICH, 1981: Aufstellung von speziellen Pflegeplänen für ökologisch und floristisch hochwertige Heide- und Sukzessionsflächen am Steilhang. - Veröffentlichungen für Naturschutz und Landschaftspflege in Baden-Württemberg, 53/54, 19 - 42.

● SCHMITTEN, F., 1972: Tierhaltung und Landschaftspflege. - Berichte über Landwirtschaft, Bd. 50, H. 1, 40 - 47.

● SCHÖMIG, G., 1987: Burenziegen pflegen die Landschaft im Südschwarzwald. - Der Ziegenzüchter, 3, 23 - 28.

● SCHÖN, D., 1977: Ponyzucht in Deutschland: Entwicklung, Rassen, Verwendung. - In F. Gramatzki: Handbuch Pferde. Verlag H. Kornlage, Osnabrück, 56 - 82.

- SCHÖN, D., 1983: Praktische Pferdezucht. - Verlag Eugen Ulmer, Stuttgart.

- SCHORNSTEIN, H., 1982: Galloways. - Altkönig-Verlag, Oberursel.

- SCHWABE-BRAUN, A., 1979: Eine pflanzensoziologische Modelluntersuchung als Grundlage für Naturschutz und Planung. - Urbs et regio, 18, Kassel.

- SCHWARK, H.J., 1978: Pferde. - VEB Deutscher Landwirtschaftsverlag, Berlin.

- SCHWARK, H.J., A. HORN, H. JASIOROWSKI & J. PLESNIK, 1972: Internationales Handbuch der Tierproduktion. - VEB Deutscher Landswirtschaftsverlag, Berlin.

- SEARS, P.D. & V.C. GOODALL, 1948: The effect of sheep droppings an yield, botanical composition, and chemical composition of pasture. II Results for the years 1942 - 1944 and final summary of the trial. - New Zealand, Journal of Science and Technology, 30, 231 - 249.

- SEIBOLD, R., 1988: Das Waldschaf. - Unser Land, 4. Jrg., 1, 67 - 68.

- SIMAK, E., 1988: Tierpark für gefährdete Haustiere. - Unser Land, 4. Jrg., 1, 33 - 35.

- SIMON, D.L. & H. SCHULTE-COERNE, 1979: Verlust genetischer Alternativen in der Tierzucht - Notwendige Konsequenzen. - Züchtungskunde, 51, (5), 332 - 342.

- SINGHOF, H., 1986: Bemerkungen zur Entwicklungsgeschichte und zum Niedergang der Glanviehzucht. - Arche Nova, 4. Jrg., H. 2, 9 - 12.

- SPATZ, G., 1970: Planzengesellschaften, Leistungen und Leistungspotiential von Allgäuer Alpweiden in Abhängigkeit von Standort und Bewirtschaftung. - Dissertation, München.

- SPATZ, G., 1981: Die Weidewirtschaft im Gebirge und ihre Auswirkungen auf die Bodenerosion. - Berichte über Landwirtschaft, 197, Sonderheft.

- SPRINGER, B.., 1986: Fleischrinder mit Selbstvermarktung. - Der Tierzüchter, 38. Jrg., 4, 169 - 171.

- STÄHLIN, A., 1960: Verbreitete Pflanzengesellschaften des Dauergrünlandes, der Äcker, Gärten und Weinberge. - BLV-Verlagsgesellschaft, München, Bonn, Wien.

- STEIN, E., 1988: Anlagen 1 - 4. - Deutscher Rat für Landespflege, H. 54, 245 - 260.

- STEINHAUSER, H., 1974: Landschaftspflege durch Schafe. - Deutsche Schäferzeitung, 66. Jrg., Nr. 43, 369 - 371, Nr. 46, 396 - 397, Nr. 47, 404 - 406.

- SUKOPP, H., 1972: Wandel von Flora und Vegetation in Mitteleuropa unter dem Einfluß des Menschen. - Berichte über Landwirtschaft, Bd. 50, 112 - 139.

- SUKOPP, H. & U. HAMPICKE, 1985: Ökologische und ökonomische Betrachtungen zu den Folgen des Ausfalls einzelner Pflanzenarten und -gesellschaften. - Deutscher Rat für Landespflege, H. 46, 595 - 608.

- SUKOPP, H., W. TRAUTMANN & D. KORNECK, 1978: Auswertung der Roten Liste gefährdeter Farn- und Blütenpflanzen in der BRD für den Arten- und Biotopschutz. - Schriftenreihe für Vegetationskunde, H. 12, 138 S.

- TEERLING, J., 1987: Erfahrungen mit der Schafbeweidung auf ausgewählten Standorten - Feuchtgebiete und Moore in Niedersachsen. - Fachtagung der DLG am 8./9.10. in Stadtallendorf Naturschutz und Landschaftspflege mit Schafen, Vortrag.

- THELE-WITTIG, H.Ch., 1974: Landschaftspflege durch Schafe. - Deutsche Schäfereizeitung, 66. Jrg., 22, 201 - 203.

- THOMANN, W., 1988: Landschaftspflege mit Schafen aus dem Blickwinkel der Schafhaltung. - Der Bayerische Schafhalter, 2, 32 - 34.

- THOMAS, B., 1956: Heather (Calluna vulgaris) as food for livestock. - Herbage absract, Vol. 26, 1, 1 - 7.

- TISCHLER, W., 1980: Biologie der Kulturlandschaft. - Gustav Fischer Verlag, Stuttgart, New York.

- TOEPFER, A., 1971: Zur Birkenfrage - eine Klarstellung - Naturschutz und Naturparks, 63, 1 - 7.

- TRAUB, B., 1983: Wacholderweide als Lebensraum für Schmetterlinge. - Fachtagung Wacholderheiden und Halbtrockenrasen, Tagungsbericht 5, 109 - 117.

- TÜXEN, R., 1968: Die Lüneburger Heide. - In A. Kelle: Neuzeitliche Biologie, 9, Hannover, 9 - 56.

- TÜXEN, R., 1974: Die Haselünner Kuhweide. - Mitteilungen der flor.-soz. Arbeitsgem., 17, 69 - 102.

- TÜXEN, R., 1974: Über die Erhaltung der Heide. - Naturschutz und Naturparks, 73, 6 - 10.

● UPPENBORN, W., 1978: Ponys. - Verlag Eugen Ulmer, Stuttgart.

● VOISIN, A., 1961: Lebendige Grasnarbe. - BLV Verlagsgesellschaft, München, Bonn, Wien.

● WALTHER, K., 1977: Die Vegetation der Gemeindeweide Fuhlkarren bei Meetschow (Kr. Lüchow-Dannenberg). - Mitteilungen der flor.-soz. Arbeitsgem., 19/20, 253 - 268.

● WASSMUTH, R., 1978: Landschaftspflege und -erhaltung aus der Sicht des Schäfers. - Deutsche Schäferzeitung, 70. Jrg., 1, 1 - 3.

● WEIDTMANN, J., 1988: Anhaltend höhere Lämmerpreise in der Bundesrepublik? - Deutsche Schafzucht, 5, 92 - 93.

● WEINSCHENCK, G., 1981: Ökologische Forderungen und ihre Auswirkungen auf die wirtschaftliche Entwicklung. - In Landbewirtschaftung und Ökologie, Arbeiten der DLG, Bd. 172, DLG-Verlag, Frankfurt/M., 140 - 154.

● WESTHUS, W., L. REICHHOFF & U. WEGENER, 1984: Nutzungs- und Pflegehinweise für die geschützten Grünlandtypen Thüringens. - Landschaftspflege und Naturschutz in Thüringen, 21. Jrg., H. 1, 1 - 9.

● WILKE, E., 1983: Schafe im Vogelschutzgebiet. - Deutsche Schafzucht, 16, 316.

● WILKE, E., 1984: Schafe aktuell in der Landwirtschaft und Landschaftspflege. - VDL-Broschüre, 49 S.

● WILKE, E., 1985: Erhaltung der bedrohten Landschaft. - Deutsche Schafzucht, 16, 308 - 311.

● WILKE, E. & G. DIERICHS, 1987: DLG-Fachtagung: "Naturschutz und Landschaftspflege mit Schafen". - Deutsche Schafzucht, 23, 488 - 493.

● WILLI, K., 1975: Landschaftpflege im Bayerischen Wald durch extensive Rinderhaltung. - Bayer. landw. Jahrbuch, 52. Jrg., 622 - 626.

● WILMANNS, O., 1984: Ökologische Pflanzensoziologie. - UTB 269, Quelle und Meyer, Heidelberg.

● WILMANNS, O. & K. MÜLLER, 1976: Beweidung mit Schafen und Ziegen als Landschaftspflegemaßnahme im Schwarzwald? - Natur und Landschaft, 51. Jrg., H. 10, 271 - 274.

● WILMANNS, O. & K. MÜLLER, 1977: Zum Einfluß der Schaf- und Ziegenbeweidung auf die Vegetation im Schwarzwald. - In R. Tüxen (Hrsg.): Vegetation und Fauna. Berichte der Internationalen Symposien der Int. Vereinigung für Vegetationskunde, Vaduz, 465 - 479.

● WINKLER, S., 1980: Einführung in die Pflanzenökologie. - 2. Aufl., Gustav Fischer Verlag, Stuttgart, New York.

● WOIKE, M., 1983: Bedeutung von feuchten Wiesen und Weiden für den Artenschutz. - Mitteilungen der LÖLF, 8, H. 3, 5 - 15.

● WOIKE, M. & P. ZIMMERMANN, 1988: Biotope pflegen mit Schafen. - AID 1197, Bonn.

● WOLF, R., 1984: Heiden im Kreis Ludwigsburg. - Beihefte zu den Veröffentlichungen für Naturschutz und Landschaftspflege in Baden-Württemberg, 35, 7 - 69.

● ZEEB, R., 1947: Der praktische Ziegenzüchter und Ziegenhalter, - Verlag Eugen Ulmer, Stuttgart.

● ZELLFELDER, E., 1976: Derzeitiger Erkenntnisstand aus den Landschaftspflegemodellen im Spessart. - Bayer. landw. Jahrbuch, 53. Jrg., 750 - 753.

● ZELLFELDER, E., 1988: Landschaftspflege im Spessart. - Der Bayerische Schafhalter, 2, 31 - 32.

● ZIMMERMANN, P. & M. WOIKE, 1982: Das Schaf in der Landschaftspflege. - Mitteilungen der LÖLF, H. 2, 1 - 13.

Verzeichnis der Abbildungen und Tabellen

Abbildungen

Tabellen

Pflege- und Bewirtschaftungshinweise für besonders schützenswerte Grünlandtypen

Dipl. Ing. Thomas Maertens
Dipl. Ing. Matthias Wahler

Grünlandtypen:	Typische Arten:	Nutzung und Pflege:

Silikat - und Sandmagerrasen

Sedo-Sclerathetea

Die Silikat- und Sandmagerrasen sind lückige, wärme- und trockenheitsliebende, ausgesprochen heliophile und daher nur im Freistand existenzfähige Pioniergesellschaften trocken-warmer Standorte auf flachgründigen Fels- und durchlässigen Kies- und Sandböden, vor allem in Trockengebieten, meist kleinflächig im Wechsel mit trockener Heide und Borstgrasrasen. Typische Gesellschaften sind die Silbergrasfluren auf offenen Sandflächen oder die Straußgras-Rasen auf silikatischem Gestein (vgl. Pkt. 2.3.5).

● Silbergras
Corynephorus canescens
● Silberscharte
Jurinea cyanoides
● Zypressenwolfsmilch
Euphorbia cyparissias

Der Grasnelken-Schafschwingelrasen ist ein Weiderasen, der jährlich bis zu dreimal, wenigstens aber jedes 3. Jahr mit Schafen, in Ausnahmefällen mit Rindern (0,7 GVE/ha) beweidet werden kann bzw. soll. Ähnliches gilt für den Schwalbenwurz-Schafschwingelrasen. Der Wiesenhafer-Halbtrockenrasen muß mindestens jedes 3. bis 5. Jahr gemäht, kann aber auch abwechselnd zur Mahd gehütet werden. Der Pechnelken-Blauschwingelrasen auf felsigen Standorten kann gelegentlich beweidet werden, falls die Hangneigung nicht begrenzend wirkt. Für den Kuhschellen-Steppenlieschgrasrasen ist gelegentliche Schafhutung nötig (BÖHNERT & HEMPEL 1987).

Gemähter Halbtrockenrasen

Mesobrometum erecti

Mittelhohe, bunte, orchideenreiche Wiesen auf basenreichen, stickstoffarmen, mäßig trockenen Standorten (vgl. Pkt. 2.1.1 und 2.2.1).

● Aufrechte Trespe
Bromus erectus
● Esparette
Onobrychis viciifolia
● Helm-, Brandknabenkraut
Orchis militaris, O. ustulata
● Bocksriemenzunge
Himantoglossum hircinum
● Ragwurz-Arten
Ophrys insectifera, O. apifera

Jährlich einmalige Mahd ab Juli, bei orchideenreichen Beständen erst nach der Abreife der Samenkapseln an den Orchideen. Keine Düngung! Durch Mulchen im 2-Jahres-Turnus (Juli bis Mitte August) und durch Mahd/Brandpflege kann der Ausgangsbestand im wesentlichen erhalten werden (SCHIEFER 1981, 1982). Einige Autoren empfehlen, falls gewisse floristische, strukturelle Veränderungen tolerierbar sind, die regelmäßige Mahd durch kostengünstigere, aufwandärmere Pflegezyklen zu ersetzen, wie z.B.: 5 bis 7 Jahre ohne Nutzung - Entbuschung und kontroliertes Brennen - 2 - 4 Jahre Mahd - Periode ohne Nutzung (REICHHOFF 1977).

Beweidete Halbtrockenrasen

Gentiano-Koelerietum pyramidatea sub. ass. typicum (auf Kalkstandorten), sub. ass. agrostietosum (auf basenreichen Standorten über Basalt, Diabas u.a.).

Niedrigwüchsige Grasfluren basenreicher, trockenwarmer Standorte (vgl. 2.3.5).

● Federgras-Arten
Stipa div. spec.
● Schwingel-Arten
Festuca dev. spec.
● Kalkblaugras
Sesleria varia
● Fliederzwenke
Brachypodium pinnatum
● Kartäusernelke
Dianthus carthusianorum
● Enzian-Arten
Gentianella div. spec.
● Gemeine Küchenschelle
Pulsatilla vulgaris

Huteweide mit Schafen, verbunden mit einer periodischen Beseitigung des Gehölzjungwuchses. Orchideenreiche Bestände sollen in der Zeit vom 1. Mai bis 1. August nicht beweidet werden. Beim Vorkommen frühblühender Arten muß die Beweidung bereits ab 15. April unterbleiben (ZIMMERMANN & WOIKE 1982). Um die Erhaltung einer reichhaltigen Flora und ein Nebeneinander vielfältiger Strukturen zu sichern bzw. zu schaffen, empfiehlt sich eine zeitweilig wechselnde Weideintensität mit wechselnder Flächennutzung. Keine Düngung!

Grünlandtypen:	Typische Arten:	Nutzung und Pflege:

Magerwiese

| (siehe Magerweide; vgl. Pkt. 2.1.1). | (siehe Magerweide) | Je nach Nährstoffversorgung ist eine ein- bis zweimalige Mahd mit Abtransport des Mahdgutes pro Jahr notwendig, wobei bei der zweimaligen Mahd die erste Mahd ab 1.7., die zweite Mahd ab 15.9. zu erfolgen hat, während bei der einmaligen Mahd die erste Mahd ab 15.7. durchgeführt werden sollte! |

Magerweide

| Ehemaliges extensiv bewirtschaftetes, relativ niedrigwüchsiges Mäh- und Weidegrünland auf trockenen Böden, meist in Hanglagen, das die Übergangsform zwischen den produktiven Fettwiesen/Fettweiden und den mageren Borstgrasrasen und Kalkhalbtrockenrasen einnimmt (vgl. Pkt. 2.3.5)! | ● Knolliger Hahnenfuß Ranunculus bulbosus ● Zittergras Briza media ● Gewöhnliches Ferkelkraut Hypochoeris radicata | Einmalige Mahd pro Jahr ab Mitte Juli mit Abfuhr des Mähgutes. Als Alternative zur Mahd ist eine kurzzeitige Beweidung möglich, wobei die Beweidungsdichte max. 2 Rinder/Pferde pro ha betragen sollte. Neben der Rinderbeweidung ist auch eine Schafbeweidung mit einer geeigneten Rasse zulässig. Keine Düngung! Keine Nachtpferchung auf den Magerweiden! |

Borstgrasrasen

| **Polygalo-Nardetum** Kurzrasige Grasfluren, ehemalige Extensivweiden, auf ungedüngten, bodensauren Standorten, vor allem im Bergland (vgl. Pkt. 2.3.5, 2.4.1, 2.2.1). | ● Borstgras Nardus stricta ● Arnika Arnica montana ● Gemeines Kreuzblümchen Polygala vulgaris ● Bärwurz Meum athamanticum ● Harzlabkraut Galium harcynicum ● Katzenpfötchen Antennaria dioica ● Blutwurz Potentilla erecta | Einschürige Mahd (Ende Juli/Anfang August) mit Entfernen des Mahdgutes. Je nach der Produktivität der Bestände genügt auch eine Mahd-Pflege oder Mulchen alle 2 Jahre bzw. in längeren Zeitabständen. Bei trockener Witterung kann auch eine extensive Beweidung erfolgen, wobei es zu bedenken gilt, daß durch die Beweidung die Verheidung gefördert wird (KEMPF & SCHMIDT 1977). WEGENER & KEMPF (1982) empfehlen einen aufwandärmeren Pflegezyklus, der auch zur Verhinderung der Verheidung beiträgt, wo kontrolliertes Brennen zwischen Ende Februar und Ende März in Kombination mit Mahd zu erfolgen hat: Brand - 2 Jahre Mahd - Brand usw. oder auch abwechselnd Brand - Mahd. TÜXEN (1970) spricht sich sogar für kontrolliertes Brennen nur alle 5 bis 7 Jahre oder noch seltener aus. |

Grünlandtypen:	Typische Arten:	Nutzung und Pflege:

Glatthafer - Frischwiese

Dauco-Arrhenatheretum

Hochrasige Fettwiesen mit dominierendem Glatthafer (Arrhenatherum elatius) auf frischen, nährstoffreichen Böden (vgl. Pkt. 2.1.1, 2.2.1).

- Glatthafer
  Arrhenatherum elatius
- Wilde Möhre
  Daucus carota
- Wiesenlabkraut
  Galium mollugo
- Pastinak
  Pastinaca sativa
- Wiesenstorchschnabel
  Geranium pratense
- Wiesenglockenblume
  Campanula patula
- Wiesenpippau
  Crepsis biennis
- Wiesenbocksbart
  Tragopogon pratensis

Jährlich zweimalige Mahd und mäßige Düngung (nur eine PK-Düngung ist zulässig, wobei 30 kg/ha Phosphor und Kali im Jahr nicht überschritten werden sollte, auf Stickstoff muß verzichtet werden) zu Vegetationsbeginn (BÖHNERT & HEMPEL 1987). Die Glatthaferwiesen sollten möglichst im Juni gemäht werden, um die Nährstoffe vor ihrer Verlagerung in die Wurzeln wirksam zu entziehen (SCHREIBER 1980b). Als suboptimale Pflegevarianten sind auch die jährliche Mahd und eine Spätweide, sowie ein jährliches Mulchen (Anfang Juni) möglich, um diese Pflanzenformation mit ihrem typischen Artenspektrum zu erhalten (SCHIEFER 1983).

Goldhafer - Frischwiese

Geranio-Trisetetum

Mittelhohe, farbenfrohe Fettwiesen frischer Standorte der Mittelgebirgslagen. Da hochwüchsige Gräser wie Glatthafer fehlen, können sich in den Goldhaferwiesen auch lichtliebende, konkurrenzschwache Pflanzenarten wie Frauenmantel oder Großer Wiesenknopf durchsetzen. In den Höhenlagen (etwa 400 m) treten Waldstorchschnabel und Schlangenknöterich aspektbildend auf (vgl. Pkt. 2.1.1, 2.2.1).

- Goldhafer
  Trisetum flavescens
- Waldstorchschnabel
  Geranium sylvaticum
- Weicher Pippau
  Crepis mollis
- Perückenflockenblume
  Centaurea pseudophrygia
- Gemeiner Frauenmantel
  Alchemilla vulgaris

Überwiegend zweischürig gemähte Wiesen mit geringer Düngung. Der erste Schnitt sollte in der zweiten Julihälfte durchgeführt werden, der zweite Schnitt sollte abhängig von der Höhenlage bis zum 15. September abgeschlossen sein (WEGENER 1980). Zur Erhaltung borstgrasreicher Ausbildungen der Goldhaferwiesen genügt eine einschürige Mahd. Entsprechend der standörtliche-räumlichen Differenzierungen der Bergwiesen, die u.a. in ihren unterschiedlichen Mengenverhältnissen und phänologischen Entwicklungen zum Ausdruck kommen, ist innerhalb von vier bis sechs Wochen zeitlich differenzierte Mahd unbedingt notwendig (BÖHNERT & HEMPEL 1987). Trockene Ausbildungen vertragen eine leichte Schaf- oder Ziegenbeweidung (WEGENER 1980). Um zwischen dem von der Biologie der Arten her notwendigen Pflegeaufwand (jährlich 2 bis 3 Mahdeinsätze) und den derzeitigen praktizierbaren Möglichkeiten (jährlich höchstens ein Mahdeinsatz) einen Kompromiß zu finden, empfehlen KEMPF & SCHMIDT (1979) einen aufwandarmen Pflegezyklus für typische Goldhaferwiesen mit einem Wechsel von drei Jahren Mulchen und ein Jahr Brand, wobei beim Mulchen zu beachten ist, daß die Vegetation nur von einer Heuschicht bis zu 3 cm bedeckt sein sollte (vgl. auch KEMPF 1981).

Grünlandtypen:	Typische Arten:	Nutzung und Pflege:

Kleinseggensümpfe kalkarmer Standorte

Caricetum fuscae

Niederwüchsige, vorwiegend aus Sauergräsern bestehende Seggenrasen auf feuchten, torfigen Böden (vgl. Pkt. 2.1.1).

- Wiesensegge
  Carex nigra
- Grausegge
  Cares canescens
- Sternsegge
  Carex echinata
- Schmalblättriges Wollgras
  Eriophorum angustifolium
- Hundsstraußgras
  Agrostis canina
- Sumpfveilchen
  Viola palustris

Von Mitte September bis Mitte März und im Abstand von mindestens zwei Jahren sollten die Kleinseggensümpfe von Hand mit der Sense bzw. dem Freischneidegerät gemäht und das anfallende Mähgut entfernt werden (ELLENBERG 1982; BAUER 1982). Durch gelegentliches Aufreißen der Vegetationsdecke können Initialstandorte für konkurrenzschwache Arten geschaffen werden (WESTHUS, REICH-HOFF & WEGENER 1984)! Keine Düngung oder sonstiger Nährstoffeintrag (z.B. durch Ablagerung von landwirtschaftlichen Abfällen)!

Kalkflachmoore

Caricion davallianae

Kurz- bis mittelrasige, sauergrasmoosreiche Pflanzenbestände an kalkreichen Flachmoorstandorten und Quellsümpfen (vgl. Pkt. 2.1.1).

- Breitblättriges Wollgras
  Eriophorum latifolium
- Sumpfsitter
  Epipactis palustris
- Davallsegge
  Carex davalliana
- Kopfried-Arten
  Schoenus nigricans, Sch. ferrugineus).

Jährliche einmalige Mahd im August/September, wobei auch die Mahd in größeren Abständen möglich ist, da Bestände auf hoch anstehendem Grundwasser ohne Pflege meist eine ausreichende Stabilität gegenüber unerwünschter Sukzession aufweisen. Auch gelegentliche Überweidung mit Schafen im Spätsommer ist möglich (WESTHUS, REICHHOFF & WEGENER 1984). Ansonsten gelten die gleichen Pflegeanleitungen wie bei den Kleinseggensümpfen kalkarmer Standorte.

Großseggenriede

Magnocaricion elatae

Durch die Dominanz hoher Seggen gekennzeichnete Pflanzenbestände anmooriger und mooriger Böden. Bis auf wenige Vorkommen an primären Standorten handelt es sich meist um nutzungsabhängige Ersatzgesellschaften (vgl. Pkt. 2.1.1).

- Sumpf-, Schlank-, Ufer-, Steifsegge
  Carex acutiformis, C. gracilis, C. riparia, C. elata
- Sumpflabkraut
  Galium palustre
- Knappenhelmkraut
  Scutellaria galericulata
- Gemeiner Gilbweiderich
  Lysimachia vulgaris

Zwischen Oktober und Februar sollten, zumal bei schilfarmen Beständen, die Großseggenriede im Abstand von drei bis fünf Jahren gemäht werden. Schlankseggenried, Sumpfseggenried und Uferseggenried können auch ohne Nutzung über viele Jahre stabile Stadien bilden - zumindest wenn es nur um die Erhaltung der namensgebenden Pflanzenart geht. Da aber mit dem Alterungsprozeß eine drastische Artenverarmung verbunden ist, die dem Schutzziel zuwiderläuft, ist eine öftere, auch unregelmäßige Mahd zur Erhaltung der Arten- und Formenvielfalt unumgänglich! Soll Schilf zurückgedrängt werden, muß die Mahd bereits im Juni erfolgen, dagegen soll aus zoologischen Gesichtspunkten der Mahdtermin möglichst spät in den Herbst hinein verlegt werden (OST 1979). Kontrolliertes Brennen ist während der Frostperiode möglich.

Grünlandtypen:	Typische Arten:	Nutzung und Pflege:

Schilfröhrichte

Phragmitetum

Durch die Dominanz des Gemeinen Schilf gekennzeichnete Röhrichte. Nur die oberhalb der Mittelwasserlinie vorkommenden "Landröhrichte" (sekundäre Röhrichte als Ersatzgesellschaft von Erlenbrüchen) bedürfen regelmäßiger Pflege. Bei Schilfröhrichten primärer Standorte (Verlandungszone der Gewässer um und unterhalb des Mittelwasserbereichs) würde sich eine Nutzung negativ auswirken (vgl. Pkt. 2.1.1, 2.4).

● Gemeines Schilf
  Phragmites australis
● Bittersüßer Nachtschatten
  Solanum dulcamara
● Zaunwinde
  Calystegia sepium
● Große Brennessel
  Urtica dioica
● Gemeiner Beinwell
  Symphytum officinale

Jährlicher Schnitt in der winterlichen Frostperiode mindestens alle zwei bis drei Jahre. Da die Schilfröhrichte weniger aus botanischer als aus zoologischer Sicht interessant sind, sollten Inseln oder 2 m breite Streifen als Reviergrenzen stehengelassen werden (WEINITSCHKE 1976). Praktischer und zur Schaffung günstig strukturierter Lebensräume für Vögel besonders geeignet ist das kontrollierte Brennen bei trocken-kalter Witterung (SCHIEFER 1982; RIESS 1975). VEN (1978) empfiehlt, alle zwei Jahre im Februar bis März zu brennen. Ringfeuer eignen sich besonders zur Bekämpfung von Grauweidengebüschen (SCHREIBER 1981). Bei größeren Schilfbeständen sollten jährlich nur 1/2 bis 1/3 der Flächen gebrannt werden (WESTHUS, REICHHOFF & WEGENER 1984). Da Schilf auch häufig in ungenutzten Feuchtwiesen eindringt, ist dort zur Zeit seiner größten Stoffproduktion (im Juni) die Mahd erforderlich!

Pfeifengras - Feuchtwiesen

Cirsio tuberosi-Molinietum

Artenreiche, farbenfrohe Streuwiesen auf ungedüngten, wechselfeuchten, kalk- und basenreichen Standorten (vgl. Pkt. 2.1.1, 2.2.1).

● Pfeifengras
  Molinia caerulea
● Knollenkratzdistel
  Cirsium tuberosum
● Kantenlauch
  Allium angulosum
● Teufelsabbiß
  Succisa pratensis
● Färberscharte
  Serrulata tinctoria
● Nordisches Labkraut
  Galium boreale
● Weidenblättriger Alant
  Inula salicina
● Prachtnelke
  Dianthus superbus

Jährliche Mahd der Wiesenflächen (mindestens alle zwei bis drei Jahre) im September/Oktober. Pfeifengraswiesen dürfen nicht regelmäßig mehrmals im Jahr gemäht und keinesfalls gedüngt werden, weil sie sich dann zu Sumpfdotterblumen-Feuchtwiesen oder sogar zu Glatthaferwiesen entwickeln (BÖHNERT & HEMPEL 1987)! Eine gezielte, kurzfristige Nachbeweidung auch mit Rindern ist möglich (WESTHUS, REICHHOFF & WEGENER 1984). SCHIEFER (1983) empfiehlt als Pflegevariante das Mulchen (Mitte August), das jährlich oder im zwei- bis dreijährigen Turnus zu erfolgen hat. Das kontrollierte Brennen im Spätherbst sollte in längeren Abständen nur zur Vorbereitung der Flächen für nachfolgende Mahd (KRAUSE 1982) erfolgen, da sich ansonsten artenärmere Bestände mit hoher Pfeifengras-Dominanz etablieren würden (SCHIEFER 1982).

Caltha- einschließlich Sanguisorbo-Silaetum

Feuchte oder wechselfeuchte Wiesen mit Nährstoffzufuhr (vgl. Pkt. 2.1.1).

● Sumpfdotterblume
  Caltha palustris
● Wiesenknöterich
  Polygonum bistorta
● Bachnelkenwurz
  Geum rivale
● Sumpfhornklee
  Lotus uliginosus
● Waldsimse
  Scirpus sylvaticus
● Kohlkratzdistel
  Cirsium oleraceum
● Kuckuckslichtnelke
  Lychnis floscuculi
● Trollblume
  Trollius europaeus

Jährlich ein- bis zweimalige Mahd (wenigstens alle zwei bis drei Jahre) der Wiesenflächen mit gelegentlich geringer Düngung, wobei Phosphor- und Kaligaben in größeren Abständen zu einer Menge von 30 kg/ha/a möglich sind, eine Stickstoffdüngung ist aber zu unterlassen (BÖHNERT & HEMPEL 1987)! Der erste Schnitt sollte spätestens Ende Juni, gegenbenenfalls nach der Samenreife der Orchideen, die zweite Mahd ab 15. September durchgeführt werden. Wiesen der spitzblütigen Binse (Juncetum acutiflori) werden nicht gedüngt und nur einschürig gemäht. Kontrolliertes Brennen ist problematisch (SCHIEFER 1982) und sollte nur bei hohem Binsenanteil angewandt werden (KEMPF & SCHMIDT 1979). WEGENER (1980) empfiehlt zur Erhaltung des Vegetationstypes folgende, aufwandarme Pflegezyklen: drei Jahre ohne Pflege, das vierte Jahr kontrolliertes Brennen, fünftes Jahr Mulchen und Schlegeln, sechstes Jahr Früh- und Spätschnitt, siebtes Jahr Normal-

Grünlandtypen:	Typische Arten:	Nutzung und Pflege:

Zwergstrauchheiden

Genisto gemanicae-Callunetum

Wacholder- und Bergheiden auf trockenen Standorten, die überwiegend aus Zwergsträuchern bestehen. Bei Aufgabe der traditionellen Bewirtschaftungsform (Schafbeweidung) dieser Kulturbiotope sind die Restvorkommen durch eine zunehmende Vergrasung (vor allem mit Drahtschmiele) und Verbuschung gefährdet (vgl. Pkt. 2.1.1, 2.3.5, 2.4.3).

● Besenheide
  Calluna vulgaris
● Wacholder
  Juniperus communis
● Behaarter Ginster
  Genista pilosa
● Englischer Ginster
  Genista anglica
● Besenginster
  Cytisus scoparius
● Dreizahn
  Avenella flexuosa
● Dreizahn
  Danthonia decumbens
● Krähenbeere
  Empetrum nigrum
● Preiselbeere
  Vaccinium vitis-idea

Die Calluna-Heide mit Behaartem Ginster über Silikatgestein sollte zur Verjüngung alle drei bis fünf Jahre mit Schafen gehütet werden, sie kann auch gelegentlich geflämmt werden (MUHLE & RÖHRIG 1979). Als Alternative zur Beweidung ist auch die Mahd zulässig. Nach MILLER & MILES (1970) sollte die Heide alle fünf bis acht Jahre im Frühjahr abgemäht werden. Bei vergrasten Zwergstrauchheiden sollte man bedenken, daß der Mensch durch die Mahd in das Konkurrenz-Heide-Gras zugunsten der Gräser eingreift, da diese offenbar rascher regenerieren (MUHLE 1974). Bei völlig vergrasten Heiden ist ein sog. Plaggen, d.h. ein einmaliges Entfernen der Rohhumusauflage notwendig, um für die Heidesträucher ein Keimbett zu schaffen!

Schriftenverzeichnis
Schriftenreihe "Angewandter Naturschutz"

Band 1: NATURLANDSTIFTUNG HESSEN E.V. (Hersg.)(1987):
Biotopvernetzung in der Kulturlandschaft I
Symposiumsbericht
2. Aufl., 119 Seiten; Lich 1988;
ISBN 3-926411-00-7; (DM 18.-)

Band 2: BARTH, W. & WOLLENHAUPT, H. (1988):
Folgenutzung Naturschutz -
Möglichkeiten für Kies- und Sandabbaustätten unter Berücksichtigung hessischer Verhältnisse
78 Seiten, 1 Tab., 8 Abb., 24 Fotos, 1 Karte 1: 500.000; Lich 1988;
ISBN 3-926411-01-5; (DM 18,--)

Band 3: BROCKMANN, E. (1987):
Natur im Verbund - Theorie für die Praxis
152 Seiten, 29 Abb.; Lich 1988
ISBN 3-926411-02-3; (DM 21,--)

Band 4: NATURLANDSTIFTUNG HESSEN E.V. (Hersg.)(1987):
Naturschutzprogramme mit der Landwirtschaft
Symposiumsbericht und Katalog
2. Aufl., 275 Seiten; Lich 1988;
ISBN 3-926411-03-1; (Vergriffen)

Band 5: NATURLANDSTIFTUNG HESSEN E.V. (Hersg.)(1988):
Biotopvernetzung in der Kulturlandschaft II
Symposiumsbericht
112 Seiten; Lich 1988;
ISBN 3-926411-04-X; (DM 18,--)

Band 6: NATURLANDSTIFTUNG HESSEN E.V. (Hersg.)(1988):
Landnutzung und Naturschutz
Symposiumsbericht
120 Seiten, 6 Tab., 6 Abb., 14 Fotos; Lich 1988;
ISBN 3-926411-05-8; (DM 21,--)

Band 8: NATURLANDSTIFTUNG HESSEN E.V. (Hersg.)(1988):
Lebensräume der Kulturlandschaft I
Teil 1: Lebensräume der offenen Landschaft
in Vorbereitung: Erscheinen voraussichtlich Herbst 1990

Band 7: NATURLANDSTIFTUNG HESSEN E.V. (Hersg.)(1988):
Landwirte als Partner des Naturschutzes
Tagungsbericht
160 Seiten, 12 Tab., 24 Abb., 28 Fotos; Lich 1988;
ISBN 3-926411-06-6; (DM 21,--)

Band 9: MAERTENS, Th. & M. WAHLER, LUTZ, J. (1988/89):
Landschaftspflege auf gefährdeten Grünlandstandorten
168 Seiten, 17 Tab., 14 Abb., 17 Fotos; Lich 1990;
ISBN 3-926411-08-2; (DM 21,--)

Die Schriftenreihe ist zu beziehen bei:
Naturlandstiftung Hess en e.V. - Bahnhofstr. 10 - 6302 Lich

Schriftenverzeichnis
Schriftenreihe "Angewandter Naturschutz"

Band 10: NATURLANDSTIFTUNG HESSEN E.V. (Hersg.)(1988):
Feldgehölze als Lebensraum -
Ökologischer Wert, Gestaltung und Pflege
ca. 120 Seiten; in Vorbereitung; Erscheinen Februar 1990
ISBN 3-926411-09-0; (DM 18,--)

Die Schriftenreihe ist zu beziehen bei:
Naturlandstiftung Hess en e.V. - Bahnhofstr. 10 - 6302 Lich

Schriftenreihe Angewandter Naturschutz
Band 10

Feldgehölze als Lebensraum

Ökologischer Wert, Gestaltung und Pflege

Feldgehölze stellen in einem Biotopverbundsystem ein äußerst wichtiges
Vernetzungselement in der Kulturlandschaft dar. Sie werden zu Recht als Stätten des
Lebens bezeichnet. Richtig gepflegt geben sie einer Vielzahl von Tieren und Pflanzen
Lebens- und Überlebensraum.

Im vorliegenden Band 10 der Schriftenreihe "Angewandter Naturschutz" der
Naturlandstiftung Hessen e.V. kommen namenhafte Wissenschaftler und Fachleute zu
diesem Themenbereich zu Wort. Schwerpunkte der Vorträge sind unter anderem
Bedeutung der Feldgehölze, integrierter Pflanzenbau, die Übertragung von
Pflanzenkrankenheiten, die Anlage der Gehölze und Pflege.

Der Tagungsbericht wendet sich an naturschutzinteressierte Personen, insbesondere an
praktisierende Landwirte, Kommunalverwaltungen, Naturschutzverbände und
Behörden. Diesem Personenkreis sollen Argumentations- und Entscheidungshilfen für
ein praxisorientierten Naturschutz gegeben werden.

ca. 120 Seiten; in Vorbereitung; Erscheinen Februar 1990
ISBN 3-926411-09-0; (DM 18,--)

Die Schriftenreihe ist zu beziehen bei:
Naturlandstiftung Hess en e.V. - Bahnhofstr. 10 - 6302 Lich

Schriftenreihe Angewandter Naturschutz
Band 7

Landwirte als Partner des Naturschutzes

Tagungsbericht

Vor dem Hintergrund der agrarpolitischen Entwicklung sehen sich Naturschützer und Kommunen in der Landschaftspflege in den kommenden Jahren zunehmend vor große Probleme gestellt. Schon jetzt sind die negativen ökologischen Folgen in brachliegenden Regionen deutlich spürbar. Eine Hauptaufgabe des Naturschutzes muß daher die Erhaltung einer Kulturlandschaft mit ihren vielfältigen Formen der Landnutzung sein.

Für die Übernahme von Landschaftspflegearbeiten ist der Landwirt durch seine Ortskenntnis und seine maschinelle Ausstattung der geeignete Partner für Naturschutz und Kommunen. Er kann als "Unternehmer in Sachen Landschaftspflege" tätig werden. Dabei treten allerdings erhebliche steuer- und versicherungsrechtliche Beschränkungen auf, die die Arbeit des Landwirts im Naturschutzbereich erschweren. Ein weiteres Problem stellt die Entsorgung des bei der Biotoppflege anfallenden Mäh- und Schnittgutes dar, sofern es von Landwirten nicht im eigenen Betrieb verwendet werden kann.

Im vorliegenden Band 7 der Schriftenreihe "Angewandter Naturschutz" sind Vortäge einer Tagung zusammengefaßt, bei der sich kompetente Fachleute eingehend mit dieser Thematik auseinandergesetzt haben. Es ist gerade jetzt von besonderem Interesse, Naturschützer und Landwirte mit den Möglichkeiten und Problemen im Bereich der Landschaftspflege vertraut zu machen.

160 Seiten, 24 Abbildungen, 12 Tabellen, 28 Fotos;
Lich, 1988 (DM 21,--)
ISBN 3-926411-06-6

Die Schriftenreihe ist zu beziehen bei:
Naturlandstiftung Hess en e.V. - Bahnhofstr. 10 - 6302 Lich

Schriftenreihe Angewandter Naturschutz
Band 6

Landnutzung und Naturschutz

Symposiumsbericht

Landnutzung und Naturschutz - Gegensätze oder untrennbare Einheit ?

Im vorliegenden Band 6 der Schriftenreihe "Angewandter Naturschutz" suchen namhafte Wissenschaftler diese Frage zu beantworten. Mit der Landwirtschaft, Forstwirtschaft und der Jagd wurden dabei die drei ältesten Landnutzungsformen aufgegriffen.

Ein Schwerpunkt hierbei bildet eine kritische Betrachtung zur "Umweltverträglichkeit der Jagd".

Das Buch möchte Gemeinsamkeiten zwischen diesen Formen der Bodennutzung und dem Naturschutz aufzeigen, Problembereiche analysieren, Kontroversen abbauen und zum gegenseitigen Verständnis beitragen.

20 Seiten, 6 Tabellen, 6 Abbildungen, 14 Fotos;
Lich 1988; (DM 21,--)
ISBN 3-926411-05-8

Die Schriftenreihe ist zu beziehen bei:
Naturlandstiftung Hess en e.V. - Bahnhofstr. 10 - 6302 Lich